当代社会研究方法

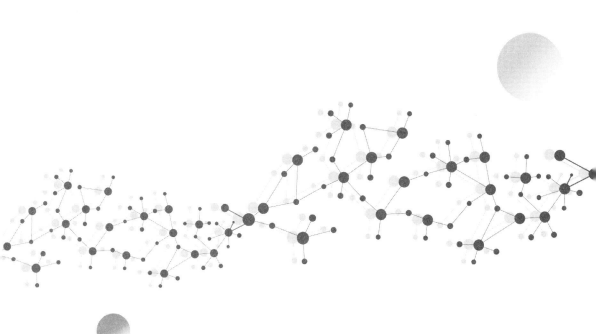

# 回归分析及 Stata软件应用

吴愈晓　毕先进 ◎ 著

北京大学出版社
PEKING UNIVERSITY PRESS

## 图书在版编目(CIP)数据

回归分析及 Stata 软件应用/吴愈晓,毕先进著.—北京：北京大学出版社,2023.7
(当代社会研究方法)
ISBN 978-7-301-34118-6

Ⅰ.①回… Ⅱ.①吴… ②毕… Ⅲ.①统计分析—应用软件 Ⅳ.①C819

中国国家版本馆 CIP 数据核字(2023)第 107519 号

| | |
|---|---|
| 书　　　名 | 回归分析及 Stata 软件应用<br>HUIGUI FENXI JI STATA RUANJIAN YINGYONG |
| 著作责任者 | 吴愈晓　毕先进　著 |
| 责 任 编 辑 | 武　岳(wuyue@pup.cn) |
| 标 准 书 号 | ISBN 978-7-301-34118-6 |
| 出 版 发 行 | 北京大学出版社 |
| 地　　　址 | 北京市海淀区成府路 205 号　100871 |
| 网　　　址 | http://www.pup.cn |
| 新 浪 微 博 | @北京大学出版社　　@未名社科-北大图书 |
| 微信公众号 | 北京大学出版社　北大出版社社科图书 |
| 电 子 邮 箱 | 编辑部 ss@pup.cn　总编室 zpup@pup.cn |
| 电　　　话 | 邮购部 010-62752015　发行部 010-62750672<br>编辑部 010-62753121 |
| 印 刷 者 | 北京鑫海金澳胶印有限公司 |
| 经 销 者 | 新华书店 |
| | 730 毫米×980 毫米　16 开本　26.75 印张　429 千字<br>2023 年 7 月第 1 版　2024 年 12 月第 3 次印刷 |
| 定　　　价 | 79.00 元 |

未经许可，不得以任何方式复制或抄袭本书之部分或全部内容。
版权所有，侵权必究
举报电话：010-62752024　电子邮箱：fd@pup.cn
图书如有印装质量问题，请与出版部联系，电话：010-62756370

# 前 言

近几十年来,社会科学定量研究方法的发展日新月异,新的统计模型层出不穷,让初学者应接不暇。但正如谢宇教授所言,回归分析是社会科学领域中最基础同时也是最经典的定量分析方法,新发展出来的统计模型基本都是建立在回归分析之上。因此,对于有兴趣使用定量分析方法从事社会科学研究的学生和年轻学者而言,熟习回归分析的基本原理及其应用至关重要,而这正是我们写作这本教材的主要动因。

本书根据我给社会学及相关专业高年级本科生和研究生开设的"定量研究方法和数据分析"课程的讲义编写而成,该课程的核心内容是回归分析和Stata软件应用。从2008年开始,我每年都在大学的课堂里讲授这门课程,从未间断。在此期间,我也曾多次受邀在由西安交通大学实证社会科学研究所开办的"实证社会科学研究方法夏季研讨班"、由香港科技大学应用社会经济研究中心和上海大学社会学院主办的"应用社会科学研究方法研修班"及"学术志"等方法训练平台讲授过该课程的部分内容。十多年来,我经常更新和完善课程讲义,因为定量研究方法在不断地发展,Stata统计软件也每隔一段时间就会推出新的版本,而这些都需要体现在课堂上,否则讲授的内容就会与方法和软件的发展脱节。更为重要的是,在我讲授这门课程期间,我一直应用定量方法进行研究并发表论文;在研究的过程中我认为较为重要的新方法模型、新的数据管理技巧以及研究设计方面的心得体会,我都会尽可能地融入课程讲义,以体现课程内容的"前沿性"(尽管该课程的内容是基础性的)并增强其

"实用性"。

社会科学领域(尤其是文科背景)的学生或年轻学者大多是从应用的角度来学习定量研究方法的,学以致用是最重要的目的。因此,仅仅讲解统计学的知识和原理或仅仅教授统计软件的技能都未必能够满足这种需要,而且往往会显得枯燥无味。只有将统计方法和软件使用的技巧相结合并应用于具体的研究案例,才能让学习的过程更有效率而且更加生动有趣。这种思路一直贯穿我的授课和本书的写作过程,也因此形成了本书最重要的特色——"在实际的研究中学习方法",简言之,就是把研究实践和论文写作贯穿整个方法学习过程。对于书中的每一种具体的方法或模型,除了介绍基本的统计学原理之外,我们都尽量通过分析一个常用的数据库、选择一个适合该方法的研究题目并围绕写作一篇实证研究论文的思路,来讲授使用该方法的原因、数据分析实现的过程以及如何解读输出结果。这种做法得到了很多听课学生的认可。有学生反映,哪怕是定量方法"零基础"也可以较好地理解课程的内容,并可以克服对数学公式的"畏惧"或"厌烦"心理。而且,很多同学听课之后就可以上手独立进行自己感兴趣的研究了。

本书的第二作者毕先进是我这门课程的第一届学生。当时我在山东大学任教,他在山东大学进修。学习这门课程激发了他对定量研究方法的极大兴趣。2013年,我调到南京大学工作,继续开设这门课程。那时他刚好在南京大学攻读博士学位(2012年入学),因此可以继续修习这门课程。读博期间,他不断自学相关的统计方法和Stata软件技术,可以说他在Stata软件应用方面已经达到了专家级的水平。目前他在南京大学社会学院从事博士后研究,我是他的合作导师。在他读博士和做博士后研究期间,我们经常一起探讨定量方法和Stata软件使用技术方面的问题,而且一起做研究。在此过程中,我们萌生了合作写一本定量方法教材的念头。直至今天,我们终于完成了这个心愿。虽然本书内容的基础是我授课的讲义,但大部分内容都是我们共同完成的。书稿的文字(包括参考文献)整理和编辑、数据分析和图表的制作等方面,毕先进承担了大量的工作。

本书的数据分析均使用Stata软件17.0版本完成,但并不要求读者使用这个目前最新的版本,较早的版本也可以执行书中的数据分析命令。我们建议读者尽量使用 14.0 版或以后的版本，因为从 14.0 版开始，Stata 软件的中文输入和输出功能有非常大的提升，这对分析那些包含中文字符的数据库更加方便。

为了提高学习效率，本书使用一个统一的数据库来讲解相关的数据管理和分析命令以及所有具体的研究案例（唯一的例外是在第九章第三节的例 9-4 中我们使用了另外一个数据库），并以章为单位为读者提供所有运行数据分析的 Stata 程序文件（do files）。[①] 这种做法不仅可以让读者省却时间和精力来熟悉不同的数据库和相关的变量，而且可以保持程序文件的连贯性。我们使用的数据库来自 2010 年中国综合社会调查（简称 CGSS 2010）。该数据由中国人民大学中国调查与数据中心 CGSS 项目组负责收集，总样本量为 11 785，有超过 800 个变量。我们通过简单随机抽样的方法从中抽取了一个 3000 人的样本，且仅保留了 35 个本书的数据分析所用到的变量。经过沟通和申请，中国调查与数据中心 CGSS 项目组同意我们将这个子数据库随书提供给读者。需要强调的是，我们提供的是 CGSS 2010 的一个子数据库，仅仅是为了本书举例和做练习使用。而且，为了讲授方便，我们对数据中的变量进行了简单的清理，也生成了个别新的变量。如果需要 CGSS 2010 的全样本原始数据库，请到中国综合社会调查的官方网站（http://cgss.ruc.edu.cn/）进行注册并下载。在此，我们衷心感谢 CGSS 项目组对本书所用数据的慷慨支持。

虽然有课程作为基础，但将讲义转变为一本教材并不是一件简单机械的事情，甚至可以说是一个重新创作的过程。在此过程中，我们得到了很多的帮助。首先，本书的写作得到了南京大学第五批"百"层次优质课程建设项目经费的资助。其次，我的博士研究生王晶晶在修习这门课程以及做该课程的教学助手期间，根据我的课堂口授和课件整理了重要的知识点和一部分文字。另外，华东师范大学的黄超老师细致认真地通读了整本文稿，并提出了很多有益的意见和建议。

感谢北京大学出版社尤其是社会科学编辑室武岳老师的大力支持和帮助。武岳老师的热情邀约和鼓励坚定了我们完成这本书稿的信心和决心。在

---

[①] 本书所使用的数据库和所有 Stata 程序文件可通过访问北京大学出版社官网，单击"下载中心"直接获取。每章末尾的练习部分所用的数据和答案也可从中得到。

写作和编辑的过程中,武岳老师一直和我们保持密切的联系,她的意见及建议对书稿的顺利完成和出版起到了关键性的作用。

回归分析的内容非常丰富,知识点众多,几乎不可能在一本教材里囊括所有。另外,必须承认的是,我们对回归分析的理解和掌握仍有局限,因此本书难免存在不足和纰漏。我们真诚希望读者和学界同仁能不吝赐教。

本书付梓之际,恰逢中共中央办公厅印发了《关于在全党大兴调查研究的工作方案》,该方案是对党的二十大精神的贯彻落实,高度强调了调查研究对于科学决策的重要性。调查研究所获得的资料,尤其是通过问卷调查或运用互联网、大数据等现代信息技术所收集的定量数据资料,需要通过科学的方法进行统计分析,方能理性客观地描述和展示我们所调查的群体或社会现象的基本特征,并洞悉其背后的本质和运行机制,为社会治理和社会建设提供政策依据。我们衷心希望本书能为推进我国调查研究事业的发展贡献一份微薄的力量。

吴愈晓

2023 年 3 月 27 日于南京

# 目 录

**第一章 定量社会科学研究和数据分析** ········· 1
  第一节 通过数据理解社会 ········· 1
  第二节 数据结构与数据分析 ········· 6
  第三节 变量类型及其相应的分析模型 ········· 11
  第四节 本书概览 ········· 15

**第二章 线性回归分析基础** ········· 19
  第一节 线性变量统计推断基础 ········· 20
  第二节 单变量均值的统计推断 ········· 25
  第三节 均值群体差异的统计推断 ········· 36

**第三章 一元线性回归** ········· 54
  第一节 两个线性变量之间关系图示 ········· 55
  第二节 相关分析 ········· 64
  第三节 一元线性回归分析 ········· 69
  第四节 案例分析:受教育年限如何影响个体的
           职业社会经济地位指数 ········· 87
  第五节 简单线性回归模型的扩展:自变量为二分类
           变量的回归 ········· 92

## 第四章　多元线性回归 ... 97

第一节　因果关系与统计分析 ... 98
第二节　多元线性回归模型及其系数解释 ... 102
第三节　自变量为类别变量的回归 ... 111
第四节　多元线性回归模型几个常用的知识点 ... 115
第五节　研究实例 ... 131

## 第五章　多元关系类型 ... 141

第一节　虚假相关 ... 142
第二节　关系链：中介效应分析 ... 147
第三节　抑制（遮蔽）变量 ... 164
第四节　交互（调节）效应分析 ... 170

## 第六章　回归假定与回归诊断 ... 196

第一节　线性回归的假定 ... 197
第二节　回归诊断 ... 199
第三节　应对方法：变量转换 ... 208
第四节　研究实例 ... 224

## 第七章　常见的数据问题及解决方案 ... 232

第一节　数据缺失 ... 233
第二节　奇异值 ... 264
第三节　共线性问题 ... 272

## 第八章　因变量为类别变量的回归分析（一） ... 282

第一节　类别变量回归分析基础 ... 282
第二节　因变量为二分类变量的回归模型 ... 295

## 第九章　因变量为类别变量的回归分析(二) ……………… 341

第一节　因变量为定序变量的回归:定序 logit 回归模型 ………… 341

第二节　因变量为多分类定类变量的回归模型:
多分类 logit 模型 ……………………………………………… 361

第三节　因变量为离散型(计数)变量的回归 …………………… 371

## 第十章　多层次线性回归模型 ……………………………………… 392

第一节　使用多层次模型的动因 …………………………………… 392

第二节　多层次线性回归模型 ……………………………………… 396

第三节　多层次线性回归模型的扩展 ……………………………… 411

## 附　录　本书使用的数据库说明 …………………………………… 415

# 第一章

# 定量社会科学研究和数据分析

**本章提要**

本章首先介绍社会现象的复杂性以及社会科学有别于自然科学的特殊性,指出定量社会科学研究的主要目标是通过数据理解社会,而实现这一目标的最基础和最常用的统计方法是回归分析;其次,简要说明定量社会科学研究中常见的数据类型和统计分析中的基本概念;再次,讲解变量的概念、类型和测量等级,并对不同类型因变量的分析模型做总结;最后,简要概括本书各章的基本内容。

定量社会科学研究的最主要目的是通过数据理解社会。数据是从事定量研究的学者理解社会的媒介,统计方法则是通过数据分析社会现象的技术基础。本章在概述定量社会科学研究如何通过数据理解社会的基础上,简要介绍定量社会科学研究中可能涉及的数据类型、统计分析方法以及与不同类型变量相对应的具体分析模型。

## 第一节 通过数据理解社会

### 一、社会科学的特殊性

社会现象与自然现象之间的差异性,导致了社会科学研究的特殊性。通常认为,在自然现象中存在永恒、抽象或者普遍的真理和规律,而社会科学则很难找到普适性的、亘古不变的准则,即社会现象中的很多规律均存在"情境性"。所谓"情境性",主要指的是社会现象在不同的社会环境下呈现出不同的规律。例如,受教育年限与劳动力市场中的经济回报之间的关系(即教育回报率),会因时间、空间或制度环境的不同而呈现出相关性的差异。正因如此,异质性是社会科学研究最突出的特征之一。① 就研究手段而言,自然科学最常用的方法是实验法,而社会科学却因技术水平和研究伦理等诸多方面的限制,很难对纷繁复杂的社会因素进行人为的控制(即无法完全达到严格的实验条件),从而难以通过实验的方式开展研究。因此,社会科学研究往往通过社会调查、查找档案记录(包括纸质的或数字形式的)或历史资料等方式获取数据,并且通过统计方法和技术分析数据以实现研究目标。

虽然与自然科学有差异,但社会科学仍属"科学"范畴,因此要求我们用逻辑实证(logico-empirical)的方式理解社会,即通过科学理论建立研究逻辑,通过社会调查和观察收集资料,并通过数据分析呈现社会规律。更准确地说,定量社会科学研究的目的就是借鉴科学理论,通过收集经验数据,应用合适的统计方法,来理解特定社会的原则和规律。

## 二、定量社会科学研究的目标与基本原理

定量社会科学研究旨在回答的主要问题包括:"是什么"(what is)、"如何"(how)以及"为什么"(why)。前两者是"描述性"的,而最后一个则是"解释性"的。所谓"是什么",指的是通过描述性统计分析来描绘社会现象的基本状况,即"量化"某个社会现象。例如,2020年中国居民的人均收入有多少,当前中国的年龄构成状况如何,等等。所谓"如何",即回答一个现象如何受另一个社会特征或社会现象影响。例如,教育如何影响劳动力市场中的工资收入。除此之外,一个好的社会科学研究还要进一步回答"为什么"的问题,也就是对所描述的社会现象给出合理的理论解释,这也使得实证研究上升到理论层面。例如,我们往往可以从描述统计的层面发现或量化教育对收入的正面效应,但理论解释则有差别。有的学者通过人力资本理论(通过投资教育增加知识和技能)来解释教育为什么会影响个体在劳动力市场上的工资水平,而另外有的学者则从"信号论"(教育文凭是一个能力或资格的信号)的角度来解读。

---

① 谢宇:《社会学方法与定量研究(第二版)》,社会科学文献出版社2012年版,第40—41页。

第一章 定量社会科学研究和数据分析

虽然社会现象是复杂的、情境性的,但并非无规律可循。定量社会科学研究的任务在于探求这些一般性的社会规律。例如,根据人力资本理论,受教育年限与收入呈正相关关系,男性的平均收入高于女性。但是这些社会现象的规律是概率性的,即某一现象并非必然发生,并且通常会有反例存在。例如,某个或某些教育程度低的个体的收入可能高于博士。除此之外,要正确理解社会规律,就要将研究对象视为总体或群体,而非某一特定的个体。研究的目的往往是探究由许多个体所组成的"集体"的特征或行为模式,即揭示社会规律的群体属性。

社会科学研究在解释一般社会规律时,不只关注包括收入、性别、年龄、健康状况、职业、阶层和种族等的群体属性特征,同时也关注社会行为层面的分析,例如投票、上网、择校、抽烟、离婚等。除此之外,对观念、想法和态度等的研究也在社会科学研究中占据非常重要的地位,而有关观念的研究数据难以获取和难以测度也决定了调查研究的重要性和复杂性。另外,社会科学研究尤其注重对"关系"的解读,其中包括社会现象与社会现象之间的关系、社会特征与社会现象之间的关系等。

在理解社会现象时,不仅要揭示一般规律(均值),还要呈现和理解差异模式,这也是社会科学研究的核心问题之一。这就要求我们通过比较的视角来呈现社会现象的异质性或差异,如收入的性别差异、吸烟行为的阶层差异以及政治态度的族裔差异等。在揭示异质性的基础上,我们还要回答导致异质性的原因,即透过现象看本质。例如,有研究探讨为什么受教育年限会影响偏见,为什么在美国黑人更支持民主党,等等。

更为重要的是,定量社会科学还可以通过各种工具和方法识别或检验不同社会现象之间的(因果)关系。具体而言,我们可以通过识别虚假相关、排除替代性因素、利用统计方法进行因果推断等方式,来识别或检验一对因果关系及关系的强度。例如,定量研究能够通过数据检验人力资本投入与市场回报之间的效应有多大,社会资本与地位获得之间的效应强弱,人口流动与犯罪率之间联系如何,等等。

揭示过程或机制也是定量研究中的重要内容之一。在明确了因果关系的前提下,自变量可能通过不同的机制和渠道作用于因变量。因此,定量社会科学通常致力于考察自变量具体是如何影响因变量的:它是直接作用于因变量,还是通过某个(些)渠道(中介因素)间接地对因变量发生作用?例如,自"布劳-邓肯地位获得模型"①提出以来,家庭背景与孩子职业社会经济地位指数之间的影响机制与路径就一直是社会分层与流动领域诸多学者广泛讨论的议题。

定量研究多以实证为导向。实证研究对当代社会科学发展的作用和功能大致可总结为如下四点:首先,实证研究可用以检验理论和挑战理论,即回到实践层面验证理论的正确性;其次,实证研究要发现和检验某些变量的净效应,而这是单纯的理论研究所无法回答的问题;再次,实证研究可用于因果推断;最后,实证研究可用于识别和验证作用机制。② 定量研究或实证研究具有的以上诸种功能,决定了定量研究在社会科学中的地位和重要性。

谢宇教授总结了定量社会科学研究的三个基本原理。③ 第一个原理是变异性原理(variability principle)。变异性是社会科学研究的本质特征,研究的核心在于考察为什么个体之间存在差异,为什么类别与类别之间存在不同。第二个原理是社会分组原理(social grouping principle)。通过社会分组可以消减变异、简化数据,社会分组的原则是最小化组内差距和最大化解释社会变异。在实际操作中,通常以社会特征来区分组别,如地区、性别、年龄、婚姻状况、职业等。第三个原理是社会情境原理(social context principle)。群体变异性的模式会随社会情境的变化而发生变化,这种社会情境通常由时间和空间界定。随着社会情境的变化,变异性的规律和模式也会发生变化。可以说,绝大多数的定量社会科学研究都是遵循这三个基本原理展开的。其中,变异性是研究的前提或基础,社会分组的目的则是在复杂的个体变异性中寻找群体的变异规律,而这种规律又会受到时间和空间等情境性因素的形塑。

### 三、通过数据理解社会的最基础和最常用的统计方法——回归分析

回归的概念以及回归分析方法的提出,一般归于英国生物学家和统计学

---

① 参见 P. M. Blau and O. D. Duncan, *The American Occupational Structure*, John Wiley and Sons, 1967。
② 陆铭:《把实证研究进行到底》,《经济学家茶座》2004 年第 4 期。
③ 参见谢宇:《社会学方法与定量研究(第二版)》,社会科学文献出版社 2012 年版,第 34—53 页。

## 第一章 定量社会科学研究和数据分析

家弗朗西斯·高尔顿（Francis Galton）。高尔顿在研究天才现象时，发现天才家族的卓越性有稳步下降的倾向。① 随后，他对父亲与孩子身高之间的关系进行研究时发现，孩子指标有"向中心回归"的现象，高尔顿用"回归"对此进行描述。② 回归的发现及回归分析的发展，沟通了基于测量误差理论的线性模型和统计学，成为推动20世纪上半叶统计方法发展的重大契机，标志着统计学描述时代的结束和统计推断时代的开端。③

回归分析应用广泛，几乎遍及从工程学、物理科学、化学科学、生命科学到社会科学等所有学科。④ 就如何通过数据理解社会而言，回归分析业已成为最基础和最常用的统计方法之一。这首先体现在回归分析的基础性地位上。传统的回归分析主要关注条件均值，模型化和拟合条件均值函数是回归模型法中的核心思想，简单线性回归模型、多元回归、非线性回归模型、logit模型和probit模型、泊松回归模型以及多层次模型等回归分析方法，均未超出条件均值模型的框架。⑤ 对于定量社会科学研究所关注的大量问题，大多可通过恰当的线性回归模型或广义线性模型说明。⑥ 回归分析之所以应用广泛，还与其基本功能有关。谢宇在《回归分析》一书中，将回归分析的基本功能总结为如下四个方面：(1)探索自变量和因变量之间的因果关系；(2)基于自变量的取值变化预测因变量的取值；(3)描述自变量与因变量之间的关系；(4)通过统计控制发现自变量与因变量之间的净关系。⑦ 也有学者认为，使用回归模型可以达到如下目的：描述数据、参数估计、预测评估以及控制。⑧ 从以上的描述可以看

---

① 斯蒂文·M.斯蒂格勒：《统计探源——统计概念和方法的历史》，李金昌等译，浙江工商大学出版社2014年版，第133页。
② 陈希孺、王松桂：《近代回归分析——原理方法及应用》，安徽教育出版社1987年版，第3—5页。
③ 陈希孺：《数理统计学简史》，湖南教育出版社2002年版，第155—156页。
④ 道格拉斯·C.蒙哥马利、伊丽莎白·A.派克、G.杰弗里·瓦伊宁：《线性回归分析导论（原书第5版）》，王辰勇译，机械工业出版社2016年版，前言，第1页。
⑤ 郝令昕、丹尼尔·奈曼：《分位数回归模型》，肖东亮译，载保尔·D.埃里森等：《高级回归分析》，格致出版社、上海人民出版社2011年版，第306页。
⑥ 罗伯特·安德森：《现代稳健回归方法》，李丁译，载保尔·D.埃里森等：《高级回归分析》，格致出版社、上海人民出版社2011年版，第127页。
⑦ 谢宇：《回归分析》，社会科学文献出版社2010年版，第49页。
⑧ 道格拉斯·C.蒙哥马利、伊丽莎白·A.派克、G.杰弗里·瓦伊宁：《线性回归分析导论（原书第5版）》，王辰勇译，机械工业出版社2016年版，第7页。

出,关于回归分析的功能,两者的看法基本一致。

通过以上简要回顾可知,回归分析推动了统计学领域的重大突破,被广泛应用于自然科学和社会科学。鉴于定量社会科学研究所关注的大量问题,均可通过恰当的回归分析及其扩展形式加以说明,因此,我们认为回归分析已经无可争议地成为通过数据理解社会的核心方法。

## 第二节 数据结构与数据分析

### 一、定量数据的结构与特征

数据是定量社会科学用来理解社会的重要媒介。在定量社会科学中最基本的数据格式为 $n×r$ 矩阵,$n$ 指观察值(样本)的数量,$r$ 是变量的数量。表1-1呈现了定量研究的基本数据结构。其中,每一行从左到右记录的是不同个体的若干属性,每一列从上往下记录的是不同属性(变量)的情况,列与行的交会点则记录了某一个体在某个变量上的取值。①

表1-1 定量研究的基本数据结构

| 样本代码 | 性别 | 年龄/岁 | 受教育年限/年 | 职业类型 |
|---|---|---|---|---|
| 1 | 1 | 56 | 12 | 2 |
| 2 | 2 | 32 | 18 | 1 |
| 3 | 2 | 41 | 15 | 4 |
| 4 | 1 | 29 | 13 | 3 |
| ⋮ | ⋮ | ⋮ | ⋮ | ⋮ |

在实际的研究中,常见的数据结构大体包括以下四种:

(1)横截面数据集(cross-sectional data),是指在给定时点对个人、家庭、企业、城市、州、国家或一系列其他单位采集的样本所构成的数据集。② "中国综合社会调查"(CGSS)和"美国综合社会调查"(GSS)都属于典型的横截面数据

---

① 李连江:《戏说统计:文科生的量化方法》,中国政法大学出版社2017年版,第88—89页。
② 杰弗里·M.伍德里奇:《计量经济学导论(第四版)》,费剑平译校,中国人民大学出版社2010年版,第6页。

集。表1-2以缩略的形式呈现了一个横截面数据集的基本结构,变量包括性别、年龄、受教育年限和职业类型,样本代码为每个样本的观测编号。

表1-2 横截面数据结构

| 样本代码 | 性别 | 年龄/岁 | 受教育年限/年 | 职业类型 |
|---|---|---|---|---|
| 1 | 1 | 56 | 12 | 2 |
| 2 | 2 | 32 | 18 | 1 |
| 3 | 2 | 41 | 15 | 4 |
| 4 | 1 | 29 | 13 | 3 |
| ⋮ | ⋮ | ⋮ | ⋮ | ⋮ |
| n | 1 | 40 | 16 | 5 |

（2）时间序列数据(time series data),是由一个或几个变量不同时间的观测值所构成的数据集。[①] 例如,统计年鉴数据汇编、股票价格变化数据、国内生产总值、消费者价格指数等,均属时间序列数据。表1-3呈现了一个时间序列数据的基本结构,与横截面数据的排列不同,时间序列数据通常对观测值按照时间的先后顺序进行排序。[②]

表1-3 时间序列数据结构

| 样本代码 | 年份 | 国内生产总值/亿元 | 失业率/% |
|---|---|---|---|
| 1 | 1990 | 1000 | 15.4 |
| 1 | 1991 | 1100 | 14.8 |
| 1 | 1992 | 1500 | 16.9 |
| 1 | 1993 | 2100 | 12.5 |
| ⋮ | ⋮ | ⋮ | ⋮ |
| 1 | 2020 | 3500 | 17.1 |

---

① 杰弗里·M.伍德里奇:《计量经济学导论(第四版)》,费剑平译校,中国人民大学出版社2010年版,第8页。

② 同上。

(3) 追踪数据(longitudinal data),又称作面板数据(panel data),是指在时间序列上取多个截面(或者可以说是多个时间序列的组合),在这些截面上同时选取样本观测值所构成的样本数据。或者说它是一个 $m×n$ 的数据矩阵,记载的是 $n$ 个时间节点上,$m$ 个对象的某一数据指标(见表 1-4)。例如,"中国家庭追踪调查"(CFPS)、"中国健康与营养调查"(CHNS)和"中国教育追踪调查"(CEPS)等都属于典型的追踪数据。追踪数据的基本结构可见表 1-4,其中样本代码取值相同者,代表的是同一个体,其他变量则是同一调查对象在不同时点上的属性。

表 1-4 追踪数据的数据结构

| 样本代码 | 年份 | 年龄/岁 | 受教育年限/年 | 职业类型 |
| --- | --- | --- | --- | --- |
| 1 | 1990 | 20 | 12 | 2 |
| 1 | 1991 | 21 | 12 | 1 |
| 1 | 1992 | 22 | 15 | 4 |
| 2 | 1990 | 18 | 9 | 3 |
| 2 | 1991 | 19 | 9 | 6 |
| 2 | 1992 | 20 | 9 | 3 |
| ⋮ | ⋮ | ⋮ | ⋮ | ⋮ |
| $n$ | 1990 | 28 | 16 | 7 |
| $n$ | 1991 | 29 | 16 | 6 |
| $n$ | 1992 | 30 | 16 | 5 |

(4) 混合横截面数据(pooled/repeated cross-sectional data),是多个横截面数据的组合(见表 1-5),但在每个横截面数据之间选取的样本并不相同,这也是混合横截面数据与追踪数据的差异所在。

表 1-5 混合横截面数据的数据结构

| 年份 | 样本代码 | 政治面貌 | 受教育年限/年 | 职业类型 |
| --- | --- | --- | --- | --- |
| 1985 | 1 | 0 | 12 | 2 |
| 1985 | 2 | 0 | 13 | 1 |

（续表）

| 年份 | 样本代码 | 政治面貌 | 受教育年限/年 | 职业类型 |
|------|---------|---------|--------------|---------|
| 1985 | 3 | 1 | 15 | 4 |
| ⋮ | ⋮ | ⋮ | ⋮ | ⋮ |
| 1990 | 1 | 0 | 9 | 3 |
| 1990 | 2 | 1 | 11 | 6 |
| 1990 | 3 | 1 | 13 | 3 |
| ⋮ | ⋮ | ⋮ | ⋮ | ⋮ |

## 二、统计与数据分析

统计（statistics）是我们用来分析数据和理解数据的方法，可以分为两大方面，即描述性统计和推断性统计。描述性统计（descriptive statistics）是指对数据进行整理、概括和计算的方法，用以了解数据的分布特征、规律、趋势以及变量之间的关系等；可进行单变量描述统计分析，也可进行多变量描述统计分析。科学的描述包含一些基本的特点：第一，描述包含推论。描述性工作的任务之一是从那些已经被观察到的事物中获取事实，去推论那些没有被观察到的事物中的信息。第二，通过科学的描述，区分观察事物中的系统性部分和非系统性部分。① 推断性统计（inferential statistics）亦称作统计推断，是根据样本的统计值（statistic）来估计总体参数（parameter）的过程（见图1-1）。对于单变量而言，推断性统计的内容主要包括两大范畴：一是参数估计，二是假设检验。而双变量和多变量的统计推断则是根据样本数据中变量之间的关系，推断总体层面上社会现象与社会现象之间的关系。这就涉及总体、样本和抽样的概念。

---

① 加里·金、罗伯特·基欧汉、悉尼·维巴：《社会科学中的研究设计》，陈硕译，格致出版社、上海人民出版社2014年版，第31页。

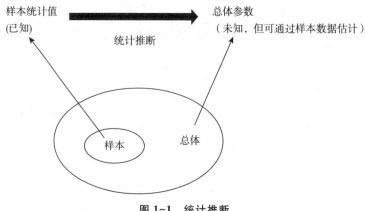

图 1-1 统计推断

总体(population)通常被定义为研究对象所有个体的排列。在社会科学研究中,最常见的总体是由社会中的某些个体组成的。在对目标总体进行界定时,通常包括总体中的某些要素单位和时间段。[①] 例如,当我们研究 2022 年全国 MBA(工商管理硕士)应届毕业生的收入情况时,2022 年全国所有 MBA 应届毕业生的集合就是我们研究的总体。再如,我们研究某省 18 岁以上城市居民的生活质量时,该省所有 18 岁以上城市居民就构成了我们的研究总体。

样本(sample)就是从总体中按一定方式抽出的一部分元素的集合,或者说是总体的一个子集。例如,当我们研究 2022 年全国 MBA 应届毕业生收入情况时,随机抽取 1000 个 MBA 应届毕业生进行调查,这 1000 个 MBA 应届毕业生就构成了全国 MBA 应届毕业生的一个样本。再如,我们研究全国中学生的教育期望时,随机抽取了 10 000 余名中学生,这 10 000 余名中学生就构成了全国中学生的一个样本。

抽样(sampling)是指从组成总体的所有元素的集合中,按照一定的方式选择或者抽出一部分元素(抽取总体的一个子集)的过程。或者说,抽样是按一定方式从总体中选择或抽出样本的过程。就抽样方法而言,可以分为概率抽样和非概率抽样。概率抽样是依据概率论的基本原理,按照随机原则进行抽样,因而它能够避免抽样过程中的人为误差,保证样本的代表性;而非概率抽样则不考虑抽样中的等概率原则,按照研究者的主观判断或是否方便来抽取

---

① 罗伯特·M. 格罗夫斯等:《调查方法》,邱泽奇译,重庆大学出版社 2016 年版,第 56 页。

对象,往往会产生较大误差,难以保证样本的代表性。因此,在大多数情况下,由概率抽样得到的样本可以推断总体状况,而非概率抽样则不能进行统计推断,常被用于探索性研究。

在社会研究中,抽样主要解决的是对象的选取问题,即如何从总体中选出一部分对象作为总体的代表的问题。一项社会研究若能对总体中的全部个体进行了解,固然很好,但在现实中却常常陷入时间、经费以及人力等匮乏的困境,从而不得不在庞大的总体和有限的时间、人力、经费之间寻求平衡。而抽样恰好解决了以上问题,抽样调查不仅比普查消耗更少的时间、成本相对较低,并且有代表性的样本数据也可以获得较为准确的统计推断结果,从而帮助研究者实现"由部分认识总体"的目标。

推断性统计就是根据样本的情况去推论总体的情况,主要包括参数估计和假设检验两部分。参数估计,即使用样本统计值来估计总体参数,可分为点估计与区间估计。点估计(point estimation)是用样本的统计值代表总体的参数值;而区间估计(interval estimation)是指在一定的可信度(置信水平)下,用根据样本统计值所计算得到的某个范围(置信区间)来估计总体的参数值。假设检验(hypothesis test)则是指使用样本计算得到的信息来验证关于总体的某个陈述或假设。我们常用的卡方检验、$t$ 检验、方差分析以及回归分析等,均属于假设检验的范畴。

## 第三节 变量类型及其相应的分析模型

在社会科学的调查研究中,通常需要对某些抽象的概念进行操作化,即测量。例如,地位、权力、声望和社会资本等均为抽象的概念,通常要对这些概念进行操作化,将其变成可以使用统计方法进行计算和分析的变量,从而架起现实与研究之间的桥梁。变量是定量研究中的一个核心概念,定量研究的语言就是变量与变量之间关系的语言。[1] 以下对变量的概念和类型进行简要介绍。

---

[1] 劳伦斯·纽曼:《社会研究方法——定性和定量的取向(第五版)》,郝大海译,中国人民大学出版社 2007 年版,第193 页。

变量(variable)是具有一个以上取值的概念,或者说是包括一个以上范畴的概念。性别、年龄、收入、民族等均为常见的变量。那些只有一个固定不变取值的概念,我们称之为常量。随机变量(random variable)是由随机实验的结果来决定其取值的变量。① 随机事件不论与数量是否直接有关,都可以数量化,即都能用数量化的方式加以表达。简单地说,随机变量是指随机事件的数量体现。随机变量具有两个重要属性:随机性和变异性。随机性即"不确定性",在社会科学中,这种不确定性主要来自两个方面:(1)由受访者个体行为或态度本身的不确定性导致;(2)来自群体中个体间的异质性,因随机取样而产生。②

就变量的分类而言,根据变量在因果分析中的位置和测量层次的不同,可有不同的分类方法。

首先,根据变量在因果分析中所处的位置,可分为自变量、因变量和控制变量。自变量(independent variable)也称解释变量,其取值的变化会导致其他变量的取值发生变化;因变量(dependent variable)也叫结果变量,其取值的变化受到自变量取值变化的影响;控制变量(control variable)则是指在实验和统计分析中除自变量以外所有影响因变量取值的变量。从统计的角度来看,自变量和控制变量并无实质不同,但在具体的研究实践中,自变量是研究者依据理论和研究兴趣重点考察对因变量有何影响的变量,而控制变量则是与自变量相关而且可能影响因变量的变量,控制变量不是研究考察的重点对象。只有有效控制了控制变量,才能获得对自变量更加准确无偏的估计值。

其次,根据变量测量方式或操作化方式的不同,可将变量分为定类变量、定序变量、定距变量和定比变量。

定类变量(nominal variable),也称作名称级变量,对应最低级别的测量等级。变量的取值(数字)只是一个代码,体现研究对象所属的类别和分类。例如,在社会科学研究中,对诸如性别、职业、婚姻状况、宗教信仰等特征的测量所得到的变量都是常见的定类变量。在定类变量中,变量取值没有数量上的意义,仅作为分类的标记。例如,在性别变量中,男性取值为1,女性取值为2,

---

① 谢宇:《回归分析》,社会科学文献出版社2010年版,第5页。
② 同上。

并不意味着女性在某些方面高于男性,数字的不同仅仅意味着类别的不同。定类变量又可分为二分类变量(即二项的类别变量,dichotomous variable)和多分类变量(multinomial variable),前面提及的性别即为二分类变量,而诸如职业类型、地区等三个或三个以上类别的变量则为多分类的定类变量。

定序变量(ordinal variable),也称作顺序级变量。定序变量除了具有分类的功能之外,还可以按某种特性将研究对象进行排序,区分高低等级或名次。定序变量可以按某种特征或标准将对象区分为强度、程度或等级不同的序列,数字大小仅表明顺序高低,间隔的大小则没有实际意义。例如,测量城市的规模,可将其分为特大城市、大城市、中等城市、小城市等,并对每个类别分别赋值,这只是一种由大到小的等级排列,但其数值和数值间隔大小没有实际意义。再如,以李克特量表测量的幸福感、满意度、获得感等,通常也是定序变量。

定距变量(interval variable),也称作间隔级变量。定距变量的取值不但可以进行排序,而且可以进行加减运算。数字的大小除了表示顺序高低,其间隔大小也有实际意义。需要特别注意的是,定距变量的取值虽然可以为0,但是这个0却不具备我们所熟悉的数学上的"0"的含义。典型的定距变量有温度,比如温度为0摄氏度,不表示没有温度,只是温度比较低而已。

定比变量(ratio variable),也称作比例级变量,对应最高级别的测量等级。定比变量除了具有定距变量的特征,还有一个绝对意义的零点,这个"0"的意义就是指"没有"。因此,定比变量既能进行加减运算,又能进行乘除运算。

为进一步说明这四种变量的差别,我们将其对应的四种测量等级的数学特征总结为表1-6。

表1-6 四种测量等级的比较和计算

| | 定类测量 | 定序测量 | 定距测量 | 定比测量 |
| --- | --- | --- | --- | --- |
| 类别 | √ | √ | √ | √ |
| 等级顺序 | | √ | √ | √ |
| 相等间距 | | | √ | √ |
| 绝对零点 | | | | √ |
| 运算法则 | =,≠ | >,< | +,− | +,−,×,÷ |

对于定距变量和定比变量，又可进一步分为连续型（continuous）变量和离散型（discrete）变量。连续型变量的取值，在理论上可以是任何一个数字，单位可以无限分割。例如，收入、身高、体重等。而离散型变量的取值，在理论上有一个不能分割的最小单位，而且只能取非负整数。家庭中的孩子数量、谈恋爱次数、某路段上个月发生的交通事故数量等，即为离散型变量的例子。离散型变量也被称为计数变量（count variable）。除此之外，我们将除连续型的定距-定比变量之外的变量定义为类别变量（亦称分类变量，categorical variable），包括定类变量、定序变量和离散型（计数）变量。

连续型变量也称作线性变量，估计它的模型称作线性回归模型（linear regression model，简称 LRM）。类别变量也称作非线性变量，分析它的模型统称为非线性回归模型（nonlinear regression model，简称 NLRM）。为了清晰地显示不同类型的因变量所对应的统计模型，我们将变量类型与模型类型的对应关系总结为表 1-7。

表 1-7 回归模型类型

| 因变量 | 分析模型 |
| --- | --- |
| 连续型变量 | 方差分析、最小二乘法（OLS）回归模型 |
| 二分类变量 | 线性概率模型<br>二分类 logit 回归模型<br>二分类 probit 回归模型 |
| 非次序多分类变量 | 多分类 logit 回归模型 |
| 次序多分类变量 | 定序 logit 回归模型<br>定序 probit 回归模型 |
| 离散型（计数）变量 | 泊松回归模型<br>负二项回归模型 |

在表 1-7 中，第一列为因变量类型，第二列是分析模型类型。当因变量为连续型变量时，可使用方差分析或最小二乘法回归模型（ordinary least squares regression model）等；当因变量为二分类变量时，可使用线性概率模型（linear probability regression model）、二分类 logit 回归模型（binary logit regression model）或二分类 probit 回归模型（binary probit regression model）；当因变量为非

次序多分类变量时,可使用多分类 logit 回归模型(multinomial logit regression model);当因变量是次序多分类变量时,可使用定序 logit 回归模型(ordinal logit regression model)或定序 probit 回归模型(ordinal probit regression model);对于离散型(计数)变量,则可使用泊松回归模型(poisson regression model)或负二项回归模型(negative binomial regression model)等。

## 第四节 本书概览

在应用或技术层面,社会科学定量研究的过程是社会调查、数据收集、数据管理与统计分析等多个方面的结合体,而无论是哪一个方面,都离不开工具——统计软件。本书应用 Stata 统计软件①进行数据分析,重点是回归分析。作为一款统计分析软件,Stata 包括内容丰富且可持续更新的内置分析方法,数据管理功能强大,并且具有用户编写命令的 Stata 程序语言开发功能,使用灵活方便,因此被广泛应用于计量经济学、社会学、政治学、心理学、生物统计学、公共卫生等学科和领域。而回归分析是社会科学定量研究方法中最基本的数据分析技术和应用最为广泛的工具,许多量化分析方法都可以通过回归加以表示,许多复杂的统计模型都是在回归分析的基础上发展而来的。② 本书将回归分析与 Stata 软件应用相结合,主要内容包括线性回归分析基础、一元线性回归、多元线性回归、多元关系类型、回归假定与回归诊断、常见的数据问题及解决方案、类别变量回归以及多层次线性回归等。我们希望本书能够为有兴趣从事定量社会科学研究的学生或青年学者提供一个内容较为全面而且容易上手的定量社会科学研究方法手册。

各章内容简介如下:

第一章介绍了社会现象的复杂性和社会科学的特殊性,指出定量社会科学研究的目标及其基本原理;简要介绍了定量社会科学研究中常见的数据类型和统计分析中的基本概念;最后介绍了变量概念、类型和测量等级,并对不

---

① 有兴趣的读者可以访问 Stata 软件的官方网站(www.stata.com)了解关于该软件的详细信息。
② 谢宇:《回归分析》,社会科学文献出版社 2010 年版,第 47 页。

同类型因变量的分析模型做了总结。

第二章对线性回归分析的基础知识进行简要的介绍。主要内容涉及抽样分布的基本概念、中心极限定理以及常用的统计分布,在此基础上,进一步介绍了参数估计、假设检验、$t$检验和方差分析等,从而为理解线性回归分析提供了必备的知识基础。

第三章主要讲解一元线性回归的原理及其在实际研究中的应用。主要内容围绕如何考察两个定距-定比变量之间的关系展开,即可视化(散点图和平滑线图)、数量化(协方差和相关系数)和一元线性回归。

第四章首先对因果关系进行回顾,介绍何为因果关系以及识别因果关系的基本原则和方法论基础,指出由于反事实问题的存在,个体层面的因果推断难以进行,故需引入统计分析方法。其次,对多元线性回归模型、多元回归中的统计推断与假设检验、自变量为类别变量的回归以及多元线性回归中的几个常用知识点进行讲解。

第五章在简要介绍虚假相关、关系链、抑制(遮蔽)变量和交互效应等常见的多元关系类型基础上,结合实例重点讲解中介效应和调节效应的原理、应用以及如何使用 Stata 从技术上实现。指出中介效应分析可以识别自变量与因变量之间关系的作用机制,而调节效应则通常用来检验"社会情境原理",即自变量与因变量之间的关系或强度在不同的结构情境下是否存在显著的差异。

第六章围绕回归假定和回归诊断展开。介绍线性回归的基本假定以及违背线性回归假定可能产生的后果,结合实例并使用 Stata 演示了回归诊断的基本方法以及处理不满足回归假定的常用策略。

第七章重点介绍定量社会科学研究中较为常见的数据问题、检验方法及其解决方案。我们认为在进行数据分析之前,需要对数据缺失、奇异值和共线性等数据问题进行诊断和处理,从而为得出更为可靠的研究结论提供保障。

第八章讨论因变量为二分类变量时常用的回归模型。社会科学研究中关注的许多因变量是二分类变量,故无法使用线性回归模型。为此,我们介绍了当因变量为二分类变量时常用的二分类 logit 模型和 probit 模型的原理、估计方法、检验方法以及回归系数的解释方式等内容。这两种模型能够克服线性概率模型的固有缺陷,因此被广泛用于实际的定量社会科学研究中。

第九章讲解当因变量为除二分类变量以外的其他类别变量时常用的回归模型,即因变量为定序变量时的定序 logit 回归模型、因变量为多分类变量的多分类 logit 回归模型以及因变量为离散型(计数)变量时常用的泊松回归模型和负二项回归模型等。对于以上每种模型,均结合实际的研究案例,对基本原理、Stata 实现以及模型解读进行了详细的介绍。

第十章分析应用于嵌套数据的多层次线性回归模型,依次讲解了方差成分模型、随机截距模型和随机系数模型等各种多层次模型的基本原理,并通过实例使用 Stata 展示了多层次模型在具体研究中的应用。最后指出,多层次模型已经发展成为一个内容丰富、体系完整的研究方法领域,值得深入学习和研究。

回归分析是本书的核心内容,将 Stata 软件应用于实际的回归分析研究实例是本书的一大特色。本书为定量社会科学爱好者和研究者提供"道"(回归分析)与"术"(Stata 软件应用)的支持,为进一步学习高层次的定量社会科学分析技术奠定坚实的基础。此外,本书使用由权威机构收集并已经公开的社会调查数据,通过诸多极具社会科学特色的研究实例,力图为读者提供一个如何进行定量社会科学研究的范本。

## ◆ 参考文献

罗伯特·安德森:《现代稳健回归方法》,李丁译,载保尔·D.埃里森等:《高级回归分析》,格致出版社、上海人民出版社 2011 年版。

陈希孺、王松桂:《近代回归分析——原理方法及应用》,安徽教育出版社 1987 年版。

陈希孺:《数理统计学简史》,湖南教育出版社 2002 年版。

罗伯特·M.格罗夫斯等:《调查方法》,邱泽奇译,重庆大学出版社 2016 年版。

郝令昕、丹尼尔·奈曼:《分位数回归模型》,肖东亮译,载保尔·D.埃里森等:《高级回归分析》,格致出版社、上海人民出版社 2011 年版。

加里·金、罗伯特·基欧汉、悉尼·维巴:《社会科学中的研究设计》,陈硕译,格致出版社、上海人民出版社2014年版。

李连江:《戏说统计:文科生的量化方法》,中国政法大学出版社2017年版。

陆铭:《把实证研究进行到底》,《经济学家茶座》2004年第4期。

道格拉斯·C.蒙哥马利、伊丽莎白·A.派克、G.杰弗里·瓦伊宁:《线性回归分析导论(原书第5版)》,王辰勇译,机械工业出版社2016年版。

劳伦斯·纽曼:《社会研究方法——定性和定量的取向(第五版)》,郝大海译,中国人民大学出版社2007年版。

斯蒂文·M.斯蒂格勒:《统计探源——统计概念和方法的历史》,李金昌等译,浙江工商大学出版社2014年版。

杰弗里·M.伍德里奇:《计量经济学导论(第四版)》,费剑平译校,中国人民大学出版社2010年版。

谢宇:《回归分析》,社会科学文献出版社2010年版。

谢宇:《社会学方法与定量研究(第二版)》,社会科学文献出版社2012版。

## ◆ 思考与练习

1. 如何理解定量社会科学研究的三个基本原理?

2. 为什么说回归分析是通过数据理解社会的最基础和最常用的统计方法之一?

3. 常见的数据结构有哪些类型?试举例说明。

4. 从《中国社会科学》或《社会学研究》中选择三篇定量研究论文,分别指出其研究总体、样本和采用的抽样方法。

5. 根据变量测量方式或操作化方式的不同,可将变量分为哪些类型?试结合2010年中国综合社会调查问卷举例说明。

# 第二章

# 线性回归分析基础

**本章提要**

本章对线性回归分析的基础知识进行简要介绍。具体而言,首先讲解了抽样分布的基本概念和中心极限定理,从而为从样本数据推断总体提供了理论依据,进而介绍了正态分布、标准正态分布、$t$ 分布以及 $F$ 分布等连续型变量的常用分布;其次,介绍了单变量均值的统计推断,包括参数估计(点估计和区间估计)和假设检验的原理、步骤,并结合实例介绍了单变量均值的 $t$ 检验;最后,介绍了双变量统计推断,内容涵盖均值的群体差异分析($t$ 检验和方差分析)。以上内容构成了线性回归分析的基础,为我们深入理解回归分析提供了必备的知识。

社会科学中的定量研究,大多通过抽样调查数据来回答研究者感兴趣的社会问题。那么,具体应当如何利用抽样调查数据科学地回答研究问题呢?分析的第一步应当是对感兴趣的变量的分布特征进行统计描述,并在此基础上对样本所代表的总体进行统计推断。

本章主要介绍线性变量的描述统计和推断。线性变量也称为连续型变量,即非离散型的定比变量。对这种变量进行描述统计,往往是用相应的统计指标来反映数据的集中趋势(central tendency)、离散趋势(dispersion tendency)以及分布特征(distribution tendency)等。一般情况下,可以通过均值(arithmetic mean)、中位数(median)和众数(mode)等指标反映数据的集中趋势,用方差(variance)、标准差(standard deviation)、四分位差(quartile deviation)和极差(range)等指标反映数据的离散趋势。

线性变量的统计推断,就是通过样本统计值对总体参数进行估计。本章着重介绍线性变量统计推断的基础、单变量均值的统计推断和均值的群体差异分析(双变量的统计推断)三方面内容,从而为后续的回归分析部分奠定基础。

## 第一节 线性变量统计推断基础

### 一、抽样分布和中心极限定理:用样本数据推断总体成为可能

要理解统计描述与统计推断的内容,首先需要对抽样分布的基本概念有所了解。鉴于在现实生活中经常无法得到关于总体的基本情况,因此通常需要观察一个从总体中抽取的样本。如果我们从一个总体中不断地重复抽取规模相同的样本,而从每个样本计算得到的特定统计值(如均值)就构成了一个分布,即抽样分布。需要注意的是,抽样分布不是特定变量的个体观察值的分布,而是根据从总体中抽取的多个随机样本所计算出来的统计值的分布。样本统计值与总体参数之间的误差,称为抽样误差。

试举一例。假设有一个个案数为 10 000 人的总体数据库,其中一个变量 $x$ 的取值是 0, 1, 2, 3, …, 9999。通过计算得到该变量的均值为 4999.50,标准差为 2886.896。如果对上述总体进行有放回简单随机抽样,抽取 10 个样本量为 100 的随机样本,通过计算我们能够得到每个随机样本的均值,分别为 5067.90, 5172.19, 5020.74, 4984.90, 5232.05, 4810.29, 4694.23, 5553.91, 5101.12 和 4561.99。[①] 可以发现,每一个随机样本计算得到的均值和总体的均值(4999.50)并不相同。例如,第一个样本的均值是 5067.90,与总体均值的差是 68.40 (5067.90−4999.50=68.40)。这个差别就是抽样误差,即随机抽样过程所导致的偏差。把以上 10 个随机样本的 $x$ 变量的均值放在一起,形成一个变量,其均值为 5019.932,标准差为 283.465,我们将这一变量所构成的分布称为抽样分布。

那么上述这一抽样分布究竟有何特征?它与总体的关系是什么?这涉及概率统计中的一个重要定理——中心极限定理。中心极限定理指出,对于一个均值为 $\mu$,标准差为 $\sigma$ 的总体,无论它本身是否服从正态分布,如果从总体中

---

[①] 因为是随机抽样,所以每次抽取的样本并不相同。正因如此,不同实验计算得到的样本均值会有差异。

第二章 线性回归分析基础

无限次有放回抽取样本量为 $n$ 的样本,那么随着 $n$ 的增大,样本均值的分布(即抽样分布)将服从均值为 $\mu$,标准差为 $\dfrac{\sigma}{\sqrt{n}}$ 的正态分布,即 $\bar{x} \sim N(\mu, \dfrac{\sigma^2}{n})$。

也就是说,我们从总体中抽取的任何一个样本,计算得到的均值都会落在这个正态分布当中。这个分布的均值就是总体的均值,标准差就是总体标准差除以样本量的算术平方根。而这正是每一个样本和总体之间的关系。另外,根据中心极限定理,每次抽取的样本的样本量 $n$ 越大,抽样分布的标准差(亦称为标准误差)$\dfrac{\sigma}{\sqrt{n}}$ 就越小(因为分子 $\sigma$ 不变,而分母 $\sqrt{n}$ 变大了)。抽样分布的标准差越小,意味着每次抽样得到的样本的均值距离总体的均值(分布的中心点)就越近,这表明抽取的样本就越能精确地代表总体的情况。

抽样分布和中心极限定理构成了统计推断的理论基础。抽样分布是由无数不同样本的统计量组成的理论上的概率分布,基于抽样分布,我们可将实际观测到的样本结果与其他所有可能的样本结果进行比较,从而建立起单一样本与总体之间的联系。① 根据中心极限定理可知,随着样本量的增大,均值的抽样分布服从正态分布。对于正态分布,我们知道68%的数据落在均值附近±1个标准差范围内,95%的数据落在均值附近±2个标准差范围内,而99.7%的数据则落在均值附近±3个标准差范围内。② 如果我们计算出来的样本均值不在上述范围内,则需怀疑假设的正确性。因此,只要我们采用的是随机抽样,就可依据抽样分布和中心极限定理,用样本的统计值来推测总体的状况。③ 正因如此,我们将抽样分布和中心极限定理视为统计推断的理论依据。

## 二、线性变量统计推断的抽样分布

当我们试图对总体数据进行描述时,通常首先会对这一总体的分布规律做出一定的假设,如假定年龄服从正态分布,这样就可以将描述总体的任务归结为对几个参数值的估计。比较常见的线性(连续型)变量的分布有正态分

---

① 谢宇:《回归分析》,社会科学文献出版社2010年版,第22页。
② 同上书,第23页。
③ 李沛良:《社会研究的统计应用(第二版)》,社会科学文献出版社2002年版,第136—137页。

布、标准正态分布、$t$ 分布和 $F$ 分布等,其中尤以正态分布最为重要和常用,正态分布在理论上和实践中都占有极为重要的地位。

## (一) 正态分布

正态分布(normal distribution),又称为高斯分布,是一条呈钟形的对称曲线(见图 2-1)。对于一个服从正态分布的连续型随机变量 $x$,其均值、众数和中位数相同,都在概率分布曲线的最高点上,其相对频率从中间向两端递减。该连续型随机变量 $x$ 的概率分布密度函数可以表示为

$$f(x) = \frac{1}{\sqrt{2\pi}\sigma} e^{-\frac{(x-\mu)^2}{2\sigma^2}} \tag{2-1}$$

也可记为 $x \sim N(\mu, \sigma^2)$。其中,$\mu$ 为均值,$\sigma^2$ 为方差。正态分布的形状由均值和标准差(方差)决定,也就是说不同的 $\mu$,不同的 $\sigma$,对应不同的正态分布。标准差越大,个体差异就越大,正态曲线就越矮阔;反之,标准差越小,个体差异就越小,正态曲线就越陡峭。此外,正态曲线下的面积也有一定的分布规律,例如约 95% 的个体的取值与均值的距离在正负 1.96 个标准差($\mu \pm 1.96\sigma$)之内,据此可对总体做出一些相应的推断。

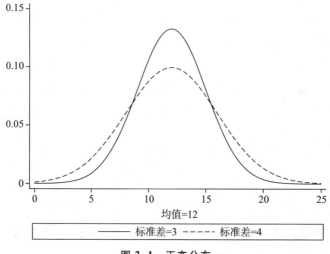

图 2-1 正态分布

正态分布是一个理论分布,在现实生活中有很多现象非常接近正态分布,例如人的智商、身高和体重等。正态分布是统计学中最普通,也是最常用的一

种分布。加之其与中心极限定理的关系,正态分布遂成为经典统计估计的重要基础。

### (二) 标准正态分布

标准正态分布(standard normal distribution, SND)是指均值为 0,标准差为 1 的正态分布。任何一个正态分布都可通过式 2-2 转换为标准正态分布:

$$Z = \frac{X-\mu}{\sigma} \qquad (2-2)$$

该变换被称为标准正态变换或 $Z$ 变换,因此,标准正态分布也被称为 $Z$ 分布。标准化变换和标准正态分布意义重大,因为在统计分析中经常需要计算曲线下的面积,有了上述变换,即可知道正态曲线下面积的分布规律,从而解决所有正态分布曲线下面积的计算问题。

### (三) $t$ 分布

在统计推断的过程中,通常只有样本的信息,总体是未知的。也就是说,不仅总体的均值是未知的,其标准差也是未知的。当总体的标准差未知时,估计的时候我们通常使用样本的标准差代替总体的标准差,但这样做会引入一个误差来源,因为样本的标准差和总体的标准差可能存在差异。如果样本数量较大时,使用 $Z$ 分布不会影响估计结论的准确性,但如果样本量较小时,使用 $Z$ 分布则会影响估计的精度。因此,我们通常使用 $t$ 分布对小样本的均值或比例进行估计。$t$ 值的计算公式如下:

$$t = \frac{\overline{X}-\mu}{s/\sqrt{n}} \qquad (2-3)$$

由式 2-3 可以看出,$t$ 值的计算方法与 $z$ 值的计算方法相同。因此,对于某一个特定的 $\overline{X}$,$t=z$。$t$ 分布与自由度有关联,$t = \frac{\overline{X}-\mu}{s/\sqrt{n}}$ 是一个自由度为 $n-1$($n$ 为样本量)的分布。如图 2-2 所示,与 $Z$ 分布相似,$t$ 分布也是一个呈钟形对称的曲线。但是与 $Z$ 曲线相比,$t$ 曲线更加平坦,即离散程度更高。因此,在相同的置信水平(即曲线覆盖的面积)下,$t$ 值要比 $z$ 值大。因为根据 $t$ 值计算所得到的置信区间更大,区间越大则意味着估计出错的概率越小。因此,对于小样本的数据,统计估计的时候使用 $t$ 分布是更加"保守"(不易出错)的策略。随着自由度(即样本量)的增加,$t$ 曲线逐渐接近 $Z$ 曲线。如表 2-1 所示,当样本量到达 500 左右的时候,$t$ 分布和 $Z$ 分布趋同,相同置信水平对应的 $t$ 值和 $z$ 值基本一致。由此看来,如果对大样本(例如大于 500)的数据进行统计推断,使用 $t$ 分布和 $Z$ 分布的结果是一致的,但是对于小样本的数据而言,使用 $t$ 分布进行统计推断则更加稳妥,不易出错。正因如此,为了便利起见,大多数统计软件默认使用 $t$ 分布进行检验,包括本书使用的 Stata 软件。

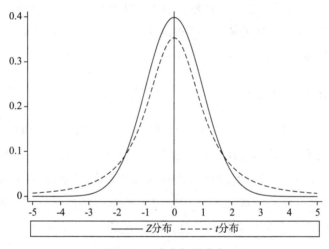

图 2-2  $t$ 分布与 $Z$ 分布

表 2-1  $t$ 值与 $z$ 值的比较

| 置信水平 | $z$ | $t$(d.f. = 10) | $t$(d.f. = 100) | $t$(d.f. = 500) |
| --- | --- | --- | --- | --- |
| 95% | 1.96 | 2.228 | 1.984 | 1.965 |
| 99% | 2.58 | 3.169 | 2.623 | 2.577 |

注:括号内为自由度。

### (四) $F$ 分布

两个随机变量 $x$ 和 $y$ 服从 $\chi^2$ 分布且相互独立,$x$ 和 $y$ 分别除以各自的自由度并求其比值,该比值作为随机变量服从 $F$ 分布。[①] $F$ 分布有两个自由度,自由度的大小决定 $F$ 分布的形状。由图 2-3 可以看出,$F$ 分布是非对称的,$F$(横坐标)值为非负值。关于 $F$ 值的计算以及 $F$ 分布的性质,在本章第三节方差分析部分将有更为详细的介绍,在此不再赘述。

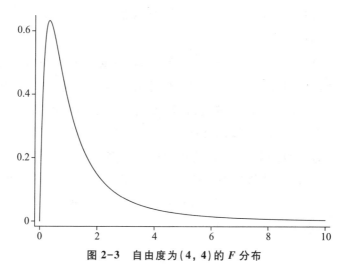

图 2-3　自由度为 (4,4) 的 $F$ 分布

上述关于抽样分布的概念、中心极限定理以及线性(连续型)变量常用的几个抽样分布,构成了线性变量统计推断的基础。具备上述知识后,我们就可进一步学习统计推断的相关内容,进而为学习回归分析做好准备。

## 第二节　单变量均值的统计推断

单变量均值的统计推断包括参数估计和假设检验两种常用的方法,两者角度不同,但检验过程和结论完全一致。其中,参数估计涉及点估计和区间估计;假设检验部分则简要介绍了假设检验的步骤,并使用实例讲解了单变量均值的 $t$ 检验。

---

[①] 谢宇:《回归分析》,社会科学文献出版社 2010 年版,第 26 页。

## 一、参数估计

参数估计,即从总体中抽取一个随机样本,然后使用样本的统计值来估计总体参数的过程。用于估计总体参数的样本估计量,如样本均值、样本比例、样本方差等都被称作估计量,估计量的具体数值称作估计值。参数估计包括点估计和区间估计。

在通过估计量推断总体参数时,涉及准确度(accuracy)和精确度(preciseness)两个原则。其中,准确度用于衡量估计值准确与否,例如样本均值与总体参数基本一致,既不偏高也不偏低;精确度用于衡量估计值是否接近总体参数,即抽样分布(多个样本的均值构成的分布)方差的大小。若估计值的分布集中分布于总体参数的周围,则称估计的可靠性高。另外,参数估计中的一致性是指样本量越大,估计值越来越接近总体参数。图2-4呈现了准确度与精确度的关系。从中我们可以看出,准确度高,精确度可能高,也可能低;同样,准确度低,精确度可能高,也可能低。

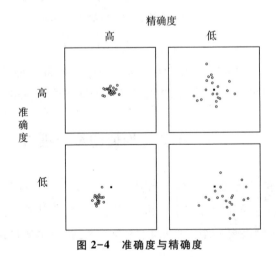

图 2-4 准确度与精确度

### (一) 点估计

点估计就是根据样本统计量确定总体参数的一个数值。常用的点估计包括使用样本均值($\bar{x}$)估计总体均值($\bar{X}$ 或 $\mu$),使用样本的标准差($s$)估计总体的标准差($\sigma$)以及使用样本的比例($p$)估计总体的比例($P$ 或 $\pi$)等。

由于抽样误差的存在,直接用样本统计值(均值、比例)来估计总体的特征可能会出现偏差,因此,参数估计更常使用区间估计的方法。与点估计相比,区间估计能够提供更多关于总体特征的信息(见图 2-5)。

图 2-5 点估计与区间估计

## (二)区间估计

区间估计就是通过统计推断找到包括样本统计量在内(或以统计量为中心)的一个区间,即通过有限的样本,估计出未知参数以多大的概率在某一区间内取值。根据样本均值分布的特点,该区间被认为包含总体参数。该区间也被称为置信区间(confidence interval,CI)。置信区间的最小值称为置信下限,最大值称为置信上限。置信水平($1-\alpha$),即总体参数落入某一区间的概率,也可表述为"准确估计"的信心。而 $\alpha$ 则被称为错误水平,常用的置信水平有 95%、99% 和 99.9%,与之对应的错误水平则分别为 5%(0.05)、1%(0.01)和 0.1%(0.001)。

计算置信区间的通用公式为

$$\text{点估计值} \pm \text{关键值} \times \text{标准误差} \tag{2-4}$$

其中,点估计值是样本统计值(均值、比例等),关键值则是根据抽样分布和置信水平决定的一个固定值 $Z_{\alpha/2}$,标准误差是抽样分布的标准差 $\dfrac{\sigma}{\sqrt{n}}$。

根据中心极限定理可知,样本均值的分布服从正态分布,即 $\bar{x} \sim N(\mu, \dfrac{\sigma}{\sqrt{n}})$。因此,均值的置信下限和上限分别为

$$\left(\bar{x} - Z_{\alpha/2}\dfrac{\sigma}{\sqrt{n}},\ \bar{x} + Z_{\alpha/2}\dfrac{\sigma}{\sqrt{n}}\right) \tag{2-5}$$

如果总体标准差未知,则以样本标准差($s$)代替总体标准差,计算置信区间的公式则变为

$$(\bar{x}-Z_{\alpha/2}\frac{s}{\sqrt{n}},\ \bar{x}+Z_{\alpha/2}\frac{s}{\sqrt{n}}) \qquad (2-6)$$

表2-2列出了常用的置信水平($1-\alpha$)、错误水平 $\alpha$、$\alpha/2$ 和 $Z_{\alpha/2}$ 的取值。

表2-2 置信水平、错误水平和常用关键值 $Z_{\alpha/2}$

| 置信水平($1-\alpha$) | 错误水平 $\alpha$ | $\alpha/2$ | $Z_{\alpha/2}$ 的取值 |
| --- | --- | --- | --- |
| 90% | 0.10 | 0.05 | 1.64 |
| 95% | 0.05 | 0.025 | 1.96 |
| 99% | 0.01 | 0.005 | 2.58 |
| 99.9% | 0.001 | 0.0005 | 3.56 |

图2-6则呈现了95%的置信区间下,置信水平和错误水平之间的关系以及关键值取值、置信上限与置信下限等信息。

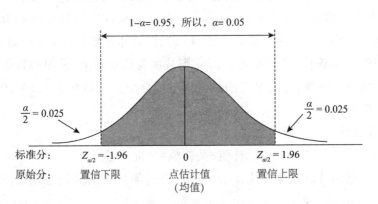

图2-6 95%的置信区间

由均值置信区间的计算公式可以看出:在置信水平相同的情况下,样本量越大,置信区间越小;在样本量相同的情况下,置信水平越高,置信区间越大。置信区间范围越大,意味着总体均值落在其间的可能性越大,估计正确的概率就越大(即犯错的可能性越小),但估计的精确度也越小;置信区间越小,估计的精确度就越大,但估计错误的概率也越大。

## 第二章 线性回归分析基础

如前所述,如果是小样本的统计推断,更适合使用比较"保守"(不易出错)的 $t$ 分布,那么小样本计算置信区间的公式就是

$$\left(\bar{x}-t_{\alpha/2}\frac{s}{\sqrt{n}},\ \bar{x}+t_{\alpha/2}\frac{s}{\sqrt{n}}\right) \quad (2-7)$$

我们可以使用 Stata 软件的计算命令求得 $t_{\alpha/2}$ 的值。如果我们已知样本量为 100,置信水平为 95%,那么求 $t_{\alpha/2}$ 的 Stata 命令及结果如下:

```
. dis invttail(100-1, 0.025)
1.984217
```

把计算得到的数字代入式 2-7,即可求得置信区间。然后,我们根据这个从样本数据计算出来的特定变量的均值的置信区间,对该变量在总体层面的均值进行统计推断。对置信区间通用的解释是:总体的均值有 95%(置信水平)的可能性落在这个区间内。或者换一种解释的方式:有 95% 的信心认为总体的均值在这个区间内。我们通过下面的例子讲解如何根据公式计算置信区间以及 Stata 计算置信区间的命令。

【例 2-1】 打开 cgss2010s3000.dta 数据,已知:变量为个人去年全年总收入(ytincome,单位:元)。问:2010 年中国居民的平均年收入是多少?

我们首先根据公式来进行计算。使用描述统计的命令 summary(可简写成 sum)得到收入变量的基本描述统计指标,包括样本量、均值和标准差等。可以发现,从样本中计算得到的样本统计值(均值)为 16 486.42 元,这就是点估计值。因为抽样误差的存在,如果直接用这个数字下结论"2010 年中国居民的平均年收入为 16 486.42 元",可能存在偏差,故我们通过区间估计来判断。

```
. sum ytincome
```

| Variable | Obs | Mean | Std. Dev. | Min | Max |
| --- | --- | --- | --- | --- | --- |
| ytincome | 2,605 | 16486.42 | 24019.91 | 0 | 300000 |

依据式 2-6(使用 $Z$ 分布)或式 2-7(使用 $t$ 分布),计算全年总收入 95% 的置信区间。因为收入变量的有效样本量是 2605,是一个超过 500 的大样本,所以 $Z$ 分布和 $t$ 分布是一样的,即对应的关键值 $Z_{\alpha/2}$ 和 $t_{\alpha/2}$ 是一样的,均为 1.96 (95% 的置信水平)。具体计算步骤如下:

```
. dis 24019.91/sqrt(2605)
470.61689

. dis 16486.42-1.96*470.61689
15564.011

. dis 16486.42+1.96*470.61689
17408.829
```

以上结果显示,全年总收入95%的置信区间为[15 564,17 409],这表明我们有95%的信心认为,2010年中国居民(总体层面)的平均年收入处于15 564元至17 409元之间,或2010年全体中国居民的平均年收入有95%的概率是在[15 564,17 409]这个区间中的任何一个数字。这个结论虽然没有点估计值那么"精准",但较不可能出现错误估计的情况,起码可以保证95%的概率是正确的。

上面是根据置信区间的计算公式手动求解,Stata软件有直接计算置信区间的命令:ci means。如前所述,Stata软件默认使用$t$分布进行估计。具体命令如下:

```
. ci means var, level(#)
```

在上述命令中,var是数据库中的变量名,逗号后面的level(#)是设定置信水平(Stata软件默认的置信水平是95,即95%)。如上面的例子,我们求95%置信水平的置信区间,Stata命令和输出结果如下:

```
. ci means ytincome, level(95)
```

| Variable | Obs | Mean | Std. Err. | [95% Conf. Interval] |
|---|---|---|---|---|
| ytincome | 2,605 | 16486.42 | 470.6169 | 15563.59    17409.24 |

输出结果显示了样本量、变量的均值、标准误(即收入变量的均值除以样本量的开方根),最右边显示了95%置信水平的置信区间。可以发现,这里的结果与我们前面根据公式手算的结果是一致的。如果我们将置信水平换成99%,命令和输出结果如下:

```
. ci means ytincome, level(99)
```

| Variable | Obs | Mean | Std. Err. | [99% Conf. Interval] |
|---|---|---|---|---|
| ytincome | 2,605 | 16486.42 | 470.6169 | 15273.3    17699.53 |

## 第二章 线性回归分析基础

可以发现,置信水平越高,置信区间的跨度越大。这表明如果要有更强的准确估计的信心,需要更大的区间。或者说,如果区间的跨度越大,我们准确估计总体的信心越足。

Stata 软件中的 ci means 命令是基于数据库的变量进行区间估计,而有些时候,我们没有可供分析的数据库,但是如果知晓样本量、均值和标准差这三个指标,我们可以使用 cii means 命令(cii 命令比前面的 ci 命令多了一个 i)进行区间估计,具体的命令写法如下:

. cii means obs mean sd, level(#)

其中,obs 是样本量,mean 是变量的均值,sd 是变量的标准差。如上面的例子,如果我们没有数据库,只知道上面三个指标对应的数字(有效样本量为2605,均值为 16 486.42,标准差为 24 019.91),那么可以通过下面的命令快速求得置信区间:

. cii means 2605 16486.42 24019.91, level(95)

| Variable | Obs | Mean | Std. Err. | [95% Conf. Interval] |
|---|---|---|---|---|
| | 2,605 | 16486.42 | 470.6169 | 15563.6   17409.24 |

### 二、假设检验:单个线性变量均值的统计推断

对于线性变量而言,参数估计(区间估计)是根据样本统计值和抽样分布的特征计算出一个置信区间,从而推理未知的总体参数有多大的可能性(置信水平)落在这个区间内。但有时候统计推断可从另外一个角度或思路来进行,即我们先有某个关于总体参数的假定,然后通过收集并分析抽样数据来验证这个假定是否成立,这个过程或思路我们称为假设检验。我们可以通过以下的例子来理解假设检验的含义和程序。

我们先设想这样一个场景。假定你是一个高端保健品生产公司的质量监控经理,你们工厂新引进一条装配线,对保健品进行分装,每盒重量是 500 克。如果分装的重量不准,就需要调整装配线。由于装配量巨大,通常不可能去检查每一盒的重量,那么可行的策略就是随机抽取一定数量的产品进行检查,然后根据样品的平均重量是否等于 500 克来决定是否需要调整装配线。上述过

程就已经展示了一个标准的假设检验的基本流程,即首先有一个关于总体参数的假定或陈述,即所有保健品的平均重量是 500 克,然后通过抽取随机样本,计算样本统计值并结合抽样分布的特征来验证该假定是否成立。

从定义上来说,统计学意义上的假设检验,也称作显著性检验,指的是利用样本统计值对关于总体参数的假设进行评估检验的方法和程序,通过样本的数据检验关于总体的假设是否成立。

在进行假设检验时,首先要提出两个相互对立的关于总体的假设,即原假设和备择假设。原假设(null hypothesis)通常是一个关于"没有显著差异"的陈述,记为 $H_0$。备择假设(alternative hypothesis)是与原假设相互排斥的对立假设,即"有显著差异"的陈述,记为 $H_a$。原假设可以根据样本统计量被拒绝或不被拒绝:若原假设被拒绝,则备择假设可以得到验证;若原假设未被拒绝,则备择假设不能得到验证。

假设检验通常可以归纳为如下五个步骤:

(1)建立假设。先根据研究问题提出原假设 $H_0$ 以及与其对立的备择假设 $H_a$。假设检验的核心目的,就是在这两个都有可能成立的假设之间进行统计决策,确定何为其中更有可能成立的一个。

(2)收集数据,计算样本统计值。

(3)根据抽样分布($t$ 分布)计算关键值。包括分布横坐标的 $t$ 值及其在分布中的两端对应的面积($P$ 值)。计算 $t$ 值的公式前文有讲,此处不再赘述。

(4)选择显著性水平($\alpha$),并比较 $P$ 值和 $\alpha$。按照统计学的传统和惯例,通常将显著性水平设为 0.05、0.01 和 0.001。将计算得到的概率值($P$)与 $\alpha$ 值或 $\alpha/2$ 值进行比较。如果 $P \leq \alpha$,那我们就拒绝原假设,备择假设被证实;反之,如果 $P > \alpha$,我们就不能拒绝原假设,备择假设则无法被证实。$P$ 值越小,拒绝原假设的证据就越充分。

(5)得出结论并做出解释。

需要注意的是,原假设只能被拒绝,而不能被接受。如果我们计算的 $P$ 值大于特定的 $\alpha$ 值,这表明我们"没有足够的证据拒绝原假设",而不能说"可以接受原假设"。

在假设检验中还有一个需要说明的问题就是检验的方向问题,这里涉及

## 第二章 线性回归分析基础

两个概念:单尾检验(one-sided test)和双尾检验(two-sided test)。如果备择假设是以单向形式描述的,则对原假设的检验就为单尾检验。如果研究的问题需要考察假设是否发生了变化,但并不考虑发生变化的方向,此时通常使用更为保守和稳妥的双尾检验。双尾检验和单尾检验的假设可以表示为

双尾检验: $\quad H_0: \mu = \mu_0$ 或 $\mu - \mu_0 = 0 \quad$ (2-8)

$\quad H_a: \mu \neq \mu_0$ 或 $\mu - \mu_0 \neq 0 \quad$ (2-9)

左尾检验: $\quad H_0: \mu \geq \mu_0$ 或 $\mu - \mu_0 \geq 0 \quad$ (2-10)

$\quad H_a: \mu < \mu_0$ 或 $\mu - \mu_0 < 0 \quad$ (2-11)

右尾检验: $\quad H_0: \mu \leq \mu_0$ 或 $\mu - \mu_0 \leq 0 \quad$ (2-12)

$\quad H_a: \mu > \mu_0$ 或 $\mu - \mu_0 > 0 \quad$ (2-13)

为了加深对假设检验的理解,我们以例 2-2 来演示一个单变量均值假设检验(即 $t$ 检验)的基本流程。

【例 2-2】 一个工厂出厂的螺栓的直径标准是 30mm,产品检验员要检验一个车间出产的螺栓是否符合标准。他从该车间随机抽取了 100 枚螺栓,计算得到这 100 枚螺栓的平均直径是 29.84mm,标准差为 0.8。问:这个车间出产的螺栓是否符合标准?请根据上述假设检验的步骤回答该问题。

首先,建立原假设和备择假设。

$H_0$:整个车间生产的螺栓直径均值 = 30mm,即该车间生产的螺栓符合标准。

$H_a$:整个车间生产的螺栓直径均值 $\neq$ 30mm,即该车间生产的螺栓不符合标准。

其次,在已知样本均值为 29.84mm、样本标准差为 0.8 的基础上,计算关键值:

$$t = \frac{\overline{X} - \mu}{s/\sqrt{n}} = \frac{29.84 - 30}{0.8/\sqrt{100}} = \frac{-0.16}{0.08} = -2.0$$

在 Stata 中可使用如下命令,根据 $t$ 值计算出相应的 $P$ 值为 0.0482:

```
. dis 2*ttail(99, 2)
.04823969
```

其中,括号中的 99 为自由度,2 为根据前面公式计算得来的 $t$ 值。之所以乘以 2,是根据我们的原假设和备择假设判断这是一个双尾检验,而且 $t$ 分布是均值为 0 的对称分布,所以要将两端的面积(概率)加起来。

若选择 $\alpha=0.05$ 的显著性水平,则 $P=0.0482<\alpha$,表明我们有足够的证据拒绝原假设,因此备择假设被证实,即生产的螺栓不符合标准。

我们也可使用 Stata 的 ttesti 命令进行检验,该命令的语法结构如下:

```
. ttesti obs mean sd val, level(95)
```

其中,obs 为样本量,mean 为均值,sd 为标准差,val 为待检验的某个常数。逗号后面选项 level(#) 括号内为置信水平,如 level(95) 代表的是 95% 的置信水平,其对应的显著性水平为 0.05。

使用上述命令,重新对例 2-2 进行检验,结果如下:

```
. ttesti 100 29.84 0.8 30, level(95)
```

One-sample t test

|   | Obs | Mean | Std. Err. | Std. Dev. | [95% Conf. Interval] |  |
|---|---|---|---|---|---|---|
| x | 100 | 29.84 | .08 | .8 | 29.68126 | 29.99874 |

```
    mean = mean(x)                                            t =  -2.0000
Ho: mean = 30                                degrees of freedom =       99

    Ha: mean < 30              Ha: mean != 30              Ha: mean > 30
 Pr(T < t) = 0.0241       Pr(|T| > |t|) = 0.0482       Pr(T > t) = 0.9759
```

上面显示了 Stata 软件执行 $t$ 检验命令后输出的结果。上部显示了样本量、均值、标准误(标准差除以样本量的开方根)、标准差以及置信水平为 95% 的置信区间。中部则显示了原假设 ($H_0$:mean=30),$t$ 值(-2.0000)和自由度(99)。下部显示的是对应的三个检验结果($t$ 值所对应的抽样分布中尾部的概率值),分别是左尾检验(左边)、双尾检验(中间)和右尾检验(右边)。例 2-2 的假设检验属双尾检验,因此我们只需关注备择假设 $H_a$:mean!=30 的检验情况即可,计算出 $P=0.048\ 2<0.05$,故我们可以拒绝原假设,备择假设得到验证,即该车间生产的螺栓的均值不等于 30mm(不符合标准)。Stata 输出的结果与

前面我们手动计算的结果完全一致。

就参数估计与假设检验之间的关系而言,我们认为二者实质一致,但角度有所不同。所谓实质一致是指,如果我们在 $\alpha$ 的显著性水平上拒绝原假设,即是说置信区间不包含总体参数的概率为 $\alpha$,或者说置信区间包含总体参数的概率为 $1-\alpha$。角度不同,即参数估计是使用样本统计量估计总体参数的方法,先看样本情况,然后判断总体情况;而假设检验是先对总体参数提出一个假设,然后利用样本信息检验该假设是否成立。如例 2-2,Stata 软件执行 $t$ 检验命令输出的结果(上部)显示了依据样本数据计算出来的置信区间为 [29.681 26, 29.998 74],可以发现总体均值(30 mm)并没有落入根据样本计算出来的置信区间内,这证明了从抽样调查的结果来看,这个车间生产的螺栓没有达到要求的标准(30 mm)。而这和我们前面双尾假设检验的结果是完全一致的。假如从样本调查数据计算出来的区间包含了总体的均值,那么假设检验的结果就不会有足够的证据拒绝原假设(即计算出来的 $t$ 值对应的百分比会大于 0.05)。

我们再举一个现实的例子。自 1986 年开始施行的《中华人民共和国义务教育法》规定"国家实行九年义务教育"。我们的问题是:我国居民的平均受教育年限是否等于九年? 我们可以使用中国综合社会调查 2010 年的抽样调查数据对此问题予以回答。

【例 2-3】 打开 cgss2010s3000.dta 数据,已知:变量为受教育年限(educ_y,单位:年)。问:2010 年我国居民的平均受教育年限是否等于《中华人民共和国义务教育法》要求的九年?

首先,提出原假设和备择假设。

$H_0$:2010 年全国居民的平均受教育年限为九年。

$H_a$:2010 年全国居民的平均受教育年限不等于九年。

其次,使用 Stata 命令 ttest 进行检验。该命令的基本语法结构如下:

```
. ttest var = value, level(#)
```

以上命令中,var 为待检验的变量名(在本例中为 educ_y),value 为待检验的固定值(本例中为 9),level(#)为置信水平。如果是 level(95),则代表 95%的置信水平,其对应的显著性水平则为 0.05。

检验命令及结果如下:

```
. ttest educ_y=9, level(95)

One-sample t test

Variable |    Obs       Mean    Std. Err.   Std. Dev.   [95% Conf. Interval]

  educ_y |  2,996    8.93024    .0802178    4.390779    8.772953    9.087528

    mean = mean(educ_y)                                         t =  -0.8696
Ho: mean = 9                                    degrees of freedom =    2995

    Ha: mean < 9                 Ha: mean != 9                 Ha: mean > 9
 Pr(T < t) = 0.1923         Pr(|T| > |t|) = 0.3846        Pr(T > t) = 0.8077
```

以上显示了 Stata 软件执行 $t$ 检验命令后输出的结果。上部显示了样本量、均值、标准误、标准差以及置信水平为 95% 的置信区间。中部显示了原假设($H_0$:mean=9),$t$ 值(−0.8696)和自由度(2995)。下部显示的是对应的三个检验结果($t$ 值所对应的抽样分布中尾部的概率值),分别是左尾检验(左边)、双尾检验(中间)和右尾检验(右边)。例 2-3 的假设检验为双尾检验,故我们只需关注中间的备择假设 $H_a$:mean!=9 的检验情况,Stata 计算的 $P=0.3846>0.05$,因此我们不能拒绝原假设,即我们可以认为 2010 年全国居民的平均受教育年限达到九年。

## 第三节 均值群体差异的统计推断

### 一、$t$ 检验:两个群体的均值差异检验

使用抽样数据检验两个总体(如男性和女性,城市和农村)的均值是否存在显著差异,$t$ 检验是最常用的方法之一。

根据统计推断的目的,$t$ 检验可以分为三种具体形式。如果将样本所代表的总体均值和一个假定的均值进行对比,此即单样本 $t$ 检验;如果考察两个样本所在的总体其均值是否相同,则应该使用两个独立样本的 $t$ 检验;如果研究设计比较特殊,数据实际上是成对出现的配对数据,则需使用配对 $t$ 检验,否则将严重浪费数据信息,并得出错误的结论。其中,第一种情况已在假设检

验部分介绍,以下将主要介绍两个总体的均值差异检验和配对样本的均值差异检验。

### (一) 检验两个总体的均值差异

在检验两个总体的均值差异时,首先假设两个总体的均值分别为 $\mu_1$ 和 $\mu_2$,标准差为 $\sigma_1$ 和 $\sigma_2$。从两个总体中随机抽取两个样本(样本量均大于30),样本均值分别为 $\bar{x}_1$ 和 $\bar{x}_2$。为检验两总体均值是否相同,可提出相应的原假设和备择假设:

$$H_0: \mu_1 = \mu_2 \text{ 或 } \mu_1 - \mu_2 = 0 \qquad (2-14)$$

$$H_a: \mu_1 \neq \mu_2 \text{ 或 } \mu_1 - \mu_2 \neq 0 (双尾检验) \qquad (2-15)$$

$$H_a: \mu_1 < \mu_2 \text{ 或 } \mu_1 > \mu_2 (单尾检验) \qquad (2-16)$$

在进行两总体均值差异检验时,有如下基本假定:

首先,两个总体所对应的两个样本为独立抽取,即样本具有独立性。

其次,抽样分布的均值为 $\mu_1 - \mu_2$,标准误差为 $\sqrt{\dfrac{\sigma_1^2}{n_1} + \dfrac{\sigma_2^2}{n_2}}$;而通常总体标准差未知,故用样本标准差替代,即 $\sqrt{\dfrac{s_1^2}{n_1} + \dfrac{s_2^2}{n_2}}$。

在提出原假设与备择假设后,根据以下公式计算 $t$ 值:

$$t = \dfrac{\bar{x}_1 - \bar{x}_2}{\sqrt{\left(\dfrac{s_1^2}{n_1} + \dfrac{s_2^2}{n_2}\right)}} \qquad (2-17)$$

根据式 2-17 得到的 $t$ 值计算相应的 $P$ 值,Stata 中根据 $t$ 值和自由度计算 $P$ 值的命令如下:

(1)进行单尾检验时,命令为

. dis ttail (n1+n2-2,t)

(2)进行双尾检验时,命令为

. dis 2*ttail(n1+n2-2,t)

其中,n1 和 n2 指样本量,$t$ 是根据式 2-17 计算得来的值。

如果计算结果小于或等于 0.05(即 $P\leq 0.05$),则拒绝原假设;否则,不能拒绝原假设。

我们以例 2-4 来演示检验两个总体均值差异的过程。

【例 2-4】 已知男性和女性的样本量、收入均值和标准差(见表 2-3),通过样本数据检验男性和女性收入是否存在显著差异。

表 2-3 平均收入的性别比较

| 性别 | 样本量 | 样本收入均值/美元 | 标准差 |
| --- | --- | --- | --- |
| 女性 | 46 | 10.29 | 0.8766 |
| 男性 | 54 | 10.06 | 0.9051 |

为检验男性和女性收入是否存在差异,可提出原假设和备择假设如下:

$H_0:\mu_1=\mu_2$,即男性和女性的收入在总体均值上没有差异。

$H_a:\mu_1\neq\mu_2$,即男性与女性的收入在总体均值上存在差异。

根据样本量、样本均值和方差计算 $t$ 值:

$$t=\frac{\bar{x}_1-\bar{x}_2}{\sqrt{(\frac{s_1^2}{n_1}+\frac{s_2^2}{n_2})}}=\frac{10.29-10.06}{\sqrt{(\frac{0.8766^2}{46}+\frac{0.9051^2}{54})}}=1.2882$$

然后根据 $t$ 值计算 $P$ 值,在 Stata 中输入命令:dis 2*ttail(46+54-2,1.2882),计算结果为 0.20070961,远大于 0.05,因此不能拒绝原假设,即不能拒绝男性和女性的收入在总体均值上没有差异的原假设。

除了以上计算方法,在 Stata 软件中也可通过 ttesti 命令直接进行 $t$ 检验,具体的命令写法如下:

. ttesti obs1 mean1 sd1 obs2 mean2 sd2, unequal

其中,obs1、mean1、sd1 和 obs2、mean2、sd2 分别为两个样本的样本量、均值和标准差;逗号后面的 unequal 选项表明在统计推断的时候,不做"两个总体的方差相同"的假定。Stata 软件的命令及输出的结果如下:

## 第二章 线性回归分析基础

```
. ttesti 46 10.29 0.8766 54 10.06 0.9051, unequal

Two-sample t test with unequal variances

              Obs      Mean     Std. Err.   Std. Dev.    [95% Conf. Interval]
        x      46      10.29     .1292476      .8766      10.02968    10.55032
        y      54      10.06     .1231685      .9051       9.812955   10.30704
combined      100    10.1658     .0895055     .8950548     9.988202    10.3434
     diff              .23      .1785369                  -.1243758    .5843758

     diff = mean(x) - mean(y)                                   t =   1.2882
Ho: diff = 0                        Satterthwaite's degrees of freedom =  96.3662

     Ha: diff < 0               Ha: diff != 0                Ha: diff > 0
 Pr(T < t) = 0.8996          Pr(|T| > |t|) = 0.2007        Pr(T > t) = 0.1004
```

Stata 输出结果的上部显示了两个样本的样本量、均值、标准误、标准差和置信区间;两个样本合并(combined)之后的上述统计值;两者差异(diff)的均值、标准误和置信区间。中部显示了原假设和计算出来的 $t$ 值(与前面根据公式手算的结果完全一致)。下部显示了 $t$ 检验的结论($P$ 值),包括双尾检验的结论(中间)和单尾检验(两侧)的结论。可以发现,无论是双尾检验(中间)还是单尾检验(两侧),统计结果均不显著($P$ 值都大于 0.05),因此无法拒绝原假设,即不能拒绝男性和女性的收入在总体均值上没有差异的假设。

如果假定两个总体的方差完全相同($\sigma_1^2 = \sigma_2^2$),即这两个总体实际上是同一个正态分布总体时,从该总体中分别进行样本量为 $n_1$ 和 $n_2$ 的随机抽样,则样本均值的差值也服从正态分布,其均值为 0,标准差为

$$\sigma_{\bar{x}_1-\bar{x}_2} = \sqrt{\left(\frac{\sigma_1^2}{n_1} + \frac{\sigma_2^2}{n_2}\right)} = \sqrt{\sigma^2\left(\frac{1}{n_1} + \frac{1}{n_2}\right)} \tag{2-18}$$

但是,和单样本 $t$ 检验时的情况相似,$\sigma_{\bar{x}_1-\bar{x}_2}$ 在计算中也需要使用总体标准差 $\sigma$,但在实际工作中它常常是未知的,因此能够使用的仅仅是两个样本的标准差 $s_1$ 和 $s_2$,此时相应的合并标准误差计算公式为

$$s_p^2 = \left(\frac{n_1-1}{n_1+n_2-2}\right)s_1^2 + \left(\frac{n_2-1}{n_1+n_2-2}\right)s_2^2 = \frac{(n_1-1)s_1^2 + (n_2-1)s_2^2}{n_1+n_2-2} \tag{2-19}$$

将该总体方差估计值代入公式,可得到相应的样本均值标准差的估计值。此外,如果两个样本所在总体的标准差相同,则标准化后的差值应当服从自由度为 $(n_1-1)+(n_2-1)$ 的 $t$ 分布,即

$$t = \frac{\bar{x}_1 - \bar{x}_2}{\sqrt{s_p^2 \left(\frac{1}{n_1} + \frac{1}{n_2}\right)}} \qquad (2-20)$$

【例 2-5】 已知男性和女性样本的样本量、收入均值和标准差(见表 2-4)。假定总体方差相等,请通过样本数据检验男性和女性收入是否存在显著差异。

表 2-4 平均收入的性别比较

| 性别 | 样本量 | 样本收入均值/美元 | 标准差 |
| --- | --- | --- | --- |
| 女性 | 57 | 9.68 | 1.0550 |
| 男性 | 51 | 10.32 | 0.9461 |

为检验男性和女性收入是否相同,我们可以提出如下假设:

$H_0: \mu_1 = \mu_2$,即男性和女性的收入在总体均值上没有差异。

$H_a: \mu_1 \neq \mu_2$,即男性与女性的收入在总体均值上存在差异。

根据样本量、样本均值和方差计算 $t$ 值:

$$t = \frac{\bar{x}_1 - \bar{x}_2}{\sqrt{s_p^2 \left(\frac{1}{n_1} + \frac{1}{n_2}\right)}} = \frac{9.68 - 10.32}{\sqrt{\frac{50 \times 0.946^2 + 56 \times 1.055^2}{57 + 51 - 2} \times \left(\frac{1}{51} + \frac{1}{57}\right)}} = -3.30$$

然后根据 $t$ 值计算出 $P$ 值,输入命令:dis 2*ttail(57+51-2,3.30),计算结果为 0.00131753,小于 0.05,因此可以拒绝原假设,支持备择假设,即男性与女性的收入在总体均值上存在显著差异,男性的平均收入高于女性。

我们也可以使用 Stata 中的 ttesti 命令进行验证,该命令的语法结构为

. ttesti obs1 mean1 sd1 obs2 mean2 sd2

其中,obs1、obs2 分别为两个样本的样本数,mean1、mean2 为样本均值,sd1、sd2 是样本的标准差。命令及结果如下:

## 第二章 线性回归分析基础

```
. ttesti 57 9.68 1.0550 51 10.32 0.9461

Two-sample t test with equal variances
```

|          | Obs | Mean     | Std. Err. | Std. Dev. | [95% Conf. Interval] |           |
|----------|-----|----------|-----------|-----------|----------------------|-----------|
| x        | 57  | 9.68     | .1397382  | 1.055     | 9.400071             | 9.959929  |
| y        | 51  | 10.32    | .1324805  | .9461     | 10.05391             | 10.58609  |
| combined | 108 | 9.982222 | .1010972  | 1.050633  | 9.781809             | 10.18264  |
| diff     |     | -.64     | .1937314  |           | -1.024091            | -.2559086 |

```
    diff = mean(x) - mean(y)                                  t =  -3.3035
Ho: diff = 0                              degrees of freedom =      106

    Ha: diff < 0                 Ha: diff != 0                 Ha: diff > 0
 Pr(T < t) = 0.0007        Pr(|T| > |t|) = 0.0013        Pr(T > t) = 0.9993
```

与前面手算的结果相同($t=-3.3035$)。拒绝男性和女性的收入在总体均值上没有差异的原假设,故支持男性与女性的收入在总体均值上存在差异的备择假设,即(在总体层面上)男性和女性的平均收入有显著的差异(双尾检验),或男性的平均收入显著高于女性(单尾检验)。

如果有可供分析的数据库,则可以使用 Stata 软件的 ttest 命令进行检验。该命令的常规写法如下:

```
. ttest var, by(group)
```

var 代表数据库中被检验的因变量(线性),by 后面括号中是关于群体的变量,这个变量是一个二项的类别变量(取值只有两个),如性别、是否来自城镇、是否就业等。如果超过两类,则无法执行该命令。我们以例 2-6 来演示上述命令的使用方法。

**【例 2-6】** 打开 cgss2010s3000.dta 数据,已知:变量为受教育年限(educ_y,单位:年)、性别(sex,男=1,女=2)。问:2010 年中国居民的受教育年限是否存在性别差异?

为检验教育获得的性别差异,我们可以提出原假设和备择假设:

$H_0: \mu_1 = \mu_2$,即男性和女性的受教育年限在总体均值上没有差异。

$H_a: \mu_1 \neq \mu_2$,即男性与女性的受教育年限在总体均值上存在差异。

对均值差的检验分为方差相等和方差不相等两种情况,因此我们首先需要对方差是否相等进行检验。检验命令及结果如下：

`. sdtest educ_y, by(sex)`

Variance ratio test

| Group | Obs | Mean | Std. Err. | Std. Dev. | [95% Conf. Interval] | |
|---|---|---|---|---|---|---|
| 男 | 1,426 | 9.590463 | .1040525 | 3.929272 | 9.38635 | 9.794575 |
| 女 | 1,570 | 8.330573 | .1184362 | 4.692822 | 8.098263 | 8.562883 |
| combined | 2,996 | 8.93024 | .0802178 | 4.390779 | 8.772953 | 9.087528 |

```
    ratio = sd(男) / sd(女)                              f =    0.7011
Ho: ratio = 1                          degrees of freedom = 1425, 1569

    Ha: ratio < 1              Ha: ratio != 1              Ha: ratio > 1
 Pr(F < f) = 0.0000        2*Pr(F < f) = 0.0000       Pr(F > f) = 1.0000
```

以上 Stata 输出结果的上部与 $t$ 检验中的上部完全一致，中部显示了原假设、$f$ 值和自由度等，下部为备择假设的检验情况。因为我们关注的是男女两个总体的方差是否相等，属双尾检验，所以我们只需看 $H_a$：ratio!=1 的检验结果即可。计算出的 $P=0.0000<0.05$，故拒绝原假设，备择假设得到验证，即男性和女性总体受教育年限的方差不相等。

以上检验结果表明，方差不相等，所以我们需要在 $t$ 检验的命令后加上 unequal 选项。检验命令及结果如下：

`. ttest educ_y, by(sex) unequal`

Two-sample t test with unequal variances

| Group | Obs | Mean | Std. Err. | Std. Dev. | [95% Conf. Interval] | |
|---|---|---|---|---|---|---|
| 男 | 1,426 | 9.590463 | .1040525 | 3.929272 | 9.38635 | 9.794575 |
| 女 | 1,570 | 8.330573 | .1184362 | 4.692822 | 8.098263 | 8.562883 |
| combined | 2,996 | 8.93024 | .0802178 | 4.390779 | 8.772953 | 9.087528 |
| diff | | 1.25989 | .1576516 | | .9507723 | 1.569007 |

```
    diff = mean(男) - mean(女)                              t =   7.9916
Ho: diff = 0                    Satterthwaite's degrees of freedom =   2974.6

    Ha: diff < 0               Ha: diff != 0                Ha: diff > 0
 Pr(T < t) = 1.0000         Pr(|T| > |t|) = 0.0000       Pr(T > t) = 0.0000
```

以上 Stata 输出结果的上部显示了男性、女性、男女合并样本的样本量、受教育年限的均值、标准误、标准差和置信区间;男性样本和女性样本两者差异的有关受教育年限的均值、标准误和置信区间。中部则显示了原假设、$t$ 值和经过校正后的自由度。下部则显示了三个备择假设(即左尾、双尾和右尾)的检验情况。因本例为双尾检验,故我们只需关注备择假设 $H_a: \text{diff}\,!=0$ 的检验情况即可。因为计算出的 $P=0.0000<0.05$,所以我们可以拒绝原假设,备择假设得到验证,即男性与女性的受教育年限在总体均值上存在显著差异(即不相等)。我们可以进一步考察右尾检验的情况。右尾检验的备择假设是 $H_a:\text{diff}>0$(男性的平均受教育年限高于女性),计算出的 $P=0.0000<0.05$,所以我们可以拒绝原假设,该备择假设得到验证,即男性的平均受教育年限高于女性。综上,2010 年我国居民的教育获得存在性别差异,且男性的平均受教育年限高于女性。

### (二)配对样本的均值比较

在很多科学研究中,常采用配对设计来评估某种干预(treatment)方案的效果。例如,同一群受试者被干预前后的数据或同一样本接受两种不同干预后的数据。在上述配对设计得到的样本数据中,第一种情况的研究目的是检验干预方案是否有效,如果干预前和干预后的数据(均值)存在明显差异,则表明使用的干预方案是有效果的。这种配对样本的统计推断经常用于政策评估研究。第二种情况的研究目的是检验两种干预方案的效果差异,例如两种不同药品治疗效果的比较等。当配对设计所测量到的数据为连续型变量时,配对 $t$ 检验就是常用的统计推断方法。

配对 $t$ 检验的基本原理就是为每对数据求差值:如果两种处理实际上没有差异,则差值的总体均值应当为 0;反之,如果两种处理有差异,差值的总体均值就应当和 0 有显著的差别。这样,通过检验该差值总体均值是否为 0,就可以得知两种处理有无差异,即两个变量的差异可以被当作一个连续型变量来处理:

$$x_d = x_1 - x_2 \tag{2-21}$$

$$\bar{x}_d = \frac{1}{n}\sum(x_1 - x_2) \tag{2-22}$$

$$s_d^2 = \frac{\sum (x_1 - x_2 - x_d)^2}{n-1} \tag{2-23}$$

$$se(\bar{x}_d) = \frac{s_d}{\sqrt{n}} \tag{2-24}$$

上述公式中,$x_1$ 和 $x_2$ 为两个配对的变量,$x_d$ 是两者相减后得到的变量。通过检验 $x_d$ 变量的均值是否显著不等于 0,即可得到结论。可以看出,配对样本 $t$ 检验过程的功能实际上和单样本 $t$ 检验过程是一样的(等价于已知总体均值为 0 的情况)。我们使用例 2-7 对配对样本的 $t$ 检验进行介绍。

**【例 2-7】** 打开 cgss2010s3000.dta 数据,已知:变量为父亲受教育年限(feduy,单位:年)、母亲受教育年限(meduy,单位:年)。问:2010 年中国居民父亲和母亲的教育获得是否有所不同?

为检验父亲和母亲的受教育年限是否有显著差异,可以提出原假设与备择假设:

$H_0: \mu_1 - \mu_2 = 0$,即父亲和母亲的受教育年限没有差异。

$H_a: \mu_1 - \mu_2 \neq 0$,即父亲与母亲的受教育年限存在差异。

我们可以直接使用 Stata 软件中的 $t$ 检验命令进行检验:

```
. ttest feduy=meduy

Paired t test
```

| Variable | Obs | Mean | Std. Err. | Std. Dev. | [95% Conf. Interval] | |
|---|---|---|---|---|---|---|
| feduy | 2,852 | 4.996143 | .0869498 | 4.643479 | 4.825652 | 5.166634 |
| meduy | 2,852 | 3.147616 | .0792494 | 4.232246 | 2.992224 | 3.303008 |
| diff | 2,852 | 1.848527 | .0652162 | 3.482812 | 1.720652 | 1.976403 |

```
    mean(diff) = mean(feduy - meduy)                      t =  28.3446
Ho: mean(diff) = 0                   degrees of freedom =     2851

Ha: mean(diff) < 0         Ha: mean(diff) != 0         Ha: mean(diff) > 0
Pr(T < t) = 1.0000       Pr(|T| > |t|) = 0.0000        Pr(T > t) = 0.0000
```

由检验结果可知,父亲的平均受教育年限为 4.996 年,母亲的平均受教育年限为 3.148 年,父亲的平均受教育年限比母亲长 1.848 年,并且统计结果显著。因此,可以拒绝原假设,备择假设得到验证,即父亲与母亲的受教育年限存在显著差异(双尾检验的结论),且父亲的平均受教育年限高于母亲(单尾检验的结论)。

或者,如果我们将 feduy 和 meduy 两个变量相减后得到一个新的变量 d_eduy,并检验新生成变量的均值是否为 0,可以获得完全一致的检验结果。命令及检验结果如下:

```
. gen d_eduy=feduy-meduy
(148 missing values generated)

. ttest d_eduy=0

One-sample t test

Variable      Obs        Mean     Std. Err.    Std. Dev.    [95% Conf. Interval]

 d_eduy      2,852    1.848527    .0652162    3.482812     1.720652    1.976403

    mean = mean(d_eduy)                                      t =  28.3446
Ho: mean = 0                                   degrees of freedom =     2851

    Ha: mean < 0              Ha: mean != 0              Ha: mean > 0
 Pr(T < t) = 1.0000       Pr(|T| > |t|) = 0.0000       Pr(T > t) = 0.0000
```

## 二、方差分析:多群体均值差异的统计推断

$t$ 检验可以对单变量均值或两个群体的均值差异进行统计推断,但无法直接检验多个群体之间均值的差异。例如,区域、城市级别、学历、职业等类别变量多为两类以上,如果坚持使用 $t$ 检验的方法,则需分开来进行两两比较,这种方法显然比较低效。对于多群体均值差异的统计推断,我们推荐另外一种方法——方差分析。方差分析不仅可以进行多群体的均值比较,而且可以提供更加丰富的统计信息,例如组间差异和组内差异的构成等,这些信息是学习线性回归分析的重要基础。

方差分析(analysis of variance,简称 ANOVA),即使用抽样数据检验两个以上总体的均值之间是否存在差异。在统计检验方面,方差分析同属于假设检验的范畴,原假设是总体层面上每一个群体的均值相同,即没有差异。如果至少有两个群体的均值有差异(备择假设),则可以拒绝原假设。

表 2-5 呈现了方差分析的基本架构。假定我们将总体分成 $k$ 组,对应的样本同样分成 $k$ 组,因为总体是未知的,所以需要通过分析样本数据来估计总体。

表 2-5 方差分析的基本架构

|  | 均值 | 方差 | 标准差 | 样本量 |
| --- | --- | --- | --- | --- |
| 总体 1 | $\mu_1$ | $\sigma_1^2$ | $\sigma_1$ | — |
| 总体 2 | $\mu_2$ | $\sigma_2^2$ | $\sigma_2$ | — |
| ⋮ | ⋮ | ⋮ | ⋮ | ⋮ |
| 总体 k | $\mu_k$ | $\sigma_k^2$ | $\sigma_k$ | — |
| 样本 1 | $\overline{x}_1$ | $S_1^2$ | $S_1$ | $n_1$ |
| 样本 2 | $\overline{x}_2$ | $S_2^2$ | $S_2$ | $n_2$ |
| ⋮ | ⋮ | ⋮ | ⋮ | ⋮ |
| 样本 k | $\overline{x}_k$ | $S_k^2$ | $S_k$ | $n_k$ |
| 样本整体 | $\overline{X}$ | $S^2$ | $S$ | $N$ |

方差分析的基本原理是将被检验变量(线性变量)的变异程度(总变差 $SS_t$)进行量化并分解,一部分是被分组解释了的变异(组间变差 $SS_m$),另一部分是没有被分组解释的变异(残差 $SS_r$,亦称作组内变差),即

$$SS_t = SS_m + SS_r \tag{2-25}$$

其中,总变差(total variation, $SS_t$)是指分组之前的因变量的差异程度,根据所有个体与总体均值($\overline{X}$)之间的偏差的平方和计算得到,公式为

$$SS_t = \sum (x_i - \overline{X})^2 \tag{2-26}$$

因为计算方差($S^2$)的公式为($N$ 为分组之前的总样本量)

$$S^2 = \frac{\sum (x_i - \overline{X})^2}{N-1} \tag{2-27}$$

所以计算总变差的公式也可以写作

$$SS_t = (N-1)S^2 \tag{2-28}$$

残差(residual variation, $SS_r$)也被称作未被分组解释的变差或组内变差(within group variation),即分组之后每一组内部个体与组内均值之间的偏差的平方和,计算公式为

$$SS_r = (n_1-1)s_1^2 + (n_2-1)s_2^2 + \cdots + (n_k-1)s_k^2 \tag{2-29}$$

其中 $n_1, \cdots, n_k$ 为每一组的样本量,$s_1^2, \cdots, s_k^2$ 为每一组的方差。

模型变差(model variation，$SS_m$)是指被分组解释的因变量的变差,也称为组间变差(between-group variation),计算公式为

$$SS_m = SS_t - SS_r \tag{2-30}$$

或

$$SS_m = n_1(\bar{x}_1 - \bar{X})^2 + n_2(\bar{x}_2 - \bar{X})^2 + \cdots + n_k(\bar{x}_k - \bar{X})^2 \tag{2-31}$$

其中,$\bar{x}_1, \cdots, \bar{x}_k$为每一组内部的均值,$\bar{X}$为未进行分组的所有样本的均值。

根据总变差、模型变差和残差三个概念及其相互关系,可以发现,模型变差越大,组与组之间的差别就越大,而组内的差异相应就越小,这也意味着分组可以解释越大的总变差的比例。在此涉及决定系数$R^2$的概念,即模型变差占总变差的比例,其计算公式为

$$R^2 = \frac{SS_m}{SS_t} \tag{2-32}$$

由式2-32可以看出,决定系数是组间变差占总变差的比例。决定系数越大,表明组间差异越大。

如前所述,方差分析的目的是检验总体层面上,组与组之间的均值是否存在差异。如果模型变差为0,即分组没有解释任何总变差的部分,这就意味着组与组之间的均值没有差异;反之,如果模型变差不为0,表明均值确实存在组间差异。具体而言,方差分析的原假设和备择假设分别如下:

$H_0: \mu_1 = \mu_2 = \cdots = \mu_k$,即每一组的均值都是相同的。

$H_a$:至少有两组的均值有显著差异。

与检验两个群体均值差异的$t$检验不同,方差分析的抽样分布是$F$分布,因此检验的关键值为$F$值($F$分布横坐标上的某个特定值)及其对应$F$分布右端的概率($P$值)。如果计算得到的$P$值小于或等于常用的显著性水平(如0.05),则表明统计显著,即有足够的证据拒绝原假设,备择假设得到验证;反之,如果$P$值大于0.05,则不能拒绝原假设,故不支持备择假设。$F$值的计算公式为

$$F(k-1, N-k) = \frac{SS_m/(k-1)}{SS_r/(N-k)} \tag{2-33}$$

根据上述公式,$SS_m$是模型变差,$SS_r$是残差,$k$指代分组的数量,$N$是总样本

量。该 $F$ 分布有两个自由度,分别为 $k-1$ 和 $N-k$。

根据图 2-7 可以发现,$F$ 分布具有如下性质:

(1) $F$ 分布是非对称的分布曲线(偏正态分布),$F$ 值为非负数(0 到正无穷大)。

(2) $F$ 分布有两个自由度。

(3) 自由度的大小决定了 $F$ 分布的形状。随着自由度的增大,$F$ 分布趋于对称。

(4) $F$ 检验是单尾检验,若检验统计量落在相应检验水平所确定的拒绝域内(即 $F$ 值对应的分布右端的 $P$ 值小于常用的显著性水平),即有理由拒绝原假设并支持备择假设;反之,则不能拒绝原假设。

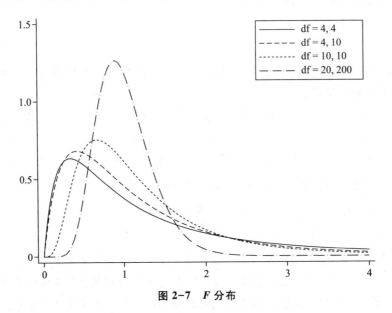

图 2-7 $F$ 分布

一般而言,应用方差分析时,数据应当满足以下条件:(1) 观察对象是来自各分组之下的独立随机抽样;(2) 每个分组所对应的总体应当服从正态分布。以上条件本质上与 $t$ 检验的适用条件相同。

下面我们通过一个实际例子来讲解方差分析的过程以及使用 Stata 软件进行方差分析的命令。

【例 2-8】 打开 cgss2010s3000.dta 数据,已知:变量为体重(weight,单位:

斤)、地区(region,东部=1,中部=2,西部=3)。问:2010年中国居民的平均体重是否存在地区差异?

为检验体重是否存在显著的地区差异,可提出如下原假设与备择假设:

$H_0:\mu_1=\mu_2=\mu_3$,平均体重在地区间没有差异,即东、中、西部居民的平均体重相同。

$H_a$:平均体重至少在两个地区间存在差异。

首先,我们可以使用Stata命令获得所有样本以及三个地区样本的体重的基本描述统计指标:

```
. tab region, sum(weight)
```

| 地区 | Summary of a14. 您目前的体重是(斤) | | |
|---|---|---|---|
| | Mean | Std. Dev. | Freq. |
| 东部 | 127.21094 | 23.522061 | 1,152 |
| 中部 | 120.14479 | 21.993995 | 1,181 |
| 西部 | 116.49774 | 20.923243 | 663 |
| Total | 122.05474 | 22.770269 | 2,996 |

从上面的描述统计结果可以发现,所有样本(最后一行)的体重的均值为122斤,标准差为22.77,共有2996个有效个案。分地区样本的描述结果显示东、中、西部样本的平均体重分别为127斤、120斤、116斤。从样本数据来看,三个地区的平均体重是有差别的,但要从这个样本的数据推论全国范围内平均体重的地区差异情况,就要使用方差分析的方法进行统计推断。

结合上面的描述统计结果和公式我们可以计算得到总变差(式2-28)、模型变差(式2-31)和残差(式2-29)的数值。

总变差$SS_t$:

```
. dis (2996-1)*(22.770269^2)
1552863
```

模型变差$SS_m$:

```
.dis 1152*(127.21094-122.05474)^2+1181*(120.14479-122.05474)^2+663*
 (116.49774-122.05474)^2
55409.317
```

残差 $SS_r$：

```
. dis (1152-1)*(23.522061)^2+(1181-1)*(21.993995)^2+(663-1)*(20.923243)^2
1497453.8
```

根据以上三个数字和计算 $F$ 值的公式 2-33，即可获得 $F$ 值：

```
. dis (55409.317/(3-1))/(1497453.8/(2996-3))
55.374024
```

然后可以计算得到上述 $F$ 值对应 $F$ 分布右端的面积（$P$ 值）：

```
. dis %10.9f Ftail(2, 2993, 55.374)
0.000000000
```

$P$ 值几乎为 0（即拒绝原假设犯错误的概率几乎为 0），小于 0.05，表明我们有足够的证据拒绝原假设（即在全国范围内，2010 年中国居民的平均体重不存在地区差异），备择假设（即至少有两个地区居民的平均体重有显著差异）得到验证。

我们可以直接在 Stata 软件中通过方差分析命令 oneway 获得检验的结果。oneway 命令的通用写法是

```
. oneway y x
```

其中，$y$ 是指被检验的线性变量（本例为体重变量 weight），$x$ 是分组的类别变量（本例中为地区变量 region）。本例方差分析命令及结果如下：

```
. oneway weight region

                        Analysis of Variance
    Source              SS         df      MS            F      Prob > F
Between groups      55409.2934      2    27704.6467     55.37    0.0000
 Within groups      1497453.73   2993    500.318653

    Total           1552863.02   2995    518.485149

Bartlett's test for equal variances:  chi2(2) =  12.3326  Prob>chi2 = 0.002
```

上述 Stata 软件输出的方差分析结果，包含了方差分析的主要元素，包括总变差（SS Total）、模型变差（SS Between groups）和组内变差（SS Within groups）三个方差成分，自由度，$F$ 值以及对应的 $F$ 分布的 $P$ 值（右上角）。其结果和我们前面根据公式手算的结果完全一致。其中最后一行的结果是关于三个

地区体重的方差是否存在显著差异的检验(卡方检验),显著的检验结果($P=0.002<0.05$)表明至少两个地区居民的平均体重存在显著差异。

Stata 还有另外一个命令可以进行方差分析检验:anova。命令的通用写法与 oneway 一致。用 anova 命令进行方差分析的输出结果如下:

```
. anova weight region
```

|  | Number of obs = | 2,996 | R-squared | = | 0.0357 |
|---|---|---|---|---|---|
|  | Root MSE     = | 22.3678 | Adj R-squared = | | 0.0350 |

| Source | Partial SS | df | MS | F | Prob>F |
|---|---|---|---|---|---|
| Model | 55409.293 | 2 | 27704.647 | 55.37 | 0.0000 |
| region | 55409.293 | 2 | 27704.647 | 55.37 | 0.0000 |
| Residual | 1497453.7 | 2,993 | 500.31865 | | |
| Total | 1552863 | 2,995 | 518.48515 | | |

可以发现,使用 oneway 命令和 anova 命令输出的 $F$ 值和对应的 $P$ 值的结果完全一样。比较而言,anova 命令提供了更多的信息,包括决定系数(R-squared)、调整后的决定系数(Adj R-squared)和均方根误差(Root MSE)。这些信息的含义,我们将在第三章一元线性回归部分进行详细的解释。

上例方差分析中用于分组的类别变量有三类,我们再举一个用于分组的类别变量为四类的方差分析实例,以便深入理解方差分析。

【例 2-9】 打开 cgss2010s3000.dta 数据,已知:变量为身高(height,单位:厘米)、教育程度(level,小学或以下=1,初中=2,高中职高技校=3,大专或以上=4)。问:不同教育程度个体的身高是否有差异?

我们使用 Stata 软件的 oneway 命令进行统计检验,并在命令的后面加上 tab 选项(用逗号隔开),以展示不同教育程度群体的身高的基本描述统计指标,输出结果如下:

```
. oneway height level, tab
```

| 教育程度 | Summary of a13. 您目前的身高是(厘米) | | |
|---|---|---|---|
| | Mean | Std. Dev. | Freq. |
| 小学或以下 | 161.33633 | 7.5367669 | 1,002 |
| 初中 | 164.51423 | 7.4256553 | 949 |
| 高中职高技校 | 165.69779 | 7.4350026 | 589 |
| 大专或以上 | 167.42384 | 7.3497671 | 453 |
| Total | 164.12362 | 7.7644178 | 2,993 |

```
                        Analysis of Variance
    Source              SS          df         MS              F        Prob > F

Between groups       14322.7147      3      4774.23822        85.94      0.0000
Within groups        166053.545    2989      55.554883

    Total            180376.26     2992     60.2861831

Bartlett's test for equal variances:   chi2(3) =    0.4583   Prob>chi2 = 0.928
```

从基于样本数据获得的描述统计的结果来看，不同教育程度的个体的身高是有差别的，教育程度越高的人，平均身高越高。而方差分析的结果显示是显著的（$P=0.0000<0.05$），表明在全国范围内，至少有两个不同教育程度的群体的平均身高有显著差异。

如前所述，$t$ 检验无法直接检验多个（超过两个）群体的均值差异，故使用方差分析来进行检验，但是方差分析却可以检验两个群体的均值差异。如例 2-6 关于受教育年限的性别差异的例子，如果我们使用方差分析进行检验，其命令及结果如下：

```
. oneway educ_y sex, tab

              Summary of 受教育年限（年）
   a2. 性别      Mean      Std. Dev.      Freq.

      男      9.5904628   3.9292721      1,426
      女      8.3305732   4.6928225      1,570

    Total    8.9302403   4.3907788      2,996

                         Analysis of Variance
    Source              SS          df         MS              F        Prob > F

Between groups       1186.15745      1      1186.15745        62.80      0.0000
Within groups        56554.2628    2994      18.8891993

    Total            57740.4202    2995     19.2789383

Bartlett's test for equal variances:   chi2(1) =   46.5739   Prob>chi2 = 0.000
```

上述检验的原假设和备择假设是：

$H_0: \mu_1 = \mu_2$，即男性和女性的受教育年限在总体均值上没有差异。

$H_a: \mu_1 \neq \mu_2$，即男性与女性的受教育年限在总体均值上存在差异。

如前所述，方差分析的备择假设是"至少有两组的均值有显著差异"。因为此处用于分组的类别变量为性别，只有两类，故该处的备择假设可以写为上述形式。检验结果发现,$F$ 检验的 $P$ 值几乎为 0,表明我们有充分的证据拒绝原假设,备择假设得到证实,即在全国范围内,男性和女性的平均受教育年限是有明显差异的。这和我们前面 $t$ 检验的结论完全一致。在检验两个群体均值差异的研究中,$t$ 检验和方差分析($F$ 检验)的区别是在统计推断的时候,选择了不同的抽样分布。

本章内容,无论是中心极限定理和抽样分布,还是具体的统计推断方法,如参数估计(区间估计)和假设检验($t$ 检验和方差分析)等,都是我们理解线性回归模型的基础,充分理解和熟练掌握本章的原理和具体方法,有助于深入理解和熟练掌握后续关于线性回归模型的内容。

## ◆◆ 参考文献

李沛良:《社会研究的统计应用(第二版)》,社会科学文献出版社 2002 年版。
谢宇:《回归分析》,社会科学文献出版社 2010 年版。

## ◆◆ 思考与练习

1. 线性变量统计推断的常用分布有哪些?
2. 使用 Stata 软件分析数据并回答问题。
打开 cgss2010s3000.dta 数据,已知:变量为个人全年职业收入(ywincome,单位:元)、个人全年总收入(ytincome,单位:元)、是否来自城镇(urban,是=1,否=0)、体重(weight,单位:斤)、父亲职业社会经济地位指数(fisei)、母亲职业社会经济地位指数(misei)、教育程度(level,小学或以下=1,初中=2,高中职高技校=3,大专或以上=4)。
请回答并呈现相应的检验过程及结果:
(1) 2010 年我国居民全年职业收入的均值是多少?
(2) 2010 年我国居民平均年收入是否等于 18 000 元?
(3) 2010 年我国居民的平均体重是否存在城乡差异?
(4) 2010 年我国居民父亲和母亲的平均职业社会经济地位指数是否相同?
(5) 2010 年我国居民的平均体重是否存在教育程度的差异?

# 第三章

# 一元线性回归

**本章提要**

本章主要讲解一元线性回归的原理及其在实际研究中的应用。首先,我们介绍反映两个线性变量之间关系的散点图和平滑线图等可视化方法;其次,我们介绍两个线性变量之间关系的数字化表达:协方差和相关系数;最后,我们结合实例对一元线性回归的原理和应用进行介绍,并指出一元线性回归在实际研究中的局限。

在定量社会科学研究中,我们除了关心某种社会现象的特征之外,通常更加关心两种社会现象之间的关系,或者说是一种现象的变化如何受到另外一种现象变化的影响,即两者的相关(共变)关系或因果关系。反映在统计上,就是两个变量之间的关系。具体的例子包括:人力资本(通常用受教育年限来测量)与收入之间的关系,父母的教育获得和子女教育获得之间的关系,地区经济发展水平与环境污染之间的关系,广告投入和商品销售之间的关系,等等。

如果要考察两个线性变量之间的关系,统计上有三种不同的关联(或者可以说是递进)的方法,包括图形、相关分析和回归分析。图形可以提供一个关于两变量关系的视觉印象,有助于快速直观地判断两者之间是否有关联或是有什么样的关联(如正相关还是负相关),而且可以判断两者的关系是直线模式还是非直线模式。但是图形呈现的方式是比较笼统的和非量化的,而且仅限于对样本数据进行描述,无法推断总体层面上这种关系是否成立。相关分析则是通过一个数字(协方差或相关系数)去描述两个变量之间的关联程度,比图形分析更加准确。回归分析则不是通过一个数字,而是通过一条直线来反映两个变量之间的关系,提供的信息更加丰富,而且可以根据直线方程的斜率(回归系数)来发挥"预测"的功能,即可以计算出自变量每增加一个单位时因变量的变化数量,而这是相关分析无法做到的。相关和回归这两种数字呈现的方法,不仅可以描述样本数据中两个变量之间的关系,而且可以进行统计推断,对总体层面上两个变量之间的关系模式进行检验。在数据分析实践中,尤其是在探索的过程中,这三种方法并不是排他的,而是可以结合使用的。具体而言,我们可以先通过作图来直观判断两个变量之间的关系,然后计算相关系数来明确关系的强度,最后通过回归的方法来考察自变量对因变量的"干预"作用。本章将逐一介绍这三种方法,并重点讲解一元回归分析及其在实际中的应用。

## 第一节 两个线性变量之间关系图示

通常我们在考察两个线性变量之间的关系时,最简单直观的方法就是通过图形,而散点图和平滑线图是比较常用的图形工具。[①]

### 一、散点图

散点图(scatter plot)是呈现两个线性变量或定距-定比变量之间视觉关系的一种图示方法,它可同时用于考察变量分布特征以及有无奇异值等。当两个线性变量的散点呈直线趋势时,就可大致认为两者之间存在直线相关的趋势,也称简单相关趋势。在作散点图时,习惯上用横轴($x$轴)代表自变量,纵轴($y$轴)代表因变量。在 Stata 中,散点图的基本命令如下:

```
. scatter y x
```

---

[①] 需要说明的是,为了使绘制的图形符合出版的要求,我们使用了诸多 Stata 绘图命令的选项对图形进行了必要的调整。在正文中,我们仅展示了绘制相关图形的基本命令,读者如果希望进一步学习更为复杂的绘图技巧,可参考本书提供的 do 文件。参见 John Fox, *Applied Regression Analysis and Generalized Linear Models*, 3th ed., Sage Publication, 2016。

例如,使用 cgss2010s3000.dta 数据,我们可以绘制体重(weight,单位:斤)对身高(height,单位:厘米)的散点图。将数据读入 Stata 后,运行散点图绘图命令可得到图 3-1:

. scatter weight height

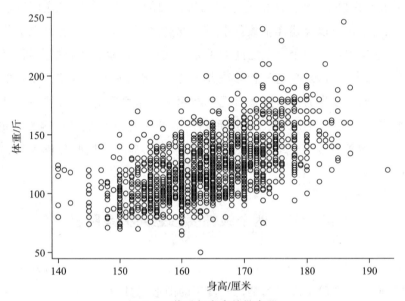

图 3-1　体重与身高的散点图

通过图 3-1 我们可以看出,随着身高的增加,体重有越来越重的趋势,两者大体呈正相关关系。体重与身高的这种关系,当性别不同时是否同样如此呢?我们可以分性别绘制体重与身高的散点图进行比较。

在作图之前,我们首先需要确定性别(sex)变量不同取值所代表的含义:

. codebook sex

运行以上命令,可以明确性别变量中,1 代表男,2 表示女。

接下来,我们就可进一步分性别对体重与身高作散点图(见图 3-2),运行如下命令:

. twoway (scatter weight height if sex==1)(scatter weight height if sex==2)

第三章 一元线性回归

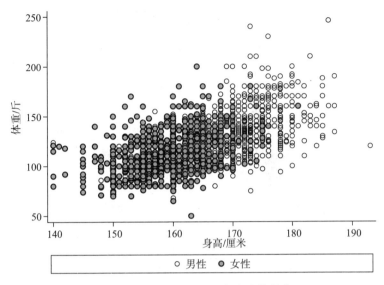

图 3-2 男性和女性的体重与身高的散点图

图 3-2 呈现了男性和女性的体重对身高的散点图。不难看出,无论男女,体重与身高之间均呈正相关。但如果想通过图 3-2 对男女体重与身高的分布进行比较,则存在一定难度。原因在于,图形中间部分的数据点过于密集。为此,我们可以通过一定的技术手段,将分组数据并列呈现,从而使组间的比较变得相对容易。在 Stata 中,我们可以使用绘图命令中的 by(varname) 选项来针对分组变量的每一个不同取值创建并同时呈现多幅小图。此种绘图方式,在 R 语言中通常也被称为分面(facet)。① 就本例而言,用于分组的变量为性别(sex),因此,我们可以输入如下命令:

. scatter weight height, by(sex)

通过图 3-3,我们可以更为细致地考察体重与身高之间的关系。首先,无论男女,体重和身高之间均为正相关关系;其次,在男性样本中,散点多集中在身高 170 厘米、体重 130 斤附近;最后,在女性样本中,散点则多集中在身高 160 厘米、体重 110 斤附近。

---

① Winston Chang, *R Graphics Coodbook*: *Practical Recipes for Visualizing Data*, 2nd ed., O'Reilly Media, 2018, p. 259.

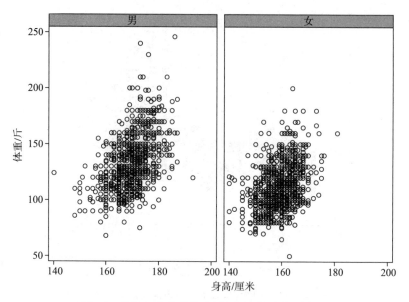

图 3-3 体重与身高的散点图(依据性别分组绘制)

综上,图 3-1 利用了所有样本绘制了体重与身高的散点图,图 3-2 将不同性别的体重与身高的散点图在一幅图中呈现,而图 3-3 则是依据性别分组绘制体重与身高的散点图。通过观察,我们可以初步判断,体重与身高之间可能存在正相关关系。

## 二、平滑线图

平滑线图(lowess plot)是展示两个线性变量之间关系的另一种常用图示方法。"lowess",即 "locally weighted scatterplot smoothing",通常也被译为局部加权回归散点平滑法。"lowess" 的主要思想是取一定比例的局部数据,在数据子集中拟合多项式回归曲线,借此观察数据在局部所呈现出来的规律和趋势;将局部范围从左往右依次推进,将会得到一条连续的曲线,曲线的光滑程度与选取数据比例有关,选取数据比例越低,拟合越不光滑,反之则越光滑。[①] 采用此种方法绘制的图形,因为充分考虑了数据的分布特征,故更能忠实反映两个

---

① 谢益辉:《用局部加权回归散点平滑法观察二维变量之间的关系》,统计之都,https://cosx.org/2008/11/lowess-to-explore-bivariate-correlation-by-yihui/,2022 年 7 月 19 日访问。

连续变量的原始分布状况。与散点图相比,平滑线图更容易直观判断两个连续型变量之间的关系。在 Stata 中,绘制平滑线图的基本命令如下:

. lowess y x

通过上述命令,我们可以在 $y$ 对 $x$ 的散点图上绘制一条经过 lowess 修匀的平滑曲线。接下来,我们使用 cgss2010s3000.dta 数据中的体重(weight)和身高(height)变量,分别绘制三种常用的平滑线图。

第一种,呈现体重与身高的基本平滑线图。使用平滑线图的基本命令,通常会将散点图和平滑线图同时画出。如果只显示平滑线,可以使用 msymbol(i)选项将散点符号设置为不可见(见图 3-4)。

. lowess weight height, msymbol(i)

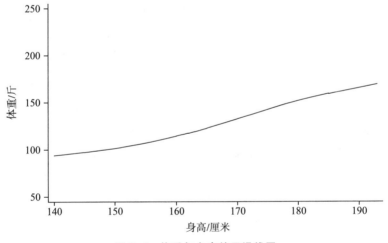

图 3-4 体重与身高的平滑线图

图 3-4 呈现了体重与身高的平滑线图,我们依然能够看出,体重与身高大体呈正相关,但仔细观察,这条线并非一条直线,而是经过局部修匀后的相对光滑的曲线。

第二种,呈现不同性别下体重与身高的平滑线图。在介绍散点图时,我们已经使用 codebook 命令明确了性别变量中 1 代表男,2 代表女。以下命令的基本绘图逻辑是,先绘制男性的平滑线图,再绘制女性的平滑线图,然后将两者叠并成一幅图(见图 3-5)。运行如下命令:

. twoway (lowess weight height if sex==1)(lowess weight height if sex==2)

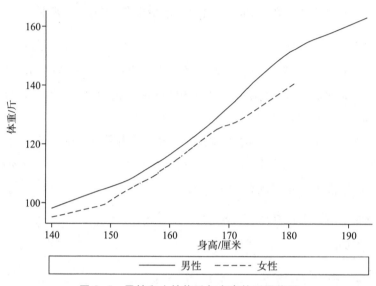

图 3-5 男性和女性体重与身高的平滑线图

需要指出的是,因图 3-5 涉及 Stata 绘图中的叠加功能,因此,绘制命令中的 twoway 不能省略,否则将无法运行。通过图 3-5 所呈现的平滑线图,我们能够捕捉到更为丰富的信息,深入把握体重与身高的关系及其性别差异,更为开放地探索数据规律。例如,身高在 140 厘米至 150 厘米区间,男性和女性的体重与身高之间均为正相关,但女性的相关性低于男性;身高在 155 厘米至 165 厘米区间,男性和女性的平滑线几乎平行,即在体重和身高的相关程度上两者大体相同;身高在 170 厘米至 180 厘米区间,男性体重与身高的相关性又开始高于女性;而身高 180 厘米以上,只有很少的女性,男性体重与身高之间的相关性又有所降低。如果观察足够细致,我们将会有更多微妙和有趣的发现,从而更加深入地把握体重与身高之间的关系。

第三种,依据性别分组绘制体重与身高的平滑线图。在绘制平滑线图的基本命令后,加上 by(varname)选项,即可进行分组绘制。为了只显示平滑线,我们同样在命令中添加了使散点不可见的 msymbol(i)选项。运行如下命令:

```
. lowess weight height, by(sex) msymbol(i)
```
可得依据性别分组绘制的体重与身高的平滑线图(见图3-6)。

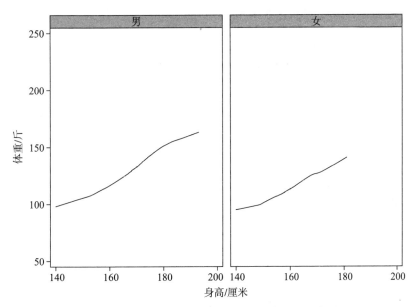

图3-6 体重与身高的平滑线图(依据性别分组绘制)

图3-6与图3-5本质上完全一致,只是将体重与身高的平滑线图分男女两幅小图呈现,因此对图形的解读不再赘述。在实际研究中,是选择在同一图形中展示分组(如图3-5),还是通过分面展示分组(如图3-6),可能没有明确的判断标准。如果侧重比较,在同一图形中展示分组的效果可能会更好。但具体如何选择,则需根据研究需要和个人的偏好进行抉择。

## 三、叠并:同时呈现散点和平滑线

前面分别介绍了如何使用散点图和平滑线图考察两个线性变量关系的方法,但在实际研究中,更常见的做法是让散点图和平滑线图在一幅图中同时呈现,这就涉及Stata绘图命令中graph twoway命令族叠并(overlay)两幅乃至多幅图形的功能。我们可以通过绘制实际图形的方式,简要介绍Stata绘图中的叠并功能。

我们先从相对简单的两幅图形的叠加开始。例如,使用 cgss2010s3000.dta 数据中的体重(weight)和身高(height)变量,绘制体重对身高的散点图和平滑线图。运行如下命令中的任一种①:

. twoway (scatter weight height)(lowess weight height)
. twoway scatter weight height || lowess weight height

均可得到图 3-7。

图 3-7 绘制的基本逻辑是:首先,绘制一幅体重对身高的散点图;其次,绘制一幅体重对身高的平滑线图;最后,通过 twoway 的叠并功能将两幅图叠并为一幅图。

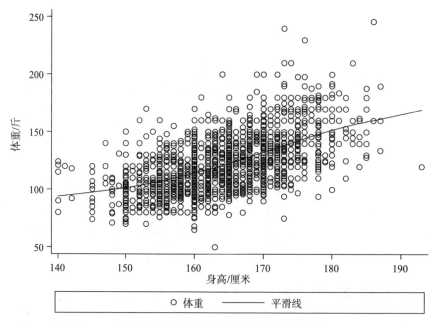

图 3-7 体重与身高的散点图和平滑线图

接下来让我们绘制一幅更为复杂的体重与身高的散点图和平滑线图(见图 3-8),该图将同时呈现男性和女性的体重对身高的散点图和平滑线图,运

---

① 第二条命令中的||表示叠加。

行如下命令①：

. twoway (scatter weight height if sex==1)(scatter weight height if sex==2)(lowess weight height if sex==1)(lowess weight height if sex==2)

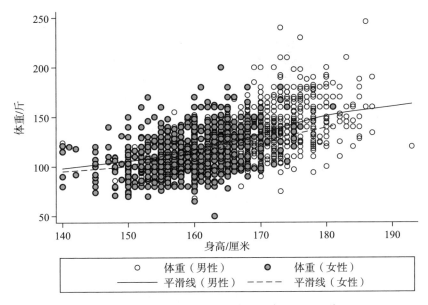

图 3-8　男性和女性体重与身高的散点图和平滑线图

通过运行上述命令，我们依次绘制了男性和女性的体重对身高的散点图、男性和女性的体重对身高的平滑线，最后通过 twoway 命令中的叠并功能将四幅图形叠加为一幅。需要注意的是，在使用 Stata 中的叠并功能绘图时，最先绘制的图形位于图的最底层，而最后绘制的图形则位于图的最上层。了解这一点，有助于我们调整图形的呈现方式，最终达到较为理想的效果。

在本部分的最后，我们综合使用分面和叠加，依据性别分组绘制体重对身高的散点图和平滑线图（见图 3-9）。运行如下命令：

. twoway (scatter weight height)(lowess weight height), by(sex)

---

① 因为排版需要，此条命令被分为两行。但在实际操作中，如果是采用在命令窗口直接输入命令的方式，只需按照顺序输入该命令即可，Stata 会根据命令窗口的大小自动分行。如果是通过 do 文件编写该命令，在分行处需添加三个正斜杠（///），表示此命令将持续到下一行。该命令直到没有三个斜杠（///）那一行，方能执行。

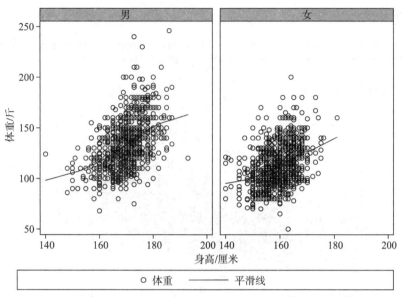

图 3-9 体重与身高的散点图和平滑线图(依据性别分组绘制)

通过散点图和平滑线图,以及综合运用分面和叠并等 Stata 绘图功能,可以形象地呈现两个连续型变量的关系模式,从而有助于我们进一步开展相关分析和回归分析等。

## 第二节 相关分析

图形可以给我们提供两个线性变量之间关系的视觉印象,有助于快速直观地判断两者的关系,但这种表现方式不够精确。为此,我们引入相关分析,通过一个数字(协方差或相关系数)去描述两个变量之间的关联程度。

### 一、协方差

在相关分析中,协方差(covariance)是一个非常重要的概念,它是一个关于两个变量($y$ 和 $x$)如何共变的测量指标,计算公式为

$$S_{xy} = \frac{\sum (x_i - \bar{x})(y_i - \bar{y})}{n-1} \tag{3-1}$$

由式 3-1 可知,样本协方差是离差乘积在样本中的平均,它可以近似看成

反映了变量 x 和 y 之间的关系强弱和方向。若协方差等于 0,表明两变量没有线性关系;如果大于 0,则表明是一种正比关系,即两变量发生变化的方向相同;如果小于 0,则是一种反比关系,即两变量发生变化的方向相反。协方差用于测量两个随机变量之间的线性关系,如果两个变量的协方差等于 0,则意味着两者之间不存在线性关系,但可能存在曲线关系等其他形式的关系。[①] 我们可以使用 Stata 计算协方差,基本命令如下:

. correlate x1 x2, covariance

我们以 cgss2010s3000.dta 数据为例,分别计算体重(weight)与身高(height)的协方差、身高与年龄(age)的协方差。计算结果输出的是一个方差-协方差矩阵,对角线元素为变量的方差,非对角线元素则是对应变量的协方差。[②]

```
. correlate weight height, covariance
(obs=2,992)

             |   weight    height
-------------+------------------
      weight |   517.838
      height |   103.497   60.2785

. correlate height age, covariance
(obs=2,993)

             |   height       age
-------------+------------------
      height |   60.2862
         age |  -14.8399   178.735
```

第一条命令的结果表明,体重和身高的协方差为 103.497,两者呈正相关关系;第二条命令的结果表明,身高和年龄的协方差是-14.8399,两者呈负相关关系。

协方差在确定某一相关关系的正负还是为零这一方面有用,但无法告诉我们任何关于关系强度的信息,协方差统计量只能计算出没有理论上限的数

---

[①] 谢宇:《回归分析》,社会科学文献出版社 2010 年版,第 15 页。
[②] 同上。

字,变量的测量单位发生变化会导致协方差发生很大变化。① 虽然协方差能够反映两变量相关程度的大小,但由于协方差的大小与变量的量纲或单位有关,不同问题中的协方差通常无法直接进行比较。因此,便有了皮尔森相关系数。

## 二、皮尔森相关系数

皮尔森相关系数(Pearson's correlation coefficient)是定量地描述线性相关程度强弱的一个常用指标。它是对两个连续型随机变量之间线性关系的标准化测量。② 皮尔森相关系数

$$r = \frac{\sum(x_i - \bar{x})(y_i - \bar{y})}{(n-1)S_x S_y} = \frac{S_{xy}}{S_x S_y} \qquad (3-2)$$

由式 3-2 可以看出,相关系数其实就是标准化之后的协方差,可以很好地反映两个线性变量之间相关程度的强弱。相关系数的取值区间为[-1,1],取值的正负反映了相关的方向,绝对值的大小则反映了相关的强度。具体而言,相关系数具有如下特点:

(1)相关系数 $r$ 是一个无单位的量值,取值范围 $-1 \leq r \leq 1$。

(2)$r = 0$ 表示完全不相关,$r = 1$ 表示完全正相关,$r = -1$ 表示完全负相关。$r$ 的绝对值越接近 1,说明两变量的相关程度越强。(详见图 3-10)

(3)在连续型变量的相关分析中,变量不分主次,被置于同等地位,即无须界定因变量和自变量,因此 $r$ 不表示因果关系。

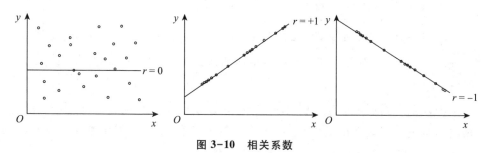

图 3-10 相关系数

---

① 迈克尔·S. 刘易斯-贝克:《数据分析概论》,洪岩璧译,格致出版社、上海人民出版社 2014 年版,第 36 页。
② 谢宇:《回归分析》,社会科学文献出版社 2010 年版,第 16 页。

在 Stata 中，我们可以使用以下基本命令计算相关系数：

```
. correlate x1 x2
```

我们以 cgss2010s3000.dta 数据为例，使用 correlate 命令分别计算体重和身高、身高和年龄的相关系数，结果如下：

```
. correlate weight height
(obs=2,992)

             |   weight   height
-------------+------------------
      weight |   1.0000
      height |   0.5858   1.0000

. correlate height age
(obs=2,993)

             |   height      age
-------------+------------------
      height |   1.0000
         age |  -0.1430   1.0000
```

以上结果显示，体重和身高的相关系数为 0.5858，身高与年龄的相关系数是 −0.1430。相关系数不受原始测量单位的影响，可以进行比较。体重和身高相关系数的绝对值为 0.5858，身高和年龄相关系数的绝对值是 0.1430，因此，我们可以认为体重和身高的相关程度要比身高和年龄的相关程度高。

我们还可以使用 pwcorr 命令计算相关系数，并提供一个关于相关关系的 $t$ 检验，该检验的原假设是：相关系数等于 0。具体而言，我们可在 pwcorr 命令后添加 star(#) 选项（括号内为显著性水平）对相关关系进行显著性检验。下面是使用 pwcorr 命令计算体重和身高、身高与年龄的相关系数的结果：

```
. pwcorr weight height, star(0.05)

             |   weight   height
-------------+------------------
      weight |   1.0000
      height |   0.5858*  1.0000

. pwcorr height age, star(0.05)

             |   height      age
-------------+------------------
      height |   1.0000
         age |  -0.1430*  1.0000
```

以上结果表明,体重和身高的相关系数为 0.5858,两者的相关关系在 5% 的显著性水平下显著,可以将样本中发现的这种相关关系推论到总体;身高与年龄的相关系数为 -0.1430,同样在 5% 的显著性水平下显著,身高与年龄的这种相关关系同样可以推论到总体。

需要指出的是,相关系数只测量了变量关系中的线性相关程度,如果变量间的关系是非线性的,则不宜使用相关系数。为了便于评估是否线性相关,我们仍需经常借助散点图。[①]

### 三、多个变量之间的相关系数:相关矩阵

correlate 和 pwcorr 命令不仅可以计算两个线性变量的相关系数,还可以同时计算多个线性变量的相关系数并以相关矩阵的形式呈现。下面显示了体重(weight)、身高(height)、受教育年限(educ_y)以及年龄(age)的相关矩阵:

```
. correlate weight height educ_y age
(obs=2,988)
```

|        | weight  | height  | educ_y  | age    |
|--------|---------|---------|---------|--------|
| weight | 1.0000  |         |         |        |
| height | 0.5859  | 1.0000  |         |        |
| educ_y | 0.1813  | 0.2899  | 1.0000  |        |
| age    | 0.0297  | -0.1437 | -0.3699 | 1.0000 |

通过以上相关矩阵可以得知,身高与体重的相关系数是 0.5859,受教育年限与体重的相关系数是 0.1813,年龄与体重的相关系数是 0.0297,受教育年限与身高的相关系数是 0.2899,年龄与身高的相关系数是 -0.1437,年龄与受教育年限的相关系数是 -0.3699。

我们也可以使用 pwcorr 命令呈现体重、身高、受教育年限和年龄的相关矩阵:

---

[①] 迈克尔·S. 刘易斯-贝克:《数据分析概论》,洪岩璧译,格致出版社、上海人民出版社 2014 年版,第 38 页。

```
. pwcorr weight height educ_y age, star(0.05)

             |  weight    height    educ_y     age
    ---------+------------------------------------
      weight |  1.0000
      height |  0.5858*   1.0000
      educ_y |  0.1807*   0.2892*   1.0000
         age |  0.0297   -0.1430*  -0.3708*   1.0000
```

观察以上结果发现，pwcorr 计算的相关系数与 correlate 计算的相关系数存在细微差别。原因在于，两者处理缺失值的方式不同，pwcorr 采用成对删除，而 correlate 采用成列删除。如果计算相关系数的变量没有缺失值，pwcorr 和 correlate 计算的结果将完全一致。另外，利用 pwcorr 计算的相关矩阵，还可以提供每一相关系数的显著性检验。具体解释不再赘述。

## 第三节　一元线性回归分析

### 一、回归分析介绍

如前所述，相关分析是通过一个数字来反映两个线性变量之间的关系，我们可以根据数字绝对值的大小和正负来判断相关的强度以及关系的方向。但相关系数能提供的信息较为有限，它无法确切地反映一个变量对另一个变量的"干预"作用，即一个变量的某个取值所对应的另外一个变量的取值是多少，或一个变量的取值变化一个单位会导致另外一个变量取值变化的情况。要达到这一目的，则需要通过回归分析。

从统计学的角度来说，回归分析实质上是通过一条直线来反映两个线性变量之间的关系。首先，线是点的组合，是一个连续体。其次，在平面直角坐标系中确定一条直线，需要截距和斜率两个指标。有了这两个指标，我们就可以知晓当横轴上的变量($x$)的取值为 0 时，对应的纵轴上的变量($y$)的取值是多少（截距）；也可以知道，当横轴上的变量变化一个单位时，纵轴上的变量会变化几个单位（斜率）。简而言之，所谓的回归分析，或建立回归模型，实际上就是通过计算获取截距和斜率。

在相关分析中，我们对参与分析的两个变量通常不区分自变量和因变量，分析的目的在于反映两个变量之间的共变关系。但是在回归分析中,我们的目的往往是想了解一个变量是如何解释另外一个变量的变化的,所以通常要区分自变量(解释变量)和因变量(被解释的变量,或称作结果变量)。在平面直角坐标系里,横轴($x$轴)通常代表自变量($x$)的取值,而纵轴($y$轴)则代表因变量($y$)的取值。在实际的解释过程中,我们通常用自变量指代"原因",用因变量指代"结果"。由此可以看出,回归分析隐含着因果解释,或其重要的目的之一就是反映一对因果关系。

让我们从一个假想的例子开始。假设有一个简单的数据库,反映某单位六名职工的年资(工作年限)与月薪的情况(见表3-1)。

表3-1 某单位职工的年资与月薪数据

| 编号(id) | 年资(year)/年 | 月薪(salary)/元 |
| --- | --- | --- |
| 1 | 0 | 3000 |
| 2 | 1 | 3500 |
| 3 | 2 | 4000 |
| 4 | 3 | 4500 |
| 5 | 4 | 5000 |
| 6 | 5 | 5500 |

很显然,从表3-1的数据可以发现这样一个简单的规律,即当年资为0(刚刚参加工作)时,对应的月薪是3000元(截距),而年资每增加一年,对应的月薪会增加500元(斜率)。根据这个规律,我们只要知道某个职工的工作资历,就可以知道其月薪水平。例如,如果已知该单位某职工的工作年限是10年,那么我们就可以计算出其月薪为8000(3000+500×10=8000)元。从这个意义上来说,回归分析也有"预测"的功能。

将表3-1的数据在平面直角坐标系作图显示,即将年资变量作为横轴,将月薪变量作为纵轴,作散点图,然后将散点图连接成线,可得到图3-11。作图的基本命令如下:

```
. clear
. input year salary
. twoway (scatter salary year)(lfit salary year), ylabel(0(1000)6000)
```

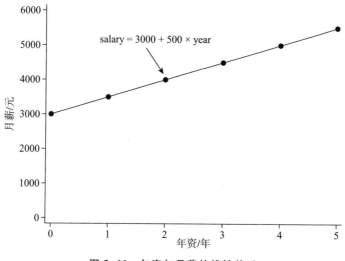

图 3-11　年资与月薪的线性关系

由图 3-11 可以看出,所有与年资对应的月薪值都刚好落在一条直线上,这就是所谓的"完美线性关系"。在一个"完美线性关系"里,自变量(年资)解释了因变量(月薪)的全部变化,或者说,因变量的所有差异都是由自变量导致的。我们也可以得到该回归直线的方程: $y=3000+500x$。其中, $y$ 就是因变量(月薪), $x$ 是自变量(年资);3000 是截距,其实际含义是指当 $x$ 的取值为 0 时,因变量的取值为 3000;500 是斜率或回归系数,其含义是 $x$ 每增加一个单位(一年), $y$ 会增加 500 个单位(元)。

## 二、回归模型的基本原理和例子

将图 3-11 抽象化,并用平面直角坐标系加以表示,可得图 3-12。由图 3-12 可以看出,回归模型或方程是 $y=a+bx$。其中, $a$ 是截距(统计术语也称作常数项),即 $x$ 为 0 时 $y$ 的取值; $b$ 是斜率(统计术语为回归系数)。$b$ 的数值实际上是通过 $y$ 的垂直移动单位除以 $x$ 的水平移动单位计算得到的。

$$y=a+bx$$

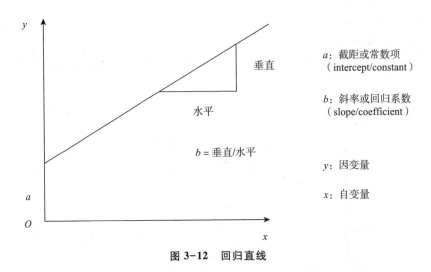

图 3-12　回归直线

完美的线性关系通常是一种假想的存在,在现实中,特别是社会现象,完美线性关系几乎没有。我们实际调查得到的两个变量的数据,通常如我们前面一部分散点图的例子,是散乱的。如图 3-13 所示,即 $x$(在本例中为身高)的值对应的 $y$(在本例中为体重)的值并不是刚好落在一条直线上,而是散乱的。虽然从散点图的分布来看,$x$ 和 $y$ 变量是一种正相关的关系。

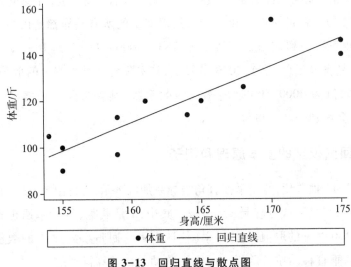

图 3-13　回归直线与散点图

那么在此情况下,我们该如何计算出回归方程(即图3-13中的那条回归直线是如何拟合得到的)就成为一个最重要的问题。根据直观的经验,一个最基本的要求是,这条直线到所有实际观测值的距离要最近。也就是说,要描述两变量之间的关系,就需要从散点图中画出一条通过这些点的直线(见图3-14)。我们把这条描述变量之间关系的直线称为回归直线,也叫作理论模型,可表示为

$$\hat{y}=a+bx \qquad (3-3)$$

但可以看出,实际观测值,也就是图中的散点,与回归直线的预测值 $\hat{y}$ 之间存在偏差。因此,现实模型需要在理论模型的基础上增加误差项 $e$:

$$y=a+bx+e \qquad (3-4)$$

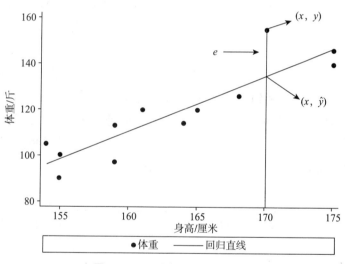

图 3-14 现实数据与理论模型

那么我们如何才能找到能够"最好地"概括两个变量之间平均关系的直线呢?在拟合直线方程时,要让所有的误差都"尽可能小"。首先我们想到的是让所有偏差之和变成最小。因为实际观测值分布在预测直线的两侧,所以偏差会有"正负抵消"的情况。为了克服这个"正负抵消"的问题,我们先对偏差求平方,将它们全都变成正数,然后进行加总。拟合直线的标准就是要让这个"偏差的平方和"最小化,这就是所谓的"最小二乘法准则"。

因为回归直线为 $y=a+bx$,因此我们需要得到 $a$ 和 $b$ 的值,使得偏差剩余最

小化,即式 3-5 或式 3-6 最小化。

$$\sum (y-\hat{y})^2 \quad (3-5)$$

$$\sum (y-a-bx)^2 \quad (3-6)$$

如果学过微积分,我们应该知道要达到上面的目的,可以通过求偏导(partial derivatives)的方法,即

$$\frac{\partial}{\partial a}=\sum -2(y_i-a-bx_i)=0\cdots\Rightarrow a=\bar{y}-b\bar{x} \quad (3-7)$$

$$\frac{\partial}{\partial a}=\sum -2\,x_i(y_i-a-bx_i)^2=0\cdots\Rightarrow b=\frac{\sum (x_i-\bar{x})(y_i-\bar{y})}{\sum (x_i-\bar{x})^2} \quad (3-8)$$

其中,$a$ 是截距或常数项,也就是当 $x=0$ 时 $y$ 的取值是 $a$;$b$ 是斜率或回归系数,即 $x$ 每增加一个单位导致 $y$ 增加 $b$ 个单位($b>0$)或减少 $b$ 个单位($b<0$)。例如,$y=5+10x$,即当 $x$ 为 0 时 $y$ 的取值为 5(即 $a$);而 $x$ 每增加一个单位,$y$ 将增加 10 个单位(即 $b$)。下面我们结合例 3-1,对计算过程进行详细介绍。

【例 3-1】 广告促销与汽车销售量有何关系?假定某汽车销售 4S 店定期举行促销活动,每次促销时间为一周。为了促进销售,该店在促销活动开始前的周末在电视上投放广告。请根据表 3-2 中最近五次的销售数据计算广告投放的效应,即投放广告数与汽车销量之间的关系。

表 3-2 广告投放与汽车销售数量数据

| 周次 | 投放的电视广告数量($x$)/条 | 汽车销售数量($y$)/辆 |
| --- | --- | --- |
| 1 | 1 | 14 |
| 2 | 3 | 24 |
| 3 | 2 | 18 |
| 4 | 1 | 17 |
| 5 | 3 | 27 |

为了清晰地展示斜率和截距的计算过程,我们首先将计算所需的数据整理为表 3-3。

表 3-3  计算广告投放与汽车销售数量回归方程所用数值

| $x$ | $y$ | $\bar{x}$ | $\bar{y}$ | $x-\bar{x}$ | $y-\bar{y}$ | $(x-\bar{x})^2$ | $(x-\bar{x})(y-\bar{y})$ |
|---|---|---|---|---|---|---|---|
| 1 | 14 | 2 | 20 | −1 | −6 | 1 | 6 |
| 3 | 24 | 2 | 20 | 1 | 4 | 1 | 4 |
| 2 | 18 | 2 | 20 | 0 | −2 | 0 | 0 |
| 1 | 17 | 2 | 20 | −1 | −3 | 1 | 3 |
| 3 | 27 | 2 | 20 | 1 | 7 | 1 | 7 |
| $\sum$ | | | | | | 4 | 20 |

根据表 3-3 以及式 3-7 和式 3-8，我们可以算出斜率 $b$ 和截距 $a$：

$$b = \frac{\sum(x_i-\bar{x})(y_i-\bar{y})}{\sum(x_i-\bar{x})^2} = \frac{20}{4} = 5$$

$$a = \bar{y} - b\bar{x} = 20 - 5 \times 2 = 10$$

因此，可以得到广告投放数量与汽车销售数量之间的回归方程：

$$y = 10 + 5x$$

由上述回归方程可知，截距为 10，即投放电视广告数量为 0 时，汽车的销售数量为 10 辆。斜率为 5，表示投放电视广告数量每增加一条，汽车将多销售五辆。

### 三、回归模型的拟合、系数解释与统计推断

因为统计软件的发展，我们无须再像例 3-1 那样手动计算回归方程的截距和斜率。在 Stata 软件中，我们可以借助线性回归的命令得到截距和斜率，命令的基本形式如下：

. regress depv indepv

以上命令中，regress 表示执行线性回归分析，depv 指代因变量，indepv 表示自变量。将表 3-2 的数据录入 Stata 软件，使用 regress 命令可以得到与例 3-1 中同样的回归方程。在具体操作时，regress 命令也可简写为 reg，模型命令及结果如下：

. regress y x

| Source | SS | df | MS | | | |
|---|---|---|---|---|---|---|
| | | | | Number of obs | = | 5 |
| | | | | F(1, 3) | = | 21.43 |
| Model | 100 | 1 | 100 | Prob > F | = | 0.0190 |
| Residual | 14 | 3 | 4.66666667 | R-squared | = | 0.8772 |
| | | | | Adj R-squared | = | 0.8363 |
| Total | 114 | 4 | 28.5 | Root MSE | = | 2.1602 |

| y | Coef. | Std. Err. | t | P>\|t\| | [95% Conf. Interval] | |
|---|---|---|---|---|---|---|
| x | 5 | 1.080123 | 4.63 | 0.019 | 1.562565 | 8.437435 |
| _cons | 10 | 2.366432 | 4.23 | 0.024 | 2.468958 | 17.53104 |

由以上结果可知,Stata 软件使用 regress 命令输出的结果,不仅是定义回归直线所需的两个统计值——截距和斜率(分别为 10 和 5),而且包括很多数字。这些数字对于全面理解和解释回归模型至关重要。具体而言,回归模型的输出包括两个部分,分别为上部的模型拟合指标和统计推断部分以及下部的回归系数和统计推断部分。接下来我们对这两部分进行详细解释。

(一) 方差分析和统计推断

上述 regress 命令输出的结果上部左边为方差分析表。顾名思义,既然是方差分析,那就和我们在第二章所介绍的方差分析的内容基本一致,只不过第二章方差分析的自变量是类别变量,而本章方差分析的自变量为线性变量。方差分析表的第一列显示了模型变差($SS_m$)、残差($SS_r$)和总变差($SS_t$)。总变差($SS_t$)反映的是因变量的变异程度:

$$SS_t = \sum (y_i - \bar{y})^2 = (n-1)S_y^2 \tag{3-9}$$

其中,$y_i$ 指代因变量 $y$ 的第 $i$ 个观测值,$\bar{y}$ 表示因变量 $y$ 的均值,$S_y$ 是因变量 $y$ 的标准差。

模型变差($SS_m$)表示被回归模型(即估计出来的回归直线)所解释掉的总变差的部分:

$$SS_m = \sum (\hat{y}_i - \bar{y})^2 \tag{3-10}$$

其中,$\hat{y}_i$ 为因变量 $y$ 的预测值,$\bar{y}$ 表示因变量 $y$ 的均值。

残差($SS_r$)表示没有被回归模型解释掉的总变差的部分:

## 第三章 一元线性回归

$$SS_r = \sum e_i^2 = \sum (y_i - \hat{y})^2 = \sum (y_i - a - bx_i)^2 \qquad (3-11)$$

因为 $SS_t = SS_m + SS_r$，所以，只要知道其中任意两项平方和的值，我们就可以计算出另一平方和的值。

表 3-4 显示了使用例 3-1 数据进行方差分析的三个要素的计算过程。

表 3-4　计算方差分析所用数值

| $x$ | $y$ | $\bar{y}$ | $y - \bar{y}$ | $(y - \bar{y})^2$ | $\hat{y} = 10 + 5x$ | $y - \hat{y}$ | $(y - \hat{y})^2$ |
|---|---|---|---|---|---|---|---|
| 1 | 14 | 20 | -6 | 36 | 15 | -1 | 1 |
| 3 | 24 | 20 | 4 | 16 | 25 | -1 | 1 |
| 2 | 18 | 20 | -2 | 4 | 20 | -2 | 4 |
| 1 | 17 | 20 | -3 | 9 | 15 | 2 | 4 |
| 3 | 27 | 20 | 7 | 49 | 25 | 2 | 4 |
| $\sum$ | | | | $SS_t = 114$ | $SS_m = 100$ | | $SS_r = 14$ |

根据总变差、模型变差和残差的计算公式以及表 3-4 可知，总变差为 114，模型变差为 100，残差为 14。

前面回归命令输出的方差分析表的 df 列分别为模型变差、残差和总变差的自由度（degree of freedom，简称 df）。模型变差的自由度为 $k$，$k$ 为自变量的个数，因为本例只有一个自变量，故模型变差的自由度为 1；残差的自由度为 $n-k-1$，本例为 3（即 5-1-1=3）；总变差的自由度为 $n-1$，$n$ 为样本量，在本例中总变差的自由度为 4（即 5-1=4）。

方差分析表中 MS 列分别为模型变差的均值（$MS_m$）、残差的均值（$MS_r$）和总变差的均值（$MS_t$）。其计算方式为相应变差取值除以各自的自由度。若用 $n$ 代表样本数量，$k$ 代表组数，则

$$MS_m = \frac{SS_m}{k} \qquad (3-12)$$

$$MS_r = \frac{SS_r}{n-k-1} \qquad (3-13)$$

$$MS_t = \frac{SS_t}{n-1} \qquad (3-14)$$

方差分析表的右半边显示的数字，除了样本量之外，其他的皆从方差分析

表计算得到。首先是方差分析的假设检验结果。既然是假设检验,就意味着根据样本统计值推断总体参数的过程。在线性回归分析中,回归(模型)直线是根据样本数据计算得到,该模型在总体层面是否成立,需要统计推断。原假设和备择假设如下:

$H_0$:在总体层面,$X$ 对 $Y$ 没有显著的影响(本例中为广告投放数量不影响汽车销售数量)。

$H_a$:在总体层面,$X$ 对 $Y$ 有显著的影响(本例中为广告投放数量确实会影响汽车销售量)。

因为是方差分析,所以用来进行统计推断的抽样分布是 $F$ 分布,对应的两个自由度分别为 $k$(自变量的个数,本例为1)、$n-k-1$($n$ 为样本量,本例为 5-1-1=3)。$F$ 值的计算结果为

$$F(1,5-1-1) = \frac{MS_m}{MS_r} = \frac{100}{4.666667} = 21.43$$

知道了 $F$ 分布、$F$ 值以及自由度,代入 $F$ 分布的计算公式(通过 Stata 软件的函数计算方式),则可以计算出 $F$ 值在 $F$ 分布中对应的尾巴上的面积(即图 3-15 中右尾黑色区域对应的面积):

```
. dis Ftail(1, 3, 21.43)
.01898452
```

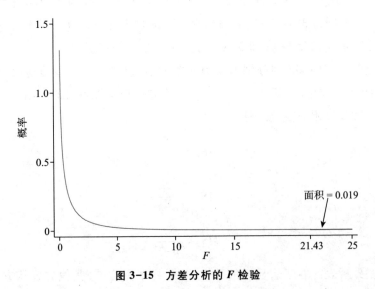

图 3-15 方差分析的 $F$ 检验

## 第三章 一元线性回归

上述计算结果对应的是 Stata 回归模型输出结果右上方的 $F(1,3) = 21.43$ 和 $Prob>F = 0.0190$。结果表明，21.43 对应的 $F$ 分布右端的面积（概率）为 0.019（意思是如果拒绝原假设，犯错误的概率为 1.9%），小于常用的错误水平（0.05），故可以拒绝原假设，备择假设得到支持。具体到本例，方差分析（$F$ 检验）的结果表明：在总体层面上，广告投放数量确实对汽车销售数量有影响。

Stata 结果输出的右上角还有其他三个指标，分别为 R-squared、Adj R-squared 以及 Root MSE。其中，R-squared 称作决定系数，是一个常用的关于模型解释力的指标，由方差分析部分计算而来，是指模型变差占总变差的比例。计算公式如下：

$$R^2 = \frac{SS_m}{SS_t} = 1 - \frac{SS_r}{SS_t} \qquad (3-15)$$

具体到本例，决定系数为 0.8772，表明广告投放数量的不同解释了汽车销售量差异的 88%，或不同周之间汽车销售量的差别有 88% 是广告投放数量的不同导致的。决定系数越大，意味着自变量对因变量的解释力越强，或者说是模型的解释力越强。如果决定系数为 1，则为"完美线性关系"，即因变量的变化均由自变量的变化导致。Adj R-squared 全称为 adjusted R-squared，即调整后的决定系数，我们将在下一章的多元线性回归部分解释。

Root MSE 为均方根误差，也称为估计量的标准误，是判断模型拟合程度的有用指标，它可以被解释为观测值与回归面之间的平均偏差。[①] 其计算公式如下：

$$\text{Root MSE} = \text{sqrt}(MS_r) \qquad (3-16)$$

均方根误差的数值越大，意味着残差越大，即模型的解释力越弱。在实际的研究中，一般很少使用这一指标。

### （二）回归系数的解释和假设检验

Stata 软件输出的回归模型的下半部分，显示的是回归系数（截距和斜率）

---

① 唐启明：《量化数据分析：通过社会研究检验想法》，任强译，社会科学文献出版社 2012 年版，第 108 页。

的估计值和统计推断情况。其中,Coef.(即 coefficient)列显示了自变量($x$)和截距(亦称作常数项,_cons)的系数,也就是回归直线方程中的 $b$ 和 $a$。就本例而言,两者分别为 5 和 10。对这两个系数的具体解释如下:

常数项(截距)系数的解释。当自变量取值为 0 时因变量的取值。具体到本例,我们对常数项的解释是:如果投放广告数量为 0,那么该周汽车的销售量为 10 辆。

自变量回归系数的解释。自变量增加一个单位,导致因变量增加多少个单位。具体到本例,我们的解释是:如果广告投放数量增加一条,那么该周的汽车销售量增加五辆。

如前所述,知道了截距($a$)和自变量的回归系数($b$),我们就可以写出回归直线的方程,即 $y=a+bx$。但是,这条方程是基于样本数据计算而来,如果要推断总体层面的方程 $Y=\alpha+\beta X$,则需进行假设检验。因为总体是未知的,因此,总体回归直线的回归系数($\beta$ 和 $\alpha$)都是根据样本回归直线的回归系数($b$ 和 $a$)来估计的。与均值的总体推断原理一致,回归直线统计推断的基础也是中心极限定理。在介绍截距和自变量回归系数的假设检验前,为了直观显示相关指标的计算过程,我们将进行假设检验所需标准误差的计算整理为表 3-5。

表 3-5 计算 $b$ 和 $a$ 标准误差所用数值

| $x$ | $y$ | $\bar{x}$ | $x-\bar{x}$ | $(x-\bar{x})^2$ | $\hat{y}=10+5x$ | $y-\hat{y}$ | $(y-\bar{y})^2$ |
|---|---|---|---|---|---|---|---|
| 1 | 14 | 2 | −1 | 1 | 15 | −1 | 1 |
| 3 | 24 | 2 | 1 | 1 | 25 | −1 | 1 |
| 2 | 18 | 2 | 0 | 0 | 20 | −2 | 4 |
| 1 | 17 | 2 | −1 | 1 | 15 | 2 | 4 |
| 3 | 27 | 2 | 1 | 1 | 25 | 2 | 4 |
| $\sum$ | | | | 4 | | | 14 |

首先,我们来看截距的假设检验。如果从一个总体抽取多个样本,由每个样本计算出来的回归直线的截距($a$)构成一个均值为 $\alpha$(总体回归直线的截距)的正态分布(默认 $t$ 分布,如前所述,如果是小样本,使用 $t$ 分布更不易出

错;如果是大样本,则 $t$ 分布等同于标准正态分布),该分布的标准差为

$$S_{\hat{Y}}\sqrt{\frac{1}{n}+\frac{\overline{X}^2}{\sum(X-\overline{X})^2}} \qquad (3-17)$$

其中,$S_{\hat{Y}}$ 是因变量 $Y$ 的预测值的标准差,$n$ 为样本量,$X$ 为自变量,$\overline{X}$ 为自变量的均值。

这个分布的标准差实际上就是统计模型输出的截距的标准误差(standard error,简写为 std. err.),即 Stata 输出结果下部的 Std.Err.列。根据公式可以计算得到其值为 2.366432。知道了 $t$ 分布的均值和标准差,同时又知道了自由度($t$ 分布的自由度为 $n-k-1$,$n$ 为样本量,$k$ 为自变量个数),就可以根据该分布来进行假设检验:

$H_0:\alpha=0$,即在总体层面,回归直线的截距等于 0。

$H_a:\alpha\neq 0$,即在总体层面,回归直线的截距不等于 0。

我们通过下述公式,将回归系数转换为标准(即均值为 0)的 $t$ 分布上的值:

$$t=\frac{a-0}{se(a)}=\frac{a}{se(a)}=\frac{10}{2.366432}=4.23$$

根据 $t$ 值,我们可以计算该值在 $t$ 分布的两端所占的面积(概率)大小,并与常用的错误水平(0.05)进行比较,据此得到假设检验的结论。计算该面积(概率)的 Stata 命令及结果为

```
. dis 2*ttail(5-1-1, 4.23)
.02417181
```

该概率的值(0.024)小于 0.05,即为统计显著。该值表明,如果拒绝原假设,犯错误的概率是 0.024,小于常用的错误水平 0.05,故可以拒绝原假设,因此备择假设得到验证。具体到本例,表明在总体层面,回归直线的截距显著不等于 0。或者说,根据样本数据计算得到的回归直线的截距,在总体层面也是成立的。

该假设检验的过程和结果如图 3-16 所示:

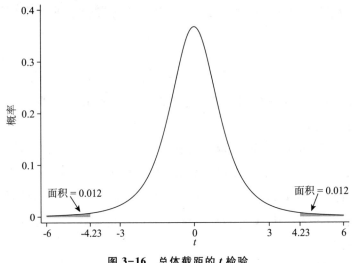

图 3-16 总体截距的 $t$ 检验

Stata 线性回归模型输出结果下半部分的 $t$ 列和 $P>|t|$ 列,分别显示了上述计算的 $t$ 的值及其对应的两端尾部的面积(概率值),和我们上述计算的结果一致。简言之,如果 $P>|t|$ 对应的数字小于常用的错误水平 0.05,即表明回归系数显著,从样本数据估计出来的回归结果在总体层面也是成立的,可以推断总体。

其次,我们来看回归系数的假设检验。如果从一个总体抽取多个样本,由每个样本计算出来的回归直线的斜率或回归系数($b$)构成一个均值为 $\beta$(总体回归直线的斜率)的正态分布(Stata 默认使用 $t$ 分布。如果是小样本,使用 $t$ 分布更为保守;如果是大样本,则等同于标准正态分布)。该分布的标准差为

$$\sqrt{\frac{S_{\hat{Y}}^2}{\sum(X-\bar{X})^2}} \qquad (3-18)$$

其中,$S_{\hat{Y}}$ 是因变量 $Y$ 的预测值的标准差,$X$ 为自变量,$\bar{X}$ 为自变量的均值。

该分布的标准差是统计模型输出的回归系数的标准误差。根据式 3-18 可以计算得到其值为 1.080123。知道了 $t$ 分布的均值、标准差和自由度,我们可以根据这一分布推断总体:

$H_0:\beta=0$,即在总体层面,自变量对因变量的影响为 0,或 $X$ 对 $Y$ 没有显著影响。

$H_a:\beta \neq 0$,即在总体层面,自变量对因变量的影响不等于 0,或 $X$ 对 $Y$ 有显著的影响。

我们通过如下公式,将回归系数转化为标准的 $t$ 分布上的取值:

$$t=\frac{b-0}{se(b)}=\frac{5}{1.080123}=4.63$$

根据 $t$ 值和自由度,我们可以计算出该值在 $t$ 分布两侧所占面积(即概率)的大小,并与常用的错误水平 0.05 进行比较,据此得出假设检验的结论。计算该面积的 Stata 命令及结果如下:

```
. dis 2*ttail(5-1-1, 4.63)
.01897626
```

计算出的概率值(0.019)小于 0.05,即为统计显著。该值表明,如果拒绝原假设,犯错误的概率是 0.019,小于常用的错误水平 0.05,因此可以拒绝原假设,备择假设得到验证。于本例而言,表明在总体层面,回归直线的斜率显著不等于 0。或者说,根据样本数据计算得到的回归直线的斜率可以推论到总体层面。

以上关于自变量回归系数假设检验的过程和结果可用图 3-17 表示。

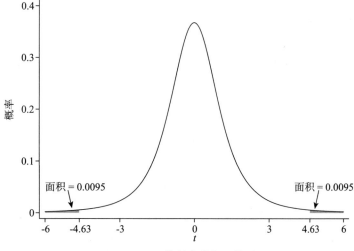

图 3-17 总体斜率的假设检验

### (三) 回归系数的置信区间

Stata 软件输出的回归模型,下半部分的最右边一列,显示的是回归系数(截距和斜率)的置信区间(其默认的置信水平为95%)。

总体斜率 $\beta$ 的置信区间为

$$\beta = b \pm t_{(n-2,\alpha/2)} se(b) \tag{3-19}$$

其中,$b$ 是根据样本数据估计出来的自变量的回归系数(斜率);用来计算置信区间的抽样分布是 $t$ 分布,其自由度为 $n-k-1$($n$ 为样本量,$k$ 为自变量的个数);$\alpha$ 是错误水平(即 1-置信水平),因为 $t$ 分布是均值为 0 的对称分布,所以两端各占一半,故为 $\alpha/2$(在本例中,因为置信水平是 95%,所以错误水平为 0.05,$\alpha/2$ 则为 0.025);$se(b)$ 为抽样分布的标准差,即输出结果中的标准误差(Std. Err.)。根据式 3-19,通过 Stata 软件的命令可计算出置信区间:

下限为

```
. dis 5-invttail(3, 0.025)*1.080123
1.5625665
```

上限为

```
. dis 5+invttail(3, 0.025)*1.080123
8.4374335
```

因此,回归系数 95% 置信水平的置信区间为[1.562565, 8.437435]。意思是:在总体层面上,自变量的回归系数有 95% 的可能性在 1.56 到 8.44 之间取值。

同理,计算截距置信区间的公式为

$$\alpha = a \pm t_{(n-2,\alpha/2)} se(a) \tag{3-20}$$

其中,$a$ 是根据样本数据计算出来的截距,计算置信区间的抽样分布是 $t$ 分布,其自由度为 $n-k-1$($n$ 为样本量,$k$ 为自变量的个数);$\alpha$ 是错误水平(1-置信水平),因为 $t$ 分布是均值为 0 的对称分布,所以两端各占一半,故为 $\alpha/2$(在本例中,因为置信水平是 95%,所以错误水平为 0.05,$\alpha/2$ 则为 0.025);$se(a)$ 为抽样分布的标准差,即输出结果中的标准误差(Std. Err.)。根据式 3-20,

通过 Stata 软件的命令计算出置信区间：

下限为

```
. dis 10-invttail(3, 0.025)*2.366432
2.4689572
```

上限为

```
. dis 10+invttail(3, 0.025)*2.366432
17.531043
```

由以上计算结果可知，总体截距95%置信水平的置信区间为[2.4689572, 17.531043]。也就是说，在总体层面上，截距有95%的可能性在2.47到17.53之间取值。

### （四）案例总结：线性回归模型的命令和输出结果解读

以上我们结合一个案例介绍了 Stata 软件执行线性回归模型的基本命令，并对输出结果的每一个数字来源和意义进行了详细的解读。在此，我们进行一个总结，以帮助读者在应用 Stata 软件做一元线性回归模型的时候，清楚地知道如何做以及如何进行解读。

首先，典型的一元线性回归模型，通常要求因变量（$y$）和自变量（$x$）均为线性变量，即连续型的定距或定比变量。在本例中，汽车销售量（因变量）和广告投放数量（自变量）均符合这一条件。我们使用 Stata 软件中的 regress 命令输出结果（见本书第76页）。

Stata 的输出结果包括上下两个部分，包含了两个假设检验（统计推断），上半部分是关于总体模型的假设检验（$F$ 检验），下半部分是关于回归系数（截距和斜率）的假设检验（$t$ 检验）。

关于模型假设检验的结论依据右上方的 $F$ 检验结果（$F$ 值对应的概率值，即 Prob>F 对应的数字）获得，如果该数字小于或等于常用的错误水平0.05，就是我们常说的统计显著，表明可以在5%的显著性水平拒绝原假设（$H_0$：变量 $x$ 对 $y$ 没有线性关系），从而使备择假设得到验证，即在总体层面上，$x$ 对 $y$ 有显著影响。在本例中，Prob>F = 0.019<0.05，因此结论是：在总体层面上，广告投放数量确实对汽车销售数量有影响。

关于回归系数假设检验的结论,依据下半部分的 $t$ 检验结果($P>|t|$对应的数字)进行判断。同样,如果该数字小于或等于常用的错误水平 0.05,表明可以拒绝原假设($H_0$:自变量对因变量的影响为 0,或 $x$ 对 $y$ 没有显著影响),备择假设得到验证,即在总体层面上,自变量对因变量的影响不等于 0,也就是说 $x$ 对 $y$ 有显著影响。在本例中,$b=5$,且 $P>|t|=0.019<0.05$,表明可以在 5% 的显著性水平拒绝原假设($H_0$:$x$ 对 $y$ 的影响等于 0)。也就是说,广告投放数量每增加一条,汽车销售增加五辆。常数项 $a$ 为当 $x=0$ 时 $y$ 的取值。在本例中,$a=10$,且 $P>|t|=0.024<0.05$,表明可以在 5% 的显著性水平拒绝原假设($H_0$:回归直线的截距等于 0)。这意味着,当 $x=0$ 时,$y$ 的取值为 10。也就是说没有投放广告时,汽车销售量为 10 辆。回归分析的结果表明,广告投放数量显著影响汽车销量,广告投放数量越多,汽车销量越大。另外一个重要的解读模型的指标就是模型的决定系数 $R^2$,用于判断模型解释了多少因变量的总变差。如本例中 $R^2=0.8772$,表明广告投放数量解释了 87.72% 的汽车销售量的总变差,或者说,汽车销售量的差异有 87.72% 来源于广告投放数量。

最后,Stata 还输出了回归系数(包括截距和斜率)的置信区间,由此可以估计在给定的置信水平下(Stata 默认是 95%),回归直线的截距和斜率在总体层面上可能的取值范围。

此外,除了数字的解读,为了加强视觉上的印象,我们还可以通过 Stata 的作图功能将回归直线 $y=10+5x$ 用图形呈现出来。基本命令如下:

. twoway (scatter y x)(lfit y x)

在上面这条命令中,lfit(即线性拟合)能够根据最小二乘法绘制出一条回归直线。通过 twoway 命令将散点图和回归直线加以叠并,我们用图形呈现了广告投放数量与汽车销量的关系(见图 3-18)。

我们结合例子对一元线性回归模型的基本原理,回归模型的拟合、系数解释与统计推断等内容进行了详细介绍。理解了上述内容,我们就可以使用真实的数据,自己开展定量社会科学研究。

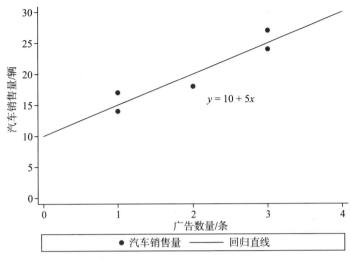

图 3-18 广告数量与汽车销售量的回归直线

## 第四节 案例分析:受教育年限如何影响个体的职业社会经济地位指数

教育问题广受各界关注。受教育年限对个体的职业社会经济地位指数到底还有没有影响?我们综合前文所介绍的数据分析方法,使用 2010 年中国综合社会调查数据的一个子样本,对此问题进行初步探讨。在深入理解相关知识的同时,也能掌握一定的数据分析技巧,提高量化社会科学数据分析的能力。

【例 3-2】 打开 cgss2010s3000.dta 数据,已知:因变量为职业社会经济地位指数[①](risei,取值在 0—100 之间,取值越大,表示职业社会经济地位越高),自变量为受教育年限(educ_y,单位:年)。问:受教育年限如何影响个体的职业社会经济地位指数?

在进行一项具体的定量研究时,我们通常首先要熟悉分析所用变量的基本情况。因为本例中的两个变量均为连续型变量或定距-定比变量,所以,我

---

① CGSS 2010 调查使用"1988 年国际标准职业分类代码"(ISCO88)记录被调查者及其家庭成员的职业类型,我们将其转化为"国际职业社会经济地位指数"(ISEI)。ISEI 是一个连续变量,取值在 0—100 之间。

们可以先查看这两个变量的均值、标准差以及最小值和最大值等信息。在 Stata 中,一般使用 summarize 命令,通常简写为 sum。

```
. sum risei educ_y

    Variable |       Obs        Mean    Std. Dev.       Min        Max
-------------+--------------------------------------------------------
       risei |     2,767    34.79508    14.27537         16         90
      educ_y |     2,996     8.93024    4.390779          0         20
```

由以上结果可知:2010 年我国居民的平均职业社会经济地位指数为 34.80 分,标准差为 14.28,最小值为 16,最大值为 90;平均受教育年限大约为九年(即初中学历),标准差为 4.39,最小值为 0(即没有受过教育),最大值为 20 年(即完成了研究生教育)。另外,职业社会经济地位指数有 233 个缺失值,受教育年限有四个缺失值。

接下来,我们绘制两个变量的散点图和平滑线图,这样可以对两者之间的关系有更为直观的认识。执行如下命令:

. twoway (scatter risei educ_y)(lowess risei educ_y)

可以得到图 3-19。

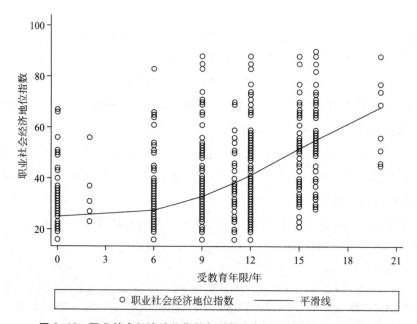

图 3-19　职业社会经济地位指数与受教育年限的散点图和平滑线图

## 第三章 一元线性回归

由图 3-19 可以看出,受教育年限与职业社会经济地位指数之间并不是严格的线性(直线)关系,在此我们暂且认为两者为线性关系。① 受教育年限 0—6 年之间,平滑线较为平缓,这意味着受教育年限与职业社会经济地位指数之间近乎不相关或弱相关。当受教育年限大于六年(即小学以上)后,平滑线变陡,表明受教育年限越长,职业社会经济地位指数越大,两者呈正相关趋势。

图形能带来直观的视觉印象,却不能提供精确的数字化表达。为此,我们可以使用 correlate 命令计算受教育年限与职业社会经济地位指数的协方差和相关系数,用数字精确反映两者的关系:

```
. correlate risei educ_y, covariance
(obs=2,763)

              |    risei    educ_y
       -------+------------------
        risei |  203.136
       educ_y |  35.6996   18.8711
```

协方差分析的结果表明,职业社会经济地位指数与受教育年限的协方差为 35.6996。由此,我们可以判断两者呈正相关关系。但正如前面提到的,协方差统计量仅仅是一个未经加工的数字,且没有理论上限。测量单位发生变化,会导致协方差发生很大变化,故协方差无法提供两者关系强度的信息,我们可以进一步计算相关系数:

```
. correlate risei educ_y
(obs=2,763)

              |    risei    educ_y
       -------+------------------
        risei |  1.0000
       educ_y |  0.5766    1.0000
```

以上相关分析的结果显示,职业社会经济地位指数与受教育年限的相关系数为 0.5766,大致属中度正相关。因为该相关系数是依据样本数据计算而来,要将两个变量间的这种相关性推论到总体,需要使用 pwcorr 命令:

---

① 本书第六章将讨论如何处理非直线关系的回归分析问题。

```
. pwcorr risei educ_y, star(0.05)

             |   risei    educ_y
    ---------+------------------
       risei |  1.0000
      educ_y |  0.5766*   1.0000
```

以上结果表明，职业社会经济地位指数与受教育年限的相关系数为 0.5766，在 5% 的显著性水平有显著意义。因此，我们可以认为职业社会经济地位指数与受教育年限相关且显著不等于 0，两者的这种相关关系可以推论到研究总体。

我们知道相关分析可以通过一个数字反映两个连续型变量的关联程度，但相关只是一种共变关系，无法提供关于两个变量关系的更多信息。回归分析则不然，可以通过一条直线来反映两个变量之间的关系，能够根据直线方程的回归系数计算出自变量每增加一个单位时因变量的变化数量。为了进一步考察职业社会经济地位指数与受教育年限的关系，我们建立了一个一元线性回归模型。回归命令及结果如下：

```
. regress risei educ_y

    Source |       SS       df       MS          Number of obs =   2,763
  ---------+----------------------------          F(1, 2761)    = 1375.10
     Model | 186532.339      1   186532.339       Prob > F      =  0.0000
  Residual | 374530.326   2,761   135.650245      R-squared     =  0.3325
  ---------+----------------------------          Adj R-squared =  0.3322
     Total | 561062.665   2,762   203.136374      Root MSE      =  11.647

     risei |    Coef.   Std. Err.      t    P>|t|   [95% Conf. Interval]
  ---------+------------------------------------------------------------
    educ_y |  1.891765   .0510153    37.08   0.000    1.791733    1.991797
     _cons |  18.10036   .5013425    36.10   0.000    17.11731    19.0834
```

接下来，我们对以上回归模型结果进行详细解释。

我们看到，输出结果基于 2763 个有效观测案例。

总体模型拟合。模型的 $F$ 值为 1375.10，检验结果（$Prob > F = 0.0000 < 0.05$）表明，可以在 5% 的显著性水平拒绝原假设，受教育年限对职业社会经济地位指数有显著影响。决定系数 $R^2 = 0.3325$，表明受教育年限解释了 33.25% 的职业社会经济地位指数的总变差。

受教育年限（educ_y）回归系数。受教育年限的回归系数为 1.89，检验结果（$P>|t| = 0.000 < 0.05$）表明，能够在 5% 的显著性水平拒绝原假设，即受教育

年限对职业社会经济地位指数有显著影响。受教育年限每增加一年,职业社会经济地位指数增加约 1.89 分。

**截距(_cons)回归系数**:截距回归系数的估计值为 18.10,检验结果($P>|t|=0.000<0.05$)表明,能够在 5% 的显著性水平拒绝原假设,这意味着当受教育年限为 0 时,平均的职业社会经济地位指数约为 18.10 分。

根据模型的参数估计结果,职业社会经济地位指数和受教育年限之间的回归方程可以写作

$$\widehat{risei} = 18.10 + 1.89 \times educ\_y$$

最后,我们用 twoway (scatter risei educ_y)(lfit risei educ_y)命令绘制了职业社会经济地位指数与受教育年限的回归直线和散点图(见图 3-20)。

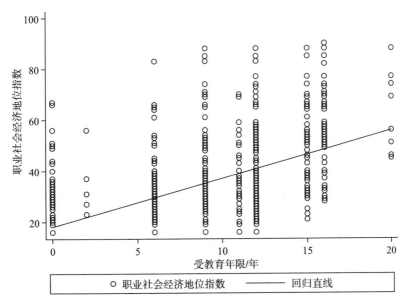

**图 3-20  职业社会经济地位指数与受教育年限的回归直线和散点图**

受教育年限到底如何影响职业社会经济地位指数?通过统计描述,我们大致了解了职业社会经济地位指数和受教育年限的基本特征;通过绘制最忠实于两个变量原始分布的平滑线图,我们对两者间的关系有了直观的印象;为了获得关于两个变量关联程度的数字表达,我们计算了相关系数;最后,我们通过回归分析得出受教育年限对职业社会经济地位指数的效应和方向。最终

的研究结论是:受教育年限对职业社会经济地位指数有显著的正向影响,教育程度提高,职业社会经济地位指数也随之提高。

需要指出的是,虽然通过 Stata 命令能够拟合一条回归直线,并且模型和参数均统计显著。但是,不难看出这条回归直线并不能完全反映受教育年限小于 6 年和大于 6 年对职业社会经济地位指数影响的实际情况。一个好的回归模型是回归直线与平滑线图最为接近的模型,或者说最契合现实情况的模型才是好的模型。在数据分析探索过程中,我们需要综合使用图形、相关分析和回归分析。通过图形来直观判断两个变量的关系,经由相关系数考察两个变量的关系强度,使用回归分析识别自变量对因变量的效应和方向。

## 第五节 简单线性回归模型的扩展:自变量为二分类变量的回归

在本章的结尾部分,我们介绍简单线性回归模型的一种扩展形式,即自变量为二分类变量的回归。

当自变量为二分类变量时,需将其转化为虚拟变量(dummy variable),即只有两个取值(0 和 1)的变量,如性别(男性 = 1,女性 = 0),户口(城镇户口 = 1,农村户口 = 0),等等。此时,回归直线 $y=a+bx$ 中的 $a$ 为 $x$ 取值为 0 时 $y$ 的均值,即 $a=\text{mean}(x=0)$;$b$ 等于 $x$ 取值为 1 时 $y$ 的均值与 $x$ 取值为 0 时 $y$ 的均值的差异,即 $b=\text{mean}(x=1)-\text{mean}(x=0)$。我们可以结合例 3-3 对此加以说明,并尝试回答受教育年限的性别差异问题。

**【例 3-3】** 打开 cgss2010s3000.dta 数据,已知:因变量为受教育年限(educ_y,单位:年),自变量为性别(male,男性 = 1,女性 = 0)。问:2010 年中国居民的受教育年限是否因性别不同而不同?

由于在本例模型中,只有一个虚拟变量,若我们生成性别的虚拟变量 male(男 = 1,女 = 0),则此回归直线 $y=a+bx$ 中的 $a$ 为 $x$ 取值为 0 时 $y$ 的均值,即女性受教育年限的均值。$b$ 则等于当 $x$ 取值为 1 时 $y$ 的均值与 $x$ 取值为 0 时 $y$ 的均值的差异,即男性和女性受教育年限均值的差值。可通过 Stata 软件计算得到男性和女性受教育年限的均值。

结合运用 tab 命令和 sum 命令,可以呈现男性和女性受教育年限的均值和标准差等相关信息。

```
. tab male, sum(educ_y)
```

| 是否男性 | Summary of 受教育年限（年） | | |
|---|---|---|---|
| | Mean | Std. Dev. | Freq. |
| 否 | 8.3305732 | 4.6928225 | 1,570 |
| 是 | 9.5904628 | 3.9292721 | 1,426 |
| Total | 8.9302403 | 4.3907788 | 2,996 |

根据以上结果,可计算得到模型的截距和斜率:

$a = \text{mean}(\text{male}=0) = 8.33$

$b = \text{mean}(\text{male}=1) - \text{mean}(\text{male}=0) = 9.59 - 8.33 = 1.26$

因此,模型的回归直线为

$$\widehat{educ\_y} = 8.33 + 1.26 \times male$$

通过 Stata 软件的回归命令可得到相同的回归直线:

```
. regress educ_y male
```

| Source | SS | df | MS | Number of obs | = | 2,996 |
|---|---|---|---|---|---|---|
| | | | | F(1, 2994) | = | 62.80 |
| Model | 1186.15745 | 1 | 1186.15745 | Prob > F | = | 0.0000 |
| Residual | 56554.2628 | 2,994 | 18.8891993 | R-squared | = | 0.0205 |
| | | | | Adj R-squared | = | 0.0202 |
| Total | 57740.4202 | 2,995 | 19.2789383 | Root MSE | = | 4.3462 |

| educ_y | Coef. | Std. Err. | t | P>\|t\| | [95% Conf. Interval] | |
|---|---|---|---|---|---|---|
| male | 1.25989 | .1589894 | 7.92 | 0.000 | .9481501 | 1.571629 |
| _cons | 8.330573 | .1096875 | 75.95 | 0.000 | 8.115503 | 8.545644 |

我们看到,模型输出结果基于 2996 个有效观测案例。

总体模型拟合。模型的 $F$ 值为 62.80,检验结果($Prob>F=0.0000<0.05$)表明,可以在 5% 的显著性水平拒绝原假设,性别对受教育年限有显著影响(或教育获得有显著的性别差异)。决定系数 $R^2 = 0.0205$,表明性别能够解释约 2.05% 的受教育年限的总变差。

性别(male)回归系数。1.26 为 male 取值为 1 时的系数,即男性的回归系

数。检验结果($P>|t|=0.000<0.05$)表明,能够在 5% 的显著性水平拒绝原假设,也即平均受教育年限存在显著的性别差异,男性的平均受教育年限比女性长 1.26 年。

截距(_cons)回归系数。截距回归系数的估计值为 8.33,即女性的平均受教育年限为 8.33 年。

以上模型结果表明:2010 年中国居民的平均受教育年限存在显著的性别差异,男性的平均受教育年限比女性长 1.26 年。

当模型中只有一个虚拟变量时,回归分析相当于检验虚拟变量的类别之间均值是否具有显著差异。因此,模型中只有一个虚拟变量的简单回归模型等同于 $t$ 检验。我们对受教育年限的性别差异进行 $t$ 检验:

```
. ttest educ_y, by(male)

Two-sample t test with equal variances
```

| Group | Obs | Mean | Std. Err. | Std. Dev. | [95% Conf. Interval] | |
|---|---|---|---|---|---|---|
| 否 | 1,570 | 8.330573 | .1184362 | 4.692822 | 8.098263 | 8.562883 |
| 是 | 1,426 | 9.590463 | .1040525 | 3.929272 | 9.38635 | 9.794575 |
| combined | 2,996 | 8.93024 | .0802178 | 4.390779 | 8.772953 | 9.087528 |
| diff | | -1.25989 | .1589894 | | -1.571629 | -.9481501 |

```
    diff = mean(否) - mean(是)                               t =  -7.9244
Ho: diff = 0                              degrees of freedom =     2994

    Ha: diff < 0                 Ha: diff != 0                 Ha: diff > 0
 Pr(T < t) = 0.0000         Pr(|T| > |t|) = 0.0000         Pr(T > t) = 1.0000
```

结果表明,男性和女性的平均受教育年限相差 1.26 年,这正是前面回归模型中的回归系数。女性的平均受教育年限为 8.33 年,与回归模型的截距相同。$t$ 检验的结论是,男性的平均受教育年限显著高出女性 1.26 年。关于 $t$ 检验的详细介绍,请参阅第二章,此不赘述。

本章对一元线性回归的原理及其在实际研究中的应用进行了详细介绍。散点图和平滑线图有助于我们对变量之间的关系形成直观的印象,相关分析可以得到两个连续型变量之间关系的数字表达,回归分析则能够识别自变量对因变量效应的有无及大小。对以上原理的理解和 Stata 操作方法的熟练掌握,有助于学习和把握后续多元回归模型的内容。但一元线性回归有如下两点局限[①]:其一,OLS 回归方法可以找出两个变量间的最佳线性关系,但现实中两个变量可能不是线性关系。虽然使用 OLS 回归,我们仍然可以估计出回归方程,但并不能反映两个变量之间的真实关系。其二,社会现象往往是多重因素综合作用的结果,单一因素造成某一社会现象的情况极为罕见,因此一元回归的应用较为有限。为此,我们需要引入多元线性回归分析。

◆● 参考文献

迈克尔·S. 刘易斯-贝克:《数据分析概论》,洪岩璧译,格致出版社、上海人民出版社 2014 年版。

谢益辉:《用局部加权回归散点平滑法观察二维变量之间的关系》,统计之都,https://cosx.org/2008/11/lowess-to-explore-bivariate-correlation-by-yihui/,2022 年 7 月 19 日访问。

谢宇:《回归分析》,社会科学文献出版社 2010 年版。

Winston Chang, *R Graphics Coodbook*: *Practical Recipes for Visualizing Data*, 2nd ed., O'Reilly Media, 2018.

◆● 思考与练习

1. 简要介绍考察两个线性变量之间关系的常用方法。
2. 使用 Stata 软件分析数据并回答问题。

打开 cgss2010s3000.dta 数据,已知:变量为体重(weight,单位:斤)、身高(height,单位:厘米)、地区(region,东部=1,中部=2,西部=3)。

请完成以下作图任务:

(1) 分别绘制东、中、西部地区居民体重与身高的散点图。
(2) 在一幅图中同时呈现东、中、西部地区居民体重与身高的散点图。
(3) 绘制中部地区居民体重与身高的平滑线图。

---

① 谢宇:《回归分析》,社会科学文献出版社 2010 年版,第 77 页。

(4) 依据地区分组绘制体重与身高的平滑线图。

(5) 在一幅图中同时呈现东、中、西部地区居民体重与身高的散点图和平滑线图。

3. 使用 Stata 软件分析数据并回答问题。

打开 cgss2010s3000.dta 数据,已知:变量为本人职业社会经济地位指数(risei)、父亲职业社会经济地位指数(fisei)、母亲职业社会经济地位指数(misei)、受教育年限(educ_y,单位:年)。

请完成以下分析任务:

(1) 本人职业社会经济地位指数与父亲职业社会经济地位指数的协方差是多少?

(2) 本人职业社会经济地位指数与母亲职业社会经济地位指数的相关系数是多少?

(3) 计算父亲的和母亲的职业社会经济地位指数的相关系数并进行显著性检验。

(4) 请呈现以上四个变量的相关矩阵。

4. 使用 Stata 软件分析数据并回答问题。

打开 cgss2010s3000.dta 数据,已知:变量为母亲职业社会经济地位指数(misei)、父亲职业社会经济地位指数(fisei)。

请完成以下任务:

(1) 作图显示父亲和母亲职业社会经济地位指数的散点图和平滑线图。

(2) 以母亲职业社会经济地位指数为因变量,以父亲职业社会经济地位指数为自变量,建立一元线性回归模型并对回归结果进行详细解释。

# 第四章

# 多元线性回归

**本章提要**

定量社会科学研究重要的目的之一是识别或验证因果关系。如果使用通过调查所得的观察型数据而非实验数据,则一元回归几乎无法实现这一目的,因此需要使用多元回归分析方法。本章首先介绍因果关系以及识别因果关系的基本原则和方法论基础,然后介绍如何通过多元回归做出因果推断。其次,对多元线性回归模型、多元回归中的统计推断与假设检验以及多元线性回归中的几个常用知识点进行讲解,并结合中国综合社会调查 2010 年子数据,使用 Stata 软件完成相应操作。最后,结合实例对多元回归的必要性以及相关知识点进行总结。

在上一章,我们介绍了一元线性回归模型(只有一个自变量)的基本原理及其应用。从中可以发现,建立回归模型最重要的目的是检验自变量($x$)是否及如何影响因变量($y$),而这暗含了一种因果解释,即自变量是"原因",因变量是"结果"。因果解释是定量社会科学研究的中心目标、重中之重。通过实验设计获得的数据,因为可以对很多因素进行人为控制,所以使用一元线性回归即可进行因果推断。但是,大多数定量社会科学研究所使用的并非实验数据,而是"观察型"数据(即通过调查、记录或观察等方式获得的数据)。对于这种数据,只含有一个自变量的模型往往不能进行可靠的因果解释,因为任何社会现象总是受多个因素的影响,而这些因素之间又是相互关联的。如果我们仅考虑个别因素而忽略了其他相关变量的影响,回归模型的参数估计则可能有偏,甚至可能是错误的。因此,对于使用"观察型"数据的定量社会科学研究而言,如何进行因果推断以获得自变量对因变量的准确无偏估计值,就成为一个非常重要的问题。本章介绍因果推断的哲学和方法论基础,并重点介绍实现因果推断的统计方法——多元线性回归模型。我们侧重从应用的角度加以讲解,并结合实际研究案例,强调在应用多元回归模型时的一些常用且重要的知识点。

## 第一节 因果关系与统计分析

如前所述,定量社会科学研究的中心目标是识别或验证因果关系。所谓验证一对因果关系,就是对两变量之间的关系做出因果推断,提出或检验理论。因果关系(causality),是指两个事件或现象之间的关系,其中一个是原因(cause),另外一个是结果(effect),前者是后者发生的诱因,而后者是前者导致的后果。例如,吸烟可能诱发呼吸系统疾病、受到风寒可能导致感冒等。而相关(association)关系则不等同于因果关系,相关是指观察到的两个事件或现象之间有联系。就相关与因果之间的关系而言,相关是因果关系的必要条件,但并非所有相关关系都构成因果关系。

研究因果关系具有重要的理论价值和现实意义。首先,因果机制有助于解释人们所接触到的现象是在哪些因素的作用下产生和形成的,因此可以验证和丰富认识客观世界的理论知识。其次,通过识别因果关系,可以为政策干预提供科学依据。因果关系是所有科学研究的基本目标[1],也是社会科学研究的出发点[2]。以下对因果关系的介绍包括认识论基础和方法论准则以及因果推断的方法。

### 一、认识论基础和方法论准则

苏格兰哲学家大卫·休谟(David Hume)指出,判断因果关系是否存在,通常

---

[1] 谢宇:《社会学方法与定量研究(第二版)》,社会科学文献出版社2012年版,第65页。
[2] 邱嘉平:《因果推断实用计量方法》,上海财经大学出版社2020年版,第1页。

## 第四章 多元线性回归

有三个条件:首先,接近关系。接近关系是指经验相邻或时空毗连(contiguity),即两个事件或现象在时间上和空间上是邻近的。其次,接续关系。接续关系是指时间顺序(succession),即两个事件的发生有因先果后的时间顺序。最后,必然联系(constant conjunction)。必然联系是指因果现象相伴而生,有其因必有其果。[①] 同时,经验关联具有重复性——因果概念来源于我们对经验关联现象的重复观察。[②]

基于休谟在认识论方面关于因果关系的阐述,当代定量社会科学研究者界定了判断因果关系的三个条件[③]:

(1) 两个变量之间有相关关系;

(2) 合理的时间顺序,因在前面发生,果在后面发生;

(3) 排除替代性的解释(alternative explanations)之后仍有关联。

关于如何在经验层面上识别或验证因果关系,英国著名哲学家约翰·S. 密尔(John S. Mill,也译作约翰·S. 穆勒)给出了可操作的方案。他认为归纳是一切经验知识的基础,他从方法论的角度总结了因果归纳的基本逻辑和具体方法,也被当作确立因果关系的方法论准则。其中,求同法(method of agreement)是指如果两个或多个案例除了 A 和 B 之外没有任何共同之处;那么 A 和 B 必有因果联系;求异法(method of difference)是指如果两个个案在各方面都相同,但一个个案有 A 有 B,而另一个案无 A 无 B,那么 A 和 B 必是因果关系(如图 4-1 所示)。以上两种方法均属实验方法,但严格的"总体相同"或"总体差异"都仅能在实验室中实现。在现实中,尤其是社会现象,只能近似或依靠假定。求同法通常是日常生活中常用的直观推理工具,但其"总体差异"的条件难以准确操控。比较而言,求异法的"总体相同"的条件更可能实现,因此这种方法被密尔本人称为"最完善",因而也更受科学家的青睐。

---

① 休谟:《人性论》,关文运译,商务印书馆 1980 年版,第 91—95 页。
② 转引自彭玉生:《社会科学中的因果分析》,《社会学研究》2011 年第 3 期。
③ Alan Agresti, *Statistical Methods for the Social Sciences*, 5th ed., Pearson Education Inc., 2018, p. 300.

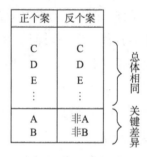

(a) 求同法　　　　　　　　(b) 求异法

图 4-1　密尔逻辑图解

资料来源：彭玉生：《社会科学中的因果分析》，《社会学研究》2011 年第 3 期。

在社会科学的研究问题中，由于个体之间的异质性，最严格或最完美的求异法应该是同一个人（所有特征完全相同）的不同状态。例如，一个个体的状态 1 为上了大学（A），收入 1 万元（B），即有 A 有 B；状态 2 为没上大学，收入为 0 元，即无 A 无 B。据此可以推断，A 和 B 是因果关系，即接受大学教育能够提高收入，并且读大学的教育回报是 1 万元。但上述情况是一个反事实（counterfactual）问题，即在现实中不可能实现的状况。因为在现实中，我们只能得到某个个体受到干预的数据，或者该个体没有受到干预的数据，但不能同时得到这两个数据。例如，一个人只可能经历读了大学或者没有读大学这两种情况中的一种，但两者不能兼具。对于读了大学的人，我们无法得知他如果没有读大学收入会是多少；而对于没有读大学的人，我们也无从知道他读了大学的收入会是多少。

反事实问题的存在，导致在个体层面上几乎无法进行因果推断。因此，我们只能经由群体层面进行，即将研究对象分为控制组和干预组，并依赖统计分析的方法进行因果推断。

## 二、因果推断方法

识别因果关系（因果推断）的"金标准"是随机实验。随机实验虽然不是唯一识别因果关系的方法，但却是最为可靠的一种。在随机实验中，实验对象被随机分为两组或多组，其中一组接受干预，另一组则不接受干预（称为控制组），或几组分别接受不同的干预。如果各组在结果变量上表现出差异，那么可以认为差异(结果)是由干预(原因)引起的。但在社会科学研究中,我们通常无法或不能干预人们的自然生活状态。例如,随机分配学生到不同的学校或班级以检验学校或班级效应,检验战争是否会增强内部团结,这些随机实验都存在违背研究伦理的风险。另外,有些研究问题通常无法进行随机实验。例如,我们无法采用随机实验的方法研究定居农耕社会是否比狩猎-采集社会更加不平等。鉴于以上提及的伦理风险和技术上的困难,在社会科学研究中,随机实验的应用并不多见。

社会科学研究中另外一种因果推断的方法是自然实验法(natural experiments)。顾名思义,自然实验不是人为实验,而是因为非人为因素导致自然或社会环境变化而形成的一种"实验"场景。例如自然灾害、战争或流行病的发生,导致个体经历不同的环境。自然实验(也被称作准实验)是假设个体在本质上是被随机分配到各个环境中去的。例如,倪志伟(Victor Nee)提出的"市场转型论",就是在东欧急剧转型和中国渐进性市场改革所形成的两种不同的制度环境下,检验相同的因素(如人力资本或政治资本)在两种制度环境下对职业社会经济地位指数的影响是否存在显著的差异[1];阿尔蒙德在1918年美国流感长期影响的社会环境下,检验了怀孕期母亲的健康水平对于孩子人力资本的影响[2]。现实生活中,确实存在一些适合使用自然实验方法进行推断的情境。例如,突如其来的大规模流行病疫情,可以作为一种自然实验场景来估计社会资本对精神健康的影响。又如,我国计划生育政策的改变可以用来估计生育对女性劳动力市场参与或收入的影响。但自然实验的局限在于,我们在社会科学研究中通常无法刻意追求一个"自然实验"的场景。例如,我们无法刻意构建不同社会制度来验证"市场转型论",(因为伦理问题)也不可能"制造"某种"疫情"或自然灾害。除此之外,由于被研究者之间存在巨大的特征差异,这些差异也会影响对干预效应的准确估计。

如前所述,对于社会科学研究而言,随机实验可能面临伦理风险和技术难题,而自然实验场景往往可遇不可求,因此大多数情况下,我们使用的数据主

---

[1] 倪志伟:《市场转型理论:国家社会主义由再分配到市场》,载边燕杰主编:《市场转型与社会分层——美国社会学者分析中国》,生活·读书·新知三联书店2002年版,第183—216页。
[2] Douglas Almond, "Is the 1918 Influenza Pandemic Over? Long-Term Effects of in Utero Influenza Exposure in the Post-1940 US Population," *Journal of Political Economy*, Vol. 114, No. 4, 2006.

要是通过调查、观察和记录所获得的观察型数据(observational data)。在调查、观察和记录社会现象时,为保证客观性以及符合伦理要求,我们往往不能对某个社会现象产生的外部环境或条件进行人为控制。对于此类观察型数据,识别和检验因果关系往往通过统计控制(statistical control)来实现。统计控制实际上是模拟实验控制的原理,其背后的方法论法则是前面提及的密尔的"求异法",即要判断 $x$ 和 $y$ 之间是因果关系,理论上要保证两组人除了 $x$ 和 $y$ 之间有差异,其他所有特征都是相同的。而理论上的"保证其他所有特征都相同",在统计上就是"控制了其他所有变量",因为特征是通过变量来承载的。例如,我们要检验受教育年限对收入的影响(受教育年限和收入的因果关系)。如果我们控制了性别,其实际含义就是我们比较性别相同的一组人内部的受教育年限和收入的关系,即假定在性别相同的情况下,受教育年限与收入之间是什么关系。在统计分析过程中,我们往往根据社会分组原理,将某种特征相同(如年龄、性别等)的个体归为一组,然后对组内情况进行分析,检验组内的自变量和因变量的关系,这就是我们所说的"控制了某种特征"。我们通常称这些被控制的特征或因素为控制变量。

从数据分析的角度来看,统计控制的实质就是多元(即多变量)分析。一般而言,除非是实验数据,否则双变量分析无法进行因果推断。因为要控制其他变量,所以在回归模型中,除了核心的解释变量,还要有控制变量,这超过了一个变量,而超过了一个自变量的线性回归模型就被称为多元线性回归模型。从这个意义上来说,多元线性回归模型实际上是一元线性回归模型的扩展形式。

## 第二节 多元线性回归模型及其系数解释

### 一、多元线性回归模型简介

顾名思义,一元线性回归模型意指模型中只有一个自变量,而多元线性回归模型则表明模型的自变量超过一个。假设有 $k$ 个自变量,即 $x_1, x_2, \cdots, x_k$,因变量为 $y$,则多元线性回归模型可表示为

$$y = a + b_1 x_1 + b_2 x_2 + \cdots + b_k x_k + e \tag{4-1}$$

## 第四章 多元线性回归

上述模型可分成两部分。一部分是通过最小二乘法计算出来的回归直线（式4-2），亦称为理论模型。另一部分为误差项（$e$），即回归直线上的点和实际观测值之间的距离，或称作理论与现实的偏差。"理论"与"偏差"构成了实际观测到的情况，即社会事实。如果误差项（或残差）占比越小，表明"理论"（即回归直线）对现实的解释力越强；反之（误差项占比越大），则"理论"的解释力越弱。

$$\hat{y}=a+b_1x_1+b_2x_2+\cdots+b_kx_k \tag{4-2}$$

我们来看回归直线方程（式4-2）。其中 $a$ 是截距或常数项，也就是当所有的自变量（$x_1,x_2,\cdots,x_k$）都取值为0的时候，因变量 $y$ 的取值；$b_1,b_2,\cdots,b_k$ 分别为自变量 $x_1,x_2,\cdots,x_k$ 对因变量 $y$ 的回归系数。以自变量 $x_1$ 的系数 $b_1$ 为例，恰当的解释是"在控制了 $x_2,\cdots,x_k$ 等变量之后，$x_1$ 增加一个单位，会导致 $y$ 增加 $b_1$ 个单位"，或"当其他因素或条件相同的情况下，$x_1$ 增加一个单位，会导致 $y$ 增加 $b_1$ 个单位"。

与一元线性回归相同，多元回归直线也是通过"最小二乘法准则"获得，以最小化"预测值和实际值之间偏差的平方和"作为回归直线拟合的标准，并据此计算得到每个自变量的回归系数[①]。下面我们通过一个例子来理解和解释多元线性回归模型。

**【例 4-1】** 打开 cgss2010s3000.dta 数据，已知：因变量为本人职业社会经济地位指数（risei），自变量为受教育年限（educ_y，单位：年），控制变量为性别（male，男性=1，女性=0）、年龄（age）、父亲的受教育年限（feduy，单位：年）、父亲的职业社会经济地位指数（fisei）。问：受教育年限如何影响职业社会经济地位指数？

我们先估计一个只有自变量（educ_y）的一元线性回归模型，然后估计一个加入其他控制变量的多元线性回归模型。在拟合回归模型之前，我们首先对所有进入模型的变量删除缺失值，以保证两个模型的样本量一致。删除缺失值的命令如下：

---

① 具体计算和一元回归模型系数（截距和斜率）求解方法一样，也是通过最小化函数（求偏导）求解，但因为自变量数量增多，求解方程较为复杂，故在此不再详细列举公式和计算的过程。

```
. foreach var of varlist risei educ_y male age feduy fisei {
    drop if `var'==.
}
```

使用 Stata 软件的 regress 命令估计模型,输出结果如下:

```
. regress risei educ_y
```

| Source   | SS         | df    | MS         | Number of obs | = | 2,418   |
|----------|------------|-------|------------|---------------|---|---------|
|          |            |       |            | F(1, 2416)    | = | 1229.58 |
| Model    | 165466.022 | 1     | 165466.022 | Prob > F      | = | 0.0000  |
| Residual | 325123.247 | 2,416 | 134.57088  | R-squared     | = | 0.3373  |
|          |            |       |            | Adj R-squared | = | 0.3370  |
| Total    | 490589.269 | 2,417 | 202.97446  | Root MSE      | = | 11.6    |

| risei  | Coef.    | Std. Err. | t     | P>\|t\| | [95% Conf. Interval] |          |
|--------|----------|-----------|-------|---------|----------------------|----------|
| educ_y | 1.924226 | .0548753  | 35.07 | 0.000   | 1.816618             | 2.031834 |
| _cons  | 17.67974 | .540479   | 32.71 | 0.000   | 16.61989             | 18.73959 |

我们可以看到,回归结果基于 2418 个有效观测案例。

总体模型拟合。模型的 $F$ 值为 1229.58,检验结果($Prob>F=0.0000<0.05$)表明,可以在 5% 的显著性水平拒绝原假设,受教育年限对职业社会经济地位指数有显著影响(即教育获得显著影响职业社会经济地位获得)。决定系数 $R^2=0.3373$,表明受教育年限的差异解释了 33.73% 的职业社会经济地位指数的总变差。

受教育年限(educ_y)回归系数。受教育年限的回归系数为 1.924,检验结果($P>|t|=0.000<0.05$)表明,能够在 5% 的显著性水平拒绝原假设(受教育年限对职业社会经济地位指数的系数为 0)。这就表明在总体层面上,受教育年限对职业社会经济地位指数有显著影响。具体而言,受教育年限每增加一年,职业社会经济地位指数增加 1.924 分。

截距(_cons)回归系数。截距回归系数的估计值为 17.680,检验结果($P>|t|=0.000<0.05$)表明,能够在 5% 的显著性水平拒绝原假设(截距为 0)。具体而言,对于受教育年限为 0 的群体来说,他们的平均职业社会经济地位指数为 17.680 分。

根据模型的参数估计结果,职业社会经济地位指数与受教育年限之间的一元回归模型的直线方程为

## 第四章 多元线性回归

$$\widehat{\text{risei}} = 17.680 + 1.924 \times \text{educ\_y}$$

接下来我们估计一个包括自变量以及所有控制变量的多元线性回归模型，Stata 命令及结果输出如下：

```
. regress risei educ_y male age feduy fisei

      Source |       SS           df       MS      Number of obs   =     2,418
-------------+----------------------------------   F(5, 2412)      =    286.70
       Model | 182880.113          5   36576.0227  Prob > F        =    0.0000
    Residual | 307709.155      2,412  127.574277   R-squared       =    0.3728
-------------+----------------------------------   Adj R-squared   =    0.3715
       Total | 490589.269      2,417  202.97446    Root MSE        =    11.295

------------------------------------------------------------------------------
       risei |      Coef.   Std. Err.      t    P>|t|     [95% Conf. Interval]
-------------+----------------------------------------------------------------
      educ_y |   1.770141   .0647077    27.36   0.000     1.643252    1.897029
        male |  -1.660165   .4689456    -3.54   0.000    -2.579743   -.7405874
         age |   .0997071   .0210662     4.73   0.000     .0583975    .1410168
       feduy |   .2414625   .0685024     3.52   0.000     .1071329    .3757921
       fisei |   .1436031   .0201898     7.11   0.000     .1040119    .1831943
       _cons |   9.872089   1.234725     8.00   0.000     7.450857    12.29332
------------------------------------------------------------------------------
```

根据以上回归结果，可以得到中国居民职业社会经济地位指数的回归直线方程：

$$\widehat{\text{risei}} = 9.872 + 1.770 \times \text{educ\_y} - 1.660 \times \text{male} + 0.100 \times \text{age} + 0.241 \times \text{feduy} + 0.144 \times \text{fisei}$$

为了便于比较，我们将受教育年限与职业社会经济地位指数的一元回归模型和多元回归模型结果整理为表 4-1。

表 4-1 受教育年限与职业社会经济地位指数的一元线性回归模型和多元线性回归模型结果

| 变量 | 模型 1 | 模型 2 |
|---|---|---|
| 本人受教育年限 | 1.924*** | 1.770*** |
|  | (0.055) | (0.065) |
| 性别（男性=1） |  | −1.660*** |
|  |  | (0.469) |
| 年龄 |  | 0.100*** |
|  |  | (0.021) |

(续表)

| 变量 | 模型 1 | 模型 2 |
| --- | --- | --- |
| 父亲受教育年限 | | 0.241$^{***}$ |
| | | (0.069) |
| 父亲职业社会经济地位指数 | | 0.144$^{***}$ |
| | | (0.020) |
| 常数项 | 17.680$^{***}$ | 9.872$^{***}$ |
| | (0.540) | (1.235) |
| 样本量 | 2418 | 2418 |
| $R^2$ | 0.337 | 0.373 |

注:括号里的数字是标准误;$^{*}P<0.05$,$^{**}P<0.01$,$^{***}P<0.001$(双尾检验)。

对比以上两条回归直线(一元回归和多元回归)和表 4-1 可以发现,我们关心的自变量,即教育获得(受教育年限)对职业社会经济地位获得(即因变量,职业社会经济地位指数)的效应(回归系数)是有差别的。在一元回归模型里,受教育年限变量的系数是 1.924,即每多接受一年的教育,职业社会经济地位指数增加 1.924 分。而在多元线性回归模型里,受教育年限变量的回归系数是 1.770,即每多接受一年的教育,职业社会经济地位指数增加 1.77 分。很显然,我们认为多元回归模型里受教育年限的系数更为准确可靠,因为该估计值是在控制了性别、年龄和家庭背景等因素之后得到的,即在相同性别、相同年龄和相同家庭背景的情况下,受教育年限是如何影响职业社会经济地位指数的。众所周知,性别、年龄和家庭背景等因素,不仅和自变量(受教育年限)相关,而且和因变量(职业社会经济地位指数)也可能相关,如果不排除这些因素的干扰,则难以获得我们所关心的自变量的准确效应。

除了通过控制其他因素以获得更加可靠的自变量的效应之外,多元回归模型还有一个重要的功能,即估计或检验多种因素是如何同时作用于因变量的。我们知道,尤其是社会现象,任何一种情况的出现或某个结果的发生,都可能是多种原因共同导致的,而不仅仅是由单个原因造成的。例如,从上述例子的多元回归模型结果,我们可以发现,个体职业社会经济地位指数同时受性别、年龄、家庭背景和自己受教育年限的影响。我们解读每个自变量的回归系数,可以得到如下结论:(1)控制了年龄、家庭背景(父亲的受教育年限和职业社会经济地位指数)和受教育年限之后,职业地位存在性别差异,男性的平均职业社会经济地位指数比女性低 1.66 分(因为男性变量的系数是-1.66)。(2)控制了性别、家庭背景和受教育年限之后,每年长一岁,职业社会经济地位指数上升 0.10 分,即资历越高,职业社会经济地位越高。(3)控制了性别、年龄和受教育年限之后,家庭背景越好的人,其职业社会经济地位越高(具体而言,父亲的受教育年限每增加一年,个体的职业社会经济地位指数就会增加 0.241 分;父亲的职业社会经济地位指数每增加 1 分,个体的职业社会经济地位指数就会增加 0.144 分)。(4)在控制了性别、年龄和家庭背景之后,个体每多接受一年的教育,职业社会经济地位指数就上升 1.77 分。

总而言之,虽然社会科学不能像实验那样控制实验条件,但能够通过多元回归得到在控制了其他因素后某一自变量对因变量的净效应(实际上这是一种模拟实验的做法)。需要注意的是,回归结果并不针对现实生活中的某一个体,而是根据最小二乘法做出的预测,是一个群体平均的概念。另外,这些结果并不绝对,而是大概率的概念。亦即是说,在大多数现实情况下,教育程度高的人,其平均职业社会经济地位指数高于教育程度低的人,但也不排除会有个别教育程度很高但职业社会经济地位指数很低的人,或者教育程度很低但职业地位指数很高的人。

## 二、多元线性回归中的统计推断与假设检验

统计分析的目的在于通过样本数据认识总体状况,若要达到这个目的就要进行假设检验与统计推断。与一元线性回归模型一样,多元线性回归中的统计推断也包括两个部分的假设检验,分别是对回归模型作为一个整体的检验($F$ 检验)和对各个自变量(包括截距)的回归系数的检验。

### (一) 回归模型的整体检验($F$ 检验)

与一元线性回归模型相同,多元线性回归模型的整体检验通过方差分析(ANOVA)或 $F$ 检验进行,即假设检验的抽样分布为 $F$ 分布。检验的目的是考察在总体层面上,因变量 $Y$ 和自变量 $X_1, X_2, \cdots, X_k$ 的线性关系是否成立,即判

断所有的回归系数中是否至少有一个不等于 0。检验的原假设和备择假设如下：

$H_0: \beta_1 = \beta_2 = \cdots = \beta_k = 0$，即在总体层面上，所有自变量对因变量的作用均为 0（或者说，所有自变量对因变量的变异没有任何解释力）。

$H_a: \beta_k \neq 0$，即在总体层面上，至少有一个自变量对因变量的作用不等于 0（或者说，至少有一个自变量对因变量的变异有解释力）。

F 检验值的计算方式与一元线性回归模型的计算方式完全相同。F 分布由两个自由度构成，分别是 $k-1$（$k$ 指模型中自变量的数量）和 $N-k-1$（$N$ 指总样本量）。F 值的计算公式如下：

$$F(k-1, N-k-1) = \frac{SS_m/(k-1)}{SS_r/(N-k-1)} \qquad (4-3)$$

其中 $SS_m$ 和 $SS_r$ 分别为模型变差和残差（与一元回归模型的方差分析部分完全相同）。通过 Stata 软件进行多元回归分析时，其输出的结果也包括决定系数和 F 检验统计量。例如，在例 4-1 中，Stata 输出结果的上部左侧即为方差分析的结果，上部右侧显示模型的 F 检验统计量为 286.70，其对应的 P 值（Prob>F）几乎为 0，小于常用的显著性水平（0.05），即统计显著，这表明我们有足够的证据拒绝原假设，备择假设得到验证。具体的结论是，在总体层面上该回归模型显著，即所有自变量中至少有一个自变量对因变量的变异有显著的解释力。

关于模型解释力的另外一个重要指标是决定系数 $R^2$，即模型变差（$SS_m$）占总变差（$SS_t$）的比例。在例 4-1 中，多元线性回归模型的决定系数为 0.3728，说明模型中五个自变量能解释因变量总变差的 37.28%。更加具体的解释是：2010 年，中国居民职业社会经济地位指数的差异，约 37% 来自他们在性别、年龄、家庭背景和自身受教育年限方面的差别，剩余 63% 的差异则来自这些变量之外的因素，包含在模型的残差项中。

## （二）回归系数的检验

与一元线性回归中对回归系数的检验一样，Stata 软件输出的多元线性回归模型的下半部分显示了回归系数（包括所有自变量的回归系数以及截距的回归系数）及其统计推断的指标。关于截距回归系数的统计推断，原假设和备择假设如下：

$H_0: \alpha = 0$，即在总体层面，回归直线的截距等于 0。

$H_a: \alpha \neq 0$，即在总体层面，回归直线的截距不等于 0。

而对于所有自变量回归系数的假设检验，原假设和备择假设分别是：

$H_0: \beta_k = 0$，即自变量对因变量没有影响。

$H_a: \beta_k \neq 0$，即自变量对因变量存在影响。

无论是截距，还是自变量的回归系数，均使用 $t$ 检验对其进行检验（即检验的抽样分布为 $t$ 分布），计算方法与一元线性回归中对回归系数的检验相同。如在例 4-1 中，Stata 输出结果显示年龄回归系数的估计值为 0.100，相应的标准误为 0.021。若要检验该系数是否显著区别于 0，可通过 $t$ 检验统计量的数值来判断。年龄变量对应的 $t$ 检验统计量数值为 4.73，该值位于 [0.058, 0.141] 这一区间之外，因此可以在 0.05 的显著性水平下拒绝原假设 $H_0$。但在实际操作中，Stata 会给出与变量相对应的显著性水平，在本例中年龄变量对应的显著性水平为 0.000，因此，可以拒绝原假设 $H_0$，接受备择假设，即年龄对因变量存在显著影响。

另外，除了可根据 Stata 软件输出的 $t$ 检验之外，关于回归系数的检验还可以使用更加灵活的瓦尔德检验（Wald test）。[①] 在运行回归模型命令之后，如果对单个变量的系数进行显著性检验，可输入 test var 命令。例如我们上面的例子，要检验父亲受教育年限（feduy）是否显著，其命令和输出结果如下：

```
. test feduy

 ( 1)  feduy = 0

       F(  1,  2412) =    12.42
            Prob > F =    0.0004
```

可以看出，原假设为 feduy = 0，使用的是 $F$ 检验。因 $F$ 值（12.42）对应的 $P$ 值（$Prob>F$）为 0.0004，小于 0.05，故可以拒绝原假设，也就是说，父亲受教育年限（feduy）的效应显著不为 0。这和前面 $t$ 检验的结果一致。

---

[①] 丹尼尔·A. 鲍威斯、谢宇：《分类数据分析的统计方法（第 2 版）》，任强等译，社会科学文献出版社 2018 年版，第 52 页。

瓦尔德检验也可同时对多个变量进行显著性检验。例如可以同时检验性别(male)、年龄(age)和本人受教育年限(educ_y)是否显著,检验命令及结果如下:

```
. test male age educ_y

 ( 1)  male = 0
 ( 2)  age = 0
 ( 3)  educ_y = 0

       F(  3,  2412) =   250.92
            Prob > F =    0.0000
```

以上检验的原假设为三个自变量的效应都为 0,备择假设是至少有一个自变量的效应不为 0。$F$ 检验的结果表明,可以拒绝原假设(因为 $P$ 值几乎为 0),备择假设得到支持,即三个变量中至少有一个变量的效应显著不为 0。

瓦尔德检验还可用以检验两个自变量的效应是否相同。如果我们想比较两个家庭背景变量(feduy 和 fisei)对因变量的作用是否显著不同,命令和输出结果如下:

```
. test feduy=fisei

 ( 1)  feduy - fisei = 0

       F(  1,  2412) =     1.53
            Prob > F =    0.2165
```

可以看出,原假设为 feduy−fisei = 0,即 feduy = fisei。$F$ 检验的结果不显著($P$ 值为 0.2165),大于 0.05,故结论是不能拒绝原假设,即父亲的受教育年限和父亲的职业社会经济地位指数对孩子职业社会经济地位指数的影响作用是相同的,没有显著差异。

此外,瓦尔德检验还可以检验一个自变量的系数和一个特定数值之间是否有显著的差异。例如,如果我们想了解自身受教育年限(educ_y)的效应(系数)是否等于 2,命令和输出结果如下:

```
. test educ_y=2

 ( 1)  educ_y = 2

       F(  1,  2412) =    12.62
            Prob > F =    0.0004
```

可以发现,$F$ 检验是显著的($P$ 值为 0.0004),即自身受教育年限对职业社会经济地位指数的效应显著不等于 2。

## 第三节 自变量为类别变量的回归

在第三章介绍一元线性回归模型的时候,我们讲过如果自变量是二项的类别变量(如性别、是否来自城镇等),纳入回归模型时需要将其转化为 0 和 1 取值的虚拟变量,回归系数则是指自变量所代表的两个群体的均值的差异(参见第三章例 3-3)。如果自变量是超过二项的类别变量,例如地区(东部、中部、西部)或婚姻状况(未婚、已婚、离异、丧偶)等,在进行回归分析时,其原理和思路与二项类别变量一致,首先要将类别变量转化为 $k$($k$ 为自变量的类别数)个虚拟变量,然后将这 $k$ 个虚拟变量作为自变量进行统计估计。下面我们通过例 4-2 对此进行操作演示和讲解。

【例 4-2】 打开 cgss2010s3000.dta 数据,已知:因变量为职业社会经济地位指数(risei),自变量为地区(region,东部=1,中部=2,西部=3)。问:中国居民的职业社会经济地位指数是否存在地区差异?

由于地区为类别变量,因此在进行回归分析前,首先需要生成地区变量的虚拟变量。我们可通过如下 Stata 命令生成地区的虚拟变量:

```
. tab region, gen(region)
```

运行上述命令之后,将会自动生成三个关于地区的虚拟变量,分别为 region1、region2 和 region3。

对于 region1 变量而言,1 代表东部,0 代表中部和西部:

```
. tab region1
```

| region==东部 | Freq. | Percent | Cum. |
|---|---|---|---|
| 0 | 1,844 | 61.47 | 61.47 |
| 1 | 1,156 | 38.53 | 100.00 |
| Total | 3,000 | 100.00 | |

对于 region2 变量来说,1 代表中部,0 代表东部和西部:

```
. tab region2
```

| region==中部 | Freq. | Percent | Cum. |
|---|---|---|---|
| 0 | 1,819 | 60.63 | 60.63 |
| 1 | 1,181 | 39.37 | 100.00 |
| Total | 3,000 | 100.00 | |

而就 region3 变量而言,1 代表西部,0 代表东部和中部:

```
. tab region3
```

| region==西部 | Freq. | Percent | Cum. |
|---|---|---|---|
| 0 | 2,337 | 77.90 | 77.90 |
| 1 | 663 | 22.10 | 100.00 |
| Total | 3,000 | 100.00 | |

然后,我们可将 region1、region2 和 region3 作为自变量纳入模型进行估计(从自变量的个数来看,已经超过一个,所以这已经属于多元回归模型)。Stata 命令及输出结果如下:

```
. regress risei region1 region2 region3
note: region1 omitted because of collinearity
```

| Source | SS | df | MS | | Number of obs | = | 2,767 |
|---|---|---|---|---|---|---|---|
| | | | | | F(2, 2764) | = | 91.69 |
| Model | 35069.8835 | 2 | 17534.9417 | | Prob > F | = | 0.0000 |
| Residual | 528602.93 | 2,764 | 191.245633 | | R-squared | = | 0.0622 |
| | | | | | Adj R-squared | = | 0.0615 |
| Total | 563672.813 | 2,766 | 203.786267 | | Root MSE | = | 13.829 |

| risei | Coef. | Std. Err. | t | P>|t| | [95% Conf. Interval] | |
|---|---|---|---|---|---|---|
| region1 | 0 | (omitted) | | | | |
| region2 | -7.479656 | .596221 | -12.55 | 0.000 | -8.64874 | -6.310573 |
| region3 | -7.047367 | .7022071 | -10.04 | 0.000 | -8.424271 | -5.670464 |
| _cons | 39.33238 | .4261687 | 92.29 | 0.000 | 38.49674 | 40.16802 |

从以上结果可以看出,东部地区的虚拟变量(region1)因为共线性的原因而被从自变量列表中删除(omitted)了,只有 region2 和 region3 这两个变量有估计值。这是因为如果自变量为类别变量,其回归系数是组与组之间的均值进行比较,所以回归模型需要有一个参照组(即从自变量列表中删除的那一组)

进行比较，这个参照组的均值刚好就是模型的常数项(_cons)[①]。如本例，我们可看到东部地区被自动删除了，表明东部地区居民被自动作为参照组，而模型的常数项(39.33238)就是东部地区居民的平均职业社会经济地位指数。region2 的回归系数(-7.479656)则是中部地区居民和东部地区居民之间平均职业社会经济地位指数的差异。因为该系数是负数，故具体的解释是：中部地区居民的平均职业社会经济地位指数比东部地区居民(参照组，也是常数项)低 7.48 分($t$ 检验的结果是显著的)。同理，region3 的回归系数(-7.047367)表明西部地区居民的平均职业社会经济地位指数比东部地区居民低 7.05 分(同样，$t$ 检验的结果显著)。如果整体解读这个模型，我们的结论是：2010 年中国居民的职业社会经济地位指数存在显著的地区差异，东部地区居民的平均职业社会经济地位指数高于中部和西部。另外，从模型的决定系数($R^2 = 0.0622$)可以判断，2010 年中国居民职业社会经济地位指数的差异大约有 6% 是因为地区差异造成的。

在应用 Stata 软件处理类别变量的实际操作过程中，可以用在类别变量前面加上前缀 i. 的方式来进行模型估计，从而省略生成虚拟变量的环节。例如，本例的回归结果，我们也可通过下面的命令得到：

```
. regress risei i.region
```

| Source | SS | df | MS | | Number of obs | = | 2,767 |
|---|---|---|---|---|---|---|---|
| | | | | | F(2, 2764) | = | 91.69 |
| Model | 35069.8835 | 2 | 17534.9417 | | Prob > F | = | 0.0000 |
| Residual | 528602.93 | 2,764 | 191.245633 | | R-squared | = | 0.0622 |
| | | | | | Adj R-squared | = | 0.0615 |
| Total | 563672.813 | 2,766 | 203.786267 | | Root MSE | = | 13.829 |

| risei | Coef. | Std. Err. | t | P>\|t\| | [95% Conf. Interval] | |
|---|---|---|---|---|---|---|
| region | | | | | | |
| 中部 | -7.479656 | .596221 | -12.55 | 0.000 | -8.64874 | -6.310573 |
| 西部 | -7.047367 | .7022071 | -10.04 | 0.000 | -8.424271 | -5.670464 |
| _cons | 39.33238 | .4261687 | 92.29 | 0.000 | 38.49674 | 40.16802 |

---

① 所谓常数项系数，实际上就是当所有自变量取值为 0 时，因变量的取值。就本例而言，如果 region2 和 region3 (保留在模型的两个虚拟变量)都取值为 0，实际含义就是"不是中部，也不是西部"，其实就是东部。所以常数项就是东部地区居民的平均职业社会经济地位指数。

可以发现,输出结果与上一输出结果(几乎)完全一致。但这种做法无法根据研究需要或偏好自主地指定参照组,为此,我们可以通过在类别变量前面加前缀 bi.(i 指代类别变量的取值)来达到这个目的。如本例,region 变量有三个取值(1、2 和 3,分别指代东部、中部和西部三个地区)。如果我们需要以中部地区作为参照组,那么 Stata 命令和结果输出如下:

```
. regress risei b2.region
```

| Source | SS | df | MS | | Number of obs | = | 2,767 |
|---|---|---|---|---|---|---|---|
| | | | | | F(2, 2764) | = | 91.69 |
| Model | 35069.8835 | 2 | 17534.9417 | | Prob > F | = | 0.0000 |
| Residual | 528602.93 | 2,764 | 191.245633 | | R-squared | = | 0.0622 |
| | | | | | Adj R-squared | = | 0.0615 |
| Total | 563672.813 | 2,766 | 203.786267 | | Root MSE | = | 13.829 |

| risei | Coef. | Std. Err. | t | P>\|t\| | [95% Conf. Interval] | |
|---|---|---|---|---|---|---|
| region | | | | | | |
| 东部 | 7.479656 | .596221 | 12.55 | 0.000 | 6.310573 | 8.64874 |
| 西部 | .432289 | .6966596 | 0.62 | 0.535 | -.933737 | 1.798315 |
| _cons | 31.85273 | .4169648 | 76.39 | 0.000 | 31.03513 | 32.67032 |

从上面的模型输出结果可以发现,自变量只显示了东部和西部,表明中部是参照组(常数项的系数 31.85273 就是中部地区居民的平均职业社会经济地位指数)。东部地区的回归系数是 7.479656,表明东部地区居民的平均职业社会经济地位指数比中部地区(参照组)高 7.48 分(统计显著)。西部地区的回归系数是 0.432289,但 $t$ 检验不显著,表明在总体层面上,西部地区居民的平均职业社会经济地位指数和中部地区的居民没有显著差异。

简言之,在实际的数据分析过程中,我们可以通过指定变量前缀 bi.中 i 的取值来确定我们想要的参照组,从而达到对非线性的自变量(即类别变量,包括定类变量和定序变量)进行统计估计的目的。需要指出的是,改变参照组只是改变了不同组之间的均值差异模式,而不会对模型的整体估计(包括 $F$ 检验和决定系数等所有指标,即 Stata 回归模型输出的上半部分)产生任何影响。

## 第四节 多元线性回归模型几个常用的知识点

### 一、变量的均值对中化

在进行回归分析时,有些情况下我们需要对线性自变量进行均值对中化(centering)处理。例如,有时需要解决"没有意义"(或不可能存在)的常数项系数,或解决模型中的共线性问题[①]。在技术上,对变量进行均值对中化处理的方法,就是用该变量的取值减去这一变量的均值,得到一个对中化的变量,并用这个变量代替原来的变量进入回归模型进行统计估计。让我们回到前面关于职业社会经济地位指数的例子(例 4-1),回归模型如下:

. regress risei educ_y male age feduy fisei

| Source | SS | df | MS | | | |
|---|---|---|---|---|---|---|
| Model | 182880.113 | 5 | 36576.0227 | Number of obs | = | 2,418 |
| Residual | 307709.155 | 2,412 | 127.574277 | F(5, 2412) | = | 286.70 |
| | | | | Prob > F | = | 0.0000 |
| | | | | R-squared | = | 0.3728 |
| | | | | Adj R-squared | = | 0.3715 |
| Total | 490589.269 | 2,417 | 202.97446 | Root MSE | = | 11.295 |

| risei | Coef. | Std. Err. | t | P>\|t\| | [95% Conf. Interval] | |
|---|---|---|---|---|---|---|
| educ_y | 1.770141 | .0647077 | 27.36 | 0.000 | 1.643252 | 1.897029 |
| male | -1.660165 | .4689456 | -3.54 | 0.000 | -2.579743 | -.7405874 |
| age | .0997071 | .0210662 | 4.73 | 0.000 | .0583975 | .1410168 |
| feduy | .2414625 | .0685024 | 3.52 | 0.000 | .1071329 | .3757921 |
| fisei | .1436031 | .0201898 | 7.11 | 0.000 | .1040119 | .1831943 |
| _cons | 9.872089 | 1.234725 | 8.00 | 0.000 | 7.450857 | 12.29332 |

上面的回归模型,我们在前面已经解释过。如果我们留意到年龄变量的分布及其在现实中的意义,可以发现模型中的常数项系数(9.872089)在现实中是"不存在"的,是一个"反事实"的常数项。因为,根据回归模型的定义,常数项(截距)是指当所有自变量取值为 0 时估计出来的因变量的取值。这里所有的自变量,包括了年龄变量(age)。我们来看一下年龄变量的描述统计情况:

---

[①] 关于多元线性回归模型的共线性问题,将在第七章第三节详细介绍。

```
. sum age
```

| Variable | Obs | Mean | Std. Dev. | Min | Max |
|---|---|---|---|---|---|
| age | 3,000 | 44.591 | 13.37408 | 17 | 70 |

从年龄变量的描述统计结果可以发现,数据中年龄的取值范围在 17—70 岁之间,并没有 0 岁(即刚刚出生)的样本,而且就我们的研究而言,0 岁也不可能有职业。因此,如果我们需要回归模型输出一个合理的截距项,那么可以通过以下命令生成一个对中化的年龄变量并将其命名为 cage:

```
. egen mage=mean(age)
. gen cage=age-mage
```

其中 mage 变量是一个过渡的变量,指的是年龄的均值,然后用每个个案的真实年龄减去年龄的均值,即可得到对中化后名为 cage 的年龄变量(均值为 0)。① 可以看出,cage 取值为 0 的时候,实际上代表的是实际年龄的均值(44.591 岁)。我们用 cage 变量代替 age 变量纳入模型,回归命令及其结果如下:

```
. regress risei educ_y male cage feduy fisei
```

| Source | SS | df | MS | | | |
|---|---|---|---|---|---|---|
| Model | 182880.113 | 5 | 36576.0227 | Number of obs | = | 2,418 |
| Residual | 307709.155 | 2,412 | 127.574277 | F(5, 2412) | = | 286.70 |
| | | | | Prob > F | = | 0.0000 |
| | | | | R-squared | = | 0.3728 |
| | | | | Adj R-squared | = | 0.3715 |
| Total | 490589.269 | 2,417 | 202.97446 | Root MSE | = | 11.295 |

| risei | Coef. | Std. Err. | t | P>\|t\| | [95% Conf. Interval] | |
|---|---|---|---|---|---|---|
| educ_y | 1.770141 | .0647077 | 27.36 | 0.000 | 1.643252 | 1.897029 |
| male | -1.660165 | .4689456 | -3.54 | 0.000 | -2.579743 | -.7405874 |
| cage | .0997071 | .0210662 | 4.73 | 0.000 | .0583975 | .1410168 |
| feduy | .2414625 | .0685024 | 3.52 | 0.000 | .1071329 | .3757921 |
| fisei | .1436031 | .0201898 | 7.11 | 0.000 | .1040119 | .1831943 |
| _cons | 14.31813 | .6855936 | 20.88 | 0.000 | 12.97372 | 15.66254 |

对比年龄变量对中化之前和之后的两个模型可以发现,两个模型除了常数项不同之外,其他所有指标都完全一致。对中化之后模型截距的系数

---

① 在 Stata 中,我们也可以通过 center 命令(非 Stata 软件自带的命令,而是用户编写的外部命令)直接生成对中化的变量。我们在 Stata 的命令窗口输入"ssc install center"命令安装 center 命令包。安装之后,输入"center age, gen(cage)",括号内变量即为新生成的对中化后的年龄变量。

(14.31813)代表女性(male=0)、父亲没有接受过任何教育(feduy=0)、父亲的职业社会经济地位指数为0(fisei=0)以及自身没有接受过任何教育(educ_y=0),而且年龄处于均值(cage=0,即age=45岁左右)的这个群体的估计的平均职业社会经济地位指数,约为14.32分。简言之,年龄对中化处理之后,模型的截距(常数项)是实际存在的,同时也具有现实意义。

### 二、自变量效应大小的可比性:标准化回归系数

例4-1的多元回归模型中输出的系数,都是非标准化的系数。在多元线性回归模型中,不同自变量的测量单位可能不同。例如,在例4-1中,有的自变量是年龄,有的是职业社会经济地位指数(0—100取值),有的是受教育年限。如果自变量的测量单位不同,就无法通过直接比较非标准化回归系数来判断它们对因变量效应的大小。在实际的数据分析或定量研究中,如需比较各个自变量效应的大小,可对自变量的系数进行标准化,得到标准化回归系数。标准化回归系数是指在控制了模型中其他解释变量的情况下,某解释变量每增加一个标准差而引起的$y$的标准差的平均变化。[①]

标准化回归系数的计算公式如下:

$$\beta = b \frac{S_x}{S_y} \tag{4-4}$$

其中,$b$为自变量$x$的非标准化回归系数,$S_x$和$S_y$分别为自变量$x$和因变量$y$的标准差。标准化回归系数$\beta$可以解释为:$x$每增加一个标准差将导致$y$的标准差增加$\beta$个单位。Stata软件对多元线性回归模型求标准化回归系数的命令如下:

. regress y x1 x2 … xb, beta

对例4-1中的多元线性回归模型求标准化回归系数,Stata命令及其结果如下:

---

① Alan Agresti, *Statistical Methods for the Social Sciences*, 5th ed., Pearson Education Inc., 2018, p. 346.

```
. regress risei educ_y male age feduy fisei, beta
```

| Source | SS | df | MS | | | Number of obs | = | 2,418 |
|---|---|---|---|---|---|---|---|---|
| | | | | | | F(5, 2412) | = | 286.70 |
| Model | 182880.113 | 5 | 36576.0227 | | | Prob > F | = | 0.0000 |
| Residual | 307709.155 | 2,412 | 127.574277 | | | R-squared | = | 0.3728 |
| | | | | | | Adj R-squared | = | 0.3715 |
| Total | 490589.269 | 2,417 | 202.97446 | | | Root MSE | = | 11.295 |

| risei | Coef. | Std. Err. | t | P>\|t\| | Beta |
|---|---|---|---|---|---|
| educ_y | 1.770141 | .0647077 | 27.36 | 0.000 | .5342531 |
| male | -1.660165 | .4689456 | -3.54 | 0.000 | -.0582681 |
| age | .0997071 | .0210662 | 4.73 | 0.000 | .0899008 |
| feduy | .2414625 | .0685024 | 3.52 | 0.000 | .076882 |
| fisei | .1436031 | .0201898 | 7.11 | 0.000 | .1361627 |
| _cons | 9.872089 | 1.234725 | 8.00 | 0.000 | . |

以上输出结果中 Beta 一列所显示的即为模型的标准化回归系数。通过比较标准化回归系数绝对值的大小，我们可以对自变量效应的大小进行比较。例如，从本例中我们可以看出各个自变量的效应大小排序为 educ_y>fisei>age>feduy>male①。简言之，我们的结论是：对个体职业社会经济地位指数影响最大的是自己的受教育年限（即自己努力或能力的结果），然后是家庭背景（即父亲的职业社会经济地位指数——与生俱来的因素）。根据社会学领域的术语，我们可以把自己的受教育年限定义为自致性因素，将家庭背景定义为先赋性因素。那么，对于上面的职业社会经济地位指数模型，通过比较标准化的回归系数，我们就可以得出这样的结论：在 2010 年，中国居民职业社会经济地位的获得，最重要的决定因素是自致性因素，先赋性因素次之，最后才是资历（用年龄来代表资历）。从社会分层和流动的理论视角来看这个模型的话，如果自致性因素的作用大于先赋性因素的作用，则表明社会流动性好，阶层固化的风险低。

### 三、各个变量对模型解释力的贡献比较：夏普利值分解

在例 4-1 中，如果想要知道性别（male）、年龄（age）、家庭背景[即父亲的受教育年限（feduy）和父亲的职业社会经济地位指数（fisei）]、本人受教育年限

---

① 自变量如果为 0 和 1 取值的虚拟变量，虽然也可以进行标准化，但因为其系数反映的是两类（两个群体）之间的均值差异，故一般情况下不和线性的自变量进行比较。

(educ_y)这四类因素中,哪类因素对个体职业社会经济地位指数变异的解释力最大或者贡献率最大,可在 Stata 软件运行回归模型的命令之后,使用 shapley2 命令①,对各个因素的贡献率进行夏普利值分解。② shapley2 命令的通用写法如下:

. shapley2, stat(r2) group(x1, x2, x3, x4 x5 x6)

命令选项中的 r2 代表回归模型的决定系数 $R^2$,group 后面括号中的内容是根据研究的需要对所有自变量进行分组。就本例而言,我们将进入模型的五个自变量分成了四组,其中 feduy 和 fisei 归为一组用以测量家庭背景,其他各个自变量自成一组(在实际的数据分析过程中,研究者可以根据自己的需要进行分组,组与组之间用逗号隔开,组内的变量不能用逗号而只用空格隔开即可)。具体命令和结果输出如下:

```
. shapley2, stat(r2) group(male, age, feduy fisei, educ_y)

Factor          Shapley value    Per cent
                (estimate)       (estimate)

Group 1         0.00206          0.55 %
Group 2         0.00983          2.64 %
Group 3         0.09846          26.41 %
Group 4         0.26242          70.40 %

TOTAL           0.37278          100.00 %

Groups are:
Group 1: male
Group 2: age
Group 3: feduy fisei
Group 4: educ_y
```

夏普利值分解结果表明,第一组变量(性别)对 $R^2$(模型解释力)的贡献率仅为 0.55%,第二组变量(年龄)的贡献率为 2.64%,第三组(家庭背景即父亲的受教育年限和父亲的职业社会经济地位指数)的贡献率为 26.41%,而第四组(本人的受教育年限)的贡献率最大,占到了 70.40%。基于夏普利值分解的结果,我们可以判断,个体职业社会经济地位指数最重要的影响因素是自身的受

---

① shapley2 不是 Stata 软件自带的命令,而是用户编写的外部命令,(如果未安装的话,)我们可以在 Stata 的命令窗口输入"ssc install shapley2"安装该命令。

② Anthony F. Shorrocks, "Inequality Decomposition by Factor Components," *Econometrica*, Vol. 50, No. 1, 1982.

教育年限(自致性因素),然后是家庭背景(先赋性因素),而性别和年龄这样的基本人口特征的作用很小。我们也可以看出,自致性因素的作用远大于先赋性因素。如果根据这个模型的结果来判断的话,我们可以证明本人的教育获得对于职业社会经济地位指数至关重要,其作用大于家庭背景因素。换句话说,基于夏普利值分解的结果,我们可以认为,要获得职业上的成功,自身的努力比"拼爹"更重要。同样,如果从社会分层和流动的角度来看的话,上述发现表明,在 2010 年的中国社会,社会流动减少或阶层固化的风险并不高。就本例而言,根据夏普利值分解得到的结论和前面基于标准化回归系数比较的结论是一致的。

### 四、调整后的决定系数

大多数统计软件,包括 Stata、R、SPSS 以及 SAS 等,在报告线性回归模型的决定系数($R^2$)时,同时会报告"调整后的决定系数",即 Stata 软件的回归模型输出结果中 Adj R-squared 的值。大多数情况下,我们不是特别注重两者的差别。很多期刊论文或著作在呈现回归模型的时候,只要求报告两者之一,其中大多数都要求报告 $R^2$。

在估计多元线性回归模型的时候,当添加一个自变量到一个回归模型时,如果新增的变量对因变量的变异(即总变差 $SS_t$)有解释力的话,模型的决定系数 $R^2$(模型变差占总变差的比例)就会变大。原因在于,有解释力的变量进入模型会提高模型变差($SS_m$),而总变差是不变的。如果新增加的自变量对因变量的变异没有任何解释力,那么模型变差就不会发生变化,因此 $R^2$ 也不会发生变化。也就是说,当增加自变量到模型中的时候,$R^2$ 要么增加,要么不变,但不会下降。但是,因为增加自变量会增加模型的自由度,如果增加的自变量不解释任何因变量的变差的话,为了体现出因自由度增加的影响或损失,就需要对决定系数进行修正或调整,而修正之后的决定系数就被称为调整后的决定系数。[①] 计算公式为

---

[①] 唐启明:《量化数据分析:通过社会研究检验想法》,任强译,社会科学文献出版社 2012 年版,第 108 页。

## 第四章 多元线性回归

$$\text{Adjusted R-squared} = 1 - \left[ \frac{n-1}{n-k-1} \times (1-R^2) \right] \quad (4-5)$$

其中，$n$ 为样本量，$k$ 为自由度，即进入模型的自变量的个数。根据上述公式可知，如果增加自变量之后 $R^2$ 不变的话，那么调整后的 $R^2$ 将会变小或下降。

在通过样本(抽样调查数据)推断总体的时候，调整后的决定系数往往被认为是更加无偏的估计值，尤其是在分析小样本数据时。当然，如前所述，大多数情况下，我们并不需要对决定系数和调整后的决定系数进行严格区分，除非杂志社或出版社有明确要求，否则我们可以在回归表格中报告其中任何一个，也可两个同时报告。

以下呈现了使用 cgss2010s3000.dta 数据对城市居民职业社会经济地位指数影响因素进行回归分析的结果的上半部分，相关指标及其解释在第三章中已经有过详细介绍，不再赘述。我们只关注 Adj R-squared(即调整的决定系数)的变化。

```
. foreach var of varlist risei male age feduy fisei educ_y daughters {
    drop if `var'==.
  }
(233 observations deleted)
(0 observations deleted)
(0 observations deleted)
(101 observations deleted)
(244 observations deleted)
(4 observations deleted)
(20 observations deleted)

. regress risei male age feduy fisei educ_y if urban==1
```

| Source | SS | df | MS | | | |
|---|---|---|---|---|---|---|
| Model | 100340.612 | 5 | 20068.1224 | Number of obs | = | 1,352 |
| Residual | 201982.146 | 1,346 | 150.061029 | F(5, 1346) | = | 133.73 |
| | | | | Prob > F | = | 0.0000 |
| | | | | R-squared | = | 0.3319 |
| | | | | Adj R-squared | = | 0.3294 |
| Total | 302322.757 | 1,351 | 223.777022 | Root MSE | = | 12.25 |

| risei | Coef. | Std. Err. | t | P>|t| | [95% Conf. Interval] | |
|---|---|---|---|---|---|---|
| male | -1.701902 | .674643 | -2.52 | 0.012 | -3.025368 | -.3784357 |
| age | .1117518 | .0300576 | 3.72 | 0.000 | .0527869 | .1707167 |
| feduy | .1037755 | .0955613 | 1.09 | 0.278 | -.0836899 | .2912408 |
| fisei | .1107428 | .0261648 | 4.23 | 0.000 | .0594146 | .1620711 |
| educ_y | 2.002916 | .0980655 | 20.42 | 0.000 | 1.810538 | 2.195294 |
| _cons | 10.77814 | 1.875098 | 5.75 | 0.000 | 7.099707 | 14.45657 |

```
. regress risei male age feduy fisei educ_y daughters if urban==1
```

| Source | SS | df | MS | | | |
|---|---|---|---|---|---|---|
| Model | 100341.15 | 6 | 16723.525 | | | |
| Residual | 201981.607 | 1,345 | 150.172199 | | | |
| Total | 302322.757 | 1,351 | 223.777022 | | | |

| | | | | | | |
|---|---|---|---|---|---|---|
| Number of obs | = | 1,352 |
| F(6, 1345) | = | 111.36 |
| Prob > F | = | 0.0000 |
| R-squared | = | 0.3319 |
| Adj R-squared | = | 0.3289 |
| Root MSE | = | 12.254 |

| risei | Coef. | Std. Err. | t | P>\|t\| | [95% Conf. Interval] | |
|---|---|---|---|---|---|---|
| male | -1.701749 | .6748976 | -2.52 | 0.012 | -3.025716 | -.377783 |
| age | .1121781 | .0309001 | 3.63 | 0.000 | .0515605 | .1727957 |
| feduy | .10387 | .0956098 | 1.09 | 0.277 | -.0836904 | .2914305 |
| fisei | .1106645 | .0262072 | 4.22 | 0.000 | .059253 | .1620759 |
| educ_y | 2.001908 | .0995355 | 20.11 | 0.000 | 1.806646 | 2.19717 |
| daughters | -.0287804 | .4806069 | -0.06 | 0.952 | -.9716011 | .9140403 |
| _cons | 10.78984 | 1.885941 | 5.72 | 0.000 | 7.090134 | 14.48955 |

在第一个模型中,自变量包括性别、年龄、父亲受教育年限、父亲职业社会经济地位指数和本人受教育年限。我们在回归命令中添加了"if urban == 1"①,表示本回归分析仅限于城镇居民样本。以上结果显示,决定系数为 0.3319,调整后的决定系数为 0.3294。

第二个模型除包括第一个模型的自变量外,又增加了女儿数量变量(daughters)。需要注意的是,在模型中所增加的女儿数量这一变量并无实际意义,仅为举例以观察调整的决定系数的变化而用。

结果显示,在增加 daughters 变量后,模型的决定系数仍为 0.3319,但调整后的决定系数由 0.3294 降为 0.3289。如前所述,增加自变量会增加自由度,又因新增的女儿数量变量(daughters)不显著,故不能解释因变量的变差且决定系数未发生变化。根据式 4-5,如果增加自变量之后决定系数不变,那么调整后的决定系数将会变小或下降。根据决定系数和调整后的决定系数的变化,我们可以认为,模型中没有必要加入女儿数量(daughters)这一变量。当然,在统计分析中,我们往往不是根据调整后的决定系数来判断是否应该加入某个变量,而是根据研究的实际需要(例如该变量是不是研究的核心变量或重要的控制变量等)来决定。另外,在一些探索性研究中,需要根据自变量对因变量

---

① 在 cgss2010s3000.dta 数据中,urban 为代表是否来自城镇的虚拟变量,1 代表城镇,0 表示农村。

第四章　多元线性回归

的影响是否统计显著的标准来确定哪些变量进入模型,还有一种比较容易操作的方法,就是我们下面要讲的逐步回归。

## 五、逐步回归

简言之,逐步回归(stepwise regression)是根据自变量对因变量的影响是否统计显著来确定(显著性水平可以由研究者设定)哪些变量保留在模型中的一种建模方式。依据研究者设定的标准(显著性水平,常用的如 0.05、0.01 和 0.001),逐步回归的目的是获得一个"最有效率"的模型。确切地说,是剔除了那些不显著的自变量,只保留那些有统计显著性的自变量的"简约"模型。逐步回归可分向后逐步回归和向前逐步回归两种,以下我们以职业社会经济地位指数为例,分别进行介绍。

首先,我们使用 cgss2010s3000.dta 数据,构建一个职业社会经济地位指数影响因素的回归模型,因变量为本人职业社会经济地位指数(risei),自变量包括性别(male,男性=1,女性=0)、年龄(age)、父亲的受教育年限(feduy,单位:年)、父亲的职业社会经济地位指数(fisei)、母亲的受教育年限(meduy,单位:年)、母亲的职业社会经济地位指数(misei)、本人的受教育年限(educ_y,单位:年)和是否来自城镇(urban,是=1,否=0)。

```
. foreach var of varlist risei male age feduy fisei meduy misei educ_y urban {
    drop if `var'==.
  }
(233 observations deleted)
(0 observations deleted)
(0 observations deleted)
(101 observations deleted)
(244 observations deleted)
(28 observations deleted)
(417 observations deleted)
(3 observations deleted)
(0 observations deleted)

. regress risei male age feduy fisei meduy misei educ_y urban
```

| Source | SS | df | MS | | |
|---|---|---|---|---|---|
| Model | 162519.728 | 8 | 20314.966 | Number of obs = | 1,974 |
| Residual | 233304.502 | 1,965 | 118.730026 | F(8, 1965) = | 171.10 |
| | | | | Prob > F = | 0.0000 |
| | | | | R-squared = | 0.4106 |
| | | | | Adj R-squared = | 0.4082 |
| Total | 395824.229 | 1,973 | 200.620491 | Root MSE = | 10.896 |

| risei | Coef. | Std. Err. | t | P>\|t\| | [95% Conf. Interval] | |
|---|---|---|---|---|---|---|
| male | -1.098731 | .5043811 | -2.18 | 0.029 | -2.087909 | -.1095529 |
| age | .0686945 | .023964 | 2.87 | 0.004 | .0216969 | .1156921 |
| feduy | .1288028 | .0835995 | 1.54 | 0.124 | -.0351501 | .2927558 |
| fisei | .1086056 | .0239268 | 4.54 | 0.000 | .061681 | .1555301 |
| meduy | .1272143 | .094702 | 1.34 | 0.179 | -.0585126 | .3129412 |
| misei | .0415347 | .0313023 | 1.33 | 0.185 | -.0198544 | .1029238 |
| educ_y | 1.464069 | .073496 | 19.92 | 0.000 | 1.31993 | 1.608207 |
| urban | 5.407179 | .5562746 | 9.72 | 0.000 | 4.316229 | 6.498129 |
| _cons | 10.72377 | 1.375556 | 7.80 | 0.000 | 8.02607 | 13.42147 |

从以上模型的结果来看,父亲的受教育年限(feduy)、母亲的受教育年限(meduy)和母亲的职业社会经济地位指数(misei)对本人的职业社会经济地位指数没有显著影响。假如说我们的目的是只保留那些统计显著的自变量,那么这三个变量就要被剔除在模型之外。但问题在于不同变量之间是相关的,有时候某个变量的加入或退出,可能会影响到其他变量的估计值(包括是否显著)。因此,如果单凭上面这个模型的估计结果来判断,可能会"误删"某个变量。在这个时候,我们可以通过逐步回归的方法来进行判断。这里先介绍向后逐步回归的过程和结果。

向后逐步回归是从全模型(即包含了所有自变量的模型)开始,依据研究者设定的显著性水平,逐步删除不显著的变量,最后只保留对因变量有显著影响的自变量。对上面模型使用向后逐步回归法,命令及结果如下:

```
. stepwise, pr(0.05): regress risei male age feduy fisei meduy misei educ_y urban
                      begin with full model
p = 0.1847 >= 0.0500   removing misei
p = 0.1388 >= 0.0500   removing feduy
```

| Source | SS | df | MS | | | |
|---|---|---|---|---|---|---|
| | | | | Number of obs | = | 1,974 |
| | | | | F(6, 1967) | = | 227.25 |
| Model | 162050.232 | 6 | 27008.3721 | Prob > F | = | 0.0000 |
| Residual | 233773.997 | 1,967 | 118.84799 | R-squared | = | 0.4094 |
| | | | | Adj R-squared | = | 0.4076 |
| Total | 395824.229 | 1,973 | 200.620491 | Root MSE | = | 10.902 |

| risei | Coef. | Std. Err. | t | P>\|t\| | [95% Conf. Interval] | |
|---|---|---|---|---|---|---|
| male | -1.149891 | .5039291 | -2.28 | 0.023 | -2.138182 | -.1615998 |
| age | .0654796 | .0227697 | 2.88 | 0.004 | .0208244 | .1101347 |
| educ_y | 1.486926 | .0725952 | 20.48 | 0.000 | 1.344555 | 1.629298 |
| fisei | .1293921 | .0215192 | 6.01 | 0.000 | .0871892 | .171595 |
| meduy | .2384534 | .0764245 | 3.12 | 0.002 | .088572 | .3883348 |
| urban | 5.496609 | .5535179 | 9.93 | 0.000 | 4.411066 | 6.582152 |
| _cons | 11.44505 | 1.327405 | 8.62 | 0.000 | 8.841777 | 14.04831 |

其中，stepwise 为逐步回归的命令，pr(0.05)为向后逐步回归方式的命令选项，括号内的数字是研究者设定的显著性水平，冒号之后的部分为全模型（即包括所有变量）的回归命令。结果显示，从全模型开始，根据设定的显著性水平（0.05），逐步剔除了母亲的职业社会经济地位指数（misei，$P=0.1847>=0.0500$）和父亲的受教育年限（feduy，$P=0.1388>=0.0500$）。最终我们得到了一个自变量包括性别、年龄、本人受教育年限、父亲职业社会经济地位指数、母亲受教育年限以及是否来自城镇的职业社会经济地位指数模型。可以发现这些自变量的回归系数都是统计显著的（$P$ 值均小于 0.05）。对比前面非逐步回归模型的结果（feduy、meduy 和 misei 三个变量不显著），逐步回归模型的结果表明，如果将 misei 和 feduy 剔除之后，meduy（母亲的受教育年限）对孩子职业社会经济地位指数的影响实际上是统计显著的，因此被保留在了模型之中。基于此，逐步回归是更加有效率而且更"精准"地确定所有变量中哪些显著或不显著的一种建模方式。

逐步回归的另一种方式是向前逐步回归。向前逐步回归是从一个不包括任何自变量的空模型开始，依据设定的显著性水平，逐步增加符合标准（统计显著）的变量，最后得到一个只包含对因变量有显著影响的自变量的模型。下面呈现了采用向前逐步回归法的命令及结果：

```
. stepwise, pe(0.05): regress risei male age feduy fisei meduy misei educ_y urban
                      begin with empty model
p = 0.0000 <  0.0500  adding  educ_y
p = 0.0000 <  0.0500  adding  urban
p = 0.0000 <  0.0500  adding  fisei
p = 0.0093 <  0.0500  adding  misei
p = 0.0383 <  0.0500  adding  male
```

| Source   | SS         | df    | MS         | Number of obs | = | 1,974  |
|----------|------------|-------|------------|---------------|---|--------|
|          |            |       |            | F(5, 1968)    | = | 270.55 |
| Model    | 161244.736 | 5     | 32248.9473 | Prob > F      | = | 0.0000 |
| Residual | 234579.493 | 1,968 | 119.196897 | R-squared     | = | 0.4074 |
|          |            |       |            | Adj R-squared | = | 0.4059 |
| Total    | 395824.229 | 1,973 | 200.620491 | Root MSE      | = | 10.918 |

| risei  | Coef.     | Std. Err. | t     | P>\|t\| | [95% Conf. | Interval] |
|--------|-----------|-----------|-------|-------|------------|-----------|
| educ_y | 1.45853   | .0659812  | 22.11 | 0.000 | 1.32913    | 1.58793   |
| urban  | 5.538662  | .5558333  | 9.96  | 0.000 | 4.448579   | 6.628746  |
| fisei  | .127324   | .0225755  | 5.64  | 0.000 | .0830496   | .1715983  |
| misei  | .0715545  | .0281899  | 2.54  | 0.011 | .0162694   | .1268396  |
| male   | -1.036065 | .4998766  | -2.07 | 0.038 | -2.016408  | -.0557215 |
| _cons  | 13.33904  | .7936579  | 16.81 | 0.000 | 11.78254   | 14.89553  |

其中，pe(0.05)为向前逐步回归方式的命令选项。结果显示，从没有自变量的空模型开始，依次增加了本人受教育年限（$P=0.0000<0.0500$）、是否来自城镇（$P=0.0000<0.0500$）、父亲的职业社会经济地位指数（$P=0.0000<0.0500$）、母亲的职业社会经济地位指数（$P=0.0093<0.0500$）和性别（$P=0.0383<0.0500$）。父亲的受教育年限（feduy）和母亲的受教育年限（meduy）没有被添加进来。

对比向后逐步回归和向前逐步回归的结果，可以发现两个模型都共同剔除了父亲的受教育年限变量（feduy），但关于母亲的两个自变量（meduy 和 misei）并不统一。向后逐步回归剔除的是 misei 变量，保留了 meduy 变量，而向前逐步回归则刚好相反，剔除了 meduy 变量，保留了 misei 变量。为什么两种做法的结果不一致呢？原因在于 meduy 和 misei 这两个变量如果同时进入估计，两者都不显著（可能是因为两者较高程度相关）。如果保留两者中的任意一个，其对因变量的影响都是显著的。也就是说，对于孩子职业社会经济地位指数的影响，母亲的作用是存在的，而逐步回归有助于我们认识到这一点。如果我们根据前面非逐步回归全模型的估计结果（与母亲有关的这两个变量都不显著），可能会得到"母亲对孩子的职业社会经济地位指数没有显著影响"的"错误"（失之偏颇的）结论。

总体而言，在进行探索性研究的过程中，尤其是我们对数据和变量之间的关系缺乏了解的情况下，逐步回归方法是有帮助的，它可以有效地帮助研究者识别那些有"显著影响"的变量，从而确定需要重点考虑哪些变量，或哪些变量需要保留在最终的模型里面。在某种程度上，也可以说逐步回归有助于我们快速得到一个简约的模型（即使用最少的自变量但可以得到最大的解释力的模型）。而这一点在一些应用领域的研究（如探索对结果变量有显著影响的因素的研究）是非常有效的。

但是，在实际应用中，我们的建模决策（即模型中保留哪些自变量）并不能完全依赖逐步回归模型的结果，尤其是在理论导向的实证社会科学研究中。研究者应该根据研究问题和理论模型来确定自变量，而不是机械地依赖它们对因变量的效应是否统计显著来进行判断。一些与研究问题和研究假设密切相关的变量，即使统计不显著，依然需要放在模型中。另外，鉴于社会现象之间错综复杂的关系,一些统计上不显著的变量,也不能简单地认为它们对因变量没有作用,因为它们的作用有时候不是直接的,而是间接地通过其他变量来影响因变量。

总而言之,在理论导向的定量社会科学研究中,逐步回归的建模方式有助于我们理解不同自变量和因变量之间的关系,尤其是那些我们不熟悉的变量。但它的结果只是参考性的或辅助性的,最终的建模策略需要根据研究问题和研究设计等具体情况而定。更为重要的是,逐步回归并不能代替我们的理论思考。

## 六、模型比较和嵌套模型

在进行多元线性回归分析时,我们经常通过逐渐增加自变量的方式,来考察我们感兴趣的自变量对因变量的效应(系数大小和是否显著)以及自变量对因变量变异的解释力(即对模型决定系数的贡献)。我们将这种逐步添加自变量的建模方式,称作嵌套模型(nested models)。具体而言,如果模型 A 与模型 B 的因变量相同,而模型 B 除了包含模型 A 中的所有自变量外,还有其他自变量,在这种情况下,我们称模型 A 嵌套于模型 B:

模型 A: $y = a + b_1 x_1 + b_2 x_2$

模型 B: $y = a + b_1 x_1 + b_2 x_2 + b_3 x_3$

模型 C: $y = a + b_1 x_1 + b_2 x_2 + b_3 x_3 + b_4 x_4$

上面的三个模型就是典型的嵌套模型。其中,模型 A 既嵌套于 B,也嵌套于 C,模型 B 则嵌套于 C。如前所述,在实际研究中,我们通常通过对嵌套模型的比较来检验关键变量对因变量的效应。如在上例中,我们可以通过比较模型 B 和模型 A 来检验自变量 $x_3$ 的效应及其对因变量的解释力。在对嵌套模型进行比较时,通常从基准模型(baseline model)开始,即模型中只包括控制变量,然后通过向模型中增加感兴趣或重要的变量,来检验新加入变量的效应及其对模型整体拟合(model fit)程度的改善情况。

那么我们如何判断新变量加入模型后模型是否改善呢?对于单个系数,也就是新加入一个自变量时,我们可以使用 $t$ 检验(回归系数表输出的)方法。如果在模型 B 中,自变量 $x_3$ 的系数 $b_3$ 是统计显著的($P > |t|$ 对应的值小于

0.05),解释为"在控制了$x_1$和$x_2$之后,自变量$x_3$对因变量$y$有显著效应",这种情况下我们通常可以说模型B改善了模型A。或者,我们可以通过瓦尔德检验的方法来检验和比较。如本章第二节所述,瓦尔德检验更加灵活,可以同时检验多个自变量的效应。仍以职业社会经济地位指数模型为例,在删除所有进入模型的变量的缺失值后,然后构建嵌套模型并进行瓦尔德检验。Stata 命令[①]及其结果输出如下:

模型1(基准模型):自变量只包括性别(male)和年龄(age)。

```
. quietly: regress risei male age
```

模型2:在模型1的基础上增加了两个家庭背景变量,即父亲的受教育年限(feduy)和父亲的职业社会经济地位指数(fisei)。

```
. quietly: regress risei male age feduy fisei
```

在后台执行以上两条回归命令后,我们检验模型2是否比模型1更好。检验命令及结果如下:

```
. test feduy fisei

 ( 1)  feduy = 0
 ( 2)  fisei = 0

       F(  2,  2413) =   228.99
            Prob > F =    0.0000
```

该检验的原假设是两个家庭背景变量的系数为0。检验结果显示,$P$值为0.0000,明显小于0.05,因此拒绝原假设。检验结果表明,在控制了性别和年龄变量之后,两个家庭背景变量对因变量有显著效应,也就是说,模型2对模型1有所改善。

模型3:在模型2的基础上增加本人的受教育年限(educ_y)。

```
. quietly: regress risei male age feduy fisei educ_y
```

在后台执行完上述命令后,我们接着检验模型3是否比模型2更好。检验

---

① 回归模型命令前面加前缀 quietly 的目的是让 Stata 执行后面的命令,但不显示输出结果(后台运行)。

命令及结果如下：

. test educ_y

 ( 1)  educ_y = 0

    F(  1,  2412) =  748.35
         Prob > F =   0.0000

检验结果表明，educ_y 的系数统计显著（$P=0.0000<0.05$）。因此，我们认为，在控制了性别、年龄、家庭背景变量后，自身受教育年限显著影响职业社会经济地位指数，模型 3 改善了模型 2。

## 七、制作正式表格

在写作研究报告或学术论文时，出版社或杂志社通常要求用规范的表格呈现回归模型。在 Stata 软件中，我们可以通过下载安装外部命令 eststo[①]，来实现快捷制表功能。具体操作方法为，在每条回归命令后运行 eststo 指令，以便保存模型结果；然后在所有回归结束后，运行 esttab 指令生成表格；最后使用 eststo clear 命令，对所有保存的回归结果进行清除。我们仍以前面的职业社会经济地位指数模型为例，对如何使用 Stata 的快捷制表功能进行介绍。

首先，在运行完第一条回归命令后，使用 eststo 命令保存回归结果，括号中的"est1 stored"无须键入，表示已将模型结果保存为 est1。

. regress risei male age

. eststo
(est1 stored)

然后，运行第二条回归命令并保存回归结果（est2）。

. regress risei male age feduy fisei

. eststo
(est2 stored)

同上，运行第三条回归命令后保存回归结果（est3）。

. regress risei male age feduy fisei educ_y

---

① 在命令窗口输入"findit eststo"，回车后，在弹出的页面选择适当的链接，按要求进行安装即可。

. eststo
(est3 stored)

最后,我们可以使用 esttab 命令生成回归表格。

. esttab using table.rtf, b(3) se(3) star(* 0.05 ** 0.01 *** 0.001) r2 nogaps replace
(output written to table.rtf)

其中,esttab 为输出格式化回归表格的命令;table.rtf 是将要输出的表格的名称(table)和格式(rtf[①]);b(3)表示输出的回归系数保留三位小数,se(3)表示输出的标准误保留三位小数;star(* 0.05 ** 0.01 *** 0.001)[②]表示在输出的表格中用星号的数量指代不同的显著性水平(例如,* 代表 0.05,** 代表 0.01,*** 代表 0.001);r2 表示在输出的表格中显示模型的决定系数(R-squared);nogaps 表示输出的表格没有空行;如果之前有输出的名为 table.rtf 的表格,我们可用 replace 将其替换。更多的命令选项及其功能,可在 Stata 命令窗口输入 help esttab,在弹出的帮助窗口查看即可。点击结果窗口中的 table.rtf,Stata 软件会自动打开该表格。导出的原始表格(未加编辑)见表 4-2:

表 4-2  快捷制表命令导出的原始表格

|  | (1) | (2) | (3) |
|---|---|---|---|
|  | risei | risei | risei |
| male | 0.871 | 0.789 | −1.660*** |
|  | (0.574) | (0.527) | (0.469) |
| age | −0.164*** | −0.027 | 0.100*** |
|  | (0.022) | (0.024) | (0.021) |
| feduy |  | 0.744*** | 0.241*** |
|  |  | (0.076) | (0.069) |
| fisei |  | 0.258*** | 0.144*** |
|  |  | (0.023) | (0.020) |

---

① 即 rich text format 文档,可以用微软的 Word 文档或金山文档等软件打开。
② 注意:星号与数字之间必须有空格,否则报错。

(续表)

|  | (1)<br>risei | (2)<br>risei | (3)<br>risei |
|---|---|---|---|
| educ_y |  |  | 1.770*** |
|  |  |  | (0.065) |
| _cons | 41.604*** | 24.072*** | 9.872*** |
|  | (1.059) | (1.282) | (1.235) |
| $N$ | 2418 | 2418 | 2418 |
| $R^2$ | 0.022 | 0.178 | 0.373 |

Standard errors in parentheses

*$P<0.05$, **$P<0.01$, ***$P<0.001$

在执行完输出回归表格的命令之后,我们可以紧接着执行 eststo clear 以清除 Stata 内存中前面保存的所有回归(估计)结果。①

## 第五节 研究实例

本节我们通过研究实例来对本章内容做一简要总结。具体而言,我们通过比较职业社会经济地位指数的一元线性回归模型和多元线性回归模型结果,说明为何要做多元线性回归分析;通过教育获得的例子,对多元线性回归模型的解释、统计推断、系数比较、贡献率以及不同模型如何比较等内容进行总结,以加深对多元线性回归的理解,在实践中提高应用多元线性回归进行社会科学研究的能力。

### 一、为何要做多元线性回归分析

我们知道,任何社会现象都是多种因素综合作用的结果。单纯的双变量分析可以检验两个变量之间是否有关联,但却无法确定两个变量之间是否为"真关联",因为不引入其他变量,我们就无法检验是否存在替代性解释。另

---

① 这么做的目的是后面再使用 eststo 命令制作新的回归模型表格时,前面保存的模型记录不会继续写进新的表格。

外,像我们在第三章介绍的一元线性回归,因为忽略其他变量对因变量的影响,从而无法确定某一自变量对因变量的独立贡献。① 因此,我们有必要引入多元分析。多元分析在定量社会科学研究中具有至关重要的地位:首先,只有通过多元分析,引入其他变量,才能识别替代因素,排除虚假关联;其次,只有通过多元分析,才能同时检验多个因素的共同作用;再次,只有通过多元分析,才能探索两个社会现象之间的中间机制或过程;最后,只有通过多元分析,才能探索一对关系是否在不同的结构情境下呈现不同的模式。下面我们对比表4-3关于职业社会经济地位指数(因变量)的一元线性回归与多元线性回归模型结果,来说明为何要做多元线性回归分析。需要指出的是,在此仅做比较分析,对于其中所涉及的变量关系类型,我们将在第五章进行讲解。

表4-3 估计职业社会经济地位指数的一元线性回归与多元线性回归模型

| 变量 | 模型1 | 模型2 | 模型3 | 模型4 | 模型5 | 模型6 |
| --- | --- | --- | --- | --- | --- | --- |
| 性别(男性=1) | 0.620 | | | | | -1.660*** |
| | (0.580) | | | | | (0.469) |
| 年龄 | | -0.162*** | | | | 0.100*** |
| | | (0.022) | | | | (0.021) |
| 父亲受教育年限 | | | 1.144*** | | | 0.241*** |
| | | | (0.060) | | | (0.069) |
| 父亲职业社会经济地位指数 | | | | 0.379*** | | 0.144*** |
| | | | | (0.020) | | (0.020) |
| 本人受教育年限 | | | | | 1.924*** | 1.770*** |
| | | | | | (0.055) | (0.065) |
| 常数项 | 34.426*** | 41.942*** | 29.149*** | 23.222*** | 17.680*** | 9.872*** |
| | (0.406) | (1.036) | (0.396) | (0.666) | (0.540) | (1.235) |
| 样本量 | 2418 | 2418 | 2418 | 2418 | 2418 | 2418 |
| $R^2$ | 0.000 | 0.021 | 0.133 | 0.129 | 0.337 | 0.373 |

注:括号里的数字为标准误;*$P<0.05$,**$P<0.01$,***$P<0.001$(双尾检验)。

---

① 谢宇:《回归分析》,社会科学文献出版社2010年版,第95页。

通过表 4-3,我们对职业社会经济地位指数的一元线性回归和多元线性回归模型结果进行比较分析。模型 1 中性别的回归系数并不显著,但当我们控制了年龄、父亲受教育年限、父亲职业社会经济地位指数以及本人受教育年限后,模型 6 中性别的回归系数为负且在 0.001 的显著性水平显著;模型 2 中年龄的回归系数在 0.001 的显著性水平显著且效应为负,但当在模型 6 中控制了性别、父亲受教育年限、父亲职业社会经济地位指数以及本人受教育年限后,年龄的回归系数依然显著,但作用方向由负变正;父亲受教育年限(模型 3)、父亲职业社会经济地位指数(模型 4)和本人受教育年限(模型 5)与职业社会经济地位指数的一元线性回归模型结果中,均在 0.001 的显著性水平显著且方向为正,当控制了其他变量后,三个变量的系数依然在 0.001 的显著性水平显著且方向未发生变化,但效应(系数大小)均有所减弱或变小。综上,经过将一元回归和多元回归结果进行比较,我们发现本例中自变量的效应有三种情况:从无到有、由正变负和从大变小。① 如果单凭模型 1 至模型 5 的一元回归结果做结论,极有可能得出错误的结论。

## 二、教育获得影响因素的多元线性回归模型

本章最后,我们以"影响个体教育获得的因素"研究为例,对多元线性回归的解释和统计推断、系数比较(标准化系数)和贡献率比较(夏普利值分解)以及模型比较进行回顾和总结。

【例 4-3】 打开 cgss2010s3000.dta 数据,已知:因变量为受教育年限(educ_y,单位:年),自变量为性别(male,男性 = 1,女性 = 0)、年龄(age)、父亲受教育年限(feduy,单位:年)、父亲职业社会经济地位指数(fisei)、母亲受教育年限(meduy,单位:年)、母亲职业社会经济地位指数(misei)、是否来自城镇(urban,是 = 1,否 = 0)。问:什么因素影响个体的教育获得?哪些因素的影响更大?

教育获得的多元线性回归命令及结果如下:

---

① 在实际的研究中,也可能会存在从有到无、由负变正、从小变大等情况。

```
. regress educ_y male age feduy fisei meduy misei urban
```

| Source | SS | df | MS | | Number of obs | = | 2,098 |
|---|---|---|---|---|---|---|---|
| | | | | | F(7, 2090) | = | 223.19 |
| Model | 17469.3707 | 7 | 2495.62439 | | Prob > F | = | 0.0000 |
| Residual | 23369.89 | 2,090 | 11.1817656 | | R-squared | = | 0.4278 |
| | | | | | Adj R-squared | = | 0.4258 |
| Total | 40839.2607 | 2,097 | 19.4750886 | | Root MSE | = | 3.3439 |

| educ_y | Coef. | Std. Err. | t | P>|t| | [95% Conf. Interval] | |
|---|---|---|---|---|---|---|
| male | 1.50115 | .1465205 | 10.25 | 0.000 | 1.213809 | 1.788492 |
| age | -.0765689 | .0067948 | -11.27 | 0.000 | -.0898943 | -.0632436 |
| feduy | .1537353 | .0246801 | 6.23 | 0.000 | .1053351 | .2021354 |
| fisei | .0297683 | .0071161 | 4.18 | 0.000 | .0158129 | .0437237 |
| meduy | .1366176 | .027777 | 4.92 | 0.000 | .0821441 | .1910912 |
| misei | .0325327 | .009122 | 3.57 | 0.000 | .0146436 | .0504218 |
| urban | 2.209514 | .1583092 | 13.96 | 0.000 | 1.899053 | 2.519974 |
| _cons | 7.257305 | .3764484 | 19.28 | 0.000 | 6.519052 | 7.995557 |

由以上结果可以看到,回归结果基于 2098 个有效观测案例得出。

总体模型拟合。$Prob>F=0.0000<0.05$,表明可以在 5% 的显著性水平拒绝原假设,性别、年龄、父亲受教育年限、父亲职业社会经济地位指数、母亲受教育年限、母亲职业社会经济地位指数以及是否来自城镇变量对教育获得有显著影响。$R^2=0.4278$,表明以上变量解释了 42.78% 的教育获得的总变差。

性别(male)回归系数。$P>|t|=0.000<0.05$,表明能够在 5% 的显著性水平拒绝原假设,即在控制了年龄、父亲受教育年限、父亲职业社会经济地位指数、母亲受教育年限、母亲职业社会经济地位指数和是否来自城镇变量后,教育获得存在显著的性别差异,男性平均受教育年限比女性多 1.5 年。

年龄(age)回归系数。$P>|t|=0.000<0.05$,表明能够在 5% 的显著性水平拒绝原假设,即当控制了性别、父亲受教育年限、父亲职业社会经济地位指数、母亲受教育年限、母亲职业社会经济地位指数和是否来自城镇变量后,年龄对教育获得有显著影响,年龄每增加一岁,平均受教育年限减少 0.08 年。

父亲受教育年限(feduy)回归系数。$P>|t|=0.000<0.05$,表明能够在 5% 的显著性水平拒绝原假设,即在控制了性别、年龄、父亲职业社会经济地位指数、母亲受教育年限、母亲职业社会经济地位指数和是否来自城镇变量后,父亲受教育年限每增加一年,平均受教育年限增加 0.15 年。

父亲职业社会经济地位指数(fisei)回归系数。$P>|t|=0.000<0.05$,表明能够在 5% 的显著性水平拒绝原假设,即当控制了性别、年龄、父亲受教育年

限、母亲受教育年限、母亲职业社会经济地位指数和是否来自城镇变量后,父亲职业社会经济地位指数每增加1分,平均受教育年限增加0.03年。

母亲受教育年限(meduy)回归系数。$P>|t|=0.000<0.05$,表明能够在5%的显著性水平拒绝原假设,即当控制了性别、年龄、父亲受教育年限、父亲职业社会经济地位指数、母亲职业社会经济地位指数和是否来自城镇变量后,母亲受教育年限每增加一年,平均受教育年限增加0.14年。

母亲职业社会经济地位指数(misei)回归系数。$P>|t|=0.000<0.05$,表明能够在5%的显著性水平拒绝原假设,即在控制了性别、年龄、父亲受教育年限、父亲职业社会经济地位指数、母亲受教育年限和是否来自城镇变量后,母亲职业社会经济地位指数每增加1分,平均受教育年限增加0.03年。

是否来自城镇(urban)回归系数。$P>|t|=0.000<0.05$,表明能够在5%的显著性水平拒绝原假设,即当控制了性别、年龄、父亲受教育年限、父亲职业社会经济地位指数、母亲受教育年限、母亲职业社会经济地位指数后,教育获得存在显著的城乡差异,来自城镇者的平均受教育年限比来自农村的多2.21年。

以上关于教育获得的多元回归模型输出的系数为非标准化回归系数。因为不同自变量的测量单位不一,其对因变量效应的大小无法直接进行比较,为此我们通过在教育获得的多元回归命令后增加beta选项,输出了教育获得回归模型的标准化回归系数,结果如下:

```
. regress educ_y male age feduy fisei meduy misei urban, beta
```

| Source | SS | df | MS | | | |
|---|---|---|---|---|---|---|
| Model | 17469.3707 | 7 | 2495.62439 | Number of obs | = | 2,098 |
| Residual | 23369.89 | 2,090 | 11.1817656 | F(7, 2090) | = | 223.19 |
| | | | | Prob > F | = | 0.0000 |
| | | | | R-squared | = | 0.4278 |
| | | | | Adj R-squared | = | 0.4258 |
| Total | 40839.2607 | 2,097 | 19.4750886 | Root MSE | = | 3.3439 |

| educ_y | Coef. | Std. Err. | t | P>\|t\| | Beta |
|---|---|---|---|---|---|
| male | 1.50115 | .1465205 | 10.25 | 0.000 | .169978 |
| age | -.0765689 | .0067948 | -11.27 | 0.000 | -.2272251 |
| feduy | .1537353 | .0246801 | 6.23 | 0.000 | .160029 |
| fisei | .0297683 | .0071161 | 4.18 | 0.000 | .0877863 |
| meduy | .1366176 | .027777 | 4.92 | 0.000 | .1304458 |
| misei | .0325327 | .009122 | 3.57 | 0.000 | .0788909 |
| urban | 2.209514 | .1583092 | 13.96 | 0.000 | .2497907 |
| _cons | 7.257305 | .3764484 | 19.28 | 0.000 | . |

回归结果中，Beta 一列所对应者，即为教育获得回归模型的标准化回归系数，我们可以通过比较标准化回归系数绝对值的大小，对自变量效应的大小进行比较。在本例中，我们看到自变量效应大小依次为：urban＞age＞male＞feduy＞meduy＞fisei＞misei。如前所述，因 urban 和 male 为虚拟变量，我们一般不将其与线性的自变量进行比较。就连续变量而言，年龄变量的标准化回归系数（绝对值）最大。年龄在这里反映的是个体接受教育的不同时期，故这里的结果表明我国的教育发展（例如普及九年义务教育、高中和大学阶段的大规模扩招等）是影响我国居民教育获得最为重要的因素。而就家庭因素而言，我们的基本发现是：对个体的教育获得，影响最大的是父母的受教育年限，然后才是父母的职业社会经济地位指数。

接下来我们想要比较性别、年龄、家庭背景以及是否来自城镇这四类因素对个体之间教育获得的差异的解释力的大小，即比较这些因素对模型的决定系数（$R^2$）的贡献率的差别。我们在 Stata 运行回归模型的命令之后，使用 shapley2 命令对各类因素的贡献率进行夏普利值分解：

```
. shapley2, stat(r2) group(male, age, feduy fisei meduy misei, urban)
Factor          Shapley value      Per cent
                (estimate)         (estimate)

Group 1         0.02522             5.90 %
Group 2         0.09618            22.48 %
Group 3         0.20228            47.29 %
Group 4         0.10407            24.33 %

TOTAL           0.42776           100.00 %

Groups are:
Group 1: male
Group 2: age
Group 3: feduy fisei meduy misei
Group 4: urban
```

以上结果表明，第三组变量（测量家庭社会经济地位的四个变量：父母的受教育年限和其职业社会经济地位指数）对 $R^2$（模型解释力）的贡献最大（47.29%），第四组变量（是否来自城镇）和第二组变量（年龄）的贡献率大体相当（分别为 24.33% 和 22.48%），第一组变量（性别）的贡献率最小。基于夏普利值分解的结果，我们可以认为，家庭背景是影响教育获得的最重要因素，这也正好印证了我们通常所说的"父母是孩子最好的老师"。同时，我们也应该看到，教育获得的城乡差异不容忽视。年龄对教育获得的作用,可能反映了不同时期教育发展水平、规模或教育政策的影响。比较而言,性别对教育获得的作用最小,这可能是我国强调男女平等以及推行性别平等的教育政策的结果。

最后,我们可以通过逐步加入变量的方式比较模型的改善情况。

模型1(基准模型):自变量只包括性别(male)和年龄(age)。

```
. quietly: regress educ_y male age
```

模型2:在模型1的基础上新增加了四个家庭背景变量,即父亲的受教育年限(feduy)、父亲的职业社会经济地位指数(fisei)、母亲的受教育年限(meduy)和母亲的职业社会经济地位指数(misei)。

```
. quietly: regress educ_y male age feduy fisei meduy misei
```

在后台执行完模型1和模型2后,我们可以检验模型2中新加入的家庭背景变量对模型1的改善情况。检验命令及结果如下:

```
. test feduy fisei meduy misei

 ( 1)  feduy = 0
 ( 2)  fisei = 0
 ( 3)  meduy = 0
 ( 4)  misei = 0

       F(  4,  2091) =   149.58
            Prob > F =   0.0000
```

该检验的原假设为四个家庭背景变量的系数为0,即对模型没有改善,备择假设则与之相反,即四个家庭背景变量的系数不为0,对模型有显著改善。检验结果显示,计算出的$P$值为0.0000,明显小于0.05,因此我们可以拒绝原假设并支持备择假设。在控制了性别和年龄变量后,四个家庭背景变量对因变量有显著效应,模型2对模型1有所改善。

模型3:在模型2的基础上增加了是否来自城镇变量(urban)。

```
. quietly: regress educ_y male age feduy fisei meduy misei urban
```

在后台执行完上述命令后,我们接着检验模型3是否比模型2有所改善。检验命令及结果如下:

```
. test urban

 ( 1)  urban = 0

       F(  1,  2090) =    194.80
            Prob > F =    0.0000
```

检验结果表明,urban 的系数统计显著($P=0.0000<0.05$)。因此,我们认为在控制了性别、年龄和家庭背景变量后,是否来自城镇变量对教育获得有显著影响,即模型 3 优于模型 2。

综合以上分析,我们可以认为,性别、年龄、家庭背景以及是否来自城镇显著影响教育获得。结合标准化回归系数和夏普利值分解的结果,我们发现家庭背景对教育获得的效应最大。

本章强调社会科学的重要目的是识别或验证因果关系,为了从观察型数据中得出因果关系,需要引入多元回归分析。我们结合研究实例对多元线性回归模型、统计推断和假设检验以及多元线性回归中的知识点逐一进行介绍,并使用 Stata 软件进行操作演示。掌握上述内容后,我们就初步具备了使用观察型数据通过多元线性回归进行社会科学研究的能力。

## ◆ 参考文献

丹尼尔·A.鲍威斯、谢宇:《分类数据分析的统计方法(第 2 版)》,任强等译,社会科学文献出版社 2018 年版。

倪志伟:《市场转型理论:国家社会主义由再分配到市场》,载边燕杰主编:《市场转型与社会分层:美国社会学者分析中国》,生活·读书·新知三联书店 2002 年版。

彭玉生:《社会科学中的因果分析》,《社会学研究》2011 年第 3 期。

邱嘉平:《因果推断实用计量方法》,上海财经大学出版社 2020 年版。

唐启明:《量化数据分析:通过社会研究检验想法》,任强译,社会科学文献出版社 2012 年版。

休谟:《人性论》,关文运译,商务印书馆 1980 年版。

Alan Agresti, *Statistical Methods for the Social Sciences*, 5th ed., Pearson Education

Inc., 2018.

Anthony F. Shorrocks, "Inequality Decomposition by Factor Components," *Econometrica*, Vol. 50, No. 1, 1982.

Douglas Almond, "Is the 1918 Influenza Pandemic Over? Long-Term Effects of in Utero Influenza Exposure in the Post-1940 US Population," *Journal of Political Economy*, Vol. 114, No. 4, 2006.

◆ 思考与练习

1. 简述判断因果关系的条件。
2. 建立一个多元线性回归模型,考察职业收入的影响因素。

打开 cgss2010s3000.dta 数据,已知:因变量为年职业收入(ywincome,单位:元),自变量为性别(sex,男=1,女=2)、年龄(age)、地区(region,东部=1,中部=2,西部=3)、受教育年限(educ_y,单位:年)、是否来自城镇(urban,是=1,否=0)。

请完成以下分析任务:

(1) 检查数据,准备变量。
(2) 建立多元线性回归模型,估计平均月工资收入的影响因素。
(3) 模型的解释力如何?所有自变量解释了因变量差异的多少比例?
(4) 请解释模型的回归系数,特别是要详细解释每一个统计显著的系数。
(5) 如果使用逐步回归构建模型,采用向后逐步回归和向前逐步回归的结果是否一致?
(6) 请使用嵌套模型的建模策略,分别估计模型1(自变量只包括性别和年龄)、模型2(在模型1的基础上增加受教育年限)和模型3(在模型2的基础上增加地区和是否来自城镇)。请问模型2是否比模型1有所改善?模型3是否比模型2更好?

3. 建立一个多元线性回归模型,检验影响中国城乡居民体重的主要因素。

打开 cgss2010s3000.dta 数据,已知:因变量为体重(weight,单位:斤),自变量为性别(sex,男=1,女=2)、年龄(age)、身高(height,单位:厘米)、是否来自城镇(urban,是=1,否=0)、受教育年限(educ_y,单位:年)、全年总收入(ytincome,模型中以万元为单位)。

请完成以下分析任务：

(1) 清理数据,准备变量。

(2) 模型估计,制作正式表格。

(3) 详细解释模型,包括模型的拟合指标和所有的回归系数。

(4) 请问上述模型的常数项是否有意义？如果没有,原因是什么？该如何解决？

(5) 请问年龄、身高、受教育年限和全年总收入这几个变量中,哪一个变量对体重的影响最大？

(6) 请使用夏普利值分解方法比较各个变量对模型解释力的贡献。

# 第五章

# 多元关系类型

**本章提要**

本章首先介绍多元线性回归模型中常见的多元关系类型,内容包括虚假相关、关系链(中介变量)、抑制(遮蔽)变量和交互效应;其次,结合研究实例重点介绍社会科学研究中常用的中介效应分析的原理、应用和 Stata 命令;最后,介绍调节(交互)效应的原理,并结合实例讲解如何通过 Stata 软件分析类别变量之间、连续变量与类别变量之间以及连续变量之间的交互效应。中介效应分析可以用来揭示并理解自变量与因变量之间关系的作用过程或机制,调节效应则通常用来检验社会规律的"情境性"或"条件性",即自变量与因变量之间的关系或强度在不同的条件或结构情境下是否存在显著的差异。

在第四章我们谈到,大多数情况下定量社会科学研究使用观察型数据而非实验数据来检验一对关系或进行因果推断。为了获得某个特定的自变量对因变量更加准确无偏的估计值,我们往往通过多元回归模型进行分析,即根据密尔的"求异法"原理,在控制其他变量(即让其他条件相同)的基础上获得自变量对因变量的估计值。

在进行多元回归分析的过程中,我们经常会遇到这样的情况(正如第四章表 4-3 所呈现的模式),即在控制其他变量之前(简单线性回归结果)和之后,自变量的系数可能会发生很大的变化。例如,在控制其他变量之后,有的自变量系数明显变小;有的自变量系数由原来的统计显著变得不显著,或刚好相反,由原来的不显著变得显著;还有的是从正向效应变成负向效应,或反过来,从负向效应变成正向效应。在定量社会科学研究中,如果这些变化发生在研究所关注的变量上,那么通常需要引起研究者的重视。也就是说,将第三方因素或更多因素引入回归模型,除了统计控制的作用外,还可能具有不同的实质性意义。上述变化可以揭示我们关注的自变量与因变量之间关系的不同类型,理解这些类型对我们理解社会现象的本质、机制或过程至关重要。自变量与因变量之间的这些不同的关系类型,是无法在简单的双变量分析或一元线性回归模型中发现的,只有在多元回归模型里引入其他变量,才能进行识别并检验,因此我们称之为多元关系类型。

数据分析过程中常见的多元关系类型可以大致分为虚假相关(spurious association)、关系链(chain relationship)或中介效应、抑制(遮蔽)变量(suppressor variables)和统计交互(statistical interaction)等。本章将逐一介绍以上多元关系的原理及其在定量社会科学研究中的应用,并通过实际的研究案例来详细讲解如何应用 Stata 软件进行操作。

## 第一节 虚假相关

所谓虚假相关关系,指的是在引入第三个变量 $Z$ 之前,数据分析的结果显示 $X$ 和 $Y$ 之间存在相关,但引入变量 $Z$ 之后,两者之间的关联不复存在,或者关系强度明显变弱(如图 5-1)。在此情况下,$X$ 和 $Y$ 之间的相关其实是一种伪关系,它们表面上的关系是由 $Z$ 造成的,$Z$ 同时是 $X$ 和 $Y$ 的因。

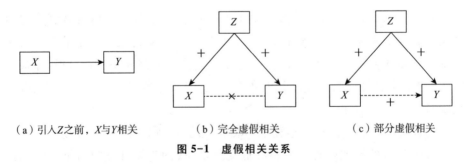

(a) 引入Z之前,X与Y相关　　(b) 完全虚假相关　　(c) 部分虚假相关

图 5-1　虚假相关关系

日常生活中,我们经常会碰到虚假相关的例子。例如,假定有户人家,在每个孩子出生当年都在家门前种一棵树苗。我们可以观测到小树的高度和孩子的身高是正相关关系。那么两者是真的有关联吗?孰因孰果?其实道理非常简单,我们都知道这是虚假相关,因为树苗长高和孩子长高之间完全没有因

果关系,而是有一个同时影响两者高度的因素,那就是时间。随着时间的推移,树苗在长高,孩子也在长高。体现在统计上,如果控制了时间因素,树高和孩子身高之间的相关关系就消失了。下面让我们来看一个实际的数据分析案例。①

【例 5-1】 打开 cgss2010s3000.dta(仅选取城镇样本,即 urban=1 的情况)数据,已知:因变量为体重(weight,单位:斤),自变量为受教育年限(educ_y,单位:年),控制变量为性别(male,男性=1,女性=0)。问:受教育年限会影响中国城镇居民的体重吗?

在删除以上变量的缺失值后,我们先估计一个只有自变量的模型(即一元线性回归模型),检验受教育年限对体重的影响。然后估计一个加入控制变量(性别)的模型,考察自变量回归系数大小和统计显著性的变化。Stata 命令如下,回归结果见表 5-1②。

模型 1 的 Stata 命令:

```
. regress weight educ_y if urban==1
. eststo
```

模型 2 的 Stata 命令:

```
. regress weight educ_y male if urban==1
. eststo
. esttab using 表5-1.rtf, b(3) se(3) star(* 0.05 ** 0.01 *** 0.001) r2 nogaps replace
. eststo clear
```

表 5-1 受教育年限、性别对体重的影响

| 变量 | 模型 1 | 模型 2 |
| --- | --- | --- |
| 受教育年限 | 0.462*** | 0.121 |
|  | (0.134) | (0.117) |
| 性别(男性=1) |  | 23.128*** |
|  |  | (0.967) |

---

① 本章所有数据分析案例,只是为了方便理解所讲到的各种多元关系类型,并不是最终的研究结论,因为其他很多重要的自变量并未进行控制。

② 为了便于比较,我们将模型 1 和模型 2 的回归结果整理为正式的回归表格。

（续表）

| 变量 | 模型 1 | 模型 2 |
| --- | --- | --- |
| 常数项 | 120.301*** | 113.131*** |
|  | (1.504) | (1.340) |
| 样本量 | 1749 | 1749 |
| $R^2$ | 0.007 | 0.252 |

注:括号里的数字是标准误;* $P<0.05$,** $P<0.01$,*** $P<0.001$(双尾检验)。

表 5-1 中模型 1 的结果显示,如果不控制性别变量,受教育年限显著影响体重。具体而言,受教育年限每增加一年,体重增加 0.46 斤。但若在模型 1 的基础上加入性别变量(结果见模型 2),我们会发现受教育年限对体重的影响不再显著,而性别却显著影响体重,即男性平均体重比女性重 23.13 斤。这表明在控制了性别变量之后,受教育年限和体重之间并没有显著的关系,真正起作用的是性别因素。具体而言,男性的平均受教育年限高于女性,同时男性的平均体重也高于女性。我们可以通过以下简单的描述统计即可证明这一点:

```
. tab male if urban==1, sum(educ_y)
```

| 是否男性 | Summary of 受教育年限（年） | | |
| --- | --- | --- | --- |
|  | Mean | Std. Dev. | Freq. |
| 否 | 9.9861259 | 4.3097013 | 937 |
| 是 | 10.992611 | 3.8218587 | 812 |
| Total | 10.453402 | 4.120014 | 1,749 |

```
. tab male if urban==1, sum(weight)
```

| 是否男性 | Summary of a14.<br>您目前的体重是(斤) | | |
| --- | --- | --- | --- |
|  | Mean | Std. Dev. | Freq. |
| 否 | 114.34152 | 18.566947 | 937 |
| 是 | 137.59113 | 21.576814 | 812 |
| Total | 125.13551 | 23.132576 | 1,749 |

这种情况,我们就称受教育年限与体重之间是完全虚假相关,而性别是同时影响受教育年限和体重的因素。三个变量之间的关系可以表示为图 5-2。

## 第五章 多元关系类型

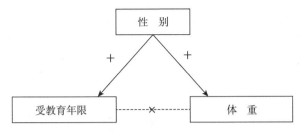

图 5-2　受教育年限与体重的完全虚假相关

虚假相关的另外一种情况是部分虚假相关,即引入第三个变量后,两个变量间的关系强度明显变弱。我们可以通过下面的例子理解何为部分虚假相关。

【例 5-2】　打开 cgss2010s3000.dta(仅选取城镇样本,即 urban=1 情况)数据,已知:因变量为身高(height,单位:厘米),自变量为受教育年限(educ_y,单位:年),控制变量为性别(male,男性=1,女性=0)。问:受教育年限会影响中国城镇居民的身高吗?

与例 5-1 相同,在删除以上变量的缺失值后,我们首先估计一个只有自变量的一元线性回归模型,检验受教育年限对身高的影响。然后估计一个加入控制变量的模型,考察自变量回归系数大小和统计显著性的变化。Stata 命令如下,回归结果见表 5-2。

模型 1 的 Stata 命令:

. regress height educ_y if urban==1
. eststo

模型 2 的 Stata 命令:

. regress height educ_y male if urban==1
. eststo
. esttab using 表5-2.rtf, b(3) se(3) star(* 0.05 ** 0.01 *** 0.001) r2 nogaps replace
. eststo clear

表 5-2　受教育年限、性别对身高的影响

| 变量 | 模型 1 | 模型 2 |
| --- | --- | --- |
| 受教育年限 | 0.485*** | 0.328*** |
|  | (0.043) | (0.031) |

(续表)

| 变量 | 模型 1 | 模型 2 |
|---|---|---|
| 性别(男性=1) |  | 10.701*** |
|  |  | (0.256) |
| 常数项 | 159.791*** | 156.467*** |
|  | (0.489) | (0.354) |
| 样本量 | 1748 | 1748 |
| $R^2$ | 0.067 | 0.534 |

注：括号里的数字是标准误；* $P<0.05$，** $P<0.01$，*** $P<0.001$（双尾检验）。

表 5-2 中模型 1 的结果表明，如果不控制性别变量，受教育年限显著影响身高。具体而言，受教育年限每增加一年，身高增高 0.49 厘米。模型 2 在模型 1 的基础上纳入性别变量后，受教育年限依然对身高有显著影响，但系数变小。具体而言，在控制了性别变量后，受教育年限每增加一年，身高增加 0.33 厘米；而在受教育年限相同的情况下，性别显著影响身高，男性平均身高比女性高 10.70 厘米。以上结果表明，在控制了性别变量之后，受教育年限依然显著影响身高，但系数变小，即性别解释了一部分受教育年限对身高的效应。原因在于，男性的平均受教育年限高于女性，同时男性的平均身高也高于女性。我们可以通过简单的描述统计对此提供证据，因前面已经提供了平均受教育年限的性别差异，此处只给出平均身高性别比较的统计描述结果：

```
. tab male if urban==1, sum(height)
```

| 是否男性 | Summary of a13. 您目前的身高是(厘米) | | |
|---|---|---|---|
|  | Mean | Std. Dev. | Freq. |
| 否 | 159.74145 | 5.2363836 | 936 |
| 是 | 170.77094 | 5.701082 | 812 |
| Total | 164.86499 | 7.7485578 | 1,748 |

以上统计描述的情况，说明受教育年限与身高为部分虚假相关，性别解释掉了受教育年限对体重的部分效应。三个变量之间的关系可以表示为图 5-3。

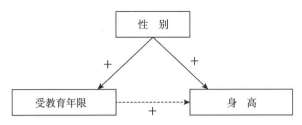

图 5-3 受教育年限与身高的部分虚假相关

## 第二节 关系链：中介效应分析

由第一节虚假相关的例子可知，在控制了第三方因素（$Z$）之后，自变量（$X$）对因变量（$Y$）的效应消失或变小，其原理在于 $Z$ 是 $X$ 和 $Y$ 共同的"因"，即 $X$ 和 $Y$ 同时受到 $Z$ 的影响。还有另外一种情况，其模型输出结果的"表征"与虚假相关一模一样（即引入第三个变量之后，$X$ 对 $Y$ 的效应消失或者变小了），但原理却大相径庭。这种多元关系类型叫作关系链，涉及的数据分析方法为中介效应分析。本节首先对中介效应分析的基本原理进行介绍，并结合简单中介效应（即只有一个中介变量）分析的研究实例，详细介绍中介效应分析的步骤和 Stata 命令。在此基础上，我们进一步对多重中介分析进行讲解。

### 一、中介效应原理和简单中介效应分析

关系链的基本原理是，$X$ 并不直接影响 $Y$，而是通过一个中间变量 $M$ 间接地作用于 $Y$。如果不纳入 $M$，$X$ 对 $Y$ 的系数是显著的，纳入 $M$ 之后，$X$ 的系数变得不显著（即 $X$ 完全通过 $M$ 作用于 $Y$），或者仍然显著但明显减小（即 $X$ 部分通过 $M$ 作用于 $Y$）。（见图 5-4）

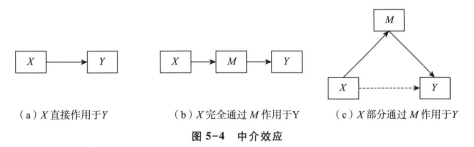

（a）$X$ 直接作用于 $Y$　　（b）$X$ 完全通过 $M$ 作用于 $Y$　　（c）$X$ 部分通过 $M$ 作用于 $Y$

图 5-4 中介效应

上述内容是关系链或中介效应在统计关系上的体现。日常生活中,关系链或中介效应的例子很多。例如,如果我们关心教育获得是否有助于提升健康,即探讨教育($X$)与健康($Y$)的因果关系,我们通常会提出这样的问题:为什么多读书(增加文化、知识水平或提高文凭)会有利于健康?知识或文凭既不是药物,也不是营养品或保健品,何以对健康产生作用?略加思考即可明白,教育有助于个体的职业社会经济地位指数提高(即提高我们的收入水平或职业社会经济地位),而后者当然有利于健康,因为收入或阶层地位越高的人,可能会有更好的物质生活条件和医疗保健条件,故健康状况比低阶层地位的人可能更好。收入水平或职业社会经济地位在此扮演的是一个"中间人"的角色,通过引入这个变量,我们得以理解教育作用于健康的"过程"或"机制"。教育、职业社会经济地位和健康三者的关系可以表示为图 5-5。

图 5-5　教育通过职业社会经济地位作用于健康的中介效应

在统计上,如果我们将职业社会经济地位变量($M$)纳入模型,很可能教育变量($X$)与健康变量($Y$)的关联就此消失,或者系数变小。比较关系链(中介效应)模式和虚假相关关系,可以发现,在统计上,由于第三方变量的引入,二者都会导致 $X$ 对 $Y$ 的效应消失或变小,但其原理却完全不同。在虚假相关关系上,第三方变量($Z$)是先于 $X$ 和 $Y$ 的因素,是两者共同的"因",所以 $Z$ 变量的箭头是同时指向 $X$ 和 $Y$ 的,如图 5-6(a)所示。而在关系链或中介效应关系中,$X$ 依然是最早的"因",它的箭头是先指向第三方变量(即中介变量 $M$),然后从 $M$ 指向最终的因变量 $Y$。

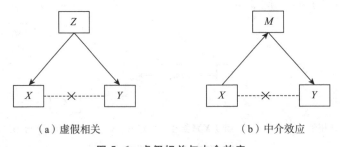

(a) 虚假相关　　　　　　　　　(b) 中介效应

图 5-6　虚假相关与中介效应

在定量社会科学研究中,中介效应分析的目的是通过引入第三个或更多个变量,来识别或揭示我们感兴趣的自变量和因变量之间关系的作用机制(mechanism)或过程(process),以帮助我们加深对社会关系和社会过程的理解。其中,被引入的变量称作中介变量(mediating variable/intermediary variable/intervening variable)。时至今日,中介效应分析已经发展成为一套社会科学研究常用的研究设计模式和具体的统计或数据分析方法。在统计上,中介效应分析的核心是检验自变量($X$)是否或在多大程度上通过影响中介变量($M$)而最终作用于因变量($Y$)。[①]

那么在数据分析实践中,我们该如何进行中介效应分析?具体的步骤又有哪些?中介效应分析作为一套系统的数据分析方法,可以追溯到由两位心理学家提出的经典"三步法"[②],即依次估计三个模型,其具体的步骤如下:

第一步,估计自变量($X$)对因变量($Y$)的效应,即检验模型 5-1 中 $\beta_{11}$ 是否显著:

$$Y = \beta_{10} + \beta_{11}X + \varepsilon_1 \quad (5-1)$$

第二步,估计自变量($X$)对中介变量($M$)的效应,即检验模型 5-2 中的 $\beta_{21}$ 是否显著:

$$M = \beta_{20} + \beta_{21}X + \varepsilon_2 \quad (5-2)$$

第三步,同时将自变量($X$)和中介变量($M$)放入模型 5-3 中进行估计:

$$Y = \beta_{30} + \beta_{31}X + \beta_{32}M + \varepsilon_3 \quad (5-3)$$

经典"三步法"的提出者根据上面的三个模型区分并定义了中介效应分析的三个重要概念:总效应(total effect)、直接效应(direct effect)和间接效应(indirect effect)。其中,模型 5-1 中自变量($X$)对因变量($Y$)的系数 $\beta_{11}$ 为总效应;加入了控制变量($M$)之后自变量($X$)对因变量($Y$)的效应 $\beta_{31}$ 为直接效应,$\beta_{21} \times \beta_{32}$ 是间接效应。所谓总效应,就是不考虑中介变量时 $X$ 对 $Y$ 的影响,直接效应就是控制了中介变量之后,$X$ 对 $Y$ 的影响,而间接效应反映的是 $X$ 通过 $M$ 间接作用于 $Y$ 的效应。总效应、直接效应和间接效应之间的关系是

---

① 道恩·亚科布奇:《中介作用分析》,李骏译,格致出版社、上海人民出版社 2012 年版,第 4 页。
② Reuben M. Baron and David A. Kenny, "The Moderator-Mediator Variable Distinction in Social Psychological Research: Conceptual, Strategic, and Statistical Considerations," *Journal of Personality and Social Psychology*, Vol. 51, No. 6, 1986.

$$总效应 = 直接效应 + 间接效应$$

即

$$\beta_{11} = \beta_{31} + \beta_{21} \times \beta_{32} \tag{5-4}$$

三步法的检验步骤如图 5-7：

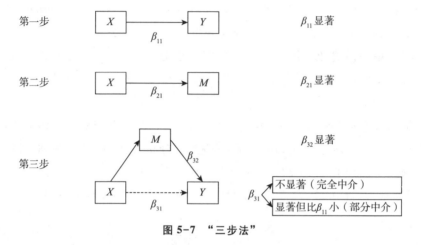

图 5-7 "三步法"

根据中介效应的强度大小,我们可以将中介效应分为完全中介和部分中介。所谓完全中介(complete/full mediation),即加入中介变量之后,自变量系数与没有中介变量的模型相比不再统计显著,表明自变量完全通过中介变量来影响因变量。所谓部分中介(partial mediation),即加入中介变量之后,自变量系数与没有中介变量的模型相比变小了,但仍然统计显著,表明中介变量仅解释了一部分自变量的效应,这种情况在实际的定量社会科学研究中比较常见。

中介效应分析的核心是检验间接效应($\beta_{21} \times \beta_{32}$)是否显著地存在(即检验 $X$ 是否通过 $M$ 作用于 $Y$)[①],并计算间接效应占总效应的比例,从而可以测量中介效应的大小或中介的程度。

随着中介效应分析法的发展,经典的"三步法"受到质疑。[②] 海耶斯认为"三步法"第一步中自变量($X$)的系数(即总效应)是否显著不再是存在中介效

---

[①] 在经典的"三步法"中,主要使用基于正态理论(the normal theory)Sobel 检验来检验间接效应(即中介效应)是否显著。

[②] 参见 Andrew F. Hayes, *Introduction to Mediation, Moderation, and Conditional Process Analysis: A Regression-Based Approach*, 3rd ed., The Guilford Press, 2021。

应或间接效应显著的前提。故在新近的中介效应分析研究中,这一步在中介分析里通常被省略,只保留第二步和第三步即可。正因如此,"完全中介"和"部分中介"的提法就不再具有实质性意义,甚至可能具有误导性。当然,根据第二步和第三步,我们即可知晓直接效应和间接效应的大小,两者相加也能得到所谓的"总效应"。另外,前沿的中介效应分析方法推荐使用 bootstrap 方法对间接效应进行检验,认为这种方法优于基于正态理论之前常用的检验间接效应是否显著的方法(如 Sobel 检验)。"bootstrap"通过对原始样本进行多次(具体多少次由研究者决定,次数越多越好,通常推荐 2000 次)有放回的重复抽样,每次可得到一个 bootstrap 样本。例如,如果经过 2000 次重复抽样,则可以得到 2000 个 bootstrap 样本。[1] 每个 bootstrap 样本都可以计算一个间接效应系数,因此一共有 2000 个间接效应系数($\beta_{21} \times \beta_{32}$)的估计值。将这 2000 个估计值从小到大进行排序,其中第 2.5 百分位点和第 97.5 百分位点就构成间接效应系数的一个置信度为 95% 的置信区间,如果置信区间不包含 0,则间接效应的系数显著,这种方法进行的推断比基于正态理论的方法可能更为精确。[2]

在实际的定量社会科学研究中,因为不同中介变量的单位有差异,因此往往无法通过直接比较间接效应绝对数量的大小来比较中介效应的大小。因此,在衡量中介效应的大小时,我们通常不通过间接效应的绝对数值,而是通过计算中介效应的相对数值来衡量。最常用的衡量标准是中介比例,即间接效应除以总效应的值。小样本数据可能会存在较大的抽样误差,而大样本(500 或以上)的中介比例可信度较高。因此,基于大样本的数据分析项目,可以比较放心地报告中介比例。下面我们通过一个简单的研究案例来讲解中介效应分析的流程及相应的 Stata 软件操作。

【例 5-3】 打开 cgss2010s3000.dta 数据,已知:因变量为本人职业社会经济地位指数(risei),自变量为父亲的受教育年限(feduy,单位:年),中介变量为本人的受教育年限(educ_y,单位:年)。问:父亲的受教育年限如何影响孩子

---

[1] 需要提醒的是,由于 bootstrap 方法需要多次抽样并进行相应的计算,所以 Stata 软件运行该命令的时间较长。重复抽样的次数越多,耗时越多。另外,具体的耗费时间还跟研究中使用的计算机的性能有关。

[2] 参见 Andrew F. Hayes, *Introduction to Mediation, Moderation, and Conditional Process Analysis: A Regression-Based Approach*, 3rd ed., The Guilford Press, 2021;温忠麟、叶宝娟:《中介效应分析:方法和模型发展》,《心理科学进展》2014 年第 5 期。

的职业社会经济地位指数?

为了熟悉中介效应分析的流程和原理,在删除以上变量的缺失值后,我们先按照经典的"三步法"进行分析并计算中介效应,即间接效应的比例。为方便解读,我们将"三步法"对应的三个模型制作了正式的回归表格并加以标注成图5-8。① 根据图5-8的第一步模型,自变量(父亲的受教育年限)对因变量(孩子的职业社会经济地位指数)的回归系数是1.144(总效应),并在0.001的显著性水平显著;第二步模型估计自变量对中介变量(孩子本人的受教育年限)的效应,回归系数为0.466(在0.001的显著性水平显著);第三步模型,在第一步模型的基础上加入了中介变量(即孩子本人的受教育年限),自变量(父亲的受教育年限)的系数为0.327,即直接效应。因此,我们可以根据两种方式计算出间接效应:(1)间接效应为总效应减去直接效应,即1.144-0.327=0.817;(2)第二步模型的自变量系数乘以第三步模型中介变量的回归系数,即0.466×1.755=0.817。因此,我们可以计算得到中介的比例为0.817÷1.144=0.714,即71.4%的父亲的受教育年限效应被孩子的受教育年限所中介(解释),或者说父亲的受教育年限在很大程度上(超过七成)通过影响孩子的受教育年限,最终作用于孩子的职业社会经济地位指数。

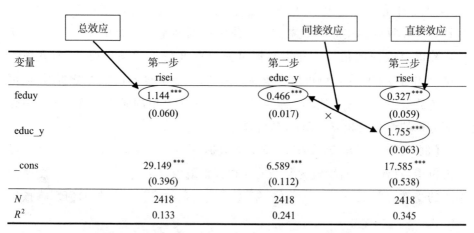

图5-8 中介效应估计过程

———

① Stata数据分析命令参见本书提供的第五章do文件。

Stata 软件没有自带的可以直接做中介效应分析的命令,但是有一些用户编写的命令可供下载使用。如果使用经典的"三步法"做分析并进行 Sobel 检验来检验中介效应是否显著,我们推荐使用 sgmediation 命令包[①]。该命令的通用语句写法如下:

. sgmediation dv, mv(var) iv(var) cv(var1 var2 …)

其中,dv 是指因变量,mv 后面括号里的变量是指中介变量,iv 后面括号里的变量是指自变量,cv 后面括号里的变量是指控制变量。如果没有控制变量,cv 选项可以省略。我们应用这个命令来处理上面的例子,命令写法及输出结果如下:

sgmediation risei, mv(educ_y) iv(feduy)

Model with dv regressed on iv (path c)

| Source | SS | df | MS | | | |
|---|---|---|---|---|---|---|
| Model | 65061.0264 | 1 | 65061.0264 | Number of obs | = | 2,418 |
| Residual | 425528.242 | 2,416 | 176.129239 | F(1, 2416) | = | 369.39 |
| | | | | Prob > F | = | 0.0000 |
| | | | | R-squared | = | 0.1326 |
| | | | | Adj R-squared | = | 0.1323 |
| Total | 490589.269 | 2,417 | 202.97446 | Root MSE | = | 13.271 |

| risei | Coef. | Std. Err. | t | P>\|t\| | [95% Conf. Interval] | |
|---|---|---|---|---|---|---|
| feduy | 1.143737 | .0595089 | 19.22 | 0.000 | 1.027044 | 1.260431 |
| _cons | 29.14872 | .3964919 | 73.52 | 0.000 | 28.37122 | 29.92622 |

Model with mediator regressed on iv (path a)

| Source | SS | df | MS | | | |
|---|---|---|---|---|---|---|
| Model | 10779.2258 | 1 | 10779.2258 | Number of obs | = | 2,418 |
| Residual | 33909.3619 | 2,416 | 14.0353319 | F(1, 2416) | = | 768.01 |
| | | | | Prob > F | = | 0.0000 |
| | | | | R-squared | = | 0.2412 |
| | | | | Adj R-squared | = | 0.2409 |
| Total | 44688.5877 | 2,417 | 18.4892791 | Root MSE | = | 3.7464 |

| educ_y | Coef. | Std. Err. | t | P>\|t\| | [95% Conf. Interval] | |
|---|---|---|---|---|---|---|
| feduy | .4655429 | .0167988 | 27.71 | 0.000 | .4326014 | .4984843 |
| _cons | 6.589191 | .1119257 | 58.87 | 0.000 | 6.36971 | 6.808671 |

---

① 将此命令的安装包放入 Stata 安装目录的 ado 文件夹中以"s"命名的文件夹中,即可使用。

```
Model with dv regressed on mediator and iv (paths b and c')

      Source |       SS           df       MS      Number of obs   =    2,418
-------------+----------------------------------   F(2, 2415)      =   637.40
       Model |  169495.005         2   84747.5026  Prob > F        =   0.0000
    Residual |  321094.264     2,415   132.958287  R-squared       =   0.3455
-------------+----------------------------------   Adj R-squared   =   0.3450
       Total |  490589.269     2,417   202.97446   Root MSE        =   11.531

       risei |      Coef.   Std. Err.      t    P>|t|     [95% Conf. Interval]
       educ_y|   1.754935   .0626178    28.03   0.000     1.632145    1.877725
       feduy |   .3267399   .0593557     5.50   0.000     .2103466    .4431331
       _cons |   17.58512   .5375058    32.72   0.000     16.5311     18.63914
```

```
Sobel-Goodman Mediation Tests

                         Coef       Std Err       Z        P>|Z|
  Sobel              .81699761     .04145975    19.71       0
  Goodman-1 (Aroian) .81699761     .04147309    19.7        0
  Goodman-2          .81699761     .0414464     19.71       0

                         Coef       Std Err       Z        P>|Z|
  a coefficient =    .465543       .016799      27.7129      0
  b coefficient =   1.75494        .062618      28.0261      0
  Indirect effect = .816998        .04146       19.7058      0
  Direct effect =   .32674         .059356       5.50478   3.7e-08
  Total effect =   1.14374         .059509      19.2196      0

  Proportion of total effect that is mediated:  .71432267
  Ratio of indirect to direct effect:           2.5004528
  Ratio of total to direct effect:              3.5004528
```

- 间接效应 → Indirect effect
- 直接效应 → Direct effect
- 总效应 → Total effect
- 中介效应比例 → Proportion of total effect that is mediated

图 5-9 使用 sgmediation 命令进行中介效应分析

可以看出,使用 sgmediation 命令做中介效应分析,基本上是遵循了经典"三步法"的步骤。运行命令之后,首先显示的是三个回归模型,即"三步法"中对应的三个模型,然后是中介效应及其检验的结果(见图 5-9)①。由图 5-9 可以看出,首先是 Sobel 检验,该检验的系数(Coef)其实就是间接效应的数值 0.817,最右边的概率值为 0(小于 0.05 即为统计显著),表明就我们这个例子而言,间接效应是显著存在的。后面的输出结果中不仅包含了间接效应、直接效应和总效应的值以及检验,也输出了中介效应比例(71.4%)。而且,通过 P 值可以看到各个效应都是统计显著的。这里的结果和前面我们手算的结果完全一致。

---

① 为了理解方便,我们对最后的检验结果进行图形编辑,以图 5-9 的形式呈现。

如前所述，根据中介效应分析的最新进展，"三步法"及 Sobel 检验已经逐渐被新的方法所替代，研究者建议使用"两步法"（即放弃"三步法"中的第一步）和 bootstrap 检验。[①] 要实现这一点，我们推荐使用同样是用户编写的 Stata 命令——khb 命令。[②] 我们可以在 Stata 命令窗口输入"findit khb"下载 khb 命令包进行安装。khb 命令更加灵活而且功能更为强大，它既可以做多重中介分析（即同时检验并分解两个及以上的中介变量的效应），也可以应用于非线性回归模型（即因变量不是线性变量而是类别变量）的中介效应分析，并可以实现 bootstrap 检验。而以上这些功能，都是 sgmediation 命令所不具备的。

线性回归模型中介效应分析的 khb 命令的通用写法是

. khb regress dv iv || mv1 mv2…, summary disentangle

其中，khb 是主要命令，regress 表明回归模型类型是线性回归模型，dv 是因变量，iv 是自变量，mv 表示中介变量（可以是一个，也可以是多个；如果超过一个，则用空格隔开）。summary 和 disentangle 是两个命令选项，summary 是显示所有中介变量共同中介的比例，而如果有超过一个中介变量，disentangle 选项报告每一个中介变量各自中介的比例（我们建议使用 khb 命令的时候，加上这两个有用的选项，否则只输出总效应、直接效应和间接效应）。

将 khb 命令用于我们的例子，命令和输出结果如下：

. khb regress risei feduy || educ_y, disentangle summary

Decomposition using **Linear Probability Models**

```
Model-Type:   regress                 Number of obs   =   2418
Variables of Interest: feduy          R-squared       =   0.35
Z-variable(s): educ_y
```

| risei | Coef. | Std. Err. | z | P>|z| | [95% Conf. Interval] |
|---|---|---|---|---|---|
| **feduy** | | | | | |
| Reduced | 1.143737 | .0517039 | 22.12 | 0.000 | 1.0424    1.245075 |
| Full | .3267399 | .0593557 | 5.50 | 0.000 | .2104049   .4430748 |
| Diff | .8169976 | .0414511 | 19.71 | 0.000 | .735755    .8982402 |

---

[①] 参见 Andrew F. Hayes, *Introduction to Mediation, Moderation, and Conditional Process Analysis: A Regression-Based Approach*, 3rd ed., The Guilford Press, 2021。

[②] Kristian Bernt Karlson, Anders Holm and Richard Breen, "Comparing Regression Coefficients Between Same-Sample Nested Models Using Logit and Probit: A New Method," *Sociological Methodology*, Vol. 42, No. 1, 2012.

Summary of confounding

| Variable | Conf_ratio | Conf_Pct | Resc_Fact |
|---|---|---|---|
| feduy | 3.5004528 | 71.43 | 1 |

Components of Difference

| Z-Variable | Coef | Std_Err | P_Diff | P_Reduced |
|---|---|---|---|---|
| **feduy** | | | | |
| educ_y | .8169976 | .0414511 | 100.00 | 71.43 |

执行上述命令后，输出三组结果。最上边一组报告了总效应（Reduced）系数、直接效应（Full）系数和间接效应（Diff）系数。中间一组报告了中介变量的中介比例（71.43，即中介变量中介了71.43%的自变量对因变量的效应）。最下边一组则报告了中介变量的间接效应系数和中介的比例，因为在本例中只有一个中介变量，故中介的比例仍为71.43%（这里的结果和前面使用sgmediation命令进行中介效应分析的结果完全一致）。

使用khb命令，我们也可以使用bootstrap方法对中介效应进行检验，具体命令的通用写法是

. bootstrap _b[Diff], reps(#) seed(#): khb regress dv (iv) (mv)

其中bootstrap是主要命令；_b[Diff]是间接效应系数；reps(#)中的#代表具体的数字，表示重复抽样的次数，由研究者自己设定（通常设置为2000），reps(2000)表示重复抽样2000次；seed(#)表示设定随机数字种子，同样是由研究者自行设定，以保证可以得到同样的随机结果；khb表示采用khb方法进行中介效应分析；dv代表因变量，iv表示自变量，mv是中介变量（如果有多个中介变量，使用空格隔开即可）。需要特别注意的是，自变量和中介变量必须使用英文状态下的括号括起来，否则命令无法运行。

将bootstrap命令应用于本例，命令及结果如下：

. bootstrap _b[Diff], reps(2000) seed(1234): khb regress risei (feduy) (educ_y)

```
Bootstrap results                              Number of obs     =     2,418
                                               Replications      =     2,000
       command:  khb regress risei (feduy) (educ_y)
         _bs_1:  _b[Diff]
```

|       | Observed Coef. | Bootstrap Std. Err. | z     | P>\|z\| | Normal-based [95% Conf. Interval] | |
|-------|----------------|---------------------|-------|---------|-----------|-----------|
| _bs_1 | .8169976       | .0392811            | 20.80 | 0.000   | .740008   | .8939872  |

bootstrap 检验的结果显示,间接效应为 0.817 且统计显著,表明自变量(feduy)确实通过中介变量(educ_y)作用于因变量(risei)。

在写作研究报告和学术论文的时候,例 5-3 的中介效应分析图可以通过图 5-10 表示:

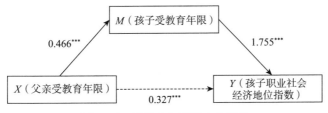

图 5-10  受教育年限的中介效应

接下来我们可能会问:除了孩子的受教育年限之外,是否还有其他的中介变量? 我们通过例 5-4 来考察其他变量对父亲受教育年限和个体职业社会经济地位指数的中介作用。

【例 5-4】  打开 cgss2010s3000.dta 数据,已知:因变量为本人职业社会经济地位指数(risei),自变量为父亲的受教育年限(feduy,单位:年),中介变量为父亲的职业社会经济地位指数(fisei)。问:父亲的受教育年限如何影响孩子的职业社会经济地位指数?

在日常生活中,当我们看到一个人的职业成就较高时,总会自然地将之归因于其父亲的贡献。但这种基于部分案例的观察到底有无代表性,父亲的何种特质以及通过何种途径影响到孩子的职业成就,我们可能并不清楚。在社会科学研究中,通常认为父亲的受教育年限会对孩子的职业成就产生影响。这种影响的路径可能是受过良好教育的父亲,通常可能具有较高的职业社会经济地位,从而有助于子女找到更好的工作。那么这种猜想能否得到证实,我们可以使用中介效应分析方法进行研究。

本例如果按照经典的"三步法"进行分析,我们可以得到三个模型(见表5-3)。能够发现,总效应为1.144(这与例5-2模型1完全一致,因为模型完全相同),直接效应为第三步加入了中介变量时自变量对因变量的系数0.784,间接效应为总效应减去直接效应,即1.144-0.784=0.360,或第二个模型的自变量回归系数与第三个模型的父亲职业社会经济地位指数回归系数的乘积:1.421×0.253=0.360。因此,可以计算得到中介的比例为0.360÷1.144=0.315,即父亲的受教育年限对孩子职业社会经济地位指数获得的效应有31.5%是通过父亲的职业社会经济地位指数起作用的。

表5-3 中介效应的估计过程

| 变量 | 第一步<br>risei | 第二步<br>fisei | 第三步<br>risei |
|---|---|---|---|
| feduy | 1.144*** | 1.421*** | 0.784*** |
|  | (0.060) | (0.053) | (0.066) |
| fisei |  |  | 0.253*** |
|  |  |  | (0.022) |
| _cons | 29.149*** | 23.460*** | 23.215*** |
|  | (0.396) | (0.355) | (0.648) |
| $N$ | 2418 | 2418 | 2418 |
| $R^2$ | 0.133 | 0.228 | 0.177 |

注:括号内数字为标准误;*$P<0.05$,**$P<0.01$,***$P<0.001$(双尾检验)。

我们同样可以将khb命令应用于本例,命令及结果如下:

```
. khb regress risei feduy || fisei, disentangle summary

Decomposition using Linear Probability Models

Model-Type:    regress                    Number of obs    =    2418
Variables of Interest: feduy              R-squared        =    0.18
Z-variable(s): fisei
```

| risei | Coef. | Std. Err. | z | P>\|z\| | [95% Conf. Interval] | |
|---|---|---|---|---|---|---|
| feduy | | | | | | |
| Reduced | 1.143737 | .0579774 | 19.73 | 0.000 | 1.030104 | 1.257371 |
| Full | .7841996 | .0659793 | 11.89 | 0.000 | .6548826 | .9135166 |
| Diff | .3595379 | .0342499 | 10.50 | 0.000 | .2924092 | .4266665 |

Summary of confounding

| Variable | Conf_ratio | Conf_Pct | Resc_Fact |
|---|---|---|---|
| feduy | 1.4584775 | 31.44 | 1 |

Components of Difference

| Z-Variable | Coef | Std_Err | P_Diff | P_Reduced |
|---|---|---|---|---|
| feduy | | | | |
| fisei | .3595379 | .0342499 | 100.00 | 31.44 |

我们也可以使用 bootstrap 命令对本例进行中介效应检验,命令及结果如下:

```
. bootstrap _b[Diff], reps(2000) seed(1234): khb regress risei (feduy) (fisei)
```

Bootstrap results                               Number of obs    =    2,418
                                                Replications     =    2,000

command:  khb regress risei (feduy) (fisei)
_bs_1:    _b[Diff]

| | Observed Coef. | Bootstrap Std. Err. | z | P>\|z\| | Normal-based [95% Conf. Interval] | |
|---|---|---|---|---|---|---|
| _bs_1 | .3595379 | .0432004 | 8.32 | 0.000 | .2748666 | .4442091 |

khb 命令和 bootstrap 命令计算的间接效应与手工计算的结果完全一致。具体解释不再赘述。我们可以将本例的中介效应分析表示为图 5-11:

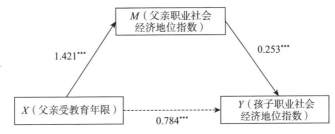

图 5-11 父亲职业社会经济地位指数的中介效应

## 二、多重中介分析

从上面的两个例子不难发现,父亲的受教育年限对孩子职业社会经济地位指数的影响,起码存在两个"中间环节"或"途径",一个是通过影响孩子获得更好的教育从而让其获得更好的职业,另一个则是通过影响父亲本人获得高地位的职业从而帮助孩子找到更好的工作。在现实生活中或在定量社会科学研究中,这种现象较为常见,即某个原因对特定结果的影响,其中的过程或机制并不是单一的,而可能是多样的。另外,如果大家稍加留意上面两个例子的结论,会发现两个中介变量对自变量中介的比例分别为71.4%和31.4%。你可能会奇怪,为什么两个中介比例加起来会超过100%?其中的原因在于两个中介变量(孩子本人的受教育年限和父亲的职业社会经济地位指数)并不是独立的,而是关联的,如果分开来单独做一个中介变量的中介效应,得到的结果可能是掺杂(confounding)了另外一个中介变量的中介效应。在这种情况下,如果要更加准确地估计两个(或多个)中介变量的"净"中介效应,我们就需要进行多重中介分析,即把两个或两个以上的中介变量,同时在一个中介效应分析模型中进行估计。下面我们结合例子来讲解多重中介效应分析的基本原理和Stata软件操作。

【例5-5】打开cgss2010s3000.dta数据,已知:因变量为本人职业社会经济地位指数(risei),自变量为父亲的受教育年限(feduy,单位:年),中介变量为父亲的职业社会经济地位指数(fisei)、本人受教育年限(educ_y,单位:年)。问:父亲的受教育年限如何影响孩子的职业社会经济地位指数?

若按照经典的"三步法"思路来进行上述的双重中介效应分析,实际上就扩展成了四步。因为有两个中介变量,原来的第二步(即估计自变量影响中介变量的模型)就变成了两个模型。因此,Stata命令如下:

```
. regress risei feduy
. eststo

. regress fisei feduy
. eststo

. regress educ_y feduy
. eststo
```

```
. regress risei feduy fisei educ_y
. eststo
. esttab using 表5-4.rtf, b(3) se(3) star(* 0.05 ** 0.01 *** 0.001) r2 nogaps
  replace
. eststo clear
```

我们对上述四个模型制作正式的回归表格(见表5-4)。总效应的值(1.144)依然是未加入中介变量时,自变量对因变量的效应(第一步)。直接效应(0.129)为第四步加入了两个中介变量时自变量对因变量的系数(第四步)。因为有两个中介变量,因此有两个间接效应。其中,父亲职业社会经济地位指数(fisei)的间接效应的计算方法是第二步模型自变量的回归系数(1.421)乘以第四步模型fisei变量的回归系数(0.168):1.421×0.168=0.239。据此我们可以计算得到fisei变量的中介的比例为0.239除以总效应1.144:0.239÷1.144=0.209,结论是fisei变量中介了大约20.9%自变量对因变量的效应。同理,本人受教育年限(educ_y)的间接效应的计算方法是第三步模型自变量的回归系数(0.466)乘以第四步模型educ_y变量的回归系数(1.669):0.466×1.669=0.778。据此我们可以计算得到educ_y变量的中介的比例为0.778除以总效应1.144:0.778÷1.144=0.680,结论是educ_y变量中介了大约68%自变量对因变量的效应。两个中介比例相加(0.209+0.680=0.889),即两个中介变量共同中介了88.9%自变量对因变量的效应。

表5-4 两个中介变量:模型估计及效应分解

| 变量 | 第一步<br>risei | 第二步<br>fisei | 第三步<br>educ_y | 第四步<br>risei |
|---|---|---|---|---|
| feduy | 1.144 *** | 1.421 *** | 0.466 *** | 0.129 * |
|  | (0.060) | (0.053) | (0.017) | (0.063) |
| fisei |  |  |  | 0.168 *** |
|  |  |  |  | (0.020) |
| educ_y |  |  |  | 1.669 *** |
|  |  |  |  | (0.063) |
| _cons | 29.149 *** | 23.460 *** | 6.589 *** | 14.222 *** |
|  | (0.396) | (0.355) | (0.112) | (0.662) |

(续表)

| 变量 | 第一步 risei | 第二步 fisei | 第三步 educ_y | 第四步 risei |
| --- | --- | --- | --- | --- |
| $N$ | 2418 | 2418 | 2418 | 2418 |
| $R^2$ | 0.133 | 0.228 | 0.241 | 0.364 |

注:括号内数字为标准误;* $P<0.05$,** $P<0.01$,*** $P<0.001$(双尾检验)。

因此,父亲职业社会经济地位指数(fisei)和孩子受教育年限(educ_y)的中介效应可以表示为图5-12:

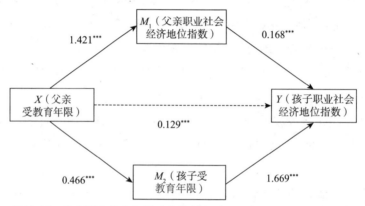

图5-12 父亲职业社会经济地位指数与孩子受教育年限的中介效应

如前所述,在应用Stata软件进行中介效应分析时,我们推荐使用khb命令进行计算。就本例而言,khb命令的写法如下:

```
. khb regress risei feduy || fisei educ_y, disentangle summary
```

为了便于理解,我们将上述命令的输出结果进行了简单的编辑,以图5-13的形式呈现。

如图5-13,执行khb命令之后,有三组输出结果,最上边报告了总效应(Reduced)系数、直接效应(Full)系数和间接效应(Diff)系数。中间部分报告了两个中介变量共同中介的比例(88.75,即两个中介变量共同中介了88.75%自变量对因变量的效应)。最下边输出了各个中介变量各自的间接效应系数和中介的比例,可以发现fisei变量中介了20.82%,educ_y变量中介了67.93%(两者的总和是88.75%)。

## 第五章 多元关系类型

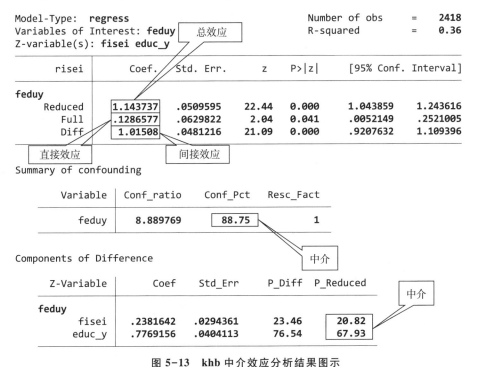

图 5-13 khb 中介效应分析结果图示

如前所述，Stata 软件也可以通过 bootstrap 命令对中介效应进行检验，本例 bootstrap 命令可以写为

```
. bootstrap _b[Diff], reps(2000) seed(1234): khb regress risei (feduy) (fisei educ_y)
```

以上命令的输出结果如下：

```
Bootstrap results                               Number of obs   =    2,418
                                                Replications    =    2,000

      command:  khb regress risei (feduy) (fisei educ_y)
        _bs_1:  _b[Diff]
```

|  | Observed Coef. | Bootstrap Std. Err. | z | P>\|z\| | Normal-based [95% Conf. Interval] | |
|---|---|---|---|---|---|---|
| _bs_1 | 1.01508 | .05029 | 20.18 | 0.000 | .9165132 | 1.113646 |

bootstrap 检验的结果显示，模型中总的间接效应为 1.015 且显著（就本例而言，与非 bootstrap 检验的结果几乎没有差别），表明自变量（feduy）确实是通过两个中介变量（fisei 和 educ_y）作用于因变量（risei）的。另外，从表 5-4 中可以发现，即使纳入了两个中介变量，自变量的回归系数仍然是正向显著的，这说明有两种可能性：第一，除了间接效应之外，父亲的受教育年限对因变量确实有直接的效应；第二，可能还有另外的中介变量有待挖掘。而这需要进一步的数据分析进行验证，如果找到更多的中介变量，那么就可以根据上述双重中介的原理和求解方式进行计算及检验。

## 第三节 抑制（遮蔽）变量

在回归分析的过程中，有时会遇到这样的情况：在引入某个变量之前，我们关心的自变量和因变量并不相关（即自变量的回归系数不显著）或相关性很弱（虽然显著但系数很小），但将该变量引入模型之后，自变量对因变量的回归系数变得显著或相关性变强。换句话说，在现实中自变量和因变量之间本来有关系或关系很强，但是在统计上这种真实的关系显示不出来，只因被某个因素（变量）给抑制住或遮蔽住了。只有在模型中控制了该因素，它们的真正关系才能在统计模型中显现出来。这种情况我们称作抑制效应或遮蔽效应，而被引入的那个第三方因素通常被叫作抑制变量。从加入第三方因素之前和之后自变量对因变量系数变化的角度来看，抑制效应的情况与中介效应的情况刚好相反，但其背后的原理却基本一致，第三方因素都是一个"中间"变量，只不过功能不同。在中介效应分析中，第三方因素（$M$）发挥的是"解释"或"中介"的作用，而在抑制效应分析中，第三方因素（$S$）发挥的是"遮蔽"或"抑制"的作用。如图 5-14 所示，如果 $X$ 对 $S$ 的效应和 $S$ 对 $Y$ 的效应的方向相同［如图（b）和图（c）］，那么被遮蔽的 $X$ 对 $Y$ 的效应就是负的；反之，如果 $X$ 对 $S$ 的效应和 $S$ 对 $Y$ 的效应的方向刚好相反［如图（d）和图（e）］，那么被遮蔽的 $X$ 对 $Y$ 的效应就是正的。

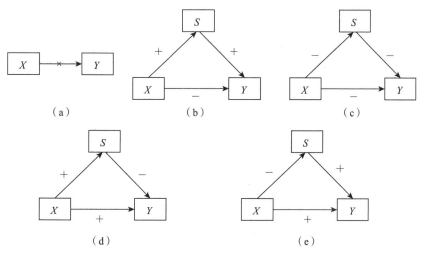

图 5-14 抑制变量

我们通过一个简单的研究实例来讲解抑制变量的原理和应用。

【例 5-6】 打开 cgss2010s3000.dta 数据,已知:因变量为职业社会经济地位指数(risei),自变量为性别(male,男性=1,女性=0),抑制变量为受教育年限(educ_y,单位:年)。问:2010 年中国居民的职业地位是否有显著的性别差异?

首先,估计一个只包含自变量的模型 1:

```
. regress risei male
. eststo
```

其次,估计一个包含自变量和抑制变量的模型 2:

```
. regress risei male educ_y
. eststo
```

最后,我们通过如下命令将两个模型的结果整理为正式的回归表格(见表 5-5):

```
. esttab using 表5-5.rtf, b(3) se(3) star(* 0.05 ** 0.01 *** 0.001) r2 nogaps
  replace
. eststo clear
```

表 5-5　性别、受教育年限与职业社会经济地位指数的 OLS 模型

| 变量 | 模型 1 | 模型 2 |
| --- | --- | --- |
| 性别（男性 = 1） | 0.620 | −1.778*** |
|  | (0.580) | (0.475) |
| 受教育年限 |  | 1.954*** |
|  |  | (0.055) |
| 常数项 | 34.426*** | 18.293*** |
|  | (0.406) | (0.563) |
| 样本量 | 2418 | 2418 |
| $R^2$ | 0.000 | 0.341 |

注：括号里的数字是标准误；* $P<0.05$，** $P<0.01$，*** $P<0.001$（双尾检验）。

从表 5-5 中的模型 1 可以看出，在未加入受教育年限变量时，性别（男性 = 1）对职业社会经济地位指数的影响并不显著，即职业社会经济地位没有性别差异。模型 2 在模型 1 的基础上加入了受教育年限变量，性别对职业社会经济地位指数的影响显现，男性平均职业社会经济地位指数比女性低 1.78 分（在 0.001 的显著性水平下显著）。也就是说，本来职业社会经济地位指数是有性别差异的，但是被受教育年限因素遮蔽了，在模型中控制了受教育年限变量之后，性别原本的效应得以显现。

那么性别的效应究竟在多大程度上被抑制了，或抑制的比例是多少？如果要确切知道被抑制的程度，我们可以按照中介效应分析的思路求解，即获得总效应、直接效应和间接效应（间接效应系数就是被抑制或遮蔽的程度），然后用间接效应除以总效应，得到的比例就是抑制或遮蔽的比例。既然这样，我们就可以用 Stata 软件中的 khb 命令来执行。命令和输出结果如下：

```
. khb regress risei male || educ_y, disentangle summary

Decomposition using Linear Probability Models

Model-Type:      regress                      Number of obs   =    2418
Variables of Interest: male                   R-squared       =    0.34
Z-variable(s):   educ_y
```

## 第五章 多元关系类型

| risei | Coef. | Std. Err. | z | P>\|z\| | [95% Conf. Interval] | |
|---|---|---|---|---|---|---|
| male | | | | | | |
| Reduced | .6198944 | .4706229 | 1.32 | 0.188 | -.3025096 | 1.542298 |
| Full | -1.778022 | .475491 | -3.74 | 0.000 | -2.709967 | -.8460767 |
| Diff | 2.397916 | .3449075 | 6.95 | 0.000 | 1.72191 | 3.073923 |

Summary of confounding

| Variable | Conf_ratio | Conf_Pct | Resc_Fact |
|---|---|---|---|
| male | -.3486427 | 386.83 | .99999984 |

Components of Difference

| Z-Variable | Coef | Std_Err | P_Diff | P_Reduced |
|---|---|---|---|---|
| male | | | | |
| educ_y | 2.397916 | .3449075 | 100.00 | 386.83 |

执行上述命令后，输出三组结果，最上边一组报告了性别的总效应约为0.620（即 Reduced 的系数），直接效应约为-1.778（即 Full 的系数），间接效应约为 2.400（即 Diff 的系数）。因为间接效应为 2.400，所以说有 2.4 个单位的性别差异被受教育年限变量遮蔽了，或者说有 387% 的抑制比例。

模型中变量之间的关系可以表示为图 5-15。男性比女性的平均受教育年限更高，受教育年限正面影响职业社会经济地位指数，因此，控制了受教育年限变量之后，性别效应显著，而且是负向的。

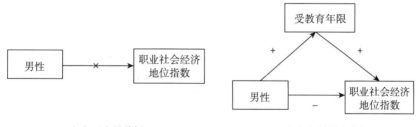

（a）双变量分析　　　　　　　　（b）抑制效应分析

图 5-15　职业社会经济地位指数的性别差异模式

【例 5-7】　打开 cgss2010s3000.dta 数据，已知：因变量为受教育年限（educ_y，单位：年），自变量为性别（female，女性=1，男性=0），抑制变量为年龄(age)。问:教育获得(受教育年限)的性别差异究竟多大?

输出模型结果的步骤和命令可参考例 5-6,得到表 5-6:

表 5-6　性别、年龄与教育获得的 OLS 模型

| 变量 | 模型 1 | 模型 2 |
| --- | --- | --- |
| 性别(女性 = 1) | -1.227*** | -1.414*** |
|  | (0.173) | (0.161) |
| 年龄 |  | -0.122*** |
|  |  | (0.006) |
| 常数项 | 9.485*** | 14.999*** |
|  | (0.123) | (0.307) |
| 样本量 | 2418 | 2418 |
| $R^2$ | 0.020 | 0.152 |

注:括号里的数字是标准误; * $P<0.05$, ** $P<0.01$, *** $P<0.001$(双尾检验)。

表 5-6 中的模型 1 显示,在未加入年龄变量时,性别(女性 = 1)对教育获得的影响显著,系数为 -1.227,表明女性与男性相比,平均受教育年限要少 1.227 年。模型 2 在模型 1 的基础上增加了年龄变量,结果显示,性别对教育获得的负效应增大,与男性相比,女性教育获得的劣势扩大到了 1.414 年。经过简单计算可知,有 0.187( -1.227 + 1.414 = 0.187)年被年龄变量遮蔽,遮蔽的比例为 15.2%(0.187÷1.227 = 0.152)。

我们可以通过 khb 命令进行检验,命令及结果如下:

```
. khb regress educ_y female || age, disentangle summary

Decomposition using Linear Probability Models

Model-Type:    regress                   Number of obs  =   2418
Variables of Interest: female            R-squared      =   0.15
Z-variable(s): age

     educ_y |    Coef.   Std. Err.      z    P>|z|    [95% Conf. Interval]
female
    Reduced | -1.227348  .1611639    -7.62   0.000   -1.543224   -.9114729
       Full | -1.413923  .1614525    -8.76   0.000   -1.730364   -1.097482
       Diff |  .186575   .0641116     2.91   0.004    .0609186    .3122314
```

```
Summary of confounding

  Variable | Conf_ratio   Conf_Pct   Resc_Fact
    female | .86804449    -15.20     .99999997

Components of Difference

  Z-Variable | Coef       Std_Err    P_Diff    P_Reduced
  female
         age | .1865749   .0641116   100.00    -15.20
```

输出结果分三组，最上边报告了性别的总效应约为-1.227（即 Reduced 的系数），直接效应约为-1.414（即 Full 的系数），间接效应约为 0.187（即 Diff 的系数）。因为间接效应为 0.187，所以说有 0.187 个单位的性别差异被年龄变量遮蔽了，或者说年龄变量抑制了 15.20% 的性别差异。

我们可以将本例中的变量关系表示如图 5-16。图 5-16(a) 显示女性与教育获得负相关，在控制了年龄变量后，女性与教育获得仍然负相关，但这种负相关变得更强了。

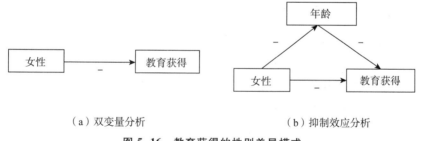

（a）双变量分析　　　　　　　　　　（b）抑制效应分析

图 5-16　教育获得的性别差异模式

综合以上分析可知，遮蔽效应与中介效应分析的原理一致，但效果却恰恰相反。在中介效应分析中，加入第三方变量后，自变量对因变量的系数会变得不显著或效应减弱，因此，其发挥的是"解释"或"中介"的作用。而在遮蔽效应分析中，第三方变量的加入，会导致自变量对因变量的系数由不显著变为显著或效应由弱变强，故第三方变量扮演的是"遮蔽"或"抑制"的角色。无论是遮蔽效应，还是中介效应，第三方变量都是"中间"变量，就此而言，两者本质相同。

## 第四节　交互(调节)效应分析

在日常生活中常常有这样的例子：一个规律性的现象，在不同的时间或空间环境中，其表现形式可能会很不一样。例如我们经常会提到的民间俗谚"瑞雪兆丰年"，实际上是一种自然规律。如果在我国北方，这种规律可能是成立的，因为大雪对北方的一些越冬作物起防冻保暖的作用。但"瑞雪"如果发生在我国南方，就不一定是"兆丰年"，而可能是"冻灾"了，因为寒冷的天气才会下雪，而南方的很多农作物并不耐寒，在低于零摄氏度的气温条件下可能无法存活。如果"瑞雪"是因，"丰年"是果的话，那么这对因果关系可能只适用于我国北方地区。简言之，瑞雪对收成(是否丰年)的影响可能会因区域(空间)而异。除此之外，我们还有"水土不服""橘生淮南则为橘，橘生淮北则为枳"等说法，其实都是为了说明，如果时空环境变了，事物的性质(因果关系)也可能会发生变化。

在数据分析或定量社会科学研究过程中，我们经常会碰到类似的情况，即自变量对因变量的效应(有或无)或关系的强度(强或弱)会受到另外一个变量的影响。例如，教育回报率(即受教育年限对收入的影响)可能会受到地区经济发展水平的影响，因为经济越发达的地区可能越重视人力资本的投入，更加重视人才。如果是这样，那么受教育年限对收入的影响就可能会存在地区差异(如果不同地区的经济发展水平不同的话)，或者说受到地区经济发展水平的调节。又如，关于健康的研究中有一个被证明的规律，就是个人职业社会经济地位越高，其健康水平越好。这就是健康的"社会因果论"，即个人在社会分层结构中的位置决定了他们的健康水平。[①] 但是，职业社会经济地位对健康的重要性很有可能不是对所有人都一样的，可能对年纪越大的人越重要，因为根据生理规律，大多数人在年轻的时候都比较健康，而年纪大的人则需要更多的治疗和护理，职业社会经济地位决定了一个人能够获得的医护数量和质量。

---

[①] John Robert Warren, "Socioeconomic Status and Health across the Life Course: A Test of the Social Causation and Health Selection Hypotheses," *Social Forces*, Vol. 87, No. 4, 2009.

## 第五章　多元关系类型

如果这种情况属实,那么职业社会经济地位(自变量)对健康水平(因变量)的影响就会因年龄(另外一个变量)的不同而不同。年龄越大,职业社会经济地位对健康的作用也就越大;或者说,职业社会经济地位对健康的作用受到年龄的调节,年龄就是调节变量(moderating variable)。这就是调节效应(moderating effect)分析。

在统计上,调节效应也被称作交互效应(interaction effect),是指自变量($X$)对因变量($Y$)的效应或强度的大小受到第三个变量($W$)的影响。在实际应用上,调节效应通常被用来检验社会规律或社会关系的条件性或情境性,即$X$与$Y$之间的关系或关系强度在不同的结构条件或情境下是否存在显著的差异。被引入的第三个变量($W$)称作调节变量,其与自变量($X$)的乘积作为一个新的变量进入模型,这个新的变量被称为交互项(interaction term),故调节效应模型也可称作交互模型(见图 5-17)。例如,如果不同地区的教育回报(即受教育年限对收入的影响)存在显著差异,那就表明受教育年限与收入的关系受到地区的调节,即受教育年限和地区存在交互效应。

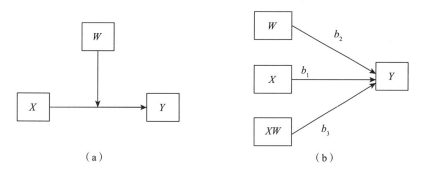

图 5-17　调节效应

图 5-17 中的(a)图是调节效应的示意图,显示 $X$ 对 $Y$ 的作用受到调节变量 $W$ 的影响;(b)图是具体的统计模型,其中 $XW$(即 $X$ 变量和 $W$ 变量相乘而生成的新变量)是交互项,$b_1$ 是 $X$ 变量的回归系数($X$ 变量的主效应),$b_2$ 是 $W$ 变量的回归系数($W$ 变量的主效应),$b_3$ 是交互项 $XW$ 的系数(即交互效应或调节效应)。无论 $b_1$ 或 $b_2$ 是否统计显著,只要 $b_3$ 显著,就表明 $X$ 和 $W$ 确实有交互效应,即 $X$ 对 $Y$ 的影响受到 $W$ 变量的调节。

如前所述,要估计两个变量的交互效应,我们需要将自变量 $X$ 和调节变量

$W$ 相乘生成一个新的变量,即交互项,然后将交互项作为自变量纳入模型。交互模型的公式为

$$Y = a + b_1 X + b_2 W + b_3 XW + \varepsilon \tag{5-5}$$

在交互模型中,我们称 $b_1$ 是自变量的主效应,$b_2$ 是调节变量的主效应,$b_3$ 是调节效应,只有 $b_3$ 显著时才表明确实存在调节效应。需要指出的是,在实际的研究中,我们往往根据研究问题或研究设计确定谁是自变量($X$),谁是调节变量($W$),但因为交互项是自变量和调节变量的乘积,所以在统计上,两个变量的位置可以互换,或者说是相互调节,因此我们也可以说 $W$ 受到 $X$ 的调节。正因如此,在研究实践中,由研究者根据研究目的来确定哪一个变量是调节变量,哪一个是被调节的变量(自变量)。接下来,我们将应用 Stata 软件分析数据并通过研究实例详细讲解调节(交互)效应分析的操作及结果解读。

## 一、类别变量之间的交互效应

### (一) 二分类变量与二分类变量之间的交互效应分析

所谓类别变量之间的交互效应分析,实际上就是自变量和调节变量都是类别变量。我们首先通过例 5-8 来讨论两个二分类(虚拟)变量之间的交互效应。

【例 5-8】 打开 cgss2010s3000.dta 数据,已知:因变量为平均月工资收入(wage,单位:元),自变量为性别(male,男性=1,女性=0),调节变量为是否来自城镇(urban,是=1,否=0)。问:月工资收入的性别差异是否在城乡有所不同?

本案例的研究目的是检验工资的性别差距是否受到城乡地区差异的调节,或者说,月工资在城镇和农村地区的性别差异程度是否有显著不同。具体到回归模型中,就是要估计性别和是否来自城镇变量的交互效应(即交互项系数)是否统计显著。如果统计显著,我们的研究问题就得到了回答,即性别不平等确实存在城乡差异;反之,如果交互项系数不显著,则表明工资的性别差距在农村和城镇是一样的。具体而言,根据自变量(性别)和调节变量(是否来自城镇)的赋值方式,如果交互项系数正向显著,则表明城镇地区月工资的性别差距大于农村地区;而如果是负向显著,则结论刚好相反,即农村地区月工

资的性别差距大于城镇地区。估计调节（交互）效应模型，我们首先需要生成一个交互项（在本例中可将其命名为 male_u），然后将自变量（male）、调节变量（urban）和交互项一同纳入模型进行估计。Stata 命令和结果输出如下：

. gen male_u=male*urban

. regress wage male urban male_u

| Source | SS | df | MS |  | Number of obs | = | 2,449 |
|---|---|---|---|---|---|---|---|
|  |  |  |  |  | F(3, 2445) | = | 77.67 |
| Model | 865251765 | 3 | 288417255 |  | Prob > F | = | 0.0000 |
| Residual | 9.0793e+09 | 2,445 | 3713417 |  | R-squared | = | 0.0870 |
|  |  |  |  |  | Adj R-squared | = | 0.0859 |
| Total | 9.9446e+09 | 2,448 | 4062318.76 |  | Root MSE | = | 1927 |

| wage | Coef. | Std. Err. | t | P>\|t\| | [95% Conf. Interval] | |
|---|---|---|---|---|---|---|
| male | 437.8551 | 117.9917 | 3.71 | 0.000 | 206.4811 | 669.2291 |
| urban | 872.2019 | 111.5456 | 7.82 | 0.000 | 653.4683 | 1090.936 |
| male_u | 314.0631 | 157.1089 | 2.00 | 0.046 | 5.982848 | 622.1433 |
| _cons | 450.7527 | 84.75037 | 5.32 | 0.000 | 284.5628 | 616.9427 |

根据以上 Stata 的输出结果可以看出，性别与是否来自城镇变量的交互项（male_u）系数是统计显著的（$P=0.046<0.05$），表明确实存在交互效应。也就是说，我们的研究问题得到了肯定的回答，即月工资收入的性别差距确实受到城乡区域因素的调节，或者说，城镇地区和农村地区的性别月工资收入差距程度有显著不同。接下来的问题是：究竟是否来自城镇变量是如何调节月工资收入的性别差距的？城镇和农村地区月工资收入的性别不平等究竟有何不同？若要回答上述问题，我们就需对模型中自变量系数（主效应）和交互项系数（调节效应）进行详细解读。

在交互效应模型中，对自变量系数（主效应）的解释与非交互效应模型有所不同。在非交互效应模型中，性别变量的系数可解释为控制是否来自城镇因素之后，男性和女性的月工资差距是多少。但在交互效应模型中，性别变量的系数则应该解释为当调节变量（是否来自城镇）取值为否时（urban＝否，即代表农村地区），月工资的性别差异情况。例如，根据上面的模型输出结果，性别变量的系数（437.86）应该解释为农村地区（urban＝否）月工资的性别差异为 437.86 元，具体而言，即在农村地区的男性比女性的平均月工资多 437.86 元。也就是说,性别变量的主效应反映的是农村地区(urban=否)的性别差异程度。我们接下来肯定要问:那城镇地区月工资的性别差异是多少呢?答案是性别变量的主效应系数加上交互项的系数。因为性别与是否来自城镇的交互项系数为314.06,因此,城镇地区的月工资性别差异为751.92(437.86+314.06=751.92)元。与农村地区的性别差异程度相比,城镇地区月工资的性别差异更大。

如果单从回归模型的设定和输出结果来看,自变量和调节变量的位置实际上是可以互换的。因为交互项是两者相乘的结果,即在统计上两者其实是相互调节的。所以,在估计和解释调节效应模型的时候,首先要明确研究问题是什么,即做调节效应分析的具体目的是什么,然后根据研究问题来确定模型中谁是自变量,谁是调节变量。例如,本例中的交互模型既可用来考察"性别不平等是否存在城乡差异",同时也能用来解释"城乡不平等是否有性别差异"。只要模型中交互项的系数显著,上述两个问题均可得到肯定的回答,即性别和是否来自城镇为相互调节的关系。在本例中,我们主要考察平均月工资收入的性别不平等是否会受到是否来自城镇因素的调节,核心自变量是性别(male),调节变量是是否来自城镇(urban)。模型中交互项系数是正数,并且统计显著,因此可解释为性别不平等受到是否来自城镇因素的调节,城镇地区月工资的性别差异程度与农村地区有显著差异;或更具体地说,城镇地区月工资性别不平等程度比农村地区更严重。假如我们的研究目的是考察月工资的城乡差异是否受到性别因素的调节,那就应该将是否来自城镇作为核心自变量,性别作为调节变量,模型结果的解读则应当为平均月工资收入的城乡不平等受到性别因素的调节,男性群体月工资的城乡差异程度与女性群体的存在显著差异;或更具体地说,男性群体平均月工资收入的城乡差异程度比女性群体的更大。

Stata 软件提供了构建交互项的快捷命令,即用"##"连接自变量和调节变量,这样可以省却手动生成交互项变量的步骤。如果是通过快捷命令构建交互效应模型,我们就可以使用 margins 命令呈现估计出来的自变量的边际效应,并根据需要使用 marginsplot 命令对调节效应的结果模式进行图示。例如本例,使用快捷方式估计模型的命令和输出结果如下:

## 第五章 多元关系类型

```
. regress wage male##urban
```

| Source | SS | df | MS | | Number of obs | = | 2,449 |
|---|---|---|---|---|---|---|---|
| | | | | | F(3, 2445) | = | 77.67 |
| Model | 865251765 | 3 | 288417255 | | Prob > F | = | 0.0000 |
| Residual | 9.0793e+09 | 2,445 | 3713417 | | R-squared | = | 0.0870 |
| | | | | | Adj R-squared | = | 0.0859 |
| Total | 9.9446e+09 | 2,448 | 4062318.76 | | Root MSE | = | 1927 |

| wage | Coef. | Std. Err. | t | P>\|t\| | [95% Conf. Interval] | |
|---|---|---|---|---|---|---|
| male | | | | | | |
| 是 | 437.8551 | 117.9917 | 3.71 | 0.000 | 206.4811 | 669.2291 |
| urban | | | | | | |
| 是 | 872.2019 | 111.5456 | 7.82 | 0.000 | 653.4683 | 1090.936 |
| male#urban | | | | | | |
| 是#是 | 314.0631 | 157.1089 | 2.00 | 0.046 | 5.982848 | 622.1433 |
| _cons | 450.7527 | 84.75037 | 5.32 | 0.000 | 284.5628 | 616.9427 |

可以发现，使用快捷方式估计的模型与前面手动生成交互项变量的模型输出结果完全一样。其中，male 即性别变量，urban 是调节变量，male#urban 则是交互项。

在执行上述回归命令之后，使用 margins 命令加上 dydx 选项，可以直接获得农村地区和城镇地区月工资的性别差异情况，命令的写法和结果输出如下：

```
. margins urban, dydx(male)
```

```
Conditional marginal effects                    Number of obs    =    2,449
Model VCE       : OLS

Expression      : Linear prediction, predict()
dy/dx w.r.t.    : 1.male
```

| | Delta-method dy/dx | Std. Err. | t | P>\|t\| | [95% Conf. Interval] | |
|---|---|---|---|---|---|---|
| 0.male | (base outcome) | | | | | |
| 1.male | | | | | | |
| urban | | | | | | |
| 否 | 437.8551 | 117.9917 | 3.71 | 0.000 | 206.4811 | 669.2291 |
| 是 | 751.9182 | 103.736 | 7.25 | 0.000 | 548.4987 | 955.3377 |

Note: dy/dx for factor levels is the discrete change from the base level.

可以发现，0.male(male=否,即女性)为参照组,其中437.86为农村地区(urban=否)的月工资性别差距,而751.92则为城镇地区(urban=是)的工资性别差距。不难看出,城镇地区月工资的性别不平等程度高于农村地区。

在使用快捷命令构建交互模型后,接着输入margins urban#male命令[①]即可计算出各组的估计值。我们可以根据估计值计算不同地区月工资的性别差异程度(或不同性别月工资的地区差异程度),然后使用marginsplot命令绘图以呈现差异模式。命令的写法和输出如下：

```
. margins urban#male

Adjusted predictions                          Number of obs    =    2,449
Model VCE      : OLS

Expression     : Linear prediction, predict()
```

|  | Margin | Delta-method Std. Err. | t | P>\|t\| | [95% Conf. Interval] | |
|---|---|---|---|---|---|---|
| urban#male |  |  |  |  |  |  |
| 否#否 | 450.7527 | 84.75037 | 5.32 | 0.000 | 284.5628 | 616.9427 |
| 否#是 | 888.6078 | 82.09393 | 10.82 | 0.000 | 727.627 | 1049.589 |
| 是#否 | 1322.955 | 72.52446 | 18.24 | 0.000 | 1180.739 | 1465.17 |
| 是#是 | 2074.873 | 74.17114 | 27.97 | 0.000 | 1929.428 | 2220.318 |

以上输出显示的是两个变量(性别和是否来自城镇)的不同组合下模型估计出来的平均月工资水平。"否#否"代表农村地区的女性,"否#是"代表农村地区的男性,"是#否"代表城镇地区的女性,"是#是"代表城镇地区的男性。Margin下面的数字代表模型估计出来的各组的平均月工资数,根据这些数字,我们可以计算城镇和农村地区月工资的性别不平等程度(即是否来自城镇为调节变量)。例如,农村地区月工资的性别不平等大约是438(889-451=438)元,而城镇地区月工资的性别差距大约是752(2075-1323=752)元,城镇地区月工资收入的性别差距更大。

在执行margins命令后,输入marginsplot(如果不想显示估计值的置信区

---

[①] 在这个命令中,male和urban的位置是可以互换的。一般情况下建议把调节变量放在前面,自变量放在后面。因为后续用marginsplot命令作图的时候,放在前面的变量处于横轴的位置,放在后面的变量处于纵轴的位置。

间,可在 marginsplot 后面加上",noci"选项),就可以更加直观地呈现收入性别不平等的城乡差距情况。输出结果如图 5-18。

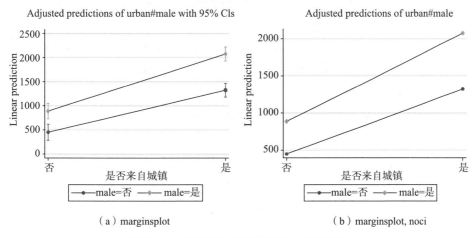

(a) marginsplot　　　　　　　　(b) marginsplot, noci

图 5-18　性别收入不平等的城乡差异图示

因为图 5-18 的横轴变量和纵轴变量都是类别变量,所以图中的直线并无实质意义,我们只需关注各个点的位置及其含义即可。从图 5-18 中可以看出,农村地区(横轴取值为否)和城镇地区(横轴取值为是)平均月工资的性别差异(两个点的距离)情况。不难发现,农村地区两个点的距离小于城镇地区,表明城镇地区月工资的性别差异程度高于农村地区。

当我们以是否来自城镇为自变量,性别作为调节变量时,同样可以计算边际效应,命令及结果如下:

```
. margins male#urban

Adjusted predictions                              Number of obs    =     2,449
Model VCE       : OLS

Expression      : Linear prediction, predict()
```

|  | Margin | Delta-method Std. Err. | t | P>\|t\| | [95% Conf. Interval] | |
|---|---|---|---|---|---|---|
| male#urban |  |  |  |  |  |  |
| 否#否 | 450.7527 | 84.75037 | 5.32 | 0.000 | 284.5628 | 616.9427 |
| 否#是 | 1322.955 | 72.52446 | 18.24 | 0.000 | 1180.739 | 1465.17 |
| 是#否 | 888.6078 | 82.09393 | 10.82 | 0.000 | 727.627 | 1049.589 |
| 是#是 | 2074.873 | 74.17114 | 27.97 | 0.000 | 1929.428 | 2220.318 |

上述结果显示的是两个变量(是否来自城镇和性别)的不同组合下模型估计出来的平均月工资水平。"否#否"代表农村女性,"否#是"代表城镇女性,"是#否"代表农村男性,"是#是"代表城镇男性。根据这些数字,我们可以分别计算男性和女性月工资城乡不平等的程度(即性别为调节变量)。例如,女性群体中的月工资城乡不平等大约是872(1323-451=872)元,而男性的月工资城乡不平等约为1186(2075-889=1186)元。由此可知,男性群体中平均月工资收入的城乡差距更大。

在计算出边际效应之后,我们同样可以使用 marginsplot 命令呈现月工资收入不平等的性别差异(见图 5-19)。

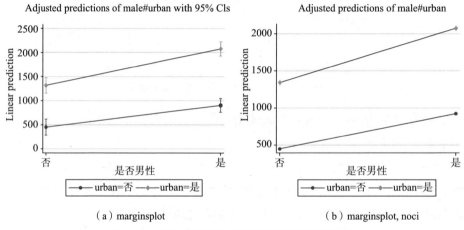

图 5-19 城乡月工资收入不平等的性别差异图示

对图 5-19 的解释方式与对图 5-18 的解释类似。从图 5-19 可以看出,女性(横轴取值为否)和男性(横轴取值为是)的城乡差异(两个点的距离)情况,女性群体两个点的距离小于男性群体两个点的距离,表明女性群体城乡月工资收入的不平等程度要小于男性群体。

### (二) 二分类变量与多分类变量之间的交互效应分析

类别变量之间的交互效应并不局限于二分类变量之间的交互,在实际应用中,还存在很多二分类与多分类变量的交互以及多分类与多分类变量之间的交互效应。我们以二分类与多分类变量交互的研究实例进行讲解和示范。

【例 5-9】 打开 cgss2010s3000.dta 数据,已知:因变量为平均月工资收入

(wage,单位:元),自变量为性别(male,男性=1,女性=0),调节变量为地区(region,东部=1,中部=2,西部=3)。问:月工资的性别不平等是否存在地区差异?

如前所述,估计交互效应模型,我们首先需要通过将自变量和调节变量相乘生成一个新的变量(交互项)并将其纳入模型。在例5-8中,自变量和调节变量都是取值为否和是的二分类变量或虚拟变量,故可以通过直接相乘获得一个交互项。本例的调节变量地区是赋值为1、2和3的多分类变量。按照自变量为多分类变量的回归模型的思路,我们需要将该变量转化为三个取值为0和1的虚拟变量(参见第四章例4-2),然后确定一个参照组,并将参照组之外的两组虚拟变量放入模型进行估计。亦即是说,我们的调节变量实际上是两个0和1取值的虚拟变量,它们都要和自变量相乘以生成交互项,因此本例实际上会有两个交互项。当然,我们同样可以直接通过Stata的交互效应模型命令的快捷命令写法(用"##"来连接自变量和调节变量)来估计这个模型。命令的具体写法如下:

. regress wage male##b1.region

因为male是0和1取值的虚拟变量,故可以直接放入模型,而region变量是1、2和3赋值的类别变量,所以我们需要用bi的方式标注其为类别变量以及确定参照组,i对应region变量的三个取值,如果i为1,则表示以东部地区为参照组(region=1),以此类推。运行上述命令之后,Stata输出结果如下:

| Source | SS | df | MS | | | |
|---|---|---|---|---|---|---|
| | | | | Number of obs | = | 2,449 |
| | | | | F(5, 2443) | = | 51.94 |
| Model | 955523649 | 5 | 191104730 | Prob > F | = | 0.0000 |
| Residual | 8.9890e+09 | 2,443 | 3679505.81 | R-squared | = | 0.0961 |
| | | | | Adj R-squared | = | 0.0942 |
| Total | 9.9446e+09 | 2,448 | 4062318.76 | Root MSE | = | 1918.2 |

| wage | Coef. | Std. Err. | t | P>\|t\| | [95% Conf. Interval] | |
|---|---|---|---|---|---|---|
| male | | | | | | |
| 是 | 844.4927 | 126.8974 | 6.65 | 0.000 | 595.6551 | 1093.33 |
| region | | | | | | |
| 中部 | -934.3389 | 125.2976 | -7.46 | 0.000 | -1180.039 | -688.6384 |
| 西部 | -860.5909 | 144.7218 | -5.95 | 0.000 | -1144.381 | -576.8008 |
| male#region | | | | | | |
| 是#中部 | -478.6742 | 176.4719 | -2.71 | 0.007 | -824.7243 | -132.6241 |
| 是#西部 | -266.5425 | 206.3759 | -1.29 | 0.197 | -671.2323 | 138.1473 |
| _cons | 1521.501 | 89.63178 | 16.98 | 0.000 | 1345.739 | 1697.264 |

与解读前面二分类变量之间的交互效应模型一样,我们首先看交互项的系数是否显著。可以发现,上面所示的交互模型有两个交互项,分别是中部地区与性别的交互项、西部地区与性别的交互项(因为东部地区是参照组,故其与性别的交互项是参照组而无须放入模型进行估计)。两个交互项中,有一个(是#中部)系数显著,这个结果就可以回答我们的主要研究问题,即月工资的性别不平等程度确实存在地区差异。

若要详细解释不同地区的性别差异模式究竟如何,需要结合自变量(male)的主效应和交互效应的系数进行解释。模型估计结果显示性别变量的主效应系数为844.49,这反映的是地区变量的参照组(东部地区)的性别差异模式,即在东部地区,男性的平均月工资比女性高844元。用性别变量的主效应系数加上性别变量和中部地区的交互项系数(-478.67),就可以计算得到中部地区的月工资性别差距情况(844.49-478.67=365.82),即在中部地区,男性的平均月工资比女性高366元。同理,可以计算得到西部地区月工资的性别差距(性别主效应系数加上性别与西部地区的交互项系数,844.49-266.54=577.95),即在西部地区,男性的平均月工资比女性高578元。根据上面的计算结果,我们可以获得东部、中部和西部三个地区的性别工资差距分别为844元、366元和578元。由此看来,东部地区的性别不平等程度最高,其次是西部地区,中部地区最低。总体而言,月工资收入的性别不平等因地区的不同而不同。但是我们需要注意,因为性别与西部地区的交互项系数统计不显著($P=0.197>0.05$),表明在总体层面上(即在全国范围内),东部地区和西部地区月工资收入的性别不平等并没有实质性的差别。

在执行上面的回归模型命令之后输入 margins 命令,即可根据需要显示月工资的性别和地区差异模式;如果加上 dydx 选项,就可以直接显示三个地区的月工资性别差距的数字。命令及结果如下:

```
. margins region, dydx(male)

Conditional marginal effects                    Number of obs = 2,449
Model VCE      : OLS

Expression     : Linear prediction, predict()
dy/dx w.r.t.   : 1.male
```

|  | dy/dx | Delta-method Std. Err. | t | P>\|t\| | [95% Conf. Interval] | |
|---|---|---|---|---|---|---|
| 0.male | (base outcome) | | | | | |
| 1.male region | | | | | | |
| 东部 | 844.4927 | 126.8974 | 6.65 | 0.000 | 595.6551 | 1093.33 |
| 中部 | 365.8185 | 122.6352 | 2.98 | 0.003 | 125.3387 | 606.2982 |
| 西部 | 577.9502 | 162.7515 | 3.55 | 0.000 | 258.8049 | 897.0954 |

Note: dy/dx for factor levels is the discrete change from the base level.

可以发现，东部地区月工资的性别差距是 844 元，中部是 366 元，西部是 578 元，与我们前面根据模型系数手算的结果完全一致。另外，我们也可以结合 margins 和 marginsplot 命令作图显示性别月工资收入差距的地区差异模式。

. quietly: margins region#male

使用该命令在后台计算各组的估计值后，我们接着可以使用 marginsplot 命令绘图呈现性别月工资收入差距的地区差异模式，使用 noci 选项可以不显示置信区间。再运行以下命令，可以得到图 5-20：

. marginsplot, noci

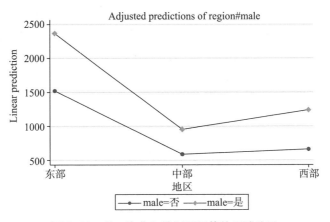

图 5-20　月工资收入性别不平等的区域差异

前文已经提及，因为横轴和纵轴的变量都是类别变量，所以图 5-20 中的直线并无实际意义，我们只需关注各个点的位置及其含义即可。由图 5-20 可以看出东中西部地区月工资收入性别差异的情况(比较代表性别的两个点的距离),东部地区月工资收入的性别差异程度最大,西部次之,中部最小。

此外,我们也可以对两个多分类变量进行交互分析,基本原理、具体解释以及图示方法可参照前面例子,此不赘述。

## 二、连续变量与类别变量之间的交互效应

### (一)连续变量与二分类变量之间的交互效应分析

一个连续变量与一个类别变量之间的交互效应,其原理和类别变量之间的交互(调节)效应分析相同。连续变量与类别变量都可作为调节变量,谁作为调节变量由具体的研究问题和研究需要决定。接下来我们通过例子介绍连续变量与类别变量的交互效应以及对交互模型系数的解读。

【例5-10】 打开 cgss2010s3000.dta 数据,已知:因变量为本人受教育年限(educ_y,单位:年),自变量为父亲的受教育年限(feduy,单位:年),调节变量为性别(male,男性=1,女性=0),控制变量为是否来自城镇(urban,是=1,否=0)、年龄(age)。问:教育获得的代际流动是否存在性别差异?

根据研究问题和研究设计,本例的目的在于考察父亲受教育年限对孩子受教育年限的影响(即教育获得的代际流动)是否因孩子的性别不同而不同(即是否受到性别因素的调节)。估计调节效应模型之前,首先需要生成交互项变量。因为自变量是连续型变量,而调节变量是0和1赋值的虚拟变量,故可以直接相乘计算得到交互项(命名为 feduy_m):

. gen feduy_m=feduy*male

然后将控制变量、自变量、调节变量、交互项纳入模型进行估计,命令及输出结果如下:

. regress educ_y urban age feduy male feduy_m

| Source | SS | df | MS | | | |
|---|---|---|---|---|---|---|
| Model | 22019.0612 | 5 | 4403.81223 | Number of obs | = | 2,887 |
| Residual | 33286.544 | 2,881 | 11.553816 | F(5, 2881) | = | 381.16 |
| | | | | Prob > F | = | 0.0000 |
| | | | | R-squared | = | 0.3981 |
| | | | | Adj R-squared | = | 0.3971 |
| Total | 55305.6051 | 2,886 | 19.1634113 | Root MSE | = | 3.3991 |

第五章　多元关系类型

| educ_y | Coef. | Std. Err. | t | P>\|t\| | [95% Conf. Interval] | |
|---|---|---|---|---|---|---|
| urban | 2.787896 | .1338209 | 20.83 | 0.000 | 2.525501 | 3.05029 |
| age | -.0667844 | .0054031 | -12.36 | 0.000 | -.0773788 | -.0561901 |
| feduy | .3742335 | .0205656 | 18.20 | 0.000 | .3339087 | .4145583 |
| male | 2.147006 | .1864527 | 11.52 | 0.000 | 1.781412 | 2.5126 |
| feduy_m | -.1455702 | .0273345 | -5.33 | 0.000 | -.1991673 | -.0919732 |
| _cons | 7.744266 | .3045024 | 25.43 | 0.000 | 7.147202 | 8.341331 |

与手动生成交互项相比，我们更愿意推荐使用 Stata 软件估计调节效应的快捷命令（即用"##"连接自变量和调节变量，无须手动生成交互项），因为只有使用快捷命令估计模型结果，后续才能使用 margins 系列命令，否则无法使用。需要注意的是，因为自变量（feduy）是连续型变量，故需在该变量前面加上 c. 的前缀①。命令和输出结果如下：

```
. regress educ_y urban age c.feduy##male
```

| Source | SS | df | MS | | Number of obs | = | 2,887 |
|---|---|---|---|---|---|---|---|
| | | | | | F(5, 2881) | = | 381.16 |
| Model | 22019.0612 | 5 | 4403.81223 | | Prob > F | = | 0.0000 |
| Residual | 33286.544 | 2,881 | 11.553816 | | R-squared | = | 0.3981 |
| | | | | | Adj R-squared | = | 0.3971 |
| Total | 55305.6051 | 2,886 | 19.1634113 | | Root MSE | = | 3.3991 |

| educ_y | | Coef. | Std. Err. | t | P>\|t\| | [95% Conf. Interval] | |
|---|---|---|---|---|---|---|---|
| urban | | 2.787896 | .1338209 | 20.83 | 0.000 | 2.525501 | 3.05029 |
| age | | -.0667844 | .0054031 | -12.36 | 0.000 | -.0773788 | -.0561901 |
| feduy | | .3742335 | .0205656 | 18.20 | 0.000 | .3339087 | .4145583 |
| male | | | | | | | |
| 是 | | 2.147006 | .1864527 | 11.52 | 0.000 | 1.781412 | 2.5126 |
| male#c.feduy | | | | | | | |
| 是 | | -.1455702 | .0273345 | -5.33 | 0.000 | -.1991673 | -.0919732 |
| _cons | | 7.744266 | .3045024 | 25.43 | 0.000 | 7.147202 | 8.341331 |

可以发现，以上输出结果与手动生成交互项后估计的模型结果完全一致。我们围绕研究问题（即父亲受教育年限对孩子教育获得的影响是否存在性别差异）来解读这一模型。首先，我们可以发现交互项的系数（-0.146）是统计显

---

① c 是 continuous（连续性）的缩写。在连续变量前面加上 c.前缀，目的在于提示该变量是连续型变量。

著的（$P=0.000<0.05$），表明父亲受教育年限的效应确实受到性别的调节。然后，我们根据父亲受教育年限变量的主效应系数和交互项系数来解释父亲受教育年限对孩子教育获得的效应具体是如何被性别调节的。其中，feduy 的系数 0.374 为父亲受教育年限的主效应，即性别变量取值为 0 时（即女性）父亲受教育年限对因变量的效应。具体而言，对于女性群体而言，在控制了其他因素后，父亲的受教育年限每多一年，她们的受教育年限增加 0.37 年。而 feduy 的系数加上交互项的系数就是父亲受教育年限对男性受教育年限的效应（0.374−0.146＝0.228），表明对于男性群体而言，在控制了其他因素之后，父亲的受教育年限每多一年，他们的受教育年限增加 0.23 年。显然，根据数字的大小即可判断，父亲的受教育年限对女儿的作用显著大于对儿子的作用。

在使用快捷方式构建交互模型后，我们可以使用 margins 和 marginsplot 命令来图示调节效应模型的结果。具体命令和输出的图形（见图 5-21）如下：

. quietly: margins male, at(feduy=(0(2)20))

. marginsplot, noci

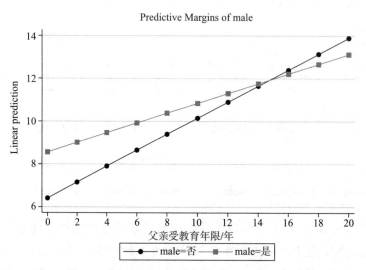

图 5-21　父亲受教育年限对孩子教育获得的性别差异

图 5-21 显示了两条直线，分别为男性和女性样本的回归直线。可以发现，这两条直线是相交的，表明两个群体的回归系数（斜率）确实不同，故存在

交互效应。如果两条线是平行的,则表明男性和女性的斜率相同,即没有交互效应。很显然,女性样本回归直线的斜率大于男性,这也印证了前面的结论,即父亲受教育年限对孩子受教育年限的影响存在性别差异,对女性的作用更大。

如前所述,在估计调节效应模型的时候,在统计上自变量和调节变量的位置是可以互换的。当然,互换之后,输出的回归模型完全一样,但我们回答的研究问题就会相应发生变化。如上例,如果我们将性别变量(male)作为自变量,父亲受教育年限(feduy)作为调节变量,那么研究问题就变成了"教育获得的性别差异是否受到父亲受教育年限的调节"。因为交互项系数显著,所以这个问题也能得到肯定的回答。具体而言,性别变量的主效应是2.147,表明对于父亲没有接受过任何教育的群体而言(即feduy=0),男性的平均受教育年限比女性多2.15年。因为交互项系数是-0.146,表明父亲的受教育年限每增加一年,孩子教育获得的性别差距将缩小0.146年。例如,对于父亲有初中文凭(即feduy=9)的群体而言,他们受教育年限的性别差距就是0.83(2.147-9×0.146=0.833)年。总而言之,教育获得的性别差异受到父亲受教育年限的调节,父亲受教育年限越长,孩子教育获得的性别差异越小。如果我们用性别系数的主效应(2.147)除以交互项系数的绝对值(0.146),即可求得两条回归直线的交叉点大约在15(2.147÷0.146=14.7)年,这个结果意味着:对于父亲有大专学历的群体而言,他们受教育年限的性别差异将为0(即没有性别差异)。这一点从图5-21也可以看出,两条线的交叉点对应的横轴上的数字大约为15。我们进一步发现,如果父亲的受教育年限超过了15年,即拥有本科及以上学历,那么孩子教育获得的性别不平等就会发生逆转,女性超过了男性。

总体而言,同一个交互(调节)效应模型,可以回答不同的研究问题。就本例而言,如果自变量是父亲受教育年限,性别是调节变量,那么研究问题或对应的领域是关于"教育的代际流动",目的在于考察教育的代际流动是否有性别差异。如果自变量是性别,父亲受教育年限是调节变量,那么研究问题或对应的研究领域则是关于"教育获得的性别不平等",目的在于考察性别不平等如何受到家庭背景(父亲的受教育年限是家庭背景的重要测量指标之一)的调节。在实际的数据分析或定量社会科学研究实践中,如果要用到调节效应分析,我们通常要明确研究问题,然后根据研究问题来确定模型的具体设置,并对模型进行相应的解读。

### (二) 连续变量与多分类变量之间的交互效应分析

在实际应用中,也存在连续变量与多分类变量交互的情况。我们以"教育回报是否存在地区差异"为例,对连续变量与多分类变量的交互效应以及交互模型系数的解读进行讲解。

【例5-11】 打开 cgss2010s3000.dta 数据,已知:因变量为平均月工资收入(wage,单位:元),自变量为受教育年限(educ_y,单位:年),调节变量为地区(region,东部=1,中部=2,西部=3)。问:教育回报是否有地区差异?

本案例的研究目的是检验教育回报是否存在地区差异,即受教育年限对平均月工资收入的效应是否受到地区的调节。具体到回归模型中,我们需要考察受教育年限与地区的交互效应是否统计显著。如果交互项的系数统计显著,我们就可以认为教育回报存在地区差异;反之,则表明教育回报在不同地区之间没有不同。因为本例的地区变量有三个类别,首先需要将该变量转化为三个取值为 0 和 1 的虚拟变量,然后根据研究需要指定其中之一作为参照组,并将参照组之外的两个虚拟变量纳入模型。也就是说,本例的调节变量为两个虚拟变量。它们分别与自变量相乘,生成两个交互项。因为本例与前述类别变量之间的交互略有不同,为了便于理解,我们首先手动生成交互项,然后构建交互模型并对其进行解读。

因为本例地区变量有三个类别,所以我们需要将其转化为三个虚拟变量:

```
. tab region, gen(region)
```

执行上述命令后,会生成三个新的关于地区的虚拟变量:region1(东部=1,非东部=0)、region2(中部=1,非中部=0)和 region3(西部=1,非西部=0)。

假定以东部为参照组,我们接下来需要生成中部与受教育年限的交互项(即 region2 与 educ_y 相乘,命名为 inter1)和西部与受教育年限的交互项(即 region3 与 educ_y 相乘,命名为 inter2)。Stata 命令如下:

```
. gen inter1=region2*educ_y
. gen inter2=region3*educ_y
```

最后,我们将自变量(educ_y)、调节变量(region2、region3)和两个交互项(inter1、inter2)同时纳入模型进行估计。Stata 命令及结果如下:

```
. regress wage educ_y region2 region3 inter1 inter2
```

| Source | SS | df | MS | | Number of obs | = | 2,445 |
|---|---|---|---|---|---|---|---|
| | | | | | F(5, 2439) | = | 136.92 |
| Model | 2.1757e+09 | 5 | 435147071 | | Prob > F | = | 0.0000 |
| Residual | 7.7515e+09 | 2,439 | 3178127.6 | | R-squared | = | 0.2192 |
| | | | | | Adj R-squared | = | 0.2176 |
| Total | 9.9272e+09 | 2,444 | 4061861.11 | | Root MSE | = | 1782.7 |

| wage | Coef. | Std. Err. | t | P>\|t\| | [95% Conf. Interval] | |
|---|---|---|---|---|---|---|
| educ_y | 260.7282 | 13.82912 | 18.85 | 0.000 | 233.6102 | 287.8462 |
| region2 | 879.9602 | 204.1555 | 4.31 | 0.000 | 479.6241 | 1280.296 |
| region3 | 610.0335 | 218.8066 | 2.79 | 0.005 | 180.9675 | 1039.1 |
| inter1 | -177.1832 | 19.89695 | -8.91 | 0.000 | -216.1999 | -138.1666 |
| inter2 | -113.0273 | 22.19803 | -5.09 | 0.000 | -156.5562 | -69.49834 |
| _cons | -795.1723 | 156.5871 | -5.08 | 0.000 | -1102.23 | -488.1147 |

我们首先来看交互项的系数是否显著。前面提及本例中有两个交互项,分别是中部地区与受教育年限的交互项(inter1)、西部地区与受教育年限的交互项(inter2)。因为东部地区为参照组,所以无须纳入模型。结果显示,inter1 和 inter2 两个交互项的系数均统计显著($P=0.000<0.05$),说明教育回报确实存在地区差异。

我们接下来的问题是:教育回报的地区差异模式具体如何?下面我们结合自变量(educ_y)的主效应和交互项(inter1、inter2)的系数对教育回报的地区差异模式进行详细解释。首先,模型结果显示,受教育年限变量的主效应系数为260.73,这是地区变量参照组(region=1,即东部地区)的教育回报,表明在东部地区,受教育年限每增加一年,平均月工资提高261元。其次,将受教育年限的主效应系数加上中部地区与受教育年限的交互项 inter1 的系数(-177.18),即可得到中部地区教育回报的情况(260.73-177.18=83.55)。也就是说,中部地区的教育回报为84元,说明在中部地区,受教育年限每增加一年,平均月工资提高84元。同理,西部地区的教育回报为148(受教育年限的主效应系数加上其与西部地区的交互项系数,即 260.73-113.03=147.70)元,这意味着在西部地区,受教育年限每增加一年,平均月工资将提高148元。总体而言,教育回报存在显著的地区差异,东部地区的教育回报最高,西部地区次之,中部地区最低。

我们也可通过 Stata 软件中的快捷方式构建本例中的交互项进行回归,Stata 命令及回归结果如下:

```
. regress wage b1.region##c.educ_y
```

| Source | SS | df | MS | | | |
|---|---|---|---|---|---|---|
| Model | 2.1757e+09 | 5 | 435147071 | | | |
| Residual | 7.7515e+09 | 2,439 | 3178127.6 | | | |
| Total | 9.9272e+09 | 2,444 | 4061861.11 | | | |

Number of obs = 2,445
$F(5, 2439)$ = 136.92
Prob > F = 0.0000
R-squared = 0.2192
Adj R-squared = 0.2176
Root MSE = 1782.7

| wage | Coef. | Std. Err. | t | P>\|t\| | [95% Conf. Interval] | |
|---|---|---|---|---|---|---|
| region | | | | | | |
| 中部 | 879.9602 | 204.1555 | 4.31 | 0.000 | 479.6241 | 1280.296 |
| 西部 | 610.0335 | 218.8066 | 2.79 | 0.005 | 180.9675 | 1039.1 |
| educ_y | 260.7282 | 13.82912 | 18.85 | 0.000 | 233.6102 | 287.8462 |
| region#c.educ_y | | | | | | |
| 中部 | -177.1832 | 19.89695 | -8.91 | 0.000 | -216.1999 | -138.1666 |
| 西部 | -113.0273 | 22.19803 | -5.09 | 0.000 | -156.5562 | -69.49834 |
| _cons | -795.1723 | 156.5871 | -5.08 | 0.000 | -1102.23 | -488.1147 |

在执行完上面的回归模型命令之后,我们可以使用 margins 命令,显示教育回报的地区差异模式及其具体的数值。命令及结果如下:

```
. margins region, dydx(educ_y)
```

Average marginal effects                    Number of obs = 2,445
Model VCE       : OLS

Expression      : Linear prediction, predict()
dy/dx w.r.t.    : educ_y

| | dy/dx | Delta-method Std. Err. | t | P>\|t\| | [95% Conf. Interval] | |
|---|---|---|---|---|---|---|
| educ_y | | | | | | |
| region | | | | | | |
| 东部 | 260.7282 | 13.82912 | 18.85 | 0.000 | 233.6102 | 287.8462 |
| 中部 | 83.54495 | 14.30539 | 5.84 | 0.000 | 55.49299 | 111.5969 |
| 西部 | 147.7009 | 17.36398 | 8.51 | 0.000 | 113.6513 | 181.7506 |

以上显示的结果,与我们前面根据模型系数手算的结果完全一致,此不赘述。另外,我们也可以使用 margins 和 marginsplot 命令作图显示教育回报的地区差异模式:

. quietly: margins region, at(educ_y=(0(2)20))

. marginsplot, noci

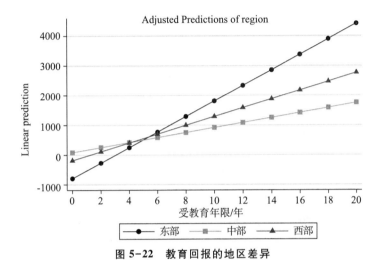

图 5-22　教育回报的地区差异

图 5-22 显示了三条直线,分别为东部、中部和西部地区样本的回归直线,可以看到,这三条直线是交叉的,表明三个群体的回归系数(斜率)不同,所以存在交互效应。东部地区样本回归直线的斜率最大,西部次之,中部最小,进一步印证了我们在回归模型中发现的教育回报的地区差异模式。

### 三、连续变量之间的交互效应

在实际的研究中,我们有时也会碰到两个连续变量之间的交互效应分析,其基本原理和操作方法与前面介绍的交互效应分析类型完全一致。下面我们以一个具体的例子,介绍两个连续变量之间的交互效应分析及 Stata 软件操作。

【例 5-12】 打开 cgss2010s3000.dta 数据,已知:因变量为平均月工资收入(wage,单位:元),自变量为受教育年限(educ_y,单位:年),调节变量为年龄(age)。问:教育回报是否会受年龄的影响?

本例的研究问题意在考察教育回报是否因年龄不同而不同,即教育回报是否受年龄调节。为了回答这一问题,我们需要构建交互模型。在交互模型中,age_e 为受教育年限(educ_y)和年龄(age)的交互项。生成交互项的命令如下:

```
. gen age_e=age*educ_y
```

接下来,我们将自变量(educ_y)、调节变量(age)以及交互项(age_e)纳入模型,回归命令及结果如下:

```
. regress wage educ_y age age_e
```

| Source | SS | df | MS | | Number of obs | = | 2,445 |
|---|---|---|---|---|---|---|---|
| | | | | | F(3, 2441) | = | 167.77 |
| Model | 1.6970e+09 | 3 | 565669879 | | Prob > F | = | 0.0000 |
| Residual | 8.2302e+09 | 2,441 | 3371642.33 | | R-squared | = | 0.1709 |
| | | | | | Adj R-squared | = | 0.1699 |
| Total | 9.9272e+09 | 2,444 | 4061861.11 | | Root MSE | = | 1836.2 |

| wage | Coef. | Std. Err. | t | P>\|t\| | [95% Conf. Interval] | |
|---|---|---|---|---|---|---|
| educ_y | 309.202 | 32.3292 | 9.56 | 0.000 | 245.8065 | 372.5975 |
| age | 21.08646 | 6.863476 | 3.07 | 0.002 | 7.627619 | 34.5453 |
| age_e | -2.674785 | .6646973 | -4.02 | 0.000 | -3.978214 | -1.371356 |
| _cons | -1443.637 | 351.8874 | -4.10 | 0.000 | -2133.665 | -753.6078 |

我们首先来看交互项的系数是否显著。从回归结果可以看出,交互项的系数显著,说明教育回报受年龄调节,即不同年龄个体的教育回报存在差异。因为交互项的系数小于 0,表明随着年龄的增加,教育回报下降。具体而言,年龄每增加一岁,教育回报下降 2.67 元。接下来的问题是,受教育年限这一变量的主效应系数该如何解释? 理论上的解释是当年龄为 0 岁时,教育回报约为 309 元。但我们知道这种解释是没有现实意义的,因为不可能存在 0 岁的就业者。为了解决这一问题,我们可以先对年龄变量进行对中化处理[①]:

```
. egen mage=mean(age)
. gen cage=age-mage
```

cage 即为对中后的年龄变量。我们用新生成的对中后的年龄变量 cage 与受教育年限 educ_y 生成交互项:

---

① 关于变量的对中化,可参阅本书第四章第四节。

## 第五章 多元关系类型

```
. gen cage_e=cage*educ_y
```

最后,我们将自变量(educ_y)、调节变量(对中化后的年龄变量 cage)和交互项(cage_e)纳入模型。Stata 命令及结果如下:

```
. regress wage educ_y cage cage_e
```

| Source | SS | df | MS | | Number of obs | = | 2,445 |
|---|---|---|---|---|---|---|---|
| | | | | | F(3, 2441) | = | 167.77 |
| Model | 1.6970e+09 | 3 | 565669881 | | Prob > F | = | 0.0000 |
| Residual | 8.2302e+09 | 2,441 | 3371642.33 | | R-squared | = | 0.1709 |
| | | | | | Adj R-squared | = | 0.1699 |
| Total | 9.9272e+09 | 2,444 | 4061861.11 | | Root MSE | = | 1836.2 |

| wage | Coef. | Std. Err. | t | P>\|t\| | [95% Conf. Interval] | |
|---|---|---|---|---|---|---|
| educ_y | 189.9306 | 9.195688 | 20.65 | 0.000 | 171.8985 | 207.9628 |
| cage | 21.08646 | 6.863476 | 3.07 | 0.002 | 7.62762 | 34.5453 |
| cage_e | -2.674785 | .6646973 | -4.02 | 0.000 | -3.978214 | -1.371356 |
| _cons | -503.3704 | 92.95081 | -5.42 | 0.000 | -685.641 | -321.0998 |

此时,受教育年限的主效应就有了现实意义,它的意思是当年龄为均值(本例为 45 岁)时的教育回报约为 190 元。而对中后的年龄变量的主效应的系数为 21.09,可以解释为当受教育年限为 0(即没有接受过教育)时,年龄每增加一岁,平均月工资收入增加 21 元。

总而言之,我们的研究问题是教育回报是否会受年龄的影响,即教育回报是否受年龄调节,研究的结果表明随着年龄的增加,受教育年限的效应在下降,即年轻人的教育回报较高,比较而言,年长者的教育回报要低。

前面提及,我们更加推荐使用 Stata 软件估计调节效应的快捷方式。因为自变量(educ_y)和调节变量(age)均为连续型变量,故需在其前面加上 c.的前缀。命令和输出结果如下:

```
. regress wage c.educ_y##c.age
```

| Source | SS | df | MS | | Number of obs | = | 2,445 |
|---|---|---|---|---|---|---|---|
| | | | | | F(3, 2441) | = | 167.77 |
| Model | 1.6970e+09 | 3 | 565669879 | | Prob > F | = | 0.0000 |
| Residual | 8.2302e+09 | 2,441 | 3371642.33 | | R-squared | = | 0.1709 |
| | | | | | Adj R-squared | = | 0.1699 |
| Total | 9.9272e+09 | 2,444 | 4061861.11 | | Root MSE | = | 1836.2 |

| wage | Coef. | Std. Err. | t | P>\|t\| | [95% Conf. Interval] | |
| ---: | ---: | ---: | ---: | ---: | ---: | ---: |
| educ_y | 309.202 | 32.3292 | 9.56 | 0.000 | 245.8065 | 372.5975 |
| age | 21.08646 | 6.863476 | 3.07 | 0.002 | 7.627619 | 34.5453 |
| c.educ_y#c.age | -2.674785 | .6646973 | -4.02 | 0.000 | -3.978214 | -1.371356 |
| _cons | -1443.637 | 351.8874 | -4.10 | 0.000 | -2133.665 | -753.6078 |

该输出结果与本例第一个模型结果并无二致,只需注意 c.educ_y#c.age 表示交互项即可。在模型解释方面,两者亦无区别,不再赘述。

当进行交互的两个变量均为连续变量时,我们可以通过 contour 图[①](见图5-23)来直观地显示两者的交互效应。contour 图中的横轴和纵轴分别为两个进行交互的连续变量,中间阴影的深浅或颜色代表因变量的预测值。

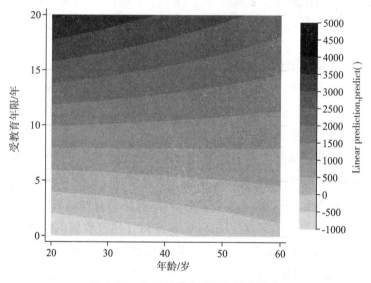

图5-23 年龄对教育回报的调节效应

在图5-23中,横坐标为年龄,纵坐标为受教育年限,阴影深浅代表不同平均月工资收入。可以看出,随着年龄的增加,教育回报下降,即年轻人的教育回报较高。例如,对于20岁(横轴20的位置)的群体来说,纵轴(受教育年限)

---

① contour 图的绘制方法略微复杂,读者可参考本章 do 文件进行绘制。亦可参见 Michael N. Mitchell, *A Visual Guide to Stata Graphics*, 4th ed., Stata Press, 2022。

跨越的阴影(平均月工资收入)类型最多,即受教育年限越长,教育回报越大。对于60岁(横轴60的位置)的群体来说,纵轴(受教育年限)跨越的阴影(平均月工资收入)类型比20岁的人要少,意味着同样的受教育水平(即受教育年限相同)其教育回报却不如20岁的群体。这也印证了我们前面模型分析的结果。

以上我们对交互效应分析的原理以及不同类型的交互分析进行了较为详细的介绍,最后提醒大家在构建交互模型时至少应该注意三个事项:首先,在一个交互模型中,原始变量(即主效应变量)必须放在模型中;其次,在一个交互模型中,解释主效应的时候应非常小心,因为交互项加入后主效应的含义已经发生了变化;最后,无须解释一个不显著的交互效应,特别是不显著的重要变量的交互效应。

本章结合实例对多元关系类型介绍后,重点讲解了中介效应分析和调节效应分析。中介效应分析可以揭示自变量与因变量之间关系的作用机制,调节效应分析则可以帮助我们理解自变量与因变量之间的关系在不同情境下的变化。对以上内容的深入理解和熟练掌握,能够增强我们对数据的感知,加深对社会现象的理解。

## ◆ 参考文献

温忠麟、叶宝娟:《中介效应分析:方法和模型发展》,《心理科学进展》2014年第5期。

道恩·亚科布奇:《中介作用分析》,李骏译,格致出版社、上海人民出版社2012年版。

Andrew F. Hayes, *Introduction to Mediation, Moderation, and Conditional Process Analysis: A Regression-Based Approach*, 3rd ed., The Guilford Press, 2021.

Kristian Bernt Karlson, Anders Holm and Richard Breen, "Comparing Regression Coefficients Between Same-Sample Nested Models Using Logit and Probit: A New Method," *Sociological Methodology*, Vol. 42, No. 1, 2012.

Michael N. Mitchell, *A Visual Guide to Stata Graphics*, 4th ed., Stata Press, 2022.

Reuben M. Baron and David A. Kenny,"The Moderator-Mediator Variable Distinction in Social Psychological Research：Conceptual，Strategic，and Statistical Considerations，" *Journal of Personality and Social Psychology*，Vol. 51，No. 6，1986.

### ◆ 思考与练习

1. 简述多元关系类型并举例说明。

2. 使用 Stata 软件分析数据并回答问题。

打开 cgss2010s3000.dta 数据,已知:因变量为住房套内建筑面积(area_h,单位:平方米),自变量为受教育年限(educ_y,单位:年)、是否来自城镇(urban,是=1,否=0)。

请完成以下分析任务:

(1) 以住房套内建筑面积为因变量,以受教育年限为自变量,估计一个简单线性回归模型并解释你的发现。

(2) 在上一模型的基础上,增加是否来自城镇变量,估计一个线性回归模型并解释你的发现。

(3) 住房套内面积与受教育年限可能是什么关系?请简要说明。

3. 使用 Stata 软件分析数据并回答问题。

打开 cgss2010s3000.dta 数据,已知:因变量为年总收入(ytincome,单位:元),自变量为父亲的受教育年限(feduy,单位:年),中介变量为父亲的职业社会经济地位指数(fisei)。

请完成以下分析任务:

(1) 使用"三步法"进行中介效应分析。

(2) Stata 进行中介效应分析的常用外部命令有哪些?请选择一个外部命令对上述中介效应进行分析和检验。

4. 使用 Stata 软件分析数据并回答问题。

打开 cgss2010s3000.dta 数据,已知:因变量为自评社会等级(clnow,取值范围为1—10,得分越高,等级越高),自变量为性别(male,男性=1,女性=0)、受教育年限(educ_y,单位:年)。

请完成以下分析任务:

(1) 以自评社会等级为因变量,以性别为自变量,估计一个简单线性回归模型并解释你的发现。

(2) 在上一模型的基础上,增加受教育年限变量,估计一个线性回归模型并解释你的发现。

(3) 自评社会等级与性别可能是什么关系?请简要说明。

5. 设计一项研究,检验影响中国居民年总收入的主要因素。

打开 cgss2010s3000.dta 数据,已知:因变量为年总收入(ytincome,单位:元),自变量为性别(male,男性=1,女性=0)、年龄(age)、受教育年限(educ_y,单位:年)、是否就业(lfp,是=1,否=0)、地区(region,东部=1,中部=2,西部=3)、子女数量(kids)。

请完成以下分析任务:

(1) 建立模型并回答:收入的性别差异是否因就业状况不同而不同?请作图显示。

(2) 建立模型并回答:收入的性别差异是否存在地区差异?请作图显示。

(3) 建立模型并回答:教育回报是否存在性别差异?请作图显示。

(4) 建立模型并回答:教育回报是否存在地区(东、中、西部)差异?请作图显示。

(5) 建立模型并回答:教育回报是否存在年龄差异?请作图显示。

# 第六章

# 回归假定与回归诊断

**本章提要**

建立线性回归模型估计自变量对因变量的效应,需要满足一些重要的前提或假定,否则无法获得准确或无偏的估计结果。定量社会科学研究所分析的调查数据,经常无法直接满足这些假定,因此在建立回归模型之前,需要进行检查或回归诊断(regression diagnostics)。本章介绍线性回归模型的主要假定以及常用的回归诊断方法。更为重要的是,本章将通过案例详细讲解当数据不满足回归假定时的应对方法——数据或变量转换(data transformation),即通过对变量进行数学转换,使其满足回归假定之后再进行模型估计,从而得到更加可靠的结论。

在前面的章节中,我们介绍了线性(最小二乘法)回归模型的基本原理及其应用。线性回归分析最重要的目的是得到自变量对因变量效应的准确无偏估计值,要达到这一目的,首先需要我们使用的数据结构或变量特征满足一些重要的前提条件,这些条件我们称之为线性回归假定(linear regression assumptions)。当数据或变量不满足这些假定时,直接建立回归模型进行统计估计得到的结论可能是不可靠的,或者是有偏误的。因此,在估计线性回归模型的时候,首先要检查数据和变量是否满足线性回归的假定。本章我们将介绍线性回归应该满足怎样的条件(回归假定),如何判断数据是否满足这些假定(回归诊断),以及当数据不满足线性回归条件时,如何通过变量转换的方式来解决这些问题,使得数据能够最大限度地满足回归假定,从而获得更加可靠的研究结论。①

## 第一节 线性回归的假定

线性回归模型有三个主要假定,即线性假定、残差的正态分布假定和同方差性假定,违背这些假定将导致错误模型、有偏的回归系数和不可靠的标准误,从而得出错误或不可靠的结论。

### 一、线性假定

估计线性回归模型,其核心是通过最小二乘法原理计算得到一条回归直线来描画自变量与因变量二者之间的关系。具体来说,回归直线有固定的截距和(显著不同于0的)斜率,否则,如果截距和斜率因自变量取值的变化而有较大的差异,那么就违背了线性(linearity)假定。在这种情况下,如果强行建立线性回归模型进行统计估计,得到的结果很可能是有偏误甚或是错误的。另外,如果斜率为0,则意味着自变量与因变量是零相关,即回归直线并不存在,故无从讨论两者是否有线性关系,也无须进行线性回归分析。简言之,如果 $X$ 和 $Y$ 没有线性关系,或不是直线关系,那么用一条直线来估计两者之间的关系就是错误的。当然,严格说来,线性假定并不是统计假定,而是一个模型设定,要求 $Y$ 的条件均值是自变量 $X$ 的线性函数。②

### 二、残差的正态分布假定

残差(residuals,回归模型的误差项 $\varepsilon$)的正态分布假定,即 $\varepsilon \sim N(0,\sigma^2)$。线性回归模型由回归直线和误差项(残差)构成。具体而言,估计线性回归模型之后,模型估计值(回归直线上的点)和实际观测值之间的距离即为误差项。所有残差构成一个变量,只有该变量的分布服从均值为0的正态分布时,线性

---

① 亦可参考威廉·D. 贝里:《理解回归假设》,余珊珊译,格致出版社、上海人民出版社 2017 年版,第 5—19 页;约翰·福克斯:《回归诊断简介》,於嘉译,格致出版社、上海人民出版社 2012 年版,第 53—82 页。

② 谢宇:《回归分析》,社会科学文献出版社 2010 年版,第 96—97 页。

回归模型的估计值才比较可靠。通常情况下,如果要满足这一条件,需要因变量($Y$)服从正态分布。定量社会科学研究中使用的数据,经常会出现违背这一假定的情况。例如,抽样调查数据中的收入变量往往就不服从正态分布,而是一个明显偏态的分布[①],因此,如果将收入变量直接作为因变量放入模型,估计出来的线性回归模型很有可能违背误差项的正态分布假定。关于这一点,我们将在后面举例详细说明。

### 三、同方差性假定

同方差性(homoscedasticity,或译作"方差齐性")假定,要求残差(作为一个变量)的方差与自变量不相关,实际上就是指模型的残差不会因自变量取值的变化而不同。违背这一假定则称为异方差性(heteroscedasticity)。违背同方差性假定通常不会影响回归系数的估计值,但会对标准误(standard error)造成有偏的估计,从而导致回归系数的显著性检验变得不可靠。因为回归系数的 $t$ 检验值是根据回归系数和标准误相除后得到的,如果标准误不可靠,则其显著性检验也就不可靠。现实的调查数据经常不能满足这一假定。例如,如果要估计受教育年限对收入的影响,很有可能违背同方差性假定,因为通常的规律是:在受教育年限较长的群体中,收入的差距(方差)往往较大。如果直接建立线性回归模型,模型的误差项就可能和自变量(受教育年限)呈正相关,因此导致异方差性。由此得到的模型估计结果,其可靠性令人怀疑。又如,如果我们建立模型估计收入水平对消费支出的影响,也极有可能违背这一假定。因为收入水平高的群体,其消费支出的异质性程度往往高于低收入群体,后者因为受到收入水平的限制,其消费支出往往差异较小。

综上所述,违背线性假定将导致错误的模型设置,违背残差的正态分布假定则导致有偏的回归系数,而违背同方差性假定将导致不可靠的标准误。有鉴于此,在进行具体的回归分析之前,我们需要就是否满足这三个线性回归假定进行诊断。

---

① 确切地说是正偏态(或右偏态),即偏度(skewness)大于 0。

## 第二节 回归诊断

回归诊断,主要是对三个回归假定满足与否进行判断。本节我们将结合研究实例,综合运用多种方法,详细介绍如何进行回归诊断。具体而言,对于线性关系诊断,我们多借助图形;而对于误差项的诊断,则需综合图形和统计检验加以判断。

### 一、线性关系诊断

要检验自变量和因变量之间是否服从线性关系,技术上并不困难,最简便而且最直观的方式是使用散点图、平滑线图和回归直线图等来进行判断。关于散点图、平滑线图①和回归直线图及其 Stata 软件的作图命令,在第三章我们已经做过详细介绍。下面我们通过实际的研究案例来讲授如何操作和解读。

【例 6-1】 打开 cgss2010s3000.dta 数据,已知:因变量为体重(weight,单位:斤),自变量为身高(height,单位:厘米)。问:身高与体重是线性关系吗?

如果直接使用 lowess y x 命令,即可同时显示散点图和平滑线图。本例的具体命令和图形输出如下:

. lowess weight height

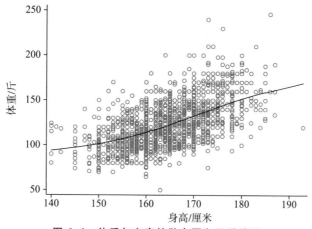

图 6-1 体重与身高的散点图和平滑线图

---

① 平滑线图是一种非参数回归工具,有助于开放地探索数据规律。详见劳伦斯·C. 汉密尔顿:《应用 STATA 做统计分析·更新至 STATA12(原书第 8 版)》,巫锡炜等译,清华大学出版社 2017 年版,第 199—201 页。

如图 6-1 所示,从散点的分布情况,可以看出自变量(身高)和因变量(体重)呈正相关关系,即身高越高,体重越重;另外,从平滑线图(即图形中间的实线)可以看出,两者大致符合线性关系。由此可以判断,如果使用线性回归模型,以身高作为自变量估计体重,基本上不会违背线性假定。

我们可以通过绘制散点、平滑线和回归线合一的图形继续加以判断。命令和图示如下:

. twoway (scatter weight height)(lowess weight height)(lfit weight height)

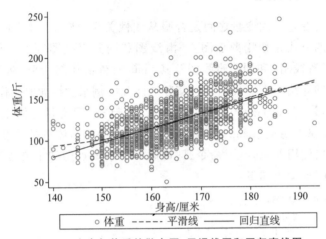

图 6-2　身高与体重的散点图、平滑线图和回归直线图

如图 6-2 所示,虚线代表的是 lowess 平滑线,实线代表的是使用最小二乘法拟合的直线。可以发现,除最左侧数据比较稀疏的地方外,平滑线和拟合线非常接近,这意味着线性回归模型拟合的结果和现实的情况非常吻合。为了观察到更加细微的差别,我们还可以在图形中只显示平滑线和回归直线而不显示散点图,命令如下:

. twoway (lowess weight height)(lfit weight height), ylabel(60(20)180)①

得到图 6-3。图 6-3 只显示了身高与体重的平滑线和回归直线,我们能够清楚地看到除最左侧外,平滑线与回归直线基本重合。因平滑线能够忠实反映两个连续型变量的原始分布状况,故再次证明了线性回归模型拟合的结果与现

---

① 该命令的 ylabel 选项可由研究者根据数据的具体分布情况设定。

实情况的契合。

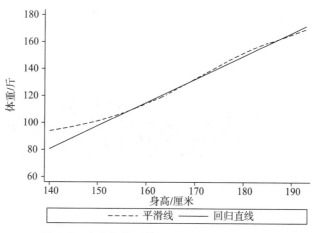

图6-3 身高与体重的平滑线图和回归直线图

【例6-2】 打开cgss2010s3000.dta数据,已知:因变量为体重(weight,单位:斤),自变量为年龄(age)。问:年龄与体重是线性关系吗?

考察年龄和体重的关系,或估计年龄对体重的影响,首先需要了解这两个变量是否满足线性假定。我们可以借鉴例6-1的绘图方式加以考察,命令从略。

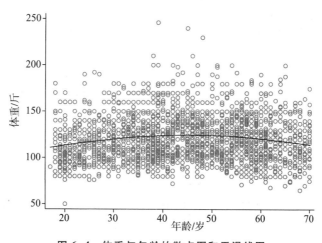

图6-4 体重与年龄的散点图和平滑线图

从图6-4的散点分布和平滑线来观察,大致可以看出年龄与体重之间并非直线关系。平滑线是一条接近拱形(或倒U形)的曲线。我们也可绘制

图 6-5 和图 6-6 进一步考察体重与年龄的关系模式。

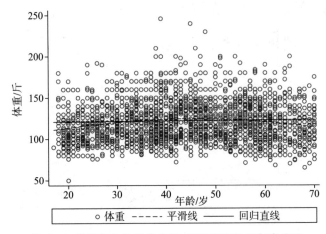

图 6-5 体重与年龄的散点图、平滑线图和回归直线图

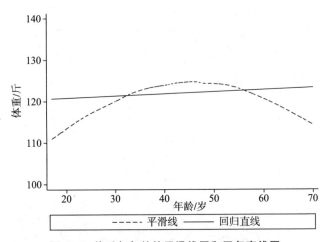

图 6-6 体重与年龄的平滑线图和回归直线图

图 6-5 和图 6-6 可进一步证实,年龄和体重是曲线关系,若不加处理便直接使用线性回归模型进行估计,根据最小二乘法拟合而来的直线与现实情况则可能相去甚远。

【例 6-3】 打开 cgss2010s3000.dta 数据,已知:因变量为平均月工资收入(wage,单位:元),自变量为受教育年限(educ_y,单位:年)。问:月工资收入与受教育年限水平符合线性假定吗?

与前面的案例类似,我们可以通过平滑线图考察月工资与受教育年限是否符合线性关系(见图6-7)。

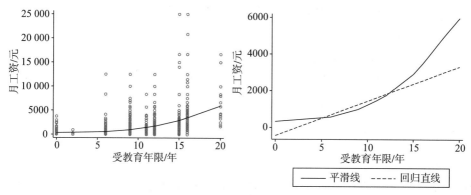

图6-7 受教育年限与月工资的线性关系诊断

从图6-7可以看出,月工资收入与受教育年限之间的关系类似抛物线或U形曲线。如果我们使用线性回归模型直接估计受教育年限对月工资水平的影响,可能会得到有偏误的估计结果,原因在于因变量(月工资)和自变量(受教育年限)之间的关系很显然不满足线性假定。

以上三个例子表明,现实世界中不同现象之间的关系,确实有符合线性关系者,但也不乏不符合线性关系的。因此,我们在实际的数据分析或定量社会科学研究过程中,在建立回归模型之前,最好养成预先进行线性诊断的习惯。这不仅有助于我们把握实际情况,也有利于研究者设定更加合适的模型,从而避免错误的模型设定。

## 二、误差项诊断

在第一节所介绍的三个线性回归模型假定中,除线性假定外,其余两个均与模型的误差项有关,分别为模型的误差项(残差)服从均值为0的正态分布和同方差性(即误差项的方差与自变量不相关),因此我们同时将两者放在一起进行检验或诊断。在此,我们同样使用研究实例来演示检验或诊断的方法,并对检验的结果进行解读。需要说明的是,因为要对模型的误差项进行诊断,所以在诊断之前,我们需要预先估计线性回归模型,并使用predict命令将误差项保存为一个变量,然后才能考察该变量的分布特征并进行判断。

【例6-4】 打开 cgss2010s3000.dta 数据,已知:因变量为平均月工资(wage,单位:元),自变量为受教育年限(educ_y,单位:年)。问:受教育年限对月工资影响的线性回归模型满足误差项服从均值为0的正态分布吗?符合同方差性假定吗?

首先,我们使用 Stata 命令构建线性回归模型,并将模型的误差项保存为一个名为 $e$ 的变量。命令如下:

. quietly: regress wage educ_y

. predict e, residual

我们在回归模型的命令前使用 quietly 前缀,目的是让模型在后台估计,不输出估计结果以节省空间。predict 命令在回归命令之后,逗号后面的 residual(可简写为 re)选项表示生成的变量是误差项。然后我们就可以检查变量 $e$ 是否满足线性回归模型的假定。

我们首先检验误差项是否服从均值为0的正态分布,最直观的方式就是作图,包括直方图(histogram)、密度函数图(kdensity)等常用的检验变量分布的统计图形。若使用直方图,命令和图形输出如下:

. histogram e, normal①

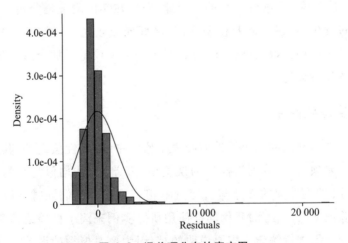

图6-8 误差项分布的直方图

---

① 命令后面加上 normal 选项,表示以正态分布作为参照。

从图 6-8 的直方图可以很清楚地看出,模型的误差项 $e$ 虽然均值接近于 0 (分布的中心点为 0),但并不服从正态分布,而是一个非常明显的偏态(正偏)分布。

我们也可以使用密度函数图进行考察,命令和图形输出如下:

. kdensity e, normal

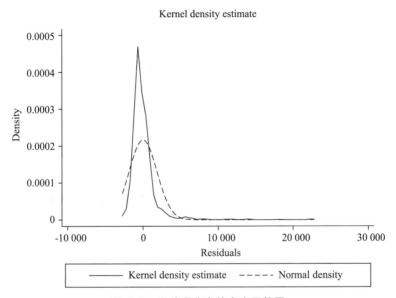

图 6-9 误差项分布的密度函数图

结论与前面依据直方图所得出的结论相同。总而言之,在本例,如果我们使用自变量(受教育年限)直接估计因变量(月工资)的话,回归模型并不满足线性回归模型的误差项服从正态分布的假定。因此可以说,该模型估计的可靠性令人怀疑。

同样,我们也可以检验该模型是否服从同方差性假定。因为我们在前面已经生成了误差项的变量 $e$,所以可以直接作散点图考察误差项与自变量(educ_y)之间的关系,从而判断误差项的方差是否和自变量相关。散点图命令和图形输出如下:

. scatter e educ_y

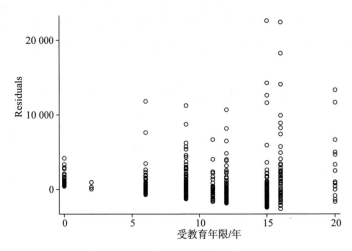

图 6-10　误差项与自变量的散点图

由图 6-10 明显可以看出,随着自变量的增加,误差项之间的差异越来越大(即各个散点之间的差距越来越大),这说明回归模型违背了同方差性假定。我们也可以使用 rvpplot 命令得到与图 6-10 几乎完全相同的图形(见图 6-11):

. rvpplot educ_y

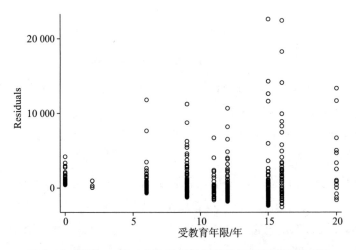

图 6-11　使用 rvpplot 命令绘制的误差项与自变量的散点图

另外,我们还可以用 rvfplot 命令,检验误差项的误差与模型估计值(即回归直线上的点)之间的关系,如两者不相关即满足同方差性假定:

```
. rvfplot, yline(0)
```

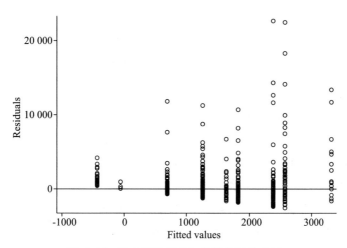

图 6-12　误差项的误差与模型估计值关系

图 6-12 同样显示,误差项的误差明显与模型的估计值成正比,故再次证明了该模型不满足同方差性假定。

是否满足同方差性假定最严格的检验是统计检验。Stata 软件的检验命令是 hettest,该命令同样需要在运行完线性回归模型命令之后执行,命令和输出结果如下:

```
. hettest

Breusch-Pagan / Cook-Weisberg test for heteroskedasticity
        Ho: Constant variance
        Variables: fitted values of wage

        chi2(1)      =   1283.35
        Prob > chi2  =    0.0000
```

该检验的原假设是 $H_0$: constant variance(即同方差性)。因用来做假设检验的抽样分布为卡方分布,故需采用卡方检验。如果卡方检验的结果显著($P \leqslant 0.05$),表明可以拒绝原假设,即不满足同方差性假定;反之,如果不显著,则表明不能拒绝原假设,即满足同方差性。由上面的结果可知,卡方检验的结果是显著的($P$ 值几乎为 0),因此拒绝满足同方差性假定的原假设,从而验证了异方差性。

综上,无论是通过统计图形还是统计检验的方法,都可以证明本例估计的受教育年限影响月工资的线性回归模型并不满足同方差性的假定。因此,该模型的结论并不可靠。

## 第三节 应对方法:变量转换

第二节介绍了检验线性回归模型是否满足回归假定的常用方法。实际上,在数据分析或定量社会科学研究实践中,不满足回归假定的情况较为常见。如果变量之间的关系或回归模型不满足基本的假定,那我们是否应放弃建立线性回归模型而采用其他的方法?或干脆放弃该项研究呢?答案是否定的。因为在统计上我们可以对相应的变量进行处理,并使用处理后的变量进行回归分析,从而获得更加准确或无偏的估计值。最常用的做法是变量转换(variable transformation),具体而言,我们可以根据诊断出来的结果(即违背了什么样的假定),对相应的变量(因变量或自变量)进行转换,然后用转换后的变量代替原来的变量进入回归模型进行统计估计。最常使用的变量转换方式有两种:一种是对因变量进行对数化处理,通常用来应对误差项不满足正态分布和不满足同方差性假定的情况,有时候也被用来应对因变量与自变量不满足线性关系假定的情况。另一种是对自变量进行变换,加上自变量的"多项式"(例如平方项或立方项,因此这种做法也被称作"多项式回归"),通常用来应对自变量和因变量之间不满足直线关系的假定。接下来我们通过具体的研究案例依次讲解这两种变量转换的方法。

### 一、对因变量取自然对数

对因变量取自然对数,做法较为简单。我们生成一个新的变量,即原来因变量的自然对数,然后用对数化之后的变量代替原来的因变量进入模型进行估计。

【例6-5】 打开cgss2010s3000.dta数据,已知:因变量为平均月工资(wage,单位:元),自变量为受教育年限(educ_y,单位:年)。问:受教育年限如何影响月工资?

从第二节的例6-4可以发现,月工资变量作为因变量,它与作为自变量的受教育年限之间并不满足线性关系,而且估计出来的回归模型也不满足误差项服从正态分布的假定以及同方差性假定。我们可以对因变量进行对数化处理,生成一个新的变量 lnwage。然后我们使用 lowess 命令和 lfit 命令作图,对比原变量(wage)和转换后的变量(lnwage)与自变量之间的关系,命令及结果如下:

```
. gen lnwage=log(wage)
. twoway (scatter wage educ_y)(lowess wage educ_y)(lfit wage educ_y)
. twoway (scatter lnwage educ_y)(lowess lnwage educ_y)(lfit lnwage educ_y)
```

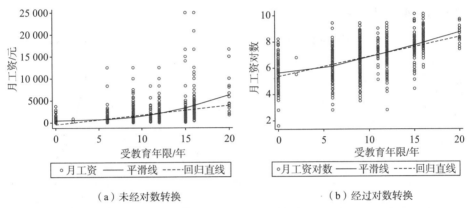

(a) 未经对数转换　　　　　　　　(b) 经过对数转换

**图 6-13　月工资对数转换前后与受教育年限的散点图、平滑线图和回归直线图**

对比图 6-13(a)和图 6-13(b),我们发现,在对因变量进行对数化转换之后,回归直线与平滑线更加贴近或吻合。很显然,与对数化转换之前相比,对数化转换之后的因变量和自变量之间更加符合线性关系假定。

接下来我们对比因变量转换前后的线性回归模型的误差项。首先需要估计因变量转换前后的两个模型,并生成各自的误差项变量,然后作图比较其分布情况以诊断是否满足误差项服从正态分布的假定,并对两者的同方差性假定检验结果进行对比。

因变量对数化转换之前的相关命令如下:

```
. quietly: regress wage educ_y
. predict e, re
. kdensity e, normal
. rvpplot educ_y, yline(0)
. hettest
```

因变量对数化转换之后的相关命令如下：

```
. quietly: regress lnwage educ_y
. predict e2, re
. kdensity e2, normal
. rvpplot educ_y, yline(0)
. hettest
```

因变量对数转换前和转换后，误差项的密度函数分布见图 6-14，误差项的误差与模型估计值关系见图 6-15。

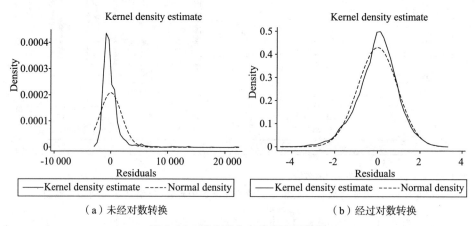

图 6-14　误差项分布的密度函数图

对比图 6-14 的（a）、（b）两图，结论非常明显，因变量经过对数转换后，模型的误差项更加接近均值为 0 的正态分布。

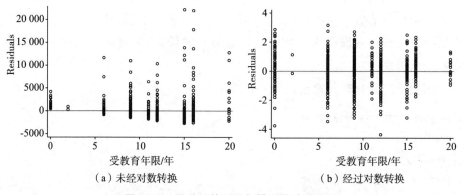

图 6-15　误差项的误差与模型估计值关系

如图 6-15 所示,因变量对数化转换之后,模型误差项的方差与自变量之间的相关性明显降低[见(b)图],误差项比较均匀地分布在纵轴 0 线的两侧。

```
. hettest

Breusch-Pagan / Cook-Weisberg test for heteroskedasticity
        Ho: Constant variance
        Variables: fitted values of wage

        chi2(1)      =    1283.35
        Prob > chi2  =     0.0000

. hettest

Breusch-Pagan / Cook-Weisberg test for heteroskedasticity
        Ho: Constant variance
        Variables: fitted values of lnwage

        chi2(1)      =      25.48
        Prob > chi2  =     0.0000
```

以上分别是因变量对数化转换前和转换后的同方差性检验结果。虽然从卡方检验的结果(都是统计显著的)来看,转换前后均违背了同方差性假定,但如果对比两个卡方值的数字大小,可以发现两者有巨大的变化(从 1283.35 下降到 25.48)。因为自由度相同的情况下,卡方值越小,对应的 $P$ 值则越大,所以这也表明转换后的模型更加"趋于"满足同方差性的假定。

最后,根据上述案例,我们可以做一简要总结:经过对因变量(月工资)进行对数化转换,估计出来的线性回归模型比转换之前的模型更加符合线性回归模型的三个假定,即线性假定、误差项的正态分布假定和同方差性假定。因此可以判断,使用这一策略之后估计出来的线性回归模型更加准确或无偏。接下来的问题是:如果对因变量进行了对数化转换处理,那么我们应该如何解释转换后模型的回归系数呢?

先来看因变量对数化转换前的回归模型。[①] 我们在第三章(一元线性回归模型)中详细介绍了这类模型的解读方式。如果重点关注的是自变量的效应,那么根据下面的回归模型输出结果,我们的解读是:受教育年限每增加一年,

---

① 因为 0 不能取对数,为了与后面因变量对数化的模型的样本量保持一致,我们使用 recode 命令将平均月工资为 0 元的处理为缺失值。

平均每月工资大约增加 217 元。简言之，受一年的教育大约能够带来 217 元的工资回报。

```
. recode  wage  0=.
. regress wage educ_y
```

| Source | SS | df | MS | | | |
|---|---|---|---|---|---|---|
| Model | 1.7508e+09 | 1 | 1.7508e+09 | Number of obs | = | 1,981 |
| Residual | 7.2849e+09 | 1,979 | 3681126.54 | F(1, 1979) | = | 475.61 |
| | | | | Prob > F | = | 0.0000 |
| | | | | R-squared | = | 0.1938 |
| | | | | Adj R-squared | = | 0.1934 |
| Total | 9.0357e+09 | 1,980 | 4563492.65 | Root MSE | = | 1918.6 |

| wage | Coef. | Std. Err. | t | P>\|t\| | [95% Conf. Interval] | |
|---|---|---|---|---|---|---|
| educ_y | 216.7165 | 9.937299 | 21.81 | 0.000 | 197.2279 | 236.2052 |
| _cons | -443.4781 | 100.6445 | -4.41 | 0.000 | -640.8584 | -246.0978 |

因变量对数化转换之后，模型的方程写作

$$\log(y) = a + bx + e \qquad (6-1)$$

常规的解读是 $x$ 每增加一个单位，$\log(y)$ 变化 $b$ 个单位。在上面的方程中，$\log(y)$ 是 $x$ 变量的线性函数，但很显然 $y$ 不是 $x$ 的线性函数。如果要以 $y$ 的单位进行解读，而不是 $\log(y)$，那么我们常用的做法是对回归系数进行"反对数"处理（即 $e^b$）。根据下面的回归模型输出结果（因变量对数化转换之后），我们可以发现自变量（educ_y）的回归系数是 0.151：

```
. regress lnwage educ_y
```

| Source | SS | df | MS | | | |
|---|---|---|---|---|---|---|
| Model | 848.957654 | 1 | 848.957654 | Number of obs | = | 1,981 |
| Residual | 1711.00892 | 1,979 | .864582579 | F(1, 1979) | = | 981.93 |
| | | | | Prob > F | = | 0.0000 |
| | | | | R-squared | = | 0.3316 |
| | | | | Adj R-squared | = | 0.3313 |
| Total | 2559.96658 | 1,980 | 1.29291241 | Root MSE | = | .92983 |

| lnwage | Coef. | Std. Err. | t | P>\|t\| | [95% Conf. Interval] | |
|---|---|---|---|---|---|---|
| educ_y | .150911 | .0048159 | 31.34 | 0.000 | .1414662 | .1603559 |
| _cons | 5.366092 | .0487756 | 110.02 | 0.000 | 5.270435 | 5.461749 |

如果我们以 $\log(y)$ 为单位解读，则非常简单直接：受教育年限每增加一年，月工资的对数增加 0.151 个单位。但这样的解读并不直观，所以更常用的

第六章 回归假定与回归诊断

方法是先对回归系数 0.151 进行"反对数化"处理(即计算 $e^{0.151}$),Stata 命令及结果如下:

```
. dis exp(0.151)
1.1629967
```

以上计算得到的结果是 1.163,我们对此的解读是:受教育年限每增加一年,月工资增加 16.3%(1.163−1=0.163)。模型的常数项是自变量取值为 0 时因变量的取值。解释常数项,同样需要对其系数进行"反对数化"处理,即计算 $e^a$ 的结果,本例计算命令及结果如下:

```
. dis exp(5.366)
214.00513
```

以上结果可以解释为:当受教育年限为 0 时,即没有接受过任何教育的群体,其平均月工资水平约为 214 元。

在以上模型的基础上,增加自变量性别和年龄后,就扩展为多元线性回归模型。我们结合下例具体讲解因变量进行对数转换后的多元线性回归模型的解释方法。

【例 6-6】 打开 cgss2010s3000.dta 数据,已知:因变量为月平均工资对数(lnwage),自变量为受教育年限(educ_y,单位:年)、性别(male,男性=1,女性=0)和年龄(age)。问:教育、性别和年龄是如何影响月工资收入的?

模型命令及估计结果如下:

```
. regress lnwage male age educ_y
```

| Source | SS | df | MS | | | |
|---|---|---|---|---|---|---|
| Model | 885.757388 | 3 | 295.252463 | Number of obs | = | 1,981 |
| Residual | 1674.20919 | 1,977 | .846843292 | F(3, 1977) | = | 348.65 |
|  |  |  |  | Prob > F | = | 0.0000 |
|  |  |  |  | R-squared | = | 0.3460 |
|  |  |  |  | Adj R-squared | = | 0.3450 |
| Total | 2559.96658 | 1,980 | 1.29291241 | Root MSE | = | .92024 |

| lnwage | Coef. | Std. Err. | t | P>\|t\| | [95% Conf. Interval] | |
|---|---|---|---|---|---|---|
| male | .2379287 | .0421082 | 5.65 | 0.000 | .1553475 | .3205099 |
| age | −.0073254 | .0017989 | −4.07 | 0.000 | −.0108534 | −.0037975 |
| educ_y | .141468 | .0050697 | 27.90 | 0.000 | .1315254 | .1514106 |
| _cons | 5.643083 | .1044507 | 54.03 | 0.000 | 5.438238 | 5.847928 |

由以上结果可知,回归结果基于 1981 个有效观测案例得出。性别、年龄和受教育年限的回归系数均统计显著($P>|t|=0.000<0.05$)。性别变量的回归系数为 0.238,表明控制了年龄和受教育年限后,男性比女性的平均收入高出 26.9% [$100×(e^{0.238}-1)=26.9$];年龄变量的回归系数是 -0.007,表明在控制了性别和受教育年限后,年龄每增加一岁,平均收入降低 0.7% [$100×(1-e^{-0.007})=0.7$];受教育年限的回归系数为 0.141,表明在性别和年龄相同的情况下,受教育年限每增加一年,平均收入增加 15.1% [$100×(e^{0.141}-1)=15.1$]。我们也可以通过回归系数计算得到不同受教育年限的群体之间平均月工资收入的差异。例如,受教育年限为 16 年(本科毕业)的群体比接受了 12 年教育(高中毕业)的群体平均月工资高出 75.8% [$100×(e^{0.141×(16-12)}-1)=75.8$]。

我们可以将对因变量对数转换后的模型系数如何进行解释总结如下:若回归系数 $b>0$,则 $e^b>1$,此时解释为 $x$ 每增加一个单位导致 $y$ 增加 $100×(e^b-1)$ 个百分点;若回归系数 $b<0$,则 $e^b<1$,此时解释为 $x$ 每增加一个单位导致 $y$ 降低 $100×(1-e^b)$ 个百分点。

在系数解释方面,还有两点需要加以说明:其一,如果因变量 $y$ 和自变量 $x$ 都取了自然对数,那么回归系数 $b$ 应当解释为 $x$ 每增加 1%,因变量 $y$ 将增加(或减少)$b$%;(2)如果因变量 $y$ 没有取自然对数,而自变量 $x$ 取了自然对数,那么自变量的回归系数 $b$ 应当解释为 $x$ 每增加 1%,因变量 $y$ 将增加(或减少)$b×\log(101÷100)$ 个单位。

## 二、多项式回归(polynomial regression):拟合曲线关系

如前面例子(例 6-2),年龄和体重这两个变量之间不满足线性关系的模型假定,而是一个类似于拱门形或倒 U 形的关系模式。简言之,体重作为因变量不是作为自变量的年龄的线性函数,因此,如果用直线关系(即线性回归模型)去估计年龄对体重的影响,则可能是错误的模型设定。正如前面曾经提到过的,现实中社会现象之间的关系,通常并不是直线的关系,而是曲线的关系,例如倒 U 形、U 形和抛物线形等。如果按照直线回归的方式进行估计,将会造成错误或有偏的回归系数。为了拟合这种曲线关系,我们通常会在模型中增

加一个新的变量,该新变量为原自变量的平方项。正因如此,这种回归模型也被称作多项式回归。模型的方程可以写作

$$y = a + b_1 x + b_2 x^2 + e \tag{6-2}$$

当上述模型$b_1$(自变量一次方项的回归系数)和$b_2$(二次方项的回归系数)均显著($P<0.05$)且方向相反时,即可证明$x$和$y$的二项式曲线关系成立。如果$b_1>0$且$b_2<0$,那么因变量$y$和自变量$x$是倒U形曲线关系[图6-16(a)];当$b_1<0$且$b_2>0$,那么因变量$y$和自变量$x$是U形曲线关系[图6-16(b)]。

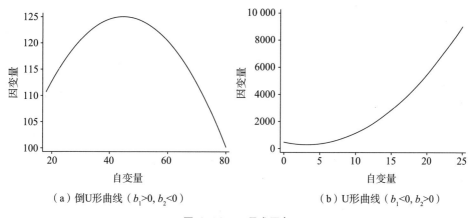

(a)倒U形曲线($b_1>0, b_2<0$)　　(b)U形曲线($b_1<0, b_2>0$)

图6-16　二项式回归

若自变量和因变量之间的关系包含两个曲线形式,这种情况通常是三项式关系,要拟合这种关系,不仅需要加入二次方项,还要加入三次方项①。自变量与因变量之间的三项式关系可以表示为

$$y = a + b_1 x + b_2 x^2 + b_3 x^3 + e \tag{6-3}$$

当上述模型$b_1$(自变量一次方项的回归系数)、$b_2$(二次方项的回归系数)和$b_3$(三次方项的回归系数)都显著($P<0.05$),而且方向交错相反(即$b_1$和$b_2$正负相反,且$b_3$和$b_2$也是正负相反),即可证明$x$和$y$的三项式曲线关系成立。具体的曲线关系模式见图6-17。

---

① 在理论上,还可以是四次方、五次方或者更多,但是一般不建议使用超过二次方项的回归,因为函数过于复杂,且对理解社会规律的参考意义并不是很大。在定量社会科学研究中,用得最多的是二项式回归。

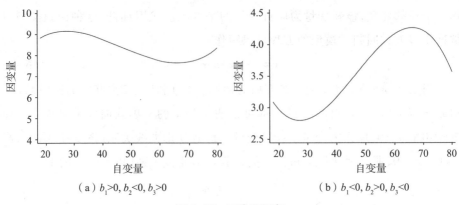

图 6-17 三次项回归

下面,我们通过实际的案例分析来介绍二项式回归模型的 Stata 命令和模型结果的解读。

【例 6-7】 打开 cgss2010s3000.dta 数据,已知:因变量为体重(weight,单位:斤),自变量为年龄(age)。问:年龄与体重是怎样的关系模式?

我们在建立线性回归模型前,首先通过散点图和平滑线图进行线性诊断(见图 6-18):

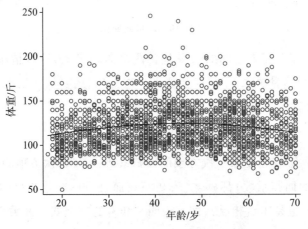

图 6-18 年龄与体重的散点图和平滑线图

由图 6-18 可以看出,年龄与体重之间近似倒 U 形曲线关系。我们先估计一个简单的线性回归模型,命令和结果如下:

## 第六章　回归假定与回归诊断

```
. regress weight age
```

| Source | SS | df | MS | | | |
|---|---|---|---|---|---|---|
| Model | 1370.57527 | 1 | 1370.57527 | Number of obs | = | 2,996 |
| Residual | 1551492.45 | 2,994 | 518.20055 | F(1, 2994) | = | 2.64 |
| | | | | Prob > F | = | 0.1040 |
| | | | | R-squared | = | 0.0009 |
| | | | | Adj R-squared | = | 0.0005 |
| Total | 1552863.02 | 2,995 | 518.485149 | Root MSE | = | 22.764 |

| weight | Coef. | Std. Err. | t | P>\|t\| | [95% Conf. Interval] | |
|---|---|---|---|---|---|---|
| age | .0505759 | .0310986 | 1.63 | 0.104 | -.0104009 | .1115528 |
| _cons | 119.8002 | 1.447327 | 82.77 | 0.000 | 116.9624 | 122.6381 |

上面直线回归模型的输出结果显示：(1)模型的总体检验不显著（右上方$F$检验的结果不显著，$P=0.104$），表明因变量与自变量的线性关系不成立；(2)自变量（age）的回归系数不显著（$t$检验，$P=0.104>0.05$），表明年龄对体重没有显著的效应。

然后我们加入年龄的平方项（agesq）估计一个二项式回归模型[①]，命令和输出结果如下：

```
. regress weight age agesq
```

| Source | SS | df | MS | | | |
|---|---|---|---|---|---|---|
| Model | 42724.0514 | 2 | 21362.0257 | Number of obs | = | 2,996 |
| Residual | 1510138.97 | 2,993 | 504.556957 | F(2, 2993) | = | 42.34 |
| | | | | Prob > F | = | 0.0000 |
| | | | | R-squared | = | 0.0275 |
| | | | | Adj R-squared | = | 0.0269 |
| Total | 1552863.02 | 2,995 | 518.485149 | Root MSE | = | 22.462 |

| weight | Coef. | Std. Err. | t | P>\|t\| | [95% Conf. Interval] | |
|---|---|---|---|---|---|---|
| age | 1.792742 | .1948684 | 9.20 | 0.000 | 1.410653 | 2.174832 |
| agesq | -.0197798 | .0021848 | -9.05 | 0.000 | -.0240637 | -.0154958 |
| _cons | 84.98173 | 4.102596 | 20.71 | 0.000 | 76.93754 | 93.02592 |

首先可以发现，模型的总体检验（$F$检验）显著，这表明如果是用曲线来描画因变量和自变量的关系，模型是显著的。其次，年龄的一次项系数和二次项系数均为统计显著，而且方向刚好相反，前者为1.7927，后者为-0.0198，进一步

---

① cgss2010s3000.dta 中已经生成了 agesq 变量。若数据库中没有该变量，则可以使用 gen agesq = age^2 或 gen agesq = age * age 生成年龄二次项的变量。

表明因变量和自变量是一个二次项的曲线关系,而且是一个倒 U 形的模式。在上面回归模型命令的后面输入 test agesq 命令,即可检验(Wald test)加入二次项后,是否显著地改善了模型的拟合状况。检验命令及结果如下:

```
. test agesq

 ( 1)  agesq = 0

       F(  1,  2993) =    81.96
            Prob > F =    0.0000
```

检验结果表明,二项式的曲线回归模型对因变量变异的解释力显著地优于一次项的直线模型,即二项式回归模型更好地拟合了因变量和自变量的关系。根据自变量一次项以及二次项的回归系数,我们可以求得倒 U 形曲线的转折点(拐点或最高点),计算方法是用一次项系数的绝对值除以两倍的二次项系数的绝对值。根据上面模型的结果,我们能够计算得到转折点约为 45 [1.7927÷(0.0198×2)= 45.27],也就是说,45 岁左右群体的平均体重是所有人当中最重的。在 45 岁之前,体重随着年龄的增长而上升,在 45 岁之后则刚好相反,体重随着年龄的增长而下降。

我们也可以使用 Stata 中 wherext 命令[①]计算转折点:

```
. wherext age agesq

range of age                             = [17,70]
age+agesq has maximum in argext          = 45.31755
Std Error of argext (delta method)       =  .788454
95% confidence interval for argext       = ( 43.77221, 46.86289)
```

根据模型的截距(常数项)和自变量(一次项和二次项)的回归系数,我们可以使用 Stata 软件的函数绘图命令将体重与年龄的曲线关系图示出来,命令及输出图形(见图 6-19)如下:

```
. twoway (function weight=84.981+1.793*x-0.0198*x*x, range(18 70))
```

---

① wherext 不是 Stata 自带的命令,而是用户编写的命令,需下载安装后才能使用。在命令窗口输入"findit wherext",回车后,在弹出的页面选择适当的链接,按要求进行安装即可。因四舍五入的关系,手动计算的结果与 wherext 计算的结果可能存在细微的不同。

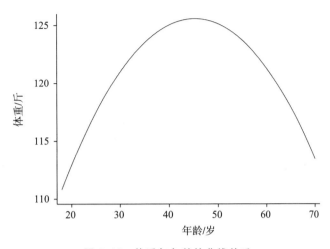

图 6-19　体重与年龄的曲线关系

我们也可以使用 Stata 软件的 qfit 命令绘制曲线图,绘图命令及图形(见图 6-20)如下:

. twoway qfit weight age

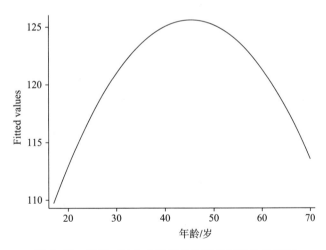

图 6-20　使用 qfit 命令绘制的体重与年龄的曲线图

可以发现,使用两种方法所作的图形几乎一样。所以,研究者可以根据自己的偏好或研究需要来选择使用何种方式作图,但很显然的是,后者(即 qfit 命令)的操作更加简单,而且无须将系数输入作图命令中,故更不易出错。

另外,关于估计多项式回归,Stata 软件也有快捷的建模命令,即用"##"号连接自变量①。快捷命令写法和输出结果如下:

. regress weight c.age##c.age

| Source | SS | df | MS | | Number of obs | = | 2,996 |
|---|---|---|---|---|---|---|---|
| | | | | | F(2, 2993) | = | 42.34 |
| Model | 42724.0514 | 2 | 21362.0257 | | Prob > F | = | 0.0000 |
| Residual | 1510138.97 | 2,993 | 504.556957 | | R-squared | = | 0.0275 |
| | | | | | Adj R-squared | = | 0.0269 |
| Total | 1552863.02 | 2,995 | 518.485149 | | Root MSE | = | 22.462 |

| weight | Coef. | Std. Err. | t | P>\|t\| | [95% Conf. Interval] | |
|---|---|---|---|---|---|---|
| age | 1.792742 | .1948684 | 9.20 | 0.000 | 1.410653 | 2.174832 |
| c.age#c.age | -.0197798 | .0021848 | -9.05 | 0.000 | -.0240637 | -.0154958 |
| _cons | 84.98173 | 4.102596 | 20.71 | 0.000 | 76.93754 | 93.02592 |

在 age 前面添加 c. 前缀,表明该变量是连续型变量。可以发现,age 是一次项,c.age#c.age 就是二次项。模型结果与前面手动生成年龄平方项(agesq)的模型结果完全一致。使用快捷命令估计模型至少有两个方面的好处:其一,省略了生成多次项变量的步骤,更加便捷;其二,可以在快捷回归命令后使用 margins 和 marginsplot 命令作图。这对于有多个自变量的多元回归模型尤为方便,前面的作图方式只适用于只有一个自变量的模型。例如,在上面模型的后面如果依次输入 margins 和 marginsplot 命令,便可将曲线图(见图 6-21)绘制出来:

. margins, at(age=(18(2)70))

. marginsplot, noci

我们将曲线回归图与直线回归图进行比较,发现曲线回归更能够近似拟合年龄与体重的实际关系,而直线回归所描绘的趋势则与现实情况相差甚远。由此说明,在进行线性回归分析之前考察变量是否符合回归假定并对变量进行相应处理是必要的。

---

① 类似于调节效应模型的快捷方式写法,但调节效应快捷命令是用"##"号连接自变量和调节变量,而多项式回归则是用"##"号连接自变量本身。

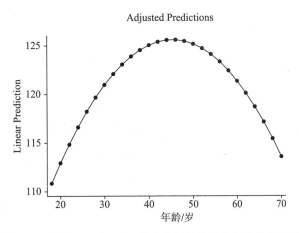

图 6-21　使用 marginsplot 命令绘制的体重与年龄的曲线图

## 三、将自变量转换为类别变量：另一种拟合非直线关系的做法

前面我们提到，通过对因变量取对数或加入自变量的多项式（平方或立方项）的方式，可以在一定程度上解决因变量和自变量不满足线性（直线关系）假定的问题，获得较准确无偏的估计值。除上述两种变量转换策略外，还有另外一种常用的变量转换的做法，就是将线性（连续型）的自变量通过分组的方式转换为类别（定类或定序）变量，然后代替原来的线性自变量进入回归模型进行统计估计。与多项式回归的方法相比，这种做法更加灵活，它不仅可以反映出自变量与因变量的曲线关系，而且在两者的关系模式没有明显规律（即没有明显的曲线关系模式）的情况下，获得更加准确的估计值。

具体而言，是将连续型的自变量根据变量分布的具体情况或研究的需要分为若干组别，由此转换为类别变量。下面通过例子来详细介绍具体的数据分析命令以及对结果的解读。我们回到例 6-7，即探讨年龄与体重的关系的例子。在例 6-7 中，我们使用多项式回归（在模型中加入年龄的平方项）来处理问题。现在，我们使用将年龄（自变量）转换为类别变量的方式来建模估计。

【例 6-8】　打开 cgss2010s3000.dta 数据，已知：因变量为体重（weight，单位：斤），自变量为年龄组（ageg，原始数据中没有该变量，我们可根据实际情况对年龄 age 进行分组后得到）。问：年龄与体重是怎样的关系模式？

首先，我们可以用描述统计命令查看年龄的分布：

```
. sum age

    Variable |       Obs        Mean    Std. Dev.       Min        Max
-------------+--------------------------------------------------------
         age |     3,000      44.591    13.37408         17         70
```

由以上结果可知，样本中的年龄分布是 17—70 岁，我们可以大概以 10 岁为一组对年龄进行分组（在具体的研究实践中，研究者可以根据实际的情况来确定分组的标准），即分成 17—30 岁、31—40 岁、41—50 岁、51—60 岁以及 61—70 岁共五组，分别赋值为 1—5，分组后的变量名为 ageg。分组命令及分组后的变量分布如下：

```
. recode age (min/30=1 17-30)(31/40=2 31-40)(41/50=3 41-50)(51/60=4 51-60)
    (61/70=5 61-70),gen(ageg)

. tab ageg

   RECODE of |
         age |
       (年龄（|
         岁）)|      Freq.     Percent        Cum.
-------------+-----------------------------------
       17-30 |        537       17.90       17.90
       31-40 |        633       21.10       39.00
       41-50 |        752       25.07       64.07
       51-60 |        670       22.33       86.40
       61-70 |        408       13.60      100.00
-------------+-----------------------------------
       Total |      3,000      100.00
```

变量准备好之后，我们以类别变量 ageg 代替原来的连续型年龄变量（age）进入回归模型进行估计，命令和输出结果如下：

```
. regress weight b1.ageg

      Source |       SS           df       MS      Number of obs   =     2,996
-------------+----------------------------------   F(4, 2991)      =     18.73
       Model |  37955.7936         4  9488.9484   Prob > F        =    0.0000
    Residual |  1514907.23     2,991  506.488542   R-squared       =    0.0244
-------------+----------------------------------   Adj R-squared   =    0.0231
       Total |  1552863.02     2,995  518.485149   Root MSE        =    22.505
```

| weight | Coef. | Std. Err. | t | P>\|t\| | [95% Conf. Interval] | |
|---|---|---|---|---|---|---|
| ageg | | | | | | |
| 31-40 | 6.459327 | 1.320349 | 4.89 | 0.000 | 3.870443 | 9.048211 |
| 41-50 | 8.840704 | 1.271849 | 6.95 | 0.000 | 6.346916 | 11.33449 |
| 51-60 | 6.766651 | 1.304376 | 5.19 | 0.000 | 4.209085 | 9.324217 |
| 61-70 | .0317351 | 1.479062 | 0.02 | 0.983 | -2.868347 | 2.931818 |
| _cons | 116.9609 | .9711754 | 120.43 | 0.000 | 115.0567 | 118.8651 |

首先我们可以看到,模型的总体拟合检验($F$ 检验)是显著的,表明让年龄作为分组变量进入模型,可以较好地解释因变量(体重)的变异,而且模型的决定系数(R-squared)与前面例 6-7 的多项式回归模型也非常接近,表明分组变量和多项式的做法,对因变量的解释力基本一致。根据回归命令,指定以最年轻组(即 17—30 岁组)为参照组,所有其他组的回归系数都是该组与参照组之间平均体重的差异。可以发现:与 17—30 岁年龄组相比,31—40 岁、41—50 岁、51—60 岁三个年龄组的系数为正且显著,表明体重随年龄增长而增长,到 41—50 岁组达到最重(回归系数最大,为 8.841),随后下降。其中,61—70 岁组的系数(0.032)不显著,表明该年龄组的体重与 17—30 岁年龄组的体重没有显著差异。此处的结论与例 6-7 的发现也基本一致。我们可以在上面的回归模型后使用 margins 和 marginsplot 命令作图显示年龄组与体重之间的关系,命令和图形(见图 6-22)如下:

. quietly: margins, at(ageg=(1(1)5))

. marginsplot, noci

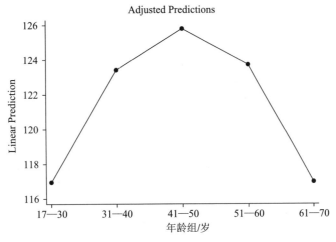

图 6-22 使用 marginsplot 命令绘制的体重与年龄组的曲线图

从图 6-22 可以看出,年龄组和体重之间也是一个倒 U 形的曲线关系模式,图形显示的模式和例 6-7 的图形基本一致。总而言之,如果变量处理得当,使用多项式回归和将自变量转换为类别变量进行回归都可以获得比较准确无偏的估计值。究竟选择何种方式,可根据研究目的和研究者的偏好决定。

## 第四节 研究实例

本章最后,让我们通过一个具体的研究实例来进一步理解回归假设,在此基础上熟练使用回归诊断的方法,并灵活掌握相应的应对策略。

【例 6-9】 打开 cgss2010s3000.dta 数据,已知:因变量为全年总收入(ytincome,单位:元),自变量为性别(male,男性=1,女性=0)、受教育年限(educ_y,单位:年)、年龄(age)、是否为党员(party,是=1,否=0)、是否工作(job,是=1,否=0),控制变量为地区(region,东部=1,中部=2,西部=3)、是否来自城镇(urban,是=1,否=0)。请对收入的性别差异及其来源进行分析。

在进行线性回归分析之前,首先需要检验数据或变量是否满足回归假定。因为在我们提供的 cgss2010s3000.dta 数据中没有对全年总收入进行对数化转换,也没有是否工作(job)这一变量,因此需要我们在进行具体分析前预先处理。我们可以通过对全年总收入取自然对数后生成 lninc 变量,对数据中工作状况变量(work)重新编码生成是否工作(job)的虚拟变量。命令如下:

. gen lninc=log(ytincome)
. gen job=work!=4

接下来,我们可以绘制函数密度图,检查因变量进行对数转换前和转换后是否服从正态分布(见图 6-23):

. kdensity ytincome, normal
. kdensity lninc, normal

从图 6-23 可以判断,未经对数化转换的因变量(ytincome),其分布是一个非常明显的偏态分布。对因变量进行对数化转换之后(lninc),其分布情况则与正态分布较为接近,也因此更可能满足回归假定。因此,在建立模型时,我们确定以 lninc 为因变量。

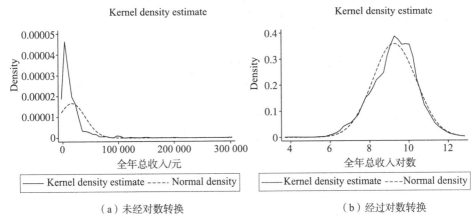

（a）未经对数转换　　　　　　　　（b）经过对数转换

图 6-23　因变量分布的密度函数图

我们进一步绘图审视因变量与受教育年限和年龄两个主要自变量之间是否满足直线关系,命令如下:

. lowess lninc educ_y

. lowess lninc age

图 6-24(a)是收入对数与受教育年限的散点图和平滑线图,图 6-24(b)是收入对数与年龄的散点图和平滑线图。

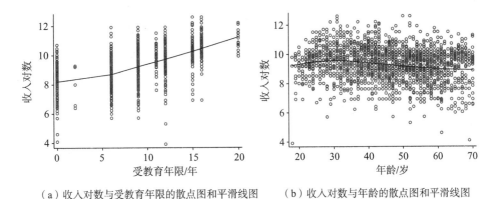

（a）收入对数与受教育年限的散点图和平滑线图　　（b）收入对数与年龄的散点图和平滑线图

图 6-24　因变量与主要自变量线性关系检验

根据图 6-24 我们可以判断,收入的自然对数和受教育年限之间,大致可以视为直线关系;但收入的自然对数与年龄之间,则更像是曲线关系,故建模时可以考虑采用多项式回归,即在模型中加入年龄变量的平方项(agesq)。

在对因变量和主要的自变量是否符合线性假定进行检查后,我们建立模型考察收入的性别差异及其来源。建模的基本策略如下:首先,构建基准模型,即只包括控制变量和性别变量,用以考察收入的性别差异;其次,在模型中逐个加入主要自变量,并观察性别变量系数的变化;最后,对收入性别差异的来源及其贡献进行分解。为了便于比较性别变量系数的变化,我们将所有模型的结果整理为正式的回归表格(见表6-1)①。

表 6-1 估计收入性别差异的 OLS 模型

| 变量 | 模型 1 | 模型 2 | 模型 3 | 模型 4 | 模型 5 |
|---|---|---|---|---|---|
| 性别(男性=1) | 0.454*** | 0.321*** | 0.339*** | 0.322*** | 0.309*** |
|  | (0.039) | (0.036) | (0.036) | (0.036) | (0.037) |
| 受教育年限 |  | 0.105*** | 0.098*** | 0.090*** | 0.089*** |
|  |  | (0.005) | (0.005) | (0.005) | (0.005) |
| 年龄 |  |  | 0.034*** | 0.034*** | 0.029** |
|  |  |  | (0.009) | (0.009) | (0.010) |
| 年龄的平方 |  |  | -0.000*** | -0.000*** | -0.000*** |
|  |  |  | (0.000) | (0.000) | (0.000) |
| 是否为党员(是=1) |  |  |  | 0.290*** | 0.291*** |
|  |  |  |  | (0.058) | (0.057) |
| 是否工作(是=1) |  |  |  |  | 0.127** |
|  |  |  |  |  | (0.049) |
| 地区(参照组:东部) |  |  |  |  |  |
| 中部 | -0.529*** | -0.425*** | -0.437*** | -0.442*** | -0.444*** |
|  | (0.048) | (0.044) | (0.043) | (0.043) | (0.043) |
| 西部 | -0.579*** | -0.402*** | -0.421*** | -0.438*** | -0.444*** |
|  | (0.054) | (0.050) | (0.050) | (0.050) | (0.049) |

---

① 本章 do 文件提供了制作该正式回归表格的详细命令,各项命令的具体含义可参考本书第四章。

(续表)

| 变量 | 模型 1 | 模型 2 | 模型 3 | 模型 4 | 模型 5 |
| --- | --- | --- | --- | --- | --- |
| 是否来自城镇（是=1） | 0.814*** | 0.455*** | 0.476*** | 0.466*** | 0.485*** |
|  | (0.043) | (0.042) | (0.042) | (0.042) | (0.042) |
| 常数项 | 8.914*** | 8.166*** | 7.648*** | 7.753*** | 7.711*** |
|  | (0.052) | (0.058) | (0.216) | (0.216) | (0.216) |
| 样本量 | 2311 | 2311 | 2311 | 2311 | 2311 |
| $R^2$ | 0.284 | 0.409 | 0.417 | 0.424 | 0.426 |

注:括号内的数字是标准误;$^*P<0.05$,$^{**}P<0.01$,$^{***}P<0.001$(双尾检验)。

本例中,因地区和是否来自城镇变量为控制变量,且从模型1至模型5的结果来看,两个变量系数的显著与否及方向并未发生实质性变化,故在此不做解释。结合收入的性别差异及其来源这一研究主题,我们重点关注性别、受教育年限、年龄、政治资本和工作状况的效应,尤其是增加变量后性别效应的变化。另外,模型中所有变量均在0.001的显著性水平显著,故在进行解释时不再一一说明。

模型1中性别的回归系数为0.454,对此我们的解释是,在控制了地区和是否来自城镇变量后,男性年平均总收入比女性高57.5%[$100\times(e^{0.454}-1)=57.5$]。

模型2在模型1的基础上加入了受教育年限。性别的回归系数为0.321,表明在控制了地区、是否来自城镇和受教育年限后,男性年平均总收入比女性要多37.9%[$100\times(e^{0.321}-1)=37.9$]。受教育年限的回归系数是0.105,意味着在控制了地区、是否来自城镇和性别后,每多接受一年的教育,年平均总收入增加11.1%[$100\times(e^{0.105}-1)=11.1$]。

前面的线性关系检验发现因变量(lninc)与年龄的关系为曲线关系,因此模型3使用了多项式回归,即将年龄及年龄的平方项纳入模型。性别的回归系数为0.339,表明在控制了地区、是否来自城镇、受教育年限和年龄后,男性的年平均总收入比女性高40.4%[$100\times(e^{0.339}-1)=40.4$]。受教育年限的回归系数为0.098,说明在控制了地区、是否来自城镇、性别以及年龄后,受教育年限每增加一年,年平均总收入增加10.3%[$100\times(e^{0.098}-1)=10.3$]。年龄和年龄的平方项两者的系数均统计显著,并且两者的方向相反,前者为0.034,后者是-0.000,

表明年龄与收入的对数是一个倒 U 形曲线关系。使用 wherext 命令计算出转折点为 38.5,也就是说,38 岁左右的群体其年平均总收入最高。在 38 岁之前,年平均总收入随着年龄的增长而增加,在 38 岁之后则刚好相反,年平均总收入随着年龄的增长而减少。

模型 4 加入了政治资本变量(是否为党员)。性别的回归系数为 0.322,表示在控制了地区、是否来自城镇、受教育年限、年龄和政治资本后,男性年平均总收入比女性多 38.0%$[100\times(e^{0.322}-1)=38.0]$。受教育年限的回归系数为 0.090,说明在控制了地区、是否来自城镇、年龄和政治资本后,受教育年限每增加一年,年平均总收入增加 9.4%$[100\times(e^{0.090}-1)=9.4]$。年龄及其平方项的系数与模型 3 完全一致,进一步证明了年平均总收入对数与年龄的倒 U 形曲线关系模式。政治资本的系数为 0.290,意味着在其他条件相同的情况下,党员的年平均总收入比非党员高 33.7%$[100\times(e^{0.290}-1)=33.7]$。

模型 5 除了包括前述所有变量外,另加入了工作状况变量。性别的回归系数为 0.309,意味着在其他条件相同的情况下,男性年平均总收入比女性要多 36.2%$[100\times(e^{0.309}-1)=36.2]$。受教育年限的回归系数是 0.089,表示在控制了地区、是否来自城镇、年龄、政治资本以及工作状况后,每多上一年学,年平均总收入增加 9.3%$[100\times(e^{0.089}-1)=9.3]$。年龄的系数比模型 4 略有下降,但结合年龄平方项的情况来看,年平均总收入对数与年龄依然呈倒 U 形曲线关系。政治资本的回归系数比模型 5 略有上升,由 0.290 变为 0.291,即党员的年平均总收入比非党员要多 33.8%$[100\times(e^{0.291}-1)=33.8]$。最后,我们看到工作状况的回归系数是 0.127,表示在控制了其他变量的情况下,有工作者的年平均总收入比没有工作的要多 13.5%$[100\times(e^{0.127}-1)=13.5]$。

本案例重点关注收入的性别差异及其来源,因此,我们单独考察一下在引入其他变量时性别变量系数的变化。对表 6-1 模型 1 至模型 5 中性别的系数进行比较后可知,模型 1 中性别的系数最大,模型 2 至模型 5 中性别的系数均有不同幅度的下降。对此我们可以认为,在逐步加入受教育年限、年龄、政治资本以及工作状况等变量后,性别的部分效应被新增加的变量解释掉了。与模型 2 相比,模型 3 和模型 4 中性别的系数略有上升,我们可以认为模型 3 和模型 4 新增加的变量对性别的效应有遮蔽作用。

那么,收入的性别差异到底有多少来源于受教育年限、年龄、政治资本和工作状况的性别差异呢?在解释收入的性别差异时,这些因素各自的贡献又有多大?为了回答这些问题,我们可以使用 khb 命令进行分解,命令及结果如下:

```
. khb regress lninc male || educ_y age agesq party job, c(i.region urban)
  disentangle summary
```

Decomposition using Linear Probability Models

```
Model-Type:  regress                      Number of obs  =   2311
Variables of Interest: male               R-squared      =   0.43
Z-variable(s): educ_y age agesq party job
Concomitant: i.region urban
```

| lninc | Coef. | Std. Err. | z | P>\|z\| | [95% Conf. Interval] | |
|---|---|---|---|---|---|---|
| male | | | | | | |
| Reduced | .453951 | .0353142 | 12.85 | 0.000 | .3847364 | .5231656 |
| Full | .3088032 | .0365316 | 8.45 | 0.000 | .2372025 | .3804038 |
| Diff | .1451478 | .0430011 | 3.38 | 0.001 | .0608672 | .2294285 |

Summary of confounding

| Variable | Conf_ratio | Conf_Pct | Resc_Fact |
|---|---|---|---|
| male | 1.4700334 | 31.97 | .99999998 |

Components of Difference

| Z-Variable | Coef | Std_Err | P_Diff | P_Reduced |
|---|---|---|---|---|
| male | | | | |
| educ_y | .1138598 | .0157019 | 78.44 | 25.08 |
| age | .0343827 | .0189771 | 23.69 | 7.57 |
| agesq | -.0434354 | .0220286 | -29.92 | -9.57 |
| party | .0294959 | .0069955 | 20.32 | 6.50 |
| job | .0108448 | .004689 | 7.47 | 2.39 |

以上 khb 命令分解的结果表明,收入的性别差异,有大约 32% 来源于受教育年限、年龄、政治资本和工作状况这些因素的性别差异。其中,受教育年限的贡献最大,占上述因素的 78%;第二是政治资本,约占上述因素的 20%;第三是工作状况,约占上述因素的 7%。年龄因素的贡献率为负(年龄变量一次项的贡献率与二次项的贡献率相加,即 23.69-29.92=-6.23),表明年龄的性别差

异遮蔽了很小一部分收入的性别不平等。

如上所述,我们综合运用回归诊断的方法并根据诊断结果给出应对策略,建立适当模型并使用 khb 命令对收入性别差异的来源进行分解,回答了收入的性别差异及其来源问题。

本章首先对线性回归模型分析的三个基本假定进行介绍,并对违背假定的后果进行简要说明。随后,我们结合实例讲解了线性关系诊断和误差项诊断的具体方法。当数据或变量无法满足回归假定而需要进行变量转换时,我们结合具体的例子详细介绍了几种常见的变量转化方法。最后,我们以收入的性别差异及其来源为例,在具体应用中再次对回归诊断及其应对方法进行讲解。对以上内容的正确理解和把握,可为进一步学习回归分析及更为高阶的数据分析方法奠定基础。

## ◆ 参考文献

威廉·D. 贝里:《理解回归假设》,余珊珊译,格致出版社、上海人民出版社 2017 年版。

约翰·福克斯:《回归诊断简介》,於嘉译,格致出版社、上海人民出版社 2012 年版。

劳伦斯·C. 汉密尔顿:《应用 STATA 做统计分析·更新至 STATA12(原书第 8 版)》,巫锡炜等译,清华大学出版社 2017 年版。

谢宇:《回归分析》,社会科学文献出版社 2010 年版。

## ◆ 思考与练习

1. 简述线性回归假定的基本内容。
2. 使用 Stata 软件分析数据并回答问题。

打开 cgss2010s3000.dta 数据(选取城镇 60 岁及以下样本),已知:因变量为全年职业收入(ywincome,单位:元),自变量为受教育年限(educ_y,单位:年)、性别(male,男性=1,女性=0)、年龄(age)、地区(region,东部=1,中部=2,西部=3)。

请完成以下分析任务：

(1) 全年职业收入与年龄是否为线性关系？请作图判断。

(2) 受教育年限对全年职业收入的线性回归模型满足误差项服从均值为 0 的正态分布吗？符合同方差性假定吗？

(3) 结合前两步的判断，采取适当的应对策略后，估计职业收入影响因素回归模型并对回归结果进行详细解释。

# 第七章

# 常见的数据问题及解决方案

**本章提要**

定量社会科学研究使用的原始数据通常存在各种问题,若不加处理便直接分析,可能得出有偏甚或错误的结论。本章重点介绍定量社会科学研究中较为常见的数据问题、检验方法及解决方案。我们认为,在进行数据分析之前,至少需要对数据缺失、奇异值和共线性等数据问题进行诊断和处理。本章通过研究实例详细讲解了处理常见数据问题的恰当方法和应对策略,从而为得出更为可靠的研究结论提供保障。

在实际的定量社会科学研究过程中,供我们进行分析的数据库往往并不"完美",我们经常会遇到各种各样的数据问题,其中数据缺失(missing data)、奇异值(outliers)和共线性(collinearity)等问题较为常见。遇到这些问题,若不加处理便直接进行统计分析,往往可能得出有偏误甚至是错误的数据分析结果,从而导致误导性或错误的研究结论。因此,在进行数据分析的过程中,通常需要事先检查数据是否存在这些问题,并对此类数据问题(如果存在的话)加以处理,以保证数据分析结果的可靠性。本章我们将结合实例介绍定量社会数据分析中常见的数据缺失、奇异值和共线性问题,并结合Stata软件操作技术讲解相应的处理方式和应对策略。

# 第七章　常见的数据问题及解决方案

## 第一节　数据缺失

本节介绍数据缺失的来源、缺失的类型及其可能导致的后果,并结合研究实例重点讲解处理缺失数据的常用策略及其 Stata 软件的应用。

### 一、数据缺失的来源及其可能导致的后果

数据缺失是指数据中一些个案在某些变量上没有信息,通常被称为项目无回答(item nonresponse)。① 一般而言,以下三种情况容易导致数据缺失:

(1)调查问卷设置题目跳答导致的"不适用"情况所引起的数据缺失。例如,在提问是否就业的题目之后,只有选择了就业的被调查者才可能回答与每月工资情况对应的题目,而没有就业的被调查者则需跳答或者无须回答,由此导致工资变量存在缺失值(即没有工作的样本缺失工资的信息)。

(2)数据收集过程中,研究者因研究需要制造的数据缺失。例如,问卷的某些模块只需部分被调查者(如老年人或某种类型的群体等)填答,而不针对所有被调查者,从而导致某些变量缺失。再如,为了减轻被调查者填答问卷的负担,有些调查项目会进行随机抽样,让样本中的某一群体填写某一模块,另一部分群体填写另一模块。

(3)被调查者"拒绝回答"或"因故没有回答"等情况导致的数据缺失。例如,有些被调查者在被问到一些比较敏感的问题时,不愿透露个人信息;或自填问卷时因为疏忽忘记回答某个问题等。

除上述三种数据缺失的主要来源外,有时还可能会因数据录入过程中的错误而导致数据缺失。随着近年来调查技术和工具的发展与进步,数据录入导致数据缺失的可能性越来越小。

一般情况下,那些由权威研究机构收集的数据库,其问卷、调查手册以及数据的用户使用手册(codebook)都会清晰地呈现缺失值的具体信息。例如,图 7-1 是中国综合社会调查 2010 年数据中全年总收入变量的分布情况的截

---

① 严洁:《缺失数据的多重插补——应用案例与软件操作》,重庆大学出版社 2017 年版,第 2 页。

图,从中可以看出,有三种情况导致该变量出现缺失,即"拒绝回答""不知道"和"不适用"。

| 您个人去年全年的总收入是多少? | Freq. | Percent | Cum. |
|---|---|---|---|
| 拒绝回答 | 174 | 4.93 | 4.93 |
| 不知道 | 74 | 2.10 | 7.03 |
| 不适用 | 222 | 6.29 | 13.32 |
| 0 | 346 | 9.81 | 23.13 |
| 50 | 1 | 0.03 | 23.16 |
| 60 | 1 | 0.03 | 23.19 |
| 100 | 1 | 0.03 | 23.21 |
| 200 | 1 | 0.03 | 23.24 |

图 7-1 CGSS 2010 数据收入变量分布情况截图

又如,图 7-2 呈现了国际社会调查合作组织(international social survey programme, ISSP)2012 年调查数据中"男主外女主内"(Men's job earn money, women's job look after home)这一变量的分布情况,其中"NAP"表示某些国家的被调查者"不用回答该问题","Can't choose"表示"无法选择","No answer"则表示"未回答"。无论是中国综合社会调查中的"拒绝回答""不知道"和"不适用",还是国际社会调查合作组织调查数据中的"NAP""Can't choose"和"No answer",这些都是我们在数据管理时首先需要处理的问题。

| Q2b Men's job earn money, women's job look after home | Freq. | Percent | Cum. |
|---|---|---|---|
| NAP: ES | 2,595 | 4.20 | 4.20 |
| Strongly agree | 6,095 | 9.87 | 14.07 |
| Agree | 12,548 | 20.32 | 34.39 |
| Neither agree nor disagree | 10,698 | 17.32 | 51.71 |
| Disagree | 17,127 | 27.73 | 79.45 |
| Strongly disagree | 11,610 | 18.80 | 98.25 |
| Can't choose, CA:+NA, KR:DK,ref., NL:DK | 694 | 1.12 | 99.37 |
| No answer | 387 | 0.63 | 100.00 |
| Total | 61,754 | 100.00 | |

图 7-2 ISSP 2012"男主外女主内"变量分布截图

在进行数据分析之前,研究者通常要检查所有参与分析的变量的缺失情况并决定是否或如何对缺失值进行相应的处理。在进行数据分析时,如果不明确指定处理缺失值的具体方法,Stata 以及大多数常用的统计软件均默认采用列表删除(listwise deletion)的方式,也就是将参与分析的变量中有缺失值的个案全部排除在外。这种情况下,由于样本的损失(尤其当缺失值不是随机缺失,而且缺失值的比例较大时),可能导致删除后剩余的样本失去了总体代表性,从而在推断总体的时候产生有偏误的估计值。

## 二、数据缺失的类型

数据缺失导致的问题的严重程度,通常取决于缺失值的比例(与总样本量相比)和缺失值的结构,尤以后者为甚。一般情况下,缺失值所占比例越小,可能产生的问题就越少。所谓缺失值的结构,是指缺失值既可能是随机的(random),也可能是系统的(systematic)。随机缺失是没有任何规律或模式可循的缺失,而系统缺失则是有规律的缺失。例如,一些具有相同特征的群体,其缺失值比其他群体多。如果是系统缺失,那么由存在缺失值的样本所组成的数据的结构就是有偏的。具体而言,如果我们分析因变量 $y$ 和自变量 $x$ 的关系,根据缺失值的结构,可以将缺失数据分为三种类型[①]:(1)完全随机缺失(missing completely at random,简称 MCAR),即变量 $y$ 的缺失值同 $y$ 与 $x$ 的取值或分布完全无关。有时候,调查者可能从已有的样本中再随机抽取一个子样本填答某些问题,因这种调查设计而导致的缺失值往往都是完全随机缺失。(2)随机缺失(missing at random,简称 MAR),指变量 $y$ 的缺失值与 $y$ 本身的取值大小或分布无关,但与自变量 $x$ 有关。例如,当我们研究收入与职业的关系时,假如管理类职业的被调查者更可能拒绝回答其收入的情况,那么这种原因导致的缺失就是随机缺失。(3)非随机缺失(missing not at random,简称 MNAR),指变量 $y$ 的缺失值与该变量自身取值的大小相关。例如,高收入群体通常更不愿意回答与自身收入有关的问题。这种情况所导致的缺失就是非随机缺失。

缺失意味着不存在,因此缺失的情况通常是未知的,所以,如果仅仅根据某个有缺失值的变量,我们几乎没有确切的方法来判断缺失数据的类型。当然,我们可以借助一些常用的人口特征变量(这些变量本身不存在缺失值问

---

① Paul D. Allison, *Missing Data*, Sage Publications, Inc., 2001, pp. 3–5.

题），并根据相应的双变量统计检验方法（如 $t$ 检验、方差分析或卡方检验等）来辅助判断。下面我们举例介绍如何通过统计检验来判断数据缺失的类型。

**【例 7-1】** 打开 cgss2010s3000.dta 数据，已知：因变量为全年总收入（ytincome，单位：元），自变量为受教育年限（educ_y，单位：年）、教育程度（level，小学或以下＝1，初中＝2，高中职高技校＝3，大专或以上＝4）、年龄（age）、性别（male，男性＝1，女性＝0）、是否来自城镇（urban，是＝1，否＝0）。问：收入变量的缺失是随机的吗？

首先，我们检查收入的分布以及缺失值所占的比例。Stata 软件查看缺失值的基本命令可写为

. misstable sum varlist

misstable sum 为查看变量缺失状况的命令，varlist 既可以是单个变量，也可以是变量列表或多个变量。若 misstable sum 后不跟任何变量或变量列表，则会输出数据库中所有存在缺失值的变量的缺失状况。本例查看收入变量缺失值的具体命令及结果如下：

. misstable sum ytincome

| Variable | Obs=. | Obs>. | Obs<. | Unique values | Min | Max |
| --- | --- | --- | --- | --- | --- | --- |
| ytincome | 395 | | 2,605 | 264 | 0 | 300000 |

输出结果中的"Obs＝."为 Stata 软件默认的缺失值，通常也被称作"软缺失"（soft missing）；"Obs＞."则是可以显示为".a"".b"".c"等缺失值的编码，可带有缺失值的取值标签，被称为"硬缺失"（hard missing）；"Obs＜."则表示非缺失值。[①] 从上面的输出结果可以发现，有 395 个个案的收入信息是缺失的。

然后我们生成一个名为是否缺失的虚拟变量（missed），1 代表收入变量缺失，0 代表收入变量没有缺失。然后做频数分布表，可以发现收入变量的缺失值所占比例为 13%。

---

① 劳伦斯·C. 汉密尔顿：《应用 STATA 做统计分析·更新至 STATA12（原书第 8 版）》，巫锡炜等译，清华大学出版社 2017 年版，第 222 页。

## 第七章 常见的数据问题及解决方案

```
. gen missed=ytincome==.
. tab missed

   missed |    Freq.    Percent       Cum.
----------+-----------------------------------
        0 |    2,605      86.83      86.83
        1 |      395      13.17     100.00
----------+-----------------------------------
    Total |    3,000     100.00
```

接下来,我们用 missed 变量与其他几个变量进行相关分析以检验收入变量的缺失值是否为随机缺失。命令及结果(见表 7-1)如下:

```
. ttest educ_y, by(missed)
. tab level missed, row chi2
. ttest age, by(missed)
. tab male missed, row chi2
. tab urban missed, row chi2
```

表 7-1 收入变量缺失与否与其他自变量关系检验

| 变量 | | 缺失组 | 无缺失组 | 检验 |
| --- | --- | --- | --- | --- |
| 受教育年限 | | 9.284 | 8.877 | $t=-1.717^{+}$ |
| 教育程度 | 小学或以下 | 12.64% | 87.36% | $\chi^2=13.12^{**}$ |
| | 初中 | 10.73% | 89.27% | |
| | 高中职高技校 | 14.94% | 85.06% | |
| | 大专及以上 | 17.14% | 82.86% | |
| 年龄 | | 45.021 | 41.757 | $t=4.534^{***}$ |
| 性别 | 女性 | 15.65% | 84.35% | $\chi^2=17.80^{***}$ |
| | 男性 | 10.43% | 89.57% | |
| 是否来自城镇 | 否 | 10.03% | 89.97% | $\chi^2=18.31^{***}$ |
| | 是 | 15.39% | 84.61% | |

注:$^{+}P<0.1$,$^{*}P<0.05$,$^{**}P<0.01$,$^{***}P<0.001$。

从表 7-1 的检验结果可以看出,教育程度越高的人、越年轻的群体、女性和城镇地区的居民更可能缺失收入的信息(所有的检验均统计显著),故我们基本上可以判断收入变量的数据缺失是非随机的。实际上,在大多数情况下,定量社会科学所分析的数据中,很多变量的缺失都不是随机的。因此,当我们所分析的变量有数据缺失的情况,尤其是当缺失的比例较大的时候,要获得比较可靠的估计值,需要对缺失值进行相应的处理。

### 三、处理缺失数据的常用方法

如前所述,当我们分析的数据存在缺失值,尤其是缺失的比例较大,而且经检验后发现缺失并不是随机的情况下,无视缺失数据的存在而直接进行回归分析可能会导致估计值产生偏误。尊重被调查者的意愿和隐私等与研究伦理有关的诸多因素,导致定量社会科学研究使用的调查数据经常存在数据缺失的情况,因此,处理缺失值就成为定量社会科学研究中一个非常重要的方法议题。大体而言,定量社会科学研究者常用的应对数据缺失的方法包括个案删除法、简单插补法和多重插补法三种主要的方法类型。①

### (一) 个案删除法

个案删除法是最简单的处理数据缺失的做法。研究者在数据分析过程中,首先需要将研究所要用到的所有变量进行检查清理,遇到变量中有缺失值②,就赋值为"."(大多数统计软件,包括 Stata,都默认将"."作为缺失值的代码)。统计分析的时候,只要遇到相关变量有缺失值的个案,统计软件的默认做法是将该个案从分析样本中排除出去(即当作没有该个案)后进行计算,这就是所谓的个案删除法。具体而言,个案删除法又可分为列表删除(listwise deletion)和配对删除(pairwise deletion)两种类型。所谓列表删除,是指计算一项研究所要用到的所有变量,将每一有缺失值的变量所对应的个案全部进行物理删除,最终只保留一个没有任何缺失值的数据库,然后所有的具体分析都

---

① 对于以上插补方法的更为详细的讨论参见 Paul D. Allison, *Missing Data*, Sage Publications, Inc., 2001; Roderick J. A. Little and Donald B. Rubin, *Statistical Analysis with Missing Data*, 3rd ed., John Wiley & Sons, Inc., 2020。

② 研究者需要认真阅读收集数据的调查问卷或调查手册,了解指代缺失值的数字或符号。国际上通用的做法是使用一些特别的数字(例如:8、9、88、99、8888、9999……)来指代缺失值,所以检查变量时,遇到这样的选项,要留意是否为缺失值。中国的一些权威调查机构有时候用负数(-3、-2、-1)来指代不同情况的缺失。例如,中国综合社会调查有些年份的数据用"-3"指代"拒绝回答",用"-2"指代"不知道",用"-1"指代"不适用"等。

使用该数据库。下面我们举例说明如何在 Stata 软件中实现列表删除。

【例7-2】 打开 cgss2010s3000.dta 数据,已知:因变量为全年总收入(ytincome,单位:元),自变量为父亲职业社会经济地位指数(fisei)、父亲受教育年限(feduy,单位:年)、母亲职业社会经济地位指数(misei)、母亲受教育年限(meduy,单位:年),控制变量为性别(male,男性=1,女性=0)、年龄(age)、本人受教育年限(educ_y,单位:年)。问:如何对一项研究所要用到的变量进行列表删除?

首先,我们检查分析所用变量的缺失值情况(cgss2010s3000.dta 已经将所有类型的缺失值都赋值为"."),可以用 summarize 命令查看这些变量的摘要统计:

```
. sum ytincome educ_y fisei misei meduy feduy male age
```

| Variable | Obs | Mean | Std. Dev. | Min | Max |
| --- | --- | --- | --- | --- | --- |
| ytincome | 2,605 | 16486.42 | 24019.91 | 0 | 300000 |
| educ_y | 2,996 | 8.93024 | 4.390779 | 0 | 20 |
| fisei | 2,671 | 30.54736 | 13.51146 | 16 | 90 |
| misei | 2,347 | 27.39582 | 10.9465 | 16 | 88 |
| meduy | 2,915 | 3.116638 | 4.21962 | 0 | 19 |
| feduy | 2,891 | 4.997233 | 4.637592 | 0 | 19 |
| male | 3,000 | .476 | .4995069 | 0 | 1 |
| age | 3,000 | 44.591 | 13.37408 | 17 | 70 |

因为数据原来的总样本量为3000,从上面的描述统计结果可以看出,除性别(male)和年龄(age)这两个变量外,其他变量均存在不同程度的缺失,因为它们的有效样本量(Obs)均小于3000。接下来我们使用 misstable sum 命令查看各个变量缺失值的具体数量:

```
. misstable sum ytincome educ_y fisei misei meduy feduy male age
```

| Variable | Obs=. | Obs>. | Obs<. | Unique values | Obs<. Min | Max |
| --- | --- | --- | --- | --- | --- | --- |
| ytincome | 395 | | 2,605 | 264 | 0 | 300000 |
| educ_y | 4 | | 2,996 | 9 | 0 | 20 |
| fisei | 329 | | 2,671 | 53 | 16 | 90 |
| misei | 653 | | 2,347 | 44 | 16 | 88 |
| meduy | 85 | | 2,915 | 8 | 0 | 19 |
| feduy | 109 | | 2,891 | 9 | 0 | 19 |

由以上输出结果中的第二列可知,母亲的职业社会经济地位指数(misei)缺失值最多(653个),然后依次是全年总收入(ytincome,395个)、父亲的职业社会经济地位指数(fisei,329个)、父亲的受教育年限(feduy,109个)、母亲的受教育年限(meduy,85个)和被调查者的受教育年限(educ_y,4个)。我们应用列表删除法将上述变量存在缺失值的个案全部从数据库中进行物理删除,具体命令和结果如下:

```
. foreach v of varlist ytincome educ_y fisei misei meduy feduy male age {
    drop if `v'==.
  }
(395 observations deleted)
(4 observations deleted)
(270 observations deleted)
(436 observations deleted)
(20 observations deleted)
(22 observations deleted)
(0 observations deleted)
(0 observations deleted)
```

上述循环命令,目的在于只要某个变量有缺失值,就删除对应的个案。执行上述命令之后,我们用 sum 命令再次检查上述变量,可以发现数据库只剩下 1853 个有效样本,而且每个变量的样本量都是相同的:

```
. sum ytincome educ_y fisei misei meduy feduy male age
```

| Variable | Obs | Mean | Std. Dev. | Min | Max |
|---|---|---|---|---|---|
| ytincome | 1,853 | 15683.78 | 24128.3 | 0 | 300000 |
| educ_y | 1,853 | 8.722612 | 4.360597 | 0 | 20 |
| fisei | 1,853 | 29.52941 | 12.9859 | 16 | 90 |
| misei | 1,853 | 27.05828 | 10.59682 | 16 | 88 |
| meduy | 1,853 | 3.026983 | 4.173133 | 0 | 19 |
| feduy | 1,853 | 4.868322 | 4.569943 | 0 | 19 |
| male | 1,853 | .4975715 | .5001291 | 0 | 1 |
| age | 1,853 | 44.02267 | 12.83853 | 18 | 70 |

如果用 misstable sum 命令进行检查,可以发现上述所有变量都已经没有缺失值,即纳入分析的这些变量,所有存在缺失值的个案都已从数据库中删除,所以括号内注明"variables nonmissing or string",意即变量没有缺失或者变量为字符型变量[①]:

---

① Stata 软件中 string 表示变量的存储类型为字符型。字符型变量无法进行常规的统计分析。

# 第七章 常见的数据问题及解决方案

```
. misstable sum ytincome educ_y fisei misei meduy feduy male age
```

经过列表删除,我们得到一个没有任何缺失值的数据库,其有效样本量为 1853,之后所有的分析都是基于这 1853 个有效个案。这种做法的优点是不同的数据分析都是基于相同的样本,故其结果具有可比性。例如,为了比较父亲和母亲两者究竟谁对子女收入的影响更大,我们估计了两个关于年收入影响因素的 OLS 回归模型,模型 1 的自变量为父亲职业社会经济地位指数和父亲受教育年限,模型 2 的自变量为母亲职业社会经济地位指数和母亲受教育年限。此外,两个模型均控制了性别、年龄、年龄的平方以及本人受教育年限。为了便于比较,我们将回归结果整理为表 7-2。

```
. eststo: regress ytincome male age agesq educ_y fisei feduy
. eststo: regress ytincome male age agesq educ_y misei meduy
. esttab using 表7-2.rtf, b(3) se(3) star(* 0.05 ** 0.01 *** 0.001) r2 nogaps replace
. eststo clear
```

表 7-2 估计年总收入影响因素 OLS 回归模型

| 变量 | 模型 1 | 模型 2 |
|---|---|---|
| 性别(男性=1) | 6513.117*** | 6662.905*** |
|  | (1027.183) | (1015.421) |
| 年龄 | 1068.868*** | 1207.216*** |
|  | (256.384) | (256.987) |
| 年龄的平方 | −11.261*** | −12.846*** |
|  | (2.844) | (2.840) |
| 本人受教育年限 | 1865.983*** | 1690.888*** |
|  | (140.806) | (139.263) |
| 父亲职业社会经济地位指数 | 54.034 |  |
|  | (45.988) |  |
| 父亲受教育年限 | 627.858*** |  |
|  | (151.319) |  |
| 母亲职业社会经济地位指数 |  | 216.993*** |
|  |  | (58.349) |

(续表)

| 变量 | 模型 1 | 模型 2 |
|---|---|---|
| 母亲受教育年限 |  | 757.440*** |
|  |  | (170.878) |
| 常数项 | −31861.863*** | −36676.837*** |
|  | (5768.743) | (5744.311) |
| 样本量 | 1853 | 1853 |
| $R^2$ | 0.203 | 0.220 |

注：括号内的数字是标准误；*$P<0.05$，**$P<0.01$，***$P<0.001$（双尾检验）。

因表 7-2 中两个回归模型的样本完全一致，故其系数可以进行比较。因为研究的重点在于比较父亲和母亲谁对孩子收入影响更大，在本例我们就可以对父母职业社会经济地位指数的效应和父母教育效应的大小进行比较。不难看出，父亲的职业社会经济地位指数对孩子年总收入并无显著影响，即其对孩子年总收入的效应为 0，而母亲职业社会经济地位指数的系数为 217 且统计显著，意味着在控制了其他变量的情况下，母亲的职业社会经济地位指数每提高 1 分，孩子的年总收入增加 217 元左右。父亲受教育年限的系数为 628 且统计显著，意即在所有条件都相同的情况下，父亲每多接受一年的教育，孩子年总收入增加 628 元；母亲受教育年限的系数为 757 且统计显著，表明在所有条件相同的情况下，母亲每多接受一年的教育，孩子年总收入可增加 757 元。另外，包含母亲职业社会经济地位指数和受教育年限变量的模型 2 的决定系数更大，意味着能够解释年总收入变差的比例更大。总体而言，与父亲相比，母亲的职业社会经济地位指数和受教育年限对孩子年总收入的影响更大。正是因为模型 1 和模型 2 使用了完全相同的样本，才使得这种比较成为可能。

尽管列表删除具有可在不同模型之间进行比较的优点，但其弱点也是显而易见的，即样本量损失较大。就本例而言，样本量从 3000 骤降为 1853。当某个分析无须用到所有的变量时，完全没有必要损失如此多的样本。更为重要的是，如果数据缺失的比例较大且为非随机缺失，那么删除有缺失值的个案之后，剩下的就是有偏的数据（如果原来的 3000 人的样本能够代表总体的话），那么基于此数据所得结论将难以推论总体。

我们再来看配对删除。所谓配对删除，并不是将数据中所有存在缺失值的个案全部删除，而是按照计算顺序仅删除某个具体分析所需的变量内具有缺失值的个案。因此，不同的分析，如果用到的变量不同，其有效样本量可能并不一致。在操作方面，配对删除较为简单，只需将数据分析中用到的变量的缺失值赋值为"."即可，除此之外，无须其他操作。Stata 软件以及其他大多数统计软件在执行分析命令时，会自动将有缺失值的个案排除在外。表 7-3 仍为估计年总收入影响因素的 OLS 回归模型，但处理缺失的方法为配对删除。

```
. eststo: regress ytincome male age agesq educ_y fisei feduy
. eststo: regress ytincome male age agesq educ_y misei meduy
. esttab using 表7-3.rtf, b(3) se(3) star(* 0.05 ** 0.01 *** 0.001) r2 nogaps replace
. eststo clear
```

表 7-3　估计年总收入影响因素 OLS 回归模型

| 变量 | 模型 1 | 模型 2 |
| --- | --- | --- |
| 性别（男性=1） | 5672.978*** | 6189.648*** |
|  | (877.574) | (979.573) |
| 年龄 | 973.816*** | 1245.187*** |
|  | (217.795) | (248.589) |
| 年龄的平方 | −10.005*** | −13.106*** |
|  | (2.402) | (2.733) |
| 本人受教育年限 | 1918.278*** | 1761.773*** |
|  | (121.498) | (133.370) |
| 父亲职业社会经济地位指数 | 49.892 |  |
|  | (38.091) |  |
| 父亲受教育年限 | 557.375*** |  |
|  | (129.263) |  |
| 母亲职业社会经济地位指数 |  | 233.580*** |
|  |  | (56.471) |

（续表）

| 变量 | 模型 1 | 模型 2 |
| --- | --- | --- |
| 母亲受教育年限 |  | 619.166 *** |
|  |  | (165.931) |
| 常数项 | −29891.444 *** | −37908.113 *** |
|  | (4914.658) | (5578.098) |
| 样本量 | 2282 | 2039 |
| $R^2$ | 0.208 | 0.213 |

注：括号内的数字是标准误；*$P<0.05$，**$P<0.01$，***$P<0.001$（双尾检验）。

表7-3中的两个模型，因为父亲的两个特征变量和母亲的两个特征变量缺失值的数量不同，故模型1和模型2的有效样本量也不相同。因为两个模型分析基于不同的样本，所以在模型1与模型2之间（如两个模型的决定系数）或自变量的系数之间（如母亲变量的系数和父亲变量的系数）通常是无法直接进行比较的。因为即便两者之间存在差异，也可能是样本不同所导致的。

配对删除的优点是操作简单，而且可以最大化保留有效的样本进行分析。但正如前面所展示的，配对删除的缺点是不同的模型之间因参与分析的样本不同而无法直接进行比较。另外，参与分析的变量如果缺失比例较大，而且又是非随机缺失的话，那么执行了配对删除操作之后的数据分析结果同样存在难以推论总体的情况。

### （二）简单插补法

如果数据存在缺失值，数据分析时若要尽量保留原来的样本量，而不进行简单的列表删除或配对删除，我们可以对缺失值进行插补。常用的简单插补法有三种，分别为均值或众数替代法（mean/mode substitution）、条件均值替代法（conditional mean substitution）和回归模型估计值插补（regression imputation）。下面我们结合具体例子逐一进行介绍。

1. 均值或众数替代法

所谓均值或众数替代法，就是当某个变量存在缺失值时，我们根据该变量的有效信息（非缺失值），计算该变量的均值或众数，然后使用计算得到的均值或众数去替代原来变量的缺失值。如果分析的变量是连续型变量,通常使用均值替代,也可以使用众数替代。① 但如果分析的变量是类别变量,则通常使用众数替代。下面我们结合例子对均值或众数替代的具体操作进行讲解。

【例7-3】 打开 cgss2010s3000.dta 数据,已知:变量为全年总收入(ytincome,单位:元),自变量为受教育年限(educ_y,单位:年)。问:如何对收入变量和受教育年限变量的缺失值进行简单插补?

我们首先使用 misstable sum 命令检查收入变量的缺失情况,结果显示 ytincome 变量共有 395 个缺失值。

. misstable sum ytincome

| Variable | Obs=. | Obs>. | Obs<. | Unique values | Min | Max |
|---|---|---|---|---|---|---|
| ytincome | 395 | | 2,605 | 264 | 0 | 300000 |

进行插补之前,我们预先生成一个与 ytincome 完全相同的变量,命名为 ytincome2。② 然后使用 sum 命令查看新生成的 ytincome2 的摘要统计并获得其均值的信息。接下来使用 replace 命令将根据收入没有缺失值的 2605 个样本计算得到的均值赋值给 ytincome2 变量中缺失的样本,完成均值替代。命令及相应结果如下:

. gen ytincome2=ytincome
. sum ytincome2

| Variable | Obs | Mean | Std. Dev. | Min | Max |
|---|---|---|---|---|---|
| ytincome2 | 2,605 | 16486.42 | 24019.91 | 0 | 300000 |

. replace ytincome2=r(mean) if ytincome2==.
. sum ytincome2

| Variable | Obs | Mean | Std. Dev. | Min | Max |
|---|---|---|---|---|---|
| ytincome2 | 3,000 | 16486.42 | 22382.25 | 0 | 300000 |

---

① 如果分析的变量服从正态分布,那么其均值和众数基本相同。
② 如此做的原因是可以保留原始的 ytincome 变量,以备后用。这也是我们进行数据分析时应该掌握的经验,即尽量不要改变数据的原始状态。

对比赋值前（ytincome）和赋值后（ytincome2）的收入变量的描述统计结果可以发现，赋值后的有效样本量变为3000，即赋值后已经没有缺失值。赋值前后收入的均值完全相同，但标准差变小了。原因在于，赋值之后的变量多了395个相同的值，变量取值内部的差异程度因此而变小，故衡量变异程度的标准差也因此而变小。

接下来我们对受教育年限（educ_y）这一变量进行插补。我们分别使用 misstable sum、sum 和 tab 命令查看该变量的缺失值情况、摘要统计和频数分布：

`. misstable sum educ_y`

| Variable | Obs=. | Obs>. | Obs<. | Unique values | Obs<.<br>Min | Max |
|---|---|---|---|---|---|---|
| educ_y | 4 | | 2,996 | 9 | 0 | 20 |

`. sum educ_y`

| Variable | Obs | Mean | Std. Dev. | Min | Max |
|---|---|---|---|---|---|
| educ_y | 2,996 | 8.93024 | 4.390779 | 0 | 20 |

`. tab educ_y`

| 受教育年限（年） | Freq. | Percent | Cum. |
|---|---|---|---|
| 0 | 314 | 10.48 | 10.48 |
| 2 | 9 | 0.30 | 10.78 |
| 6 | 682 | 22.76 | 33.54 |
| 9 | 951 | 31.74 | 65.29 |
| 11 | 68 | 2.27 | 67.56 |
| 12 | 517 | 17.26 | 84.81 |
| 15 | 230 | 7.68 | 92.49 |
| 16 | 204 | 6.81 | 99.30 |
| 20 | 21 | 0.70 | 100.00 |
| Total | 2,996 | 100.00 | |

可以发现，受教育年限变量只有四个缺失值，均值为8.93（约等于9），众数为9。鉴于均值和众数几乎一样（相当于初中文凭），而且该变量的取值都是整数，所以我们可以使用众数对缺失值进行替代。与收入变量同样，我们生成一个与原变量 educ_y 完全相同的新变量 educ_y2，然后使用 replace 命令对新变量的缺失值赋值为9，之后查看该变量的摘要统计。具体命令及结果如下：

## 第七章 常见的数据问题及解决方案

```
. gen educ_y2=educ_y
. replace educ_y2=9 if educ_y2==.
. sum educ_y2
```

| Variable | Obs | Mean | Std. Dev. | Min | Max |
|---|---|---|---|---|---|
| educ_y2 | 3,000 | 8.930333 | 4.38785 | 0 | 20 |

以上结果表明,众数替代之后的新的受教育年限变量(educ_y2)的有效样本量为3000,其分布(均值和标准差)与原变量(educ_y)几乎一样,主要原因在于该变量缺失的个案数非常少,仅有四个。

完成了两个变量的均值或众数替代之后,我们分别以替代前后的因变量和自变量估计两个简单的回归模型,其中性别作为控制变量,运行完如下命令后,我们将两个模型的回归结果整理为表7-4:

```
. regress ytincome educ_y male
. eststo
. regress ytincome2 educ_y2 male
. eststo
. gen missed=ytincome==.
. regress ytincome2 missed educ_y2 male
. eststo
. esttab using 表7-4.rtf, b(3) se(3) star(* 0.05 ** 0.01 *** 0.001) r2 nogaps replace
. eststo clear
```

表7-4 估计全年总收入影响因素的简单OLS回归模型(插补前后比较)

| 变量 | 模型1<br>(插补前) | 模型2<br>(插补后) | 模型3<br>(插补后) |
|---|---|---|---|
| 受教育年限 | 2232.618*** | 1886.585*** | 1887.521*** |
|  | (99.319) | (86.485) | (86.579) |
| 性别(男性=1) | 4766.865*** | 4297.914*** | 4282.102*** |
|  | (860.800) | (759.718) | (762.430) |
| 是否缺失(是=1) |  |  | −280.637 |
|  |  |  | (1115.065) |

（续表）

| 变量 | 模型 1（插补前） | 模型 2（插补后） | 模型 3（插补后） |
| --- | --- | --- | --- |
| 常数项 | −5678.142*** | −2407.226** | −2371.107** |
|  | (1013.482) | (887.853) | (899.514) |
| 样本量 | 2601 | 3000 | 3000 |
| $R^2$ | 0.184 | 0.156 | 0.156 |

注：括号内的数字是标准误；*$P<0.05$，**$P<0.01$，***$P<0.001$（双尾检验）。

表 7-4 模型 1 的因变量和自变量均为未经插补的原始变量，模型 2 中的因变量和自变量则为经过均值或众数替代的变量，模型 3 中的因变量和自变量与模型 2 一致，但控制了全年总收入是否缺失的虚拟变量 missed①。对比表 7-4 的模型结果，有三个基本发现：其一，经过均值或众数替代的回归模型，其决定系数变小，即解释力下降；其二，替代后模型中受教育年限的回归系数（模型 2 和模型 3）比替代前模型（模型 1）的回归系数要小；其三，是否控制表示缺失状况的虚拟变量对模型结果影响不大（模型 2 与模型 3 相比）。

使用均值或众数替代的方法对缺失值进行插补，其优点是可以保留所有的样本进行分析，但很难评估插补前后哪一个估计结果更加接近事实。从上面的例子来看，插补之后的模型，其解释力和自变量的估计值均存在低估的可能性。而且更为重要的是，这种插补方法的前提是缺失值占比小（如受教育年限变量）且缺失是随机的。如果缺失值占比较高（如收入变量），而且又不是随机缺失，那么使用插补之后的数据进行分析，其结果很可能存在偏误。

2. 条件均值替代

所谓条件均值替代法，即不是仅仅根据要插补的变量本身某个单一的统计值（均值或众数）进行插补，而是基于其他条件（变量）来进行均值插补。具体而言，是根据其他变量进行分组并计算各组的均值，然后将这些均值替代相应条件的有缺失值的个案。举一个最简单的例子。在处理收入变量的缺失值的时候，我们知道在中国，收入通常有性别差异和城乡差异，因此一个更加稳

---

① 有的时候，在因变量进行了均值替代之后，估计模型的时候，我们加入一个虚拟变量（1 代表缺失值，0 代表非缺失）进行控制。

第七章 常见的数据问题及解决方案

妥的均值替代的做法是根据性别和是否来自城镇两个变量(即条件)来计算收入的均值。具体而言,我们将性别和是否来自城镇交叉可以分成四类(城镇男性、城镇女性、农村男性和农村女性),然后根据没有缺失值的样本分别计算每一类内部的平均收入,并将得到的数字赋值给相应条件下的有缺失值的个案。具体的操作过程及命令如下:

```
. gen ytincome3=ytincome
. bysort male urban: egen minc=mean(ytincome3)
. replace ytincome3=minc if ytincome3==.
```

经过以上三个步骤,ytincome3 即为经过条件均值插补后的年总收入变量。

3. 回归模型估计值插补

另外一种常用的缺失值插补方法是使用回归模型的估计值(模型的预测值,即回归直线上的数字)来给缺失值赋值。具体而言,我们首先使用某个或多个自变量(最好是没有缺失值的自变量)来估计有缺失值的变量(作为因变量),然后使用模型估计出来的值对该因变量进行赋值插补。具体操作见例7-4。

【例7-4】 打开 cgss2010s3000.dta 数据,已知:因变量为全年总收入(ytincome,单位:元),自变量为受教育年限(educ_y2,单位:年,经过众数插补)、性别(male,男性=1,女性=0)[①]。问:如何对年总收入变量进行线性回归估计值插补?

我们首先以全年总收入的原始变量为因变量,以经过众数插补后的受教育年限和性别为自变量,估计一个收入影响因素的线性回归模型。在运行完回归命令之后,使用 predict 命令生成一个新的变量,使其等于回归所得到的预测值:

```
. regress ytincome educ_y2 male
```

| Source   | SS         | df    | MS         |   | Number of obs | = | 2,605  |
|----------|------------|-------|------------|---|---------------|---|--------|
|          |            |       |            |   | F(2, 2602)    | = | 293.06 |
| Model    | 2.7621e+11 | 2     | 1.3810e+11 |   | Prob > F      | = | 0.0000 |
| Residual | 1.2262e+12 | 2,602 | 471248600  |   | R-squared     | = | 0.1838 |
|          |            |       |            |   | Adj R-squared | = | 0.1832 |
| Total    | 1.5024e+12 | 2,604 | 576956189  |   | Root MSE      | = | 21708  |

---

① 也可以根据实际情况多纳入一些对收入有影响且没有缺失值的自变量,为简单起见,本例仅用两个自变量。

| ytincome | Coef. | Std. Err. | t | P>\|t\| | [95% Conf. Interval] |
|---|---|---|---|---|---|
| educ_y2 | 2231.738 | 99.32271 | 22.47 | 0.000 | 2036.978   2426.497 |
| male | 4820.774 | 860.174 | 5.60 | 0.000 | 3134.08    6507.469 |
| _cons | -5691.119 | 1013.355 | -5.62 | 0.000 | -7678.183  -3704.055 |

. predict yhat

接下来,生成一个新的待插补的全年总收入变量 ytincome4,这一变量与全年总收入的原始变量完全一致。然后我们使用 replace 命令将 ytincome4 中的缺失值替换为 yhat。具体命令如下:

. gen ytincome4=ytincome
. replace ytincome4=yhat if ytincome4==.

我们对比一下原始变量 ytincome、简单均值插补的 ytincome2、条件均值插补的 ytincome3 和线性回归估计值插补的 ytincome4 四个变量的统计描述情况。

. sum ytincome ytincome2 ytincome3 ytincome4

| Variable | Obs | Mean | Std. Dev. | Min | Max |
|---|---|---|---|---|---|
| ytincome | 2,605 | 16486.42 | 24019.91 | 0 | 300000 |
| ytincome2 | 3,000 | 16486.42 | 22382.25 | 0 | 300000 |
| ytincome3 | 3,000 | 16571.14 | 22551.23 | 0 | 300000 |
| ytincome4 | 3,000 | 16533.73 | 22744.52 | -5691.119 | 300000 |

以上结果表明,简单均值插补与未经插补的均值相同,但标准差不同。条件均值插补和回归模型估计值插补结果类似,但两者均与未经插补的变量有所不同。总体而言,回归模型估计值插补和条件均值插补的分布较为接近。这也说明,引入其他变量来估计缺失值优于仅凭变量本身的单一统计值的简单替代。在使用回归模型估计值进行插补时,估计模型所用的自变量越多,插补后数据的分析结果就越好。

接下来我们估计四个收入影响因素的 OLS 回归模型,分别以未经插补的全年总收入变量 ytincome(模型 1)、简单均值插补的全年总收入变量 ytincome2(模型 2)、经过条件均值插补的全年总收入变量 ytincome3(模型 3)以及回归模型估计值插补的全年总收入变量 ytincome4 为因变量(模型 4),回归命令如下所示,模型结果整理为表 7-5:

```
. regress ytincome male age agesq b1.region educ_y2 urban
. eststo
. regress ytincome2 male age agesq b1.region educ_y2 urban
. eststo
. regress ytincome3 male age agesq b1.region educ_y2 urban
. eststo
. regress ytincome4 male age agesq b1.region educ_y2 urban
. eststo
. esttab using 表7-5.rtf, b(3) se(3) star(* 0.05 ** 0.01 *** 0.001) r2 nogaps replace
. eststo clear
```

表7-5 估计年总收入影响因素的OLS回归模型

| 变量 | 模型1（未插补） | 模型2（简单均值插补） | 模型3（条件均值插补） | 模型4（回归模型估计值插补） |
|---|---|---|---|---|
| 性别（男性=1） | 5588.899*** | 4781.001*** | 6056.771*** | 5326.677*** |
|  | (850.281) | (752.615) | (747.060) | (740.166) |
| 年龄 | 1004.567*** | 893.723*** | 903.096*** | 770.237*** |
|  | (206.947) | (175.139) | (173.847) | (172.242) |
| 年龄的平方 | -10.938*** | -9.615*** | -9.809*** | -8.444*** |
|  | (2.294) | (1.960) | (1.945) | (1.927) |
| 地区（参照组:东部） |  |  |  |  |
| 中部 | -8841.663*** | -7177.525*** | -7349.712*** | -7668.571*** |
|  | (1001.738) | (887.490) | (880.939) | (872.810) |
| 西部 | -5151.784*** | -4177.101*** | -4334.302*** | -4470.134*** |
|  | (1158.104) | (1033.338) | (1025.710) | (1016.245) |
| 受教育年限（众数插补） | 1863.744*** | 1587.995*** | 1555.996*** | 1920.010*** |
|  | (117.113) | (102.823) | (102.064) | (101.122) |
| 是否来自城镇（是=1） | 3858.145*** | 3768.135*** | 5446.796*** | 3278.315*** |
|  | (971.091) | (856.557) | (850.235) | (842.389) |
| 常数项 | -21 542.749*** | -17 439.810*** | -18 552.572*** | -17 103.167*** |
|  | (4717.682) | (3985.740) | (3956.320) | (3919.811) |

(续表)

| 变量 | 模型 1<br>（未插补） | 模型 2<br>（简单均值<br>插补） | 模型 3<br>（条件均值<br>插补） | 模型 4<br>（回归模型估<br>计值插补） |
|---|---|---|---|---|
| 样本量 | 2605 | 3000 | 3000 | 3000 |
| $R^2$ | 0.226 | 0.193 | 0.217 | 0.244 |

注：括号内的数字是标准误；*$P<0.05$，**$P<0.01$，***$P<0.001$（双尾检验）。

对比表 7-5 四个模型的回归结果，我们有如下发现：其一，就模型的解释力（根据决定系数的大小加以衡量）而言，回归模型估计值插补最优，未经插补者次之，条件均值插补第三，简单均值插补最后；其二，就回归系数而言，模型 4（即因变量经过回归模型估计值插补）的回归系数与模型 1（即因变量未经插补）较为接近，模型 3（即因变量经过条件均值插补）的回归系数与模型 1（即因变量未经插补）同样较为接近（但不如模型 4 与模型 1 的接近程度高），而模型 2（即因变量经过简单均值插补）的回归系数则与模型 1 相差较大。总体而言，采用回归模型估计值插补较采用条件均值替代效果要好，而后者又比采用简单均值替代效果要好。总之，引入的条件越多，效果就可能越好。

### （三）多重插补法

前面介绍的处理数据缺失的方法，包括个案删除法（列表删除和配对删除）和简单插补法（均值/众数替代、条件均值替代和回归模型估计值插补）等，通常用于缺失比例较小的情况。这些方法原理简单，操作方便，但其准确性或精确性不及多重插补法。与前面的简单方法相比，多重插补方法被公认为一种更为可靠的解决数据缺失的方法或技术，尤其是当数据中有缺失值的变量较多而且缺失比例较大的时候。正因如此，多重插补法在数据分析者或定量社会科学研究者中的认可度和接受度较高。

多重插补法（multiple imputation）是一种结合了回归模型和模拟技术的处理数据缺失的方法。多重插补的"多"，至少有两重含义：一是使用更多的已观测变量建立相应的回归模型①参与估计;二是多次插补(次数可由研究者自行设定),每次插补后生成一个新的数据库,并基于每一个单独数据库分析插补后的变量,最终将所有基于单独数据库的分析结果汇总为一个估计值。多重插补的思路或流程如图 7-3 所示:

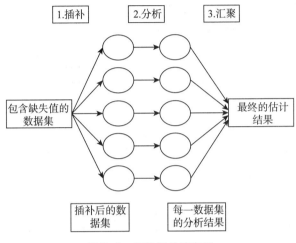

图 7-3 多重插补流程图

Stata 软件从第 11 版开始,就提供了功能强大的 mi 命令包来执行多重线性插补(读者可以参考 Stata 软件手册中关于 mi 的内容,或者在 Stata 软件的命令窗口输入 help mi 查看该命令的介绍和应用)。从第 12 版起,Stata 软件在 mi 命令中增加了可以实现链式方程多变量插补(multivariate imputation using chained equations)的选项,从而可以同时对多个不同类型的变量进行缺失值插补。下面我们通过例子来讲解如何使用 Stata 软件的 mi 命令包进行缺失值的多重插补。例 7-5 是对单个变量的多重插补,例 7-6 是同时对多个变量进行插补的链式方程多变量插补。

【例 7-5】 打开 cgss2010s3000.dta 数据,已知:被插补变量为全年总收入(ytincome,单位:元),参与估计插补值的变量为性别(male,男性 = 1,女性 = 0)、年龄(age)、年龄的平方(agesq)、是否来自城镇(urban,是 = 1,否 = 0)、地区

---

① 如果被插补的变量是连续型变量,通常用线性回归模型进行估计;如果是类别变量,则采用相应的估计类别变量的回归模型,如系列 logit 模型和泊松模型等。

(region,东部=1,中部=2,西部=3)、受教育年限(educ_y,单位:年)。问:如何对收入变量的缺失值进行多重插补?

基于现有研究和相关文献,我们选择以上变量作为参与估计插补值的变量。

首先,我们使用 misstable sum 命令检查所有参与插补的变量的缺失状况:

```
. misstable sum ytincome age male urban region educ_y
```

| Variable | Obs=. | Obs>. | Obs<. | Unique values | Obs<. Min | Max |
|---|---|---|---|---|---|---|
| ytincome | 395 | | 2,605 | 264 | 0 | 300000 |
| educ_y | 4 | | 2,996 | 9 | 0 | 20 |

可以发现,本例所有变量,只有 ytincome 和 educ_y 两个变量有缺失。前面已经介绍过,educ_y 只有四个个案有缺失值,因此我们使用最简单的众数替代法对这个变量进行缺失值插补(我们新生成一个等同于 educ_y 的变量 educ_y2 来进行插补,以保留原来的 educ_y 变量),命令及结果如下:

```
. gen educ_y2=educ_y
. replace educ_y2=9 if educ_y2==.
. sum educ_y2
```

| Variable | Obs | Mean | Std. Dev. | Min | Max |
|---|---|---|---|---|---|
| educ_y2 | 3,000 | 8.930333 | 4.38785 | 0 | 20 |

受教育年限变量(educ_y2)经众数插补之后,除了被插补变量 ytincome 之外,其他所有变量都已没有缺失值。同样,为了不改变原来的变量 ytincome,我们生成一个新的等同于 ytincome 的变量 ytincome5 来进行插补:

```
. gen ytincome5=ytincome
```

变量准备好之后,我们开始使用 mi 命令包进行多重插补。首先要通过 mi set 命令设定插补数据样式[1],并通过 mi register 命令设定被插补(imputed)和

---

[1] Stata 提供的 Multiple Imputation 手册中提及四种存储多重插补数据的格式:wide、mlong、flong 和 flongsep。四种存储格式的区别可参考该手册中的详细介绍,或者在命令窗口输入"help mi set"查看帮助页面中的相关内容。

参与估计(regular)的变量,命令如下:

```
. mi set wide
. mi register imputed ytincome5
. mi register regular male age agesq urban region educ_y2
```

设定完成之后,使用 mi impute 命令进行插补。命令和输出结果如下:

```
. xi: mi impute regress ytincome5 male age agesq urban i.region educ_y2, add(30)
    rseed(2232)
i.region            _Iregion_1-3        (naturally coded; _Iregion_1 omitted)

Univariate imputation                   Imputations =        30
Linear regression                             added =        30
Imputed: m=1 through m=30                   updated =         0
```

|  | Observations per m | | | |
| :---: | :---: | :---: | :---: | :---: |
| Variable | Complete | Incomplete | Imputed | Total |
| ytincome5 | 2605 | 395 | 395 | 3000 |

```
(complete + incomplete = total; imputed is the minimum across m
 of the number of filled-in observations.)
```

因为本例中只有一个被插补的变量,所以这实际上是使用多重插补的方法对单个变量进行插补(univariate imputation)。因被插补的变量(ytincome5)是连续型变量,故用来估计插补值的模型是线性回归模型(即 OLS 模型,所以 mi impute 命令后面需要加上 regress 选项)。后面的变量,先放入被插补的变量作为因变量,其他变量作为自变量紧跟其后。使用 xi 前缀,是因为我们插补模型的自变量中的地区变量(region)是一个三分类的类别变量,所以我们用 i.region 来指明该变量为类别变量。逗号之后的 add(30)[①]表明要进行 30 次插补,即将生成 30 个插补后的子数据库。rseed(2232)是设定的随机数字,括号里的随机数字可由研究者自行设定,以保证当前例子的结果可以复制出来。

执行上述命令之后,就完成了对指定变量 ytincome5 的插补。我们可以使用 mi xeq 命令检查插补的情况,命令及结果如下:

---

① 括号里面的数字由研究者自定,根据 Stata 软件的设定,不能超过 1000 次。

```
. mi xeq 0 1 10 20: summarize ytincome5
```

m=0 data:
-> summarize ytincome5

| Variable | Obs | Mean | Std. Dev. | Min | Max |
|---|---|---|---|---|---|
| ytincome5 | 2,605 | 16486.42 | 24019.91 | 0 | 300000 |

m=1 data:
-> summarize ytincome5

| Variable | Obs | Mean | Std. Dev. | Min | Max |
|---|---|---|---|---|---|
| ytincome5 | 3,000 | 16530.39 | 24117.88 | -50964.96 | 300000 |

m=10 data:
-> summarize ytincome5

| Variable | Obs | Mean | Std. Dev. | Min | Max |
|---|---|---|---|---|---|
| ytincome5 | 3,000 | 16434.85 | 24091.38 | -51108.72 | 300000 |

m=20 data:
-> summarize ytincome5

| Variable | Obs | Mean | Std. Dev. | Min | Max |
|---|---|---|---|---|---|
| ytincome5 | 3,000 | 16345.16 | 23893.87 | -55218.3 | 300000 |

命令 mi xeq 是指要对插补之后的数据库执行操作，其后跟着的数字是插补后的数据编号，0 代表插补之前的数据，而上述命令中的 1 就代表第一个插补缺失值之后的数据库。研究中根据需要或随机挑选数字，但不能大于设定的插补数据库的数值。例如，本例共插补了 30 次，所以数字不能大于 30。上面我们检查了第 1、第 10、第 20 次插补后数据库被插补变量的描述统计情况，可以发现均值和标准差与插补前并没有特别明显的差别，最大值也一样，但最小值出现了负数，这与被插补之前的情况有所不同。

插补之后的数据分析要在新生成的 30 个新数据库中进行，然后汇总为一个最终的估计值。Stata 软件的 mi 命令包提供了可以直接进行估计的命令 mi estimate。例如，我们要用插补之后的数据估计一个收入影响因素的模型，具体命令如下：

```
. xi: mi estimate: regress ytincome5 male age agesq i.region educ_y2 urban
```

为了便于比较,我们同时估计了插补之前收入影响因素的模型:

. regress ytincome male age agesq b1.region educ_y2 urban

我们将插补前后模型的结果整理为表 7-6。

表 7-6 估计年总收入影响因素的 OLS 回归模型

| 变量 | 模型 1<br>(多重插补) | 模型 2<br>(未插补) |
| --- | --- | --- |
| 性别(男性=1) | 5587.899*** | 5588.899*** |
|  | (847.073) | (850.281) |
| 年龄 | 985.299*** | 1004.567*** |
|  | (216.630) | (206.947) |
| 年龄的平方 | −10.731*** | −10.938*** |
|  | (2.408) | (2.294) |
| 地区(参照组:东部) |  |  |
| 中部 | −8775.802*** | −8841.663*** |
|  | (1001.049) | (1001.738) |
| 西部 | −5038.521*** | −5151.784*** |
|  | (1161.892) | (1158.104) |
| 受教育年限(众数插补) | 1867.173*** | 1863.744*** |
|  | (118.388) | (117.113) |
| 是否来自城镇(是=1) | 3851.281*** | 3858.145*** |
|  | (956.592) | (971.091) |
| 常数项 | −21206.65*** | −21542.749*** |
|  | (4848.264) | (4717.682) |
| 样本量 | 3000 | 2605 |
| $R^2$ | — | 0.226 |

注:括号内的数字是标准误;*$P$<0.05,**$P$<0.01,***$P$<0.001(双尾检验)。

表 7-6 中模型 1 为因变量经过多重插补后的回归模型结果,而模型 2 则是因变量为原始数据的回归模型结果。对两者进行比较后发现,两个模型的回归系数、标准误以及显著性水平仅存在细微的差别,并无特别明显的实质性变

化。在正式的研究中，出现这种情况往往说明研究的结论（无论插补与否）比较稳健可靠。

例 7-5 示范了对一个变量进行多重插补的方法、步骤和命令。接下来，我们在例 7-5 的基础上结合例 7-6 讲解使用链式方程同时对多个变量进行插补的方法和技术。

【**例 7-6**】 打开 cgss2010s3000.dta 数据，已知：被插补变量为住房套内建筑面积（area_h，单位：平方米）、婚前性行为态度（at_sbm，定序变量，总是不对的 = 1，大多数情况下是不对的 = 2，说不上对与不对 = 3，有时是对的 = 4，完全是对的 = 5），参与估计插补值的变量为性别（male，男性 = 1，女性 = 0）、年龄（age）、年龄的平方（agesq）、是否来自城镇（urban，是 = 1，否 = 0）、地区（region，东部 = 1，中部 = 2，西部 = 3）、受教育年限（educ_y2，单位：年，经过众数插补）。问：如何对住房面积和婚前性行为态度进行链式方程多变量插补？

我们首先查看一下所有参与插补的变量的缺失情况。命令及结果如下：

```
. misstable sum area_h at_sbm age male urban region educ_y2
```

| Variable | Obs=. | Obs>. | Obs<. | Unique values | Obs<. Min | Max |
|---|---|---|---|---|---|---|
| area_h | 42 | | 2,958 | 221 | 5 | 4200 |
| at_sbm | 29 | | 2,971 | 5 | 1 | 5 |

以上结果表明，所有参与插补的变量中只有 area_h 和 at_sbm 两个变量有缺失值，其中 area_h 有 42 个缺失值，at_sbm 有 29 个缺失值。接下来我们对这两个变量的缺失值进行插补。为了不改变原始变量，我们预先使用 gen 命令生成两个新的与原始变量完全相同的变量 area_h2 和 at_sbm2：

```
. gen area_h2=area_h
. gen at_sbm2=at_sbm
```

运行以上命令，待插补的变量即可准备完毕。我们使用 mi register imputed 命令登记即将被插补的变量 area_h2 和 at_sbm2：

```
. mi register imputed area_h2 at_sbm2
```

设定完成后，使用 mi impute 命令进行插补。命令和输出结果如下：

```
. xi: mi impute chained (regress) area_h2 (ologit) at_sbm2=male age agesq i.region
  educ_y2 urban replace rseed(3456)
i.region          _Iregion_1-3          (naturally coded; _Iregion_1 omitted)

Conditional models:
        at_sbm2: ologit at_sbm2 area_h2 maleage agesq_Iregion_2 _Iregion_3
                 educ_y2 urban
        area_h2: regress area_h2 i.at_sbm2 male age agesq_Iregion_2 _Iregion_3
                 educ_y2 urban

Performing chained iterations ...

Multivariate imputation              Imputations =        30
Chained equations                          added =         0
Imputed: m=1 through m=30                updated =        30

Initialization: monotone             Iterations =       300
                                         burn-in =        10

        area_h2: linear regression
        at_sbm2: ordered logistic regression
```

|          | Observations per m |            |         |       |
|---------:|:------------------:|:----------:|:-------:|:-----:|
| Variable | Complete           | Incomplete | Imputed | Total |
| area_h2  | 2958               | 42         | 42      | 3000  |
| at_sbm2  | 2971               | 29         | 29      | 3000  |

(complete + incomplete = total; imputed is the minimum across m
of the number of filled-in observations.)

  因为本例有两个待插补的变量，所以在 mi impute 命令后增加了 chained 选项，表示使用链式方程对多个变量进行缺失值插补。括号中的 regress 表示使用线性回归模型（OLS 模型）对连续型变量 area_h2 进行插补，括号中的 ologit 表示使用定序或有序 logit 回归模型对定序变量 at_sbm2 进行插补（关于 ologit 模型的详细介绍，可参见第九章第一节）。等号（=）左侧为待插补的变量（因变量），右侧为参与插补的预测变量（自变量）。因为本例是在上例已经插补过的数据库的基础上进行插补，所以不再使用 add 选项，而是使用 replace 选项，对已经存在的插补值进行替换。rseed(3456) 用来设定随机数字，以保证本例结果可被复制。

  完成插补之后，可以使用 mi xeq 命令对插补后的数据库进行操作。我们可以使用如下命令查看插补情况：

```
. mi xeq 0 1 10 15 20: summarize ytincome5 area_h2 at_sbm2
```
*m*=0 data:
```
-> summarize ytincome5 area_h2 at_sbm2

    Variable |       Obs        Mean    Std. Dev.       Min        Max
-------------+--------------------------------------------------------
   ytincome5 |     2,605    16486.42    24019.91         0     300000
     area_h2 |     2,958    110.3617    112.9716         5       4200
     at_sbm2 |     2,971    1.881858    1.119995         1          5
```
*m*=1 data:
```
-> summarize ytincome5 area_h2 at_sbm2

    Variable |       Obs        Mean    Std. Dev.       Min        Max
-------------+--------------------------------------------------------
   ytincome5 |     3,000    16530.39    24117.88   -50964.96    300000
     area_h2 |     3,000    109.8776    112.9591    -93.25919     4200
     at_sbm2 |     3,000       1.879    1.118083         1          5
```
*m*=15 data:
```
-> summarize ytincome5 area_h2 at_sbm2

    Variable |       Obs        Mean    Std. Dev.       Min        Max
-------------+--------------------------------------------------------
   ytincome5 |     3,000    16361.03    23943.71   -49940.51    300000
     area_h2 |     3,000    110.4424    113.0375   -106.8382      4200
     at_sbm2 |     3,000    1.880333    1.119418         1          5
```
*m*=20 data:
```
-> summarize ytincome5 area_h2 at_sbm2

    Variable |       Obs        Mean    Std. Dev.       Min        Max
-------------+--------------------------------------------------------
   ytincome5 |     3,000    16345.16    23893.87    -55218.3    300000
     area_h2 |     3,000    109.8611    112.9309   -243.5577      4200
     at_sbm2 |     3,000       1.883    1.119403         1          5
```

该命令的具体含义在例 7-5 中已经做过介绍，此不赘述。对第 1 次、第 10 次、第 15 次、第 20 次插补后的数据库中被插补变量的描述统计情况进行检查，可以发现插补前后的均值和标准差没有特别明显的差别，最大值则完全相同。at_sbm2 这一定序变量的最小值插补前后也完全相同，但两个连续型变量 ytincome5 和 area_h2 的最小值出现了负数。

与例 7-5 相同，插补之后的数据分析要在新生成的 30 个数据库中进行，然后汇总为一个最终的估计值。我们使用插补后新生成的数据库估计一个套内建筑面积影响因素的 OLS 回归模型，为了便于比较，我们也使用插补前的数据估计了一个同样的模型。模型命令及结果（见表 7-7）如下：

```
. xi: mi estimate: regress area_h2 male age agesq i.region educ_y2 urban ytincome5
. regress area_h male age agesq b1.region educ_y2 urban ytincome
```

表 7-7 估计住房面积影响因素的 OLS 回归模型

| 变量 | 模型 1<br>（多重插补） | 模型 2<br>（未插补） |
| --- | --- | --- |
| 性别（男性＝1） | −2.155 | −2.716 |
|  | (4.267) | (4.732) |
| 年龄 | −1.316 | −1.684 |
|  | (0.990) | (1.148) |
| 年龄的平方 | 0.010 | 0.013 |
|  | (0.011) | (0.013) |
| 地区（参照组：东部） |  |  |
| 中部 | 22.115*** | 21.332*** |
|  | (5.086) | (5.628) |
| 西部 | 15.498* | 14.978* |
|  | (5.844) | (6.438) |
| 受教育年限（众数插补） | −0.674 | −0.508 |
|  | (0.611) | (0.680) |
| 是否来自城镇（是＝1） | −16.596*** | −19.094*** |
|  | (4.828) | (5.387) |
| 全年总收入 | 0.000* | 0.000* |
|  | (0.000) | (0.000) |
| 常数项 | 148.075*** | 157.841*** |
|  | (22.535) | (26.173) |
| 样本量 | 3000 | 2571 |
| $R^2$ | — | 0.020 |

注：括号内的数字是标准误；*$P<0.05$，**$P<0.01$，***$P<0.001$（双尾检验）。

我们也分别使用插补前后的数据估计了婚前性行为态度影响因素的 ologit 回归模型，命令及结果（见表 7-8）如下：

```
. xi: mi estimate: ologit at_sbm2 male age agesq i.region educ_y2 urban ytincome5
. ologit at_sbm male age agesq b1.region educ_y2 urban ytincome
```

表 7-8　估计婚前性行为态度影响因素的 ologit 回归模型

| 变量 | 模型 1<br>（多重插补） | 模型 2<br>（未插补） |
| --- | --- | --- |
| 性别（男性=1） | 0.442*** | 0.424*** |
|  | (0.074) | (0.080) |
| 年龄 | −0.056 | −0.068*** |
|  | (0.017)*** | (0.019) |
| 年龄的平方 | 0.000 | 0.000 |
|  | (0.000) | (0.000) |
| 地区（参照组:东部） |  |  |
| 中部 | −0.325*** | −0.285** |
|  | (0.087) | (0.093) |
| 西部 | −0.488*** | −0.490*** |
|  | (0.103) | (0.111) |
| 受教育年限（众数插补） | 0.021 | 0.012 |
|  | (0.011) | (0.012) |
| 是否来自城镇（是=1） | 0.225** | 0.261** |
|  | (0.086) | (0.092) |
| 全年总收入 | 4.83e−06** | 5.66e−06 |
|  | (1.71e−06) | (1.75e−06) |
| cut1 | −1.472*** | −1.767*** |
|  | (0.384) | (0.430) |
| cut2 | −0.755* | −1.056* |
|  | (0.383) | (0.429) |
| cut3 | 0.755* | 0.390 |
|  | (0.382) | (0.428) |

（续表）

| 变量 | 模型 1<br>（多重插补） | 模型 2<br>（未插补） |
|---|---|---|
| cut4 | 2.269*** | 1.902*** |
|  | (0.394) | (0.440) |
| 样本量 | 3000 | 2580 |
| Pseudo $R^2$ | — | 0.049 |

注：括号内的数字是标准误；*$P<0.05$，**$P<0.01$，***$P<0.001$（双尾检验）。

通过对表 7-7 和表 7-8 回归结果的观察发现，使用插补前和插补后数据估计的回归模型，无论是 OLS 回归模型，还是 ologit 回归模型，其回归系数、标准误以及显著性水平等，差别并不是非常明显。这表明就本例而言，插补前的回归分析结果较为可靠。

除本章介绍的简单插补方法和多重插补技术外，近年来也发展出一些新的处理缺失数据的方法，如机器学习法。有兴趣或有需要的读者，可以参考相关的文献资料。需要注意的是，由于缺失值和缺失的原因通常是未知的，因此并没有一种完美的方法可以解决数据缺失的问题，已有的方法都是基于未缺失的数据和与被插补变量相关的其他可观测到的变量信息去进行估计。而且，即使是学界公认比较可靠的多重插补技术或机器学习法，也都有缺失值须是随机缺失的假定。亦即是说，如果缺失值是系统（非随机）的，哪怕是最先进的插补技术，恐怕也难以获得完美的替代值。

但这并不意味着我们探索插补缺失值的方法和技术是徒劳的。因为社会调查的伦理问题以及资料收集和整理过程中可能遇到的各种特殊情况或困难，使数据缺失成为定量社会科学研究经常面临的问题，因此掌握相应的处理缺失值的方法是大多数定量社会科学研究者的必修课之一。当然，如果数据缺失的比例比较大，而且我们清楚地知道缺失是非随机的，那我们就需要对插补之后所估计的结果保持审慎的态度。尤其是出现了违背常识或与大多数研究的发现不一致的结果的时候，需要充分检查方法或技术的可靠性，如有必要，可以使用不同的插补方法或技术进行交互验证。当然，如果数据缺失的比例过大而无法满足研究的需要时，我们可能要考虑放弃使用这一数据来进行实证检验。

## 第二节 奇异值

奇异值即极端大或极端小的值,亦称作有影响的数据(influential data)。例如,收入和债务的数据中包括个别极高收入或极高债务,体重的数据中有极端肥胖或极其瘦弱的人,住房的数据中有个别住房面积极大的个案,等等。在反映变量 $y$ 和 $x$ 表面关系的散点图中,那些远离大多数观测值的点通常很有可能是奇异值。在线性回归分析中,奇异值的存在可能会造成有偏误的估计值(系数),低估或高估自变量对因变量的效应。不同类型的奇异值对回归直线的影响并不相同,我们可以结合图 7-4 加以解释。

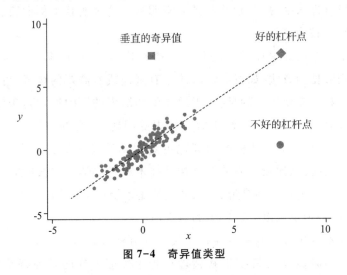

图 7-4 奇异值类型

如图 7-4 所示,在线性回归分析中,奇异值大致可分为三种类型。第一种是垂直的奇异值(vertical outlier),这种奇异值是横轴上(自变量)的取值处于大多数样本的取值区间(即没有远离),但纵轴上的取值却远远高(低)于大多数样本的取值区间,反映在模型上,即这些观测值的残差项非常大。这种奇异值会导致有偏的回归结果,尤其对截距(常数项)的影响很大。第二种常见的奇异值是"不好的杠杆点"(bad leverage point),其特征和垂直奇异值刚好相反,即横轴上(自变量)的取值远离大多数样本的取值区间,但纵轴上的取值在大多数样本的取值区间内。这种奇异值的存在会同时影响截距(常数项)和斜率(回归系数)的估计值。第三种奇异值叫"好的杠杆点"(good leverage point),这种奇异值,无论是自变量(横轴)的取值还是因变量(纵轴)的取值,都远离大多数样本的取值范围,但它们的点落在回归直线附近。这种奇异值不会改变线性回归模型的估计值(包括截距和斜率),但是它们可能会导致较高的标准误,从而影响判断显著性的概率值的大小。总而言之,无论是哪一种类型的奇异值,都有可能带来不可靠的估计结果。因此,在统计分析之前,我们建议研究者检查分析所用数据是否存在奇异值,并根据具体情况做出相应处理。

## 一、检验方法

### (一) 作图法:散点图和 lvr2plot 图

检查奇异值最直观的方法就是作散点图。举例来说,如果要检验受教育年限(educ_y)对平均月工资(wage)的效应,在做回归模型之前,可以先作散点图,基本命令和图形[①]输出如下:

. scatter wage educ_y, mlabel(id)

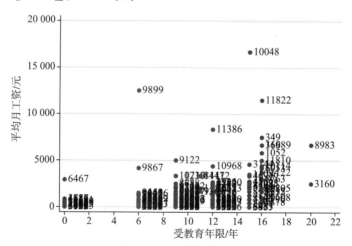

图 7-5　检查奇异值的散点图

---

[①] 为了方便读者理解和更加清晰地展示图形,我们从数据库中随机抽取了一个样本量为 200 个的子样本来制作图 7-5 和图 7-6,并根据这两个图输出的结果来进行相应的文字解读。因为使用的是简单随机抽样方法,所以每次抽取的样本并不一致,故无法完全复制出图 7-5 和图 7-6。读者只需了解作图的命令和原理,并在实际的数据分析过程中模仿进行操作和解读即可。

以上命令中的 mlabel(id) 选项表示图形显示与数据点对应的 id 变量的取值或标签。从图 7-5 可以看出,像编号 10048、9899、11822、11386 等远离大多数样本的个案,则有可能是奇异值,进行回归分析时需要注意。

鉴别奇异值的另外一种作图法是 lvr2plot(全称 leverage-versus-residual-squared plot),该作图命令需要跟在线性回归模型之后:

. quietly: regress wage educ_y
. lvr2plot, mlabel(id) xlabel(0(0.05)0.3)

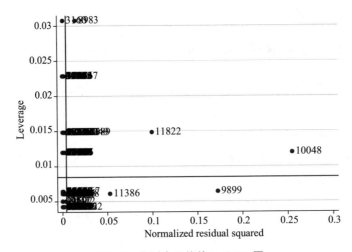

图 7-6　鉴别奇异值的 **lvr2plot** 图

图 7-6 的横轴是标准化残差的平方,纵轴是杠杆值。与横轴平行的实线代表的是杠杆值的均值,所以在这条线之上的点就是高于平均杠杆值的观测值,远远高于这条线上的点,如编号为 3160 和 8983 的个案,需要格外关注。与纵轴平行的实线代表标准化残差平方的均值,这条线右侧的点是高于均值的观测值,远远高于均值的点,如编号为 10048 和 9899 的个案,则需重点关注。另外,如图 7-6 所示,编号为 10048 和 11822 的这两个个案,同时高于平均杠杆值和平均残差平方,进行回归分析时尤其需要注意。

### (二) 数字检验法

更为准确的检验奇异值的方法是数字法,主要有两个指标:cook 距离值

# 第七章 常见的数据问题及解决方案

(cook's distance)和学生标准化残差(studentized residuals)。"cook 距离值"测量每个个案对所有回归估计值(即回归直线上所有的点)的影响,那些远离回归直线(残差很大或杠杆值很大)的个案往往有较大的 cook 距离值。根据通用的标准,用以判断奇异值的 cook 距离值的临界值为 $2k/n$,其中 $k$ 为模型中回归系数的个数(包括常数项),$n$ 为回归模型的样本量。如果 cook 距离值大于该临界值,则可以被认为是奇异值。

学生标准化残差实际上是测量回归模型的残差大小,为了便于比较,故对其进行"学生"标准化。学生标准化残差的绝对值在 2—3 之间的观察值应该给予关注,而大于 3 的观察值通常可被视为奇异值。

无论是 cook 距离值,还是学生标准化残差,都可以在回归模型命令之后输入 predict 命令获得。具体的命令如下:

```
. regress y x1 x2...
. predict v1, cooksd
. predict v2, rstudent
```

下面我们通过实际的案例来讲解奇异值的检测方式。

【例 7-7】 打开 cgss2010s3000.dta 数据,已知:因变量为平均月工资(wage,单位:元),自变量为受教育年限(educ_y,单位:年)、年龄(age)、年龄的平方项(agesq)、地区(region,东部=1,中部=2,西部=3)、是否来自城镇(urban,是=1,否=0)、性别(male,男性=1,女性=0)。问:如何使用数字检验法判断奇异值?

我们首先估计一个多元线性回归模型,命令及结果如下:

```
. regress wage educ_y age agesq b1.region urban male
```

| Source | SS | df | MS | | | |
|---|---|---|---|---|---|---|
| Model | 2.1665e+09 | 7 | 309494369 | Number of obs | = | 2,445 |
| Residual | 7.7607e+09 | 2,437 | 3184541.64 | F(7, 2437) | = | 97.19 |
| | | | | Prob > F | = | 0.0000 |
| | | | | R-squared | = | 0.2182 |
| | | | | Adj R-squared | = | 0.2160 |
| Total | 9.9272e+09 | 2,444 | 4061861.11 | Root MSE | = | 1784.5 |

| wage | Coef. | Std. Err. | t | P>\|t\| | [95% Conf. Interval] | |
|---|---|---|---|---|---|---|
| educ_y | 141.6113 | 10.20931 | 13.87 | 0.000 | 121.5915 | 161.6311 |
| age | 101.8323 | 18.07527 | 5.63 | 0.000 | 66.38784 | 137.2768 |
| agesq | -1.232091 | .2009934 | -6.13 | 0.000 | -1.626227 | -.8379555 |
| region |  |  |  |  |  |  |
| 中部 | -771.9362 | 87.27481 | -8.84 | 0.000 | -943.0767 | -600.7957 |
| 西部 | -522.357 | 101.4752 | -5.15 | 0.000 | -721.3436 | -323.3704 |
| urban | 239.1584 | 84.7063 | 2.82 | 0.005 | 73.05459 | 405.2622 |
| male | 439.734 | 73.89407 | 5.95 | 0.000 | 294.8323 | 584.6357 |
| _cons | -1830.753 | 411.6096 | -4.45 | 0.000 | -2637.894 | -1023.612 |

在运行回归模型后,使用 predict 命令加 cooksd 选项,生成名为 k1 的 cook 距离值变量:

. predict k1, cooksd

前面提及,大于 cook 距离值的临界值即为奇异值。计算 cook 距离值临界值的公式为 $2k/n$,根据上面的回归结果可知 $k=8, n=2445$,计算得出 cook 距离值的临界点约为 0.0065:

. dis 16/2445
.00654397

使用 count 命令可以计算出大于 cook 距离值临界值的个案有 21 个,即这 21 个个案可能属于有奇异值的个案:

. count if k1>0.0065 & k1!=.
21

我们也可以使用 predict 命令生成名为 rst 的学生标准化残差变量,因为残差有负数,所以将其转换为绝对值(变量名为 rstabs)。经计算,有 43 个个案的月工资变量的学生标准化残差的绝对值超过 3,故这 43 个个案可以被认定为奇异值个案:

. predict rst, rstudent
. gen rstabs=abs(rst)
. count if rstabs>3 & rstabs!=.
43

我们可以把 cook 距离值中最大的 10 个样本的信息列举出来,要做到这一

# 第七章　常见的数据问题及解决方案

点，首先需要使用 gsort 命令对 k1 变量进行降序排列，然后使用 list 命令列举呈现。具体命令及结果如下：

. gsort -k1

. list id wage k1 rstabs in 1/10

|  | id | wage | k1 | rstabs |
|---|---|---|---|---|
| 1. | 9381 | 25000 | .0767076 | 13.02521 |
| 2. | 783 | 25000 | .0625497 | 12.94528 |
| 3. | 11486 | 25000 | .0467617 | 12.78508 |
| 4. | 667 | 15000 | .0300972 | 6.687238 |
| 5. | 11669 | 20833.33 | .0282226 | 10.16283 |
| 6. | 11463 | 16666.67 | .0241338 | 7.322828 |
| 7. | 10048 | 16666.67 | .0196272 | 7.972689 |
| 8. | 11696 | 16666.67 | .017746 | 7.74235 |
| 9. | 1361 | 12500 | .0167356 | 6.145453 |
| 10. | 727 | 16666.67 | .0165258 | 7.709301 |

可以发现，cook 距离值排名前 10 的个案，学生标准化残差的绝对值也都很大（超过 6）。根据 wage 变量的信息，发现这些个案的月工资收入水平确实都比较高。我们也可以把学生标准化残差绝对值排名前 10 的个案列举出来：

. gsort -rstabs

. list id wage rstabs k1 in 1/10

|  | id | wage | rstabs | k1 |
|---|---|---|---|---|
| 1. | 9381 | 25000 | 13.02521 | .0767076 |
| 2. | 783 | 25000 | 12.94528 | .0625497 |
| 3. | 11486 | 25000 | 12.78508 | .0467617 |
| 4. | 11669 | 20833.33 | 10.16283 | .0282226 |
| 5. | 10048 | 16666.67 | 7.972689 | .0196272 |
| 6. | 11696 | 16666.67 | 7.74235 | .017746 |
| 7. | 6578 | 16666.67 | 7.709301 | .0165258 |
| 8. | 727 | 16666.67 | 7.709301 | .0165258 |
| 9. | 11463 | 16666.67 | 7.322828 | .0241338 |
| 10. | 10589 | 15000 | 6.752188 | .012849 |

可以看出，学生标准化残差最大的 10 个个案和 cook 距离值排名前 10 的个案，很多都是重复的，表明这两个指标对于检测奇异值的结果基本一致。

## 二、处理方法

如果经检测发现数据中确实有奇异值,而且这些奇异值的存在明显影响了回归模型的估计结果,那么在这种情况下需要进行相应的处理。处理的方法并不复杂,常用的处理方法有两种:一是将被确认为奇异值的个案(根据 cook 距离值或学生标准化残差的标准)排除在外,然后运行模型;二是使用稳健回归模型(robust regression model)进行估计。[①] Stata 软件运行稳健线性回归模型的命令是 rreg,基本命令的语法格式与 regress 命令并无差别。

接着上面的案例(例 7-7),我们运行四个回归模型,然后进行比较。分别为:(1)没有处理奇异值的线性回归模型;(2)将超过 cook 距离值临界值的个案排除在外的线性回归模型;(3)将超过学生标准化残差临界值的个案排除在外的线性回归模型;(4)稳健回归模型。以下是相应回归模型的命令和输出回归表格的快捷命令:

```
. eststo: regress wage educ_y age agesq b1.region urban male
. eststo: regress wage educ_y age agesq b1.region urban male if k1<0.0066
. eststo: regress wage educ_y age agesq b1.region urban male if rstabs<3
. eststo: rreg wage educ_y age agesq b1.region urban male
. esttab using 表7-9.rtf, b(3) se(3) star(* 0.05 ** 0.01 *** 0.001) r2 nogaps replace
. eststo clear
```

我们将使用快捷命令输出的回归表格中的变量名改为中文,整理为表 7-9。

表 7-9　估计平均月工资影响因素的 OLS 回归模型

| 变量 | 原始数据 | k1<0.0066 | rst<3 | 稳健回归 |
|---|---|---|---|---|
| 受教育年限 | 141.611*** | 109.524*** | 100.311*** | 62.173*** |
|  | (10.209) | (7.185) | (6.229) | (4.450) |
| 年龄 | 101.832*** | 74.843*** | 70.712*** | 57.323*** |
|  | (18.075) | (12.640) | (10.939) | (7.878) |

---

[①] Peter J. Huber, "Robust Estimation of a Location Parameter," *Annals of Mathematical Statistics*, Vol. 35, No. 1, 1964.

（续表）

| 变量 | 原始数据 | k1<0.0066 | rst<3 | 稳健回归 |
|---|---|---|---|---|
| 年龄的平方 | -1.232*** | -0.938*** | -0.872*** | -0.711*** |
|  | (0.201) | (0.140) | (0.122) | (0.088) |
| 地区(参照组:东部) |  |  |  |  |
| 中部 | -771.936*** | -602.743*** | -499.774*** | -281.636*** |
|  | (87.275) | (61.109) | (52.962) | (38.037) |
| 西部 | -522.357*** | -438.412*** | -334.506*** | -216.842*** |
|  | (101.475) | (71.138) | (61.589) | (44.226) |
| 是否来自城镇(是=1) | 239.158** | 220.776*** | 206.167*** | 179.504*** |
|  | (84.706) | (59.190) | (51.161) | (36.918) |
| 性别(男性=1) | 439.734*** | 391.848*** | 363.822*** | 307.800*** |
|  | (73.894) | (51.812) | (44.937) | (32.205) |
| 常数项 | -1830.753*** | -1139.916*** | -1121.017*** | -823.494*** |
|  | (411.610) | (287.951) | (249.271) | (179.393) |
| 样本量 | 2445 | 2424 | 2402 | 2445 |
| $R^2$ | 0.218 | 0.270 | 0.281 | 0.261 |

注:括号内的数字是标准误;*$P<0.05$,**$P<0.01$,***$P<0.001$(双尾检验)。

比较表7-9中四个回归模型结果,可以发现,对奇异值没有经过任何处理的模型1,所有自变量的系数均比其余三个模型大,但是模型的解释力(决定系数)却比另外三个模型都小。这表明,如果不考虑奇异值的问题,第一个模型实际上高估了所有自变量的效应。另外,所有模型中,稳健回归模型的回归系数(绝对值)是最小的。

如前所述,在定量社会科学研究中,奇异值问题是一个常见的数据问题,奇异值的存在可能会使得基于最小二乘法的线性回归模型的估计值产生偏误,从而导致不可靠的结果。尤其是对于小样本的数据,回归模型的估计值对奇异值可能更为敏感,但如果是样本量非常大的数据库,奇异值对模型的影响可能就没有那么明显。另外,奇异值的存在往往也会导致回归模型违背误差项服从正态分布的回归假定以及同方差性假定,所以,如果我们对因变量进行了对数化的转换,在某种程度上也可以减少一部分奇异值的影响。但如果对数化处理之后,仍然有明显的奇异值存在,而且它们对估计值有比较明显的影响,那么仍然需要按照我们前面所讲的方法或参考近年来新发展的一些处理奇异值的方法或技术进行处理。

## 第三节 共线性问题

共线性问题可能对模型的参数估计产生不良影响,因此在实际的研究中需要引起研究者的重视。本节主要介绍共线性问题的定义及其表现形式、采用何种方法进行检验以及解决的策略。

### 一、共线性问题及其表现形式

共线性问题是指在回归模型中,如果两个或多个高度相关的变量同时作为自变量进入回归模型进行估计时,很有可能会给模型的拟合以及自变量的估计值带来问题。主要原因在于,如果两个变量高度相关,那么两者之间基本可以替代,如果同时进行估计,就可能导致重复测量的问题,从而无法估计其中任何一个变量的真实效应。如果是超过两个高度相关的变量同时进入模型并造成估计问题,我们就称之为多重共线性问题。

试举一个最极端的例子,若把两个完全一样但变量名不同的变量同时作为自变量纳入回归模型进行估计,会发现 Stata 或其他统计软件会自动删除其中的一个变量。这种情况也称作完全共线性。

【例7-8】 打开 cgss2010s3000.dta 数据,已知:因变量为体重(weight,单位:斤),自变量为身高(height,单位:厘米)、受教育年限(educ_y,单位:年)、性别(male,男性=1,女性=0)、年龄(age)、全年总收入(ytincome,单位:元)、月工资收入(wage,单位:元)。讨论体重影响因素分析中的完全共线性问题。

我们生成了一个和变量 educ_y 完全相同的变量 educ_y2,如果将这两个变量同时放入回归模型,会发现变量 educ_y2 被自动删除了(系数为0,并用括号说明 omitted,即"被删除"),而且模型输出的上方提示(note: educ_y2 omitted because of collinearity),即 educ_y2 因共线性而被删除。这种情况实际上就是完全共线性问题,因为两个变量完全相同,因此用一个变量进行估计即可,另外一个变量则完全多余,所以被自动剔除:

```
. gen educ_y2=educ_y

. regress weight educ_y educ_y2 male age
note: educ_y2 omitted because of collinearity
```

| Source | SS | df | MS | | | |
|---|---|---|---|---|---|---|
| Model | 261627.753 | 3 | 87209.251 | Number of obs | = | 2,421 |
| Residual | 959120.575 | 2,417 | 396.822745 | F(3, 2417) | = | 219.77 |
| | | | | Prob > F | = | 0.0000 |
| | | | | R-squared | = | 0.2143 |
| | | | | Adj R-squared | = | 0.2133 |
| Total | 1220748.33 | 2,420 | 504.441458 | Root MSE | = | 19.92 |

| weight | Coef. | Std. Err. | t | P>\|t\| | [95% Conf. Interval] | |
|---|---|---|---|---|---|---|
| educ_y | .793798 | .1006052 | 7.89 | 0.000 | .5965167 | .9910794 |
| educ_y2 | 0 | (omitted) | | | | |
| male | 18.67576 | .8234503 | 22.68 | 0.000 | 17.06102 | 20.29051 |
| age | .0778589 | .03347 | 2.33 | 0.020 | .012226 | .1434917 |
| _cons | 102.9364 | 2.013382 | 51.13 | 0.000 | 98.98827 | 106.8845 |

不过,我们有时候也会遇到这种情况,即两个变量并不完全一样,但高度相关,通常情况下,如果两个变量的皮尔森相关系数超过 0.9 就要引起警惕。例如,经济发展和能源消费量、单科成绩和考试总分、身高和鞋的尺码,都是相关程度非常高的变量。如果将它们同时放入模型进行估计,统计软件并不能识别出完全共线性问题并将其中一个自动删除,而是强行进行估计。在这种情况下,我们对估计出来的模型及回归系数需要谨慎,或者最好进行共线性检查或诊断。

体现在模型的结果输出上,共线性问题可能表现出的"症状"(即异常情况)通常包括:(1)非常高的标准误(与单独放入其中一个变量时的标准误差别异常大),这样会导致用于单个系数检验的 $t$ 统计值变小,从而影响显著性检验的结果($P$ 值变大);(2)意想不到的系数的大小及方向的变化;(3)模型的决定系数很大,但自变量的回归系数却不显著。当出现以上三种情况时,我们最好进行共线性检验。

## 二、检验方法

共线性问题的检验或诊断并不复杂。最简单或最直接的方法是对所有进入模型的自变量做一个相关系数矩阵,然后找出那些相关系数非常大的变量。一般情况下,如果相关系数超过 0.9,就要特别留意。接着前面的例子,我们对所有的自变量做一个相关系数矩阵,命令及结果如下:

```
. corr height educ_y male age ytincome wage
(obs=2,421)

             |   height   educ_y     male      age ytincome     wage
    height   |   1.0000
    educ_y   |   0.2829   1.0000
      male   |   0.6702   0.1440   1.0000
       age   |  -0.1311  -0.3406   0.0554   1.0000
  ytincome   |   0.2445   0.4201   0.1589  -0.1121   1.0000
      wage   |   0.2403   0.4059   0.1481  -0.1603   0.9483   1.0000
```

从上面的变量之间的相关系数可以看出,只有月工资(wage)和年收入(ytincome)两个变量的相关系数高于 0.9(0.9483,因为很多人的收入都来自工资,所以这两个变量之间的高度相关是非常合理的),其他变量之间的相关系数都没有特别大。这种情况下,我们要高度怀疑这两个变量如果同时进入回归模型进行估计,将导致共线性问题。

诊断共线性问题更准确的方法是计算各个变量的方差膨胀因子(variance inflation factor,简称 vif)。如果 vif 大于 10,那么基本可以判断模型存在共线性问题。Stata 软件在回归模型的命令后输入 vif 命令,即可显示各个自变量的 vif 值。

我们接着上面的例子来讲解共线性问题的识别方法。在分析收入对体重的影响时,涉及两个高度相关的变量——ytincome(年总收入)和 wage(平均月工资)[1],其他几个变量作为控制变量。首先,我们估计一个只放 ytincome 变量的模型,命令和输出结果如下:

---

[1] 为了更好地显示和解读系数,我们将这两个变量的单位转换为千元。

```
. replace ytincome=ytincome/1000
. replace wage=wage/1000
. regress weight height educ_y male age ytincome
```

| Source | SS | df | MS |  | Number of obs | = | 2,421 |
|---|---|---|---|---|---|---|---|
|  |  |  |  |  | F(5, 2415) | = | 273.53 |
| Model | 441370.794 | 5 | 88274.1589 |  | Prob > F | = | 0.0000 |
| Residual | 779377.534 | 2,415 | 322.723616 |  | R-squared | = | 0.3616 |
|  |  |  |  |  | Adj R-squared | = | 0.3602 |
| Total | 1220748.33 | 2,420 | 504.441458 |  | Root MSE | = | 17.965 |

| weight | Coef. | Std. Err. | t | P>\|t\| | [95% Conf. Interval] | |
|---|---|---|---|---|---|---|
| height | 1.539187 | .066777 | 23.05 | 0.000 | 1.408241 | 1.670133 |
| educ_y | .2809159 | .0995421 | 2.82 | 0.005 | .085719 | .4761127 |
| male | 2.838447 | 1.003091 | 2.83 | 0.005 | .8714396 | 4.805454 |
| age | .1833775 | .0305624 | 6.00 | 0.000 | .1234563 | .2433087 |
| ytincome | .0448757 | .0165798 | 2.71 | 0.007 | .0123636 | .0773878 |
| _cons | -143.1072 | 10.85872 | -13.18 | 0.000 | -164.4006 | -121.8138 |

从上面的模型可以看出,控制了其他因素以后,年收入对体重有显著的正向影响。具体而言,在控制了其他变量的条件下,年收入每增加 1000 元,平均体重增加 0.045 斤($P = 0.007 < 0.05$)。在运行完上面的回归命令之后输入 vif 命令,结果如下:

```
. vif
```

| Variable | VIF | 1/VIF |
|---|---|---|
| height | 2.01 | 0.498357 |
| male | 1.89 | 0.529931 |
| educ_y | 1.40 | 0.712255 |
| ytincome | 1.24 | 0.804822 |
| age | 1.17 | 0.851363 |
| Mean VIF | 1.54 |  |

可以发现,所有自变量的 vif 值都远小于 10,最大的 vif 值也只有 2.01(身高)。由此我们可以判断,就上面的模型而言,并不存在共线性问题。接下来我们用 wage 变量替换 ytincome 变量,重新估计一个模型,并用 vif 命令诊断共线性问题,命令和输出结果如下:

```
. regress weight height educ_y male age wage
```

| Source | SS | df | MS | | Number of obs | = | 2,421 |
|---|---|---|---|---|---|---|---|
| | | | | | F(5, 2415) | = | 273.01 |
| Model | 440836.819 | 5 | 88167.3637 | | Prob > F | = | 0.0000 |
| Residual | 779911.509 | 2,415 | 322.944724 | | R-squared | = | 0.3611 |
| | | | | | Adj R-squared | = | 0.3598 |
| Total | 1220748.33 | 2,420 | 504.441458 | | Root MSE | = | 17.971 |

| weight | Coef. | Std. Err. | t | P>\|t\| | [95% Conf. Interval] | |
|---|---|---|---|---|---|---|
| height | 1.54166 | .0667883 | 23.08 | 0.000 | 1.410692 | 1.672628 |
| educ_y | .3011709 | .0983443 | 3.06 | 0.002 | .1083228 | .4940189 |
| male | 2.845733 | 1.003418 | 2.84 | 0.005 | .8780836 | 4.813383 |
| age | .1882425 | .0305561 | 6.16 | 0.000 | .1283236 | .2481614 |
| wage | .4847574 | .2036244 | 2.38 | 0.017 | .0854607 | .8840541 |
| _cons | -143.7572 | 10.85101 | -13.25 | 0.000 | -165.0354 | -122.4789 |

```
. vif
```

| Variable | VIF | 1/VIF |
|---|---|---|
| height | 2.01 | 0.498530 |
| male | 1.89 | 0.529948 |
| educ_y | 1.37 | 0.730211 |
| wage | 1.22 | 0.817751 |
| age | 1.17 | 0.852296 |
| Mean VIF | 1.53 | |

和前面的模型结果相似,控制了其他变量之后,月工资(wage)对体重有显著的正向影响。在其他条件相同的情况下,月工资每增加1000元,平均体重增加0.485斤($P=0.017<0.05$)。vif命令检验的结果同样表明上面的模型没有共线性问题。而且 wage 变量的 vif 值(1.22)和前面模型 ytincome 变量的 vif 值(1.24)几乎没有区别。

接下来我们估计一个同时将 ytincome 和 wage 两个变量作为自变量的回归模型,模型输出和 vif 检验命令及结果如下:

```
. regress weight height educ_y male age ytincome wage
```

| Source | SS | df | MS | | Number of obs | = | 2,421 |
|---|---|---|---|---|---|---|---|
| | | | | | F(6, 2414) | = | 227.90 |
| Model | 441438.605 | 6 | 73573.1009 | | Prob > F | = | 0.0000 |
| Residual | 779309.723 | 2,414 | 322.829214 | | R-squared | = | 0.3616 |
| | | | | | Adj R-squared | = | 0.3600 |
| Total | 1220748.33 | 2,420 | 504.441458 | | Root MSE | = | 17.967 |

| weight | Coef. | Std. Err. | t | P>\|t\| | [95% Conf. Interval] | |
|---|---|---|---|---|---|---|
| height | 1.539587 | .0667936 | 23.05 | 0.000 | 1.408608 | 1.670566 |
| educ_y | .2793534 | .0996168 | 2.80 | 0.005 | .0840101 | .4746966 |
| male | 2.837307 | 1.003258 | 2.83 | 0.005 | .869971 | 4.804642 |
| age | .1809862 | .0310095 | 5.84 | 0.000 | .1201783 | .2417942 |
| ytincome | .0655118 | .0479827 | 1.37 | 0.172 | -.0285797 | .1596033 |
| wage | -.2699911 | .5890968 | -0.46 | 0.647 | -1.425179 | .8851967 |
| _cons | -143.0663 | 10.86086 | -13.17 | 0.000 | -164.3639 | -121.7687 |

. vif

| Variable | VIF | 1/VIF |
|---|---|---|
| ytincome | 10.40 | 0.096124 |
| wage | 10.24 | 0.097668 |
| height | 2.01 | 0.498272 |
| male | 1.89 | 0.529928 |
| educ_y | 1.41 | 0.711421 |
| age | 1.21 | 0.827261 |
| Mean VIF | 4.53 | |

首先,从模型输出结果可以发现,如果同时将 ytincome 和 wage 作为自变量放入模型,这两个变量的效应都变得不再显著,而且 wage 变量的系数甚至变成了负数。这里的结果和前面两个模型的结果大相径庭,如果仔细检查的话,还可以发现这两个变量的系数对应的标准误比前面两个模型的相应数值要大好几倍。vif 命令检验的结果显示,ytincome 和 wage 两个变量对应的 vif 值都超过判断共线性问题的临界值 10,因此我们基本可以判断,如果这两个变量同时进入模型进行估计,则模型存在共线性问题,故上述两个变量估计值(系数和显著性)的可靠性存疑。

但是,需要提醒的是,在数据分析过程中,并不能完全机械地根据自变量之间的相关系数或 vif 值来进行判断。有一种情况,尽管两个变量之间的相关系数很大,而且 vif 值也很大,但是并不能作为共线性"问题"来对待,这种情况就是我们前面讲解过的多项式回归(即变量和变量的平方项同时进入模型,以估计自变量和因变量的曲线关系模式)。接着上面的例子,如果我们将年龄的平方项也纳入模型,以检验年龄和体重之间的曲线关系。我们先看年龄(age)及其平方项(agesq)之间的相关关系,命令及结果如下:

```
. corr age agesq
(obs=2,421)

             |     age    agesq
-------------+------------------
         age |  1.0000
       agesq |  0.9880   1.0000
```

可以发现,这两个变量之间的相关系数非常大(0.988),当然这也完全在我们的意料之中。接下来我们估计一个多项式回归,命令及结果输出和 vif 检验结果如下:

```
. regress weight height educ_y male ytincome age agesq

      Source |       SS           df       MS      Number of obs   =     2,421
-------------+----------------------------------   F(6, 2414)      =    249.99
       Model |  467825.203         6   77970.8671  Prob > F        =    0.0000
    Residual |  752923.125     2,414   311.898561  R-squared       =    0.3832
-------------+----------------------------------   Adj R-squared   =    0.3817
       Total |  1220748.33     2,420   504.441458  Root MSE        =    17.661

      weight |      Coef.   Std. Err.      t    P>|t|     [95% Conf. Interval]
-------------+----------------------------------------------------------------
      height |   1.544512   .0656501    23.53   0.000     1.415776    1.673248
      educ_y |   .3085972   .0979046     3.15   0.002     .1166115    .5005829
        male |   3.011262   .9863024     3.05   0.002     1.077175    4.945349
    ytincome |   .0321992   .0163574     1.97   0.049     .0001232    .0642751
         age |   1.826123   .1808853    10.10   0.000     1.471417     2.18083
       agesq |  -.0185025    .002009    -9.21   0.000    -.0224421   -.0145629
       _cons |  -177.4632   11.30809   -15.69   0.000    -199.6377   -155.2886

. vif

    Variable |       VIF       1/VIF
-------------+----------------------
         age |     42.57    0.023489
       agesq |     42.38    0.023596
      height |      2.01    0.498319
        male |      1.89    0.529739
      educ_y |      1.41    0.711584
    ytincome |      1.25    0.799123
-------------+----------------------
    Mean VIF |     15.25
```

首先,我们可以从回归模型的输出结果判断,年龄和体重之间是一个倒 U 形的曲线关系模式,因为年龄变量的系数为正数且显著,年龄平方项的系数为负数且同样显著,经计算转折点大约为 49 岁①。也就是说,大约在 50 岁之前,平均体重随着年龄的上升而上升,而 50 岁以后,平均体重开始随着年龄的上升而下降。vif 检验的结果发现,年龄(age)和年龄平方项(agesq)两个变量的 vif 值极大(都在 42 左右),远远高于 10 这一临界值。那么,我们能否判断上面的模型存在共线性问题呢?答案当然是否定的。也就是说,通过 vif 检验来诊断共线性问题的方法,应该将多项式回归的情况排除在外。

### 三、共线性问题的解决方案

一般情况下,如果排除了多项式回归的情况之后,仍诊断出模型存在共线性问题,就需要进行处理。处理共线性问题的方法并不复杂。如前所述,导致共线性问题的主要原因是变量之间的高度相关,如果两个或多个变量之间的相关系数超过 0.9,那通常意味着它们之间是可以相互替代的,即测量的东西是基本一样的,因此,在纳入模型进行估计的时候,只要在它们之中选择一个代表即可。正如我们前面估计体重影响因素的例子,全年总收入(ytincome)和月工资(wage)变量,我们选择其中之一放入模型进行估计即可,都能代表收入水平对体重的影响。至于选择哪一个变量,可根据研究需要或研究者的偏好决定。

如果模型中有多个高度相关的自变量,或者是一个量表(如李克特量表)里面的各个题项所对应的各个变量,此时我们也可以通过主成分分析法或因子分析法(验证性因子分析或探索性因子分析皆可),提取公因子并构造新的变量,来代替那些高度相关的自变量进入模型进行估计,即可解决模型的共线性问题。

本章指出,定量社会科学研究经常会碰到诸如数据缺失、奇异值和共线性之类的数据问题,若不加处理直接分析,则易得出有偏甚至是错误的结论。本章逐一对数据缺失、奇异值和共线性问题的实质、检验方法进行详细介绍,特别侧重通过具体的案例讲解如何使用 Stata 软件对相应的数据问题进行处理。只有对此类数据问题进行恰当的处理,其后的数据分析结果才可能更加可靠。

---

① 具体的计算方法和命令,可参考第六章。

## ◆ 参考文献

劳伦斯·C.汉密尔顿:《应用STATA做统计分析·更新至STATA12(原书第8版)》,巫锡炜等译,清华大学出版社2017年版。

谢宇:《回归分析》,社会科学文献出版社2010年版。

严洁:《缺失数据的多重插补——应用案例与软件操作》,重庆大学出版社2017年版。

Paul D. Allison, *Missing Data*, Sage Publications, Inc., 2001.

Roderick J. A. Little and Donald B. Rubin, *Statistical Analysis with Missing Data*, 3rd ed., John Wiley & Sons, Inc., 2020.

Peter J. Huber, "Robust Estimation of a Location Parameter," *Annals of Mathematical Statistics*, Vol. 35, No. 1, 1964.

## ◆ 思考与练习

1. 造成数据缺失的主要原因有哪些?根据缺失值的结构,可以将缺失数据分为哪些类型?

2. 使用Stata软件分析数据并回答问题。

打开cgss2010s3000.dta数据,已知:被插补变量为职业社会经济地位指数(risei)、养老意愿(at_osd,主要由政府负责=1,主要由子女负责=2,主要由老人自己负责=3,政府/子女/老人责任均摊=4),参与估计插补值的变量根据具体情况自行选择。

请完成以下分析任务:

(1) 对职业社会经济地位指数的缺失值进行简单插补。

(2) 对职业社会经济地位指数的缺失值进行条件均值替代。

(3) 对职业社会经济地位指数的缺失值进行线性回归模型估计值插补。

(4) 对职业社会经济地位指数的缺失值进行多重插补。

(5) 对职业社会经济地位指数和养老意愿的缺失值进行链式方程多变量插补。

3. 简述奇异值的类型。不同类型的奇异值可能会对回归结果造成什么影响?

## 第七章 常见的数据问题及解决方案

4. 使用Stata软件分析数据并回答问题。

打开cgss2010s3000.dta数据,已知:因变量为体重(weight,单位:斤),自变量为性别(male,男性=1,女性=0)、年龄(age)、身高(height,单位:厘米)、是否来自城镇(urban,是=1,否=0)、地区(region,东部=1,中部=2,西部=3)。

请完成以下分析任务:

(1) 如果要考查年龄对体重的效应,请使用散点图和lvr2plot图判断是否存在奇异值。

(2) 请使用数字检验法判断是否存在奇异值。

(3) 如果经检测发现数据中确实存在奇异值,应该如何处理?

5. 共线性问题可能导致什么样的后果?如何诊断是否存在共线性问题?

# 第八章

# 因变量为类别变量的回归分析(一)

**本章提要**

定量社会科学研究所关注的变量,很多并非线性变量,而是类别变量,如定类变量、定序变量和离散型变量等。分析这些变量的方法不同于前面章节介绍的关于线性变量的分析方法。本章的主要内容有两部分:一是讲解类别变量的描述和统计推断的基本知识和方法,为这些变量的回归分析奠定基础;二是详细介绍因变量为二分类变量的回归模型的基本原理和应用,包括线性概率模型、二分类 logit 模型和 probit 模型。

## 第一节 类别变量回归分析基础

本书前面章节主要介绍了线性回归模型,即因变量为连续型变量或线性变量时最常用的最小二乘法回归模型。但在定量社会科学研究中,我们所分析的很多因变量并非连续型变量,而是不同类型的类别变量,包括定类变量、定序变量以及离散型变量等。例如,是否上大学、教育程度(文凭的类别)、婚姻状况、就业状况、职业类型、主观幸福感、子女的数量或期望生育数量等,都是定量社会科学研究感兴趣的变量。因为变量属性和分布特征的差异,对这些变量进行统计分析不适合使用"线性"的方法(包括线性回归模型)。对于类别变量,有适用于这些变量的统计分析的专门方法和统计模型。我们将在本章和下一章详细讲解这些方法和模型。

在本节,我们将通过应用 Stata 软件分析数据来讲解类别变量的描述和统计推断的基本原理与方法,为学习因变量为类别变量的回归模型奠定基础。

## 一、单变量的描述和统计推断

对于单个线性变量的描述统计,我们通常根据集中程度指标(均值、中位数和众数)和离散程度指标(方差、分位数和四分互差等)来考察它们的分布情况。而对类别变量进行描述,我们主要是看变量的类别或选项的频数分布。使用 Stata 软件中的 tabulate(可简写为 tab)命令便能获得变量的频数分布表。例如我们可以使用 tab 命令查看 cgss2010s3000.dta 数据中婚姻状况的频数分布,命令及结果如下:

```
. tab marriage
```

| a69.<br>您目前的婚姻<br>状况是 | Freq. | Percent | Cum. |
|---|---|---|---|
| 未婚 | 290 | 9.71 | 9.71 |
| 同居 | 16 | 0.54 | 10.24 |
| 已婚 | 2,477 | 82.93 | 93.17 |
| 分居未离婚 | 13 | 0.44 | 93.61 |
| 离婚 | 72 | 2.41 | 96.02 |
| 丧偶 | 119 | 3.98 | 100.00 |
| Total | 2,987 | 100.00 | |

以上显示的是婚姻状况(marriage)的频数分布表,分别显示了绝对频数(Freq.)、相对频数(Percent,即百分比)和累积百分比(Cum.)。根据这一结果,我们可以了解样本数据所呈现出的 2010 年中国城乡居民婚姻状况的基本分布情况。可以发现,83%的居民处于已婚状态,将近 10%的人处于未婚状态,其他类别(包括同居、分居、离异或丧偶)则占比较低。总而言之,对于类别变量,我们主要关注的相对频数(百分比),实际上就是"事件发生的概率"。正如上面的例子,离婚的百分比是 2.41%,因此我们也可以说离婚发生的概率为 2.41%。

如果要根据上面的样本数据推论总体,即全国居民的婚姻情况,则需要进行统计推断。对于线性变量,我们主要是根据样本的均值推论总体的均值,而对于类别变量,则主要是根据样本的相对频数,也就是事件发生的概率,去推断总体的相对频数。无论是连续型变量还是类别变量,统计推断的统计学基础都是中心极限定理。对于类别变量,中心极限定理的表述方式是:

对于一个某特定事件发生概率为 $\pi$ 的总体,如果从中无限次抽取样本量为 $n$ 的样本,那么随着 $n$ 的增大,根据每个样本计算出来的概率 $P$ 的分布将服从均值为 $\pi$,标准差为 $\sqrt{\dfrac{\pi(1-\pi)}{n}}$ 的正态分布。

因此,对于单个类别变量的统计推断,其抽样分布也是正态分布,这一点和线性变量的统计推断基本一致。单个类别变量常用的统计推断方法同样是区间估计和假设检验,根据样本数据的概率分布推断某个事件(对应类别变量的某个选项)在总体层面发生的概率。根据中心极限定理,计算类别变量置信区间的公式为

$$\left[ P - t_{\alpha/2} \sqrt{\dfrac{P(1-P)}{n}}, P + t_{\alpha/2} \sqrt{\dfrac{P(1-P)}{n}} \right] \qquad (8-1)$$

其中,$P$ 是样本数据中某一事件发生的概率(如已婚的百分比),$t_{\alpha/2}$ 是和置信水平相关的关键值①,$n$ 是样本量。例如,如果我们要根据上面婚姻状况的频数表推断全国居民处于"已婚"状态的比例,我们可将相应的数字代入式 8-1,计算得到(置信水平为 95%)置信区间:

$$\left[ 0.829 - 1.96 \times \sqrt{\dfrac{0.829 \times (1-0.829)}{2987}}, 0.829 + 1.96 \times \sqrt{\dfrac{0.829 \times (1-0.829)}{2987}} \right]$$

计算得到置信区间为 [0.815, 0.843],表明在全国范围内,2010 年中国居民已婚的比例有 95% 的可能性是处于 81.5% 到 84.3% 之间。Stata 软件提供了直接计算类别变量置信区间的命令 cii proportions(可以简写为 cii prop),命令的基本写法如下:

. cii prop #obs #success, level(#)

---

① 这和线性变量计算置信区间的关键值相同(参见本书第二章的相关内容)。之所以使用 $t$ 分布而不是标准正态分布($Z$ 分布),在于当样本量小的时候,$t$ 分布比 $Z$ 分布更加不易出错,而在样本量大的情况下,$t$ 分布和 $Z$ 分布趋向一致。所以默认使用 $t$ 分布。

# 第八章 因变量为类别变量的回归分析（一）

其中，#obs 为样本量，#success 是事件发生的频数，逗号后面的选项是置信水平，默认是 95(95% 的置信水平)。如上面关于"已婚"状态的置信区间，根据 Stata 计算的命令和结果输出如下：

```
. cii prop 2987 2477
```

| Variable | Obs | Proportion | Std. Err. | — Binomial Exact — [95% Conf. Interval] | |
|---|---|---|---|---|---|
|  | 2,987 | .8292601 | .0068849 | .8152779 | .8425941 |

可以发现与前面根据公式手动计算的结果完全一致。如果置信水平为 99%，那么命令和结果如下：

```
. cii prop 2987 2477, level(99)
```

| Variable | Obs | Proportion | Std. Err. | — Binomial Exact — [99% Conf. Interval] | |
|---|---|---|---|---|---|
|  | 2,987 | .8292601 | .0068849 | .810835 | .8466238 |

比较上述结果可以发现，置信水平越高，对应置信区间的跨度也越大。区间变大，意味着估计出错的概率变小。

关于单个类别变量的假设检验，其思路和步骤与本书第二章介绍的线性变量的假设检验基本一致，但是所用的抽样分布不同。线性变量均值的假设检验默认使用的抽样分布是 $t$ 分布，而类别变量中事件发生概率假设检验默认使用的抽样分布是 $Z$ 分布，即标准正态分布。具体步骤是先提出原假设和备择假设，然后根据样本数据的信息计算关键值 $z$（标准正态分布横轴上的值）及其对应的概率值（$P$ 值），然后比较 $P$ 值与常用显著性水平的大小来进行判断。$z$ 值的计算公式如下：

$$z = \frac{P - \pi}{\sqrt{\frac{P(1-P)}{n}}} \qquad (8-2)$$

其中，$P$ 是根据样本数据计算出来的事件发生的概率（即类别变量某一选项对应的百分比），$\pi$ 是用来检验的值（关于总体层面上事件发生的概率），$n$ 是样本量。我们来举例说明。

**【例 8-1】** 有人认为,在 2010 年有一半中国人(18 岁或以上)同意"干得好不如嫁得好"的说法。请检验这个观点是否成立。

打开 cgss2010s3000.dta 数据,变量为对待"干得好不如嫁得好"的态度(at_meri,完全不同意 = 1,比较不同意 = 2,无所谓同意不同意 = 3,比较同意 = 4,完全同意 = 5)。

我们可以提出原假设和备择假设如下:

$H_0$:50%的中国人同意"干得好不如嫁得好"。

$H_a$:同意该说法的中国人不是 50%(双尾检验)。

首先我们看 at_meri 变量的频数表,命令及结果如下:

. tab at_meri

| a423.<br>干得好不如嫁得好 | Freq. | Percent | Cum. |
|---|---|---|---|
| 完全不同意 | 311 | 10.42 | 10.42 |
| 比较不同意 | 745 | 24.97 | 35.39 |
| 无所谓同意不同意 | 552 | 18.50 | 53.89 |
| 比较同意 | 971 | 32.54 | 86.43 |
| 完全同意 | 405 | 13.57 | 100.00 |
| Total | 2,984 | 100.00 | |

可以发现,选择"比较同意"和"完全同意"的比例大约在 46%(32.6% + 13.6% = 46.2%),即根据样本数据的频数分布,46%的样本表示同意。我们也可以对该变量重新赋值,生成一个虚拟变量(同意 = 1,其他 = 0),以便于计算:

. recode at_meri 1/3=0 4/5=1, gen(meri2)

. tab meri2

| RECODE of<br>at_meri<br>(a423.<br>干得好<br>不如嫁<br>得好) | Freq. | Percent | Cum. |
|---|---|---|---|
| 0 | 1,608 | 53.89 | 53.89 |
| 1 | 1,376 | 46.11 | 100.00 |
| Total | 2,984 | 100.00 | |

## 第八章 因变量为类别变量的回归分析(一)

根据式 8-2,可以计算得到 z 值:

$$z = \frac{P-\pi}{\sqrt{\frac{P(1-P)}{n}}} = \frac{0.46-0.5}{\sqrt{\frac{0.46\times(1-0.46)}{2984}}} = -4.384$$

根据上面计算得到的 z 值,即可计算得到其在 Z 分布中对应的 P 值(我们可以使用 Stata 的 display 命令进行计算):

```
. dis %10.9f normal(-4.384)
0.000005826
```

P 值约为 0.000006,远远小于常用的显著性水平 0.05,表明我们有足够的证据拒绝原假设(拒绝原假设犯错误的可能性大约为 0.0006%,几乎为 0)。因此,在 2010 年,一半中国居民同意"干得好不如嫁得好"的说法不成立。

Stata 软件提供了对类别变量(发生概率)直接进行假设检验的命令 prtesti。例如上面的例子,命令的写法和结果输出如下:

```
. prtesti 2984 0.46 0.5, level(95)

One-sample test of proportion                  x: Number of obs =      2984
```

|   | Mean | Std. Err. | [95% Conf. Interval] |   |
|---|---|---|---|---|
| x | .46 | .0091238 | .4421177 | .4778823 |

```
    p = proportion(x)                                     z =   -4.3701
Ho: p = 0.5

    Ha: p < 0.5              Ha: p != 0.5              Ha: p > 0.5
 Pr(Z < z) = 0.0000      Pr(|Z| > |z|) = 0.0000      Pr(Z > z) = 1.0000
```

命令后面的第一个数字(2984)是样本量,第二个数字(0.46)是根据样本数据计算得到的事件发生的概率(即同意"干得好不如嫁得好"的比例),第三个数字(0.5)是被检验的数字(即原假设的判断),逗号后面的选项是设定的置信水平(默认是 95%)。上面的输出结果和我们手工计算的结果一致(小数点后面细微的差别源于计算时数字的四舍五入),z 值为 -4.37,对应的概率值几乎为 0(最下边一行中间部分的数字,左边和右边则是单尾检验的结果)。上面的结果同时输出了 95% 的置信区间[0.442,0.478],表明有 95% 信心推断,2010

年中国居民同意"干得好不如嫁得好"这一说法的比例大约在 44% 到 48% 之间。被检验值 50% 并没有落入此区间内,故在假设检验中被拒绝了。

### 二、类别变量之间的描述和推断:列联表与独立性检验(卡方检验)

在对两个类别变量进行统计描述和假设检验时,通常使用列联表和卡方检验。列联表也称作交叉分析表,用以显示两个类别变量交叉分类之后所形成的各个类别的绝对频数或相对频数(百分比)。相对频数也称作条件概率(conditional probability),所谓条件指的是交叉分析中另外一个变量的选项。Stata 软件做列联表的命令也是 tabulate(可简写为 tab,与单变量频数表的命令相同),命令后面是两个变量名,分别对应两个类别变量。例如我们做教育程度变量(level)和性别变量(sex)的交叉分析表,命令和输出结果如下:

```
. tab level sex
```

| 教育程度 | a2. 性别 男 | 女 | Total |
|---|---|---|---|
| 小学或以下 | 376 | 629 | 1,005 |
| 初中 | 506 | 445 | 951 |
| 高中职高技校 | 312 | 277 | 589 |
| 大专或以上 | 234 | 221 | 455 |
| Total | 1,428 | 1,572 | 3,000 |

如果没有在命令中放置任何选项,那么列联表中显示的是绝对频数。中间的数字(单元)显示的是交叉分类的频数,右端(行边缘)和下边(列边缘)的总计(Total)显示的是两个变量的频数分布。对以上输出结果的解读较为简单:我们来看教育程度下的第一行,可以发现小学或以下学历者中,男性有 376 人,女性有 629 人。如果在上面命令后面加上行(row)或列(column,可简写为 col)选项的话,则可以显示相对频数(即条件概率)。例如:

```
. tab level sex, row
```

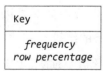

## 第八章 因变量为类别变量的回归分析(一)

| 教育程度 | a2. 性别 男 | 女 | Total |
|---|---|---|---|
| 小学或以下 | 376<br>37.41 | 629<br>62.59 | 1,005<br>100.00 |
| 初中 | 506<br>53.21 | 445<br>46.79 | 951<br>100.00 |
| 高中职高技校 | 312<br>52.97 | 277<br>47.03 | 589<br>100.00 |
| 大专或以上 | 234<br>51.43 | 221<br>48.57 | 455<br>100.00 |
| Total | 1,428<br>47.60 | 1,572<br>52.40 | 3,000<br>100.00 |

上面显示了行百分比(即每一行的百分比加起来为100%),可以看到每一类教育程度的群体的性别分布情况。例如,小学或以下群体中,女性占了63%,男性占了37%;初中群体中,女性占47%,男性占53%(其他两个教育程度的性别分布情况类似)。根据行百分比,可以了解到:在低学历群体中,女性占比高于男性,而在较高学历的群体中,男性的占比高于女性。

如果将命令选项换为 column,则显示的是列百分比(每一列的百分比加起来等于100%),反映的是男性或女性群体内部的学历分布情况:

```
. tab level sex, column
```

| Key |
|---|
| *frequency*<br>*column percentage* |

| 教育程度 | a2. 性别 男 | 女 | Total |
|---|---|---|---|
| 小学或以下 | 376<br>26.33 | 629<br>40.01 | 1,005<br>33.50 |
| 初中 | 506<br>35.43 | 445<br>28.31 | 951<br>31.70 |
| 高中职高技校 | 312<br>21.85 | 277<br>17.62 | 589<br>19.63 |
| 大专或以上 | 234<br>16.39 | 221<br>14.06 | 455<br>15.17 |
| Total | 1,428<br>100.00 | 1,572<br>100.00 | 3,000<br>100.00 |

可以看出:男性群体中,初中学历占比最高(超过35%);而女性中,小学或以下学历占比最高(40%)。如果有需要,也可以同时显示行百分比和列百分比,命令和输出结果如下:

```
. tab level sex, row column
```

| Key |
| --- |
| frequency |
| row percentage |
| column percentage |

| 教育程度 | a2. 性别 男 | 女 | Total |
| --- | --- | --- | --- |
| 小学或以下 | 376<br>37.41<br>26.33 | 629<br>62.59<br>40.01 | 1,005<br>100.00<br>33.50 |
| 初中 | 506<br>53.21<br>35.43 | 445<br>46.79<br>28.31 | 951<br>100.00<br>31.70 |
| 高中职高技校 | 312<br>52.97<br>21.85 | 277<br>47.03<br>17.62 | 589<br>100.00<br>19.63 |
| 大专或以上 | 234<br>51.43<br>16.39 | 221<br>48.57<br>14.06 | 455<br>100.00<br>15.17 |
| Total | 1,428<br>47.60<br>100.00 | 1,572<br>52.40<br>100.00 | 3,000<br>100.00<br>100.00 |

从上面列联表的交叉分布或条件概率的情况来看,教育程度和性别这两个变量可能是相关的。具体而言,教育获得可能存在性别差异,因为高学历群体中男性占比高,而低学历群体中女性占比高。由于这些结果是从样本数据中计算得到的,所以若要推断总体层面上教育程度和性别的关联,则需要进行统计推断。用来对两个类别变量的相关情况进行总体推断的常用方法是卡方检验(Chi-square test)。卡方检验也被称作独立性检验,适用于类别变量之间的相关关系分析。具体而言,适用于检验列联表中的两个变量是否相互独立:如果是,即表明总体层面上两个类别变量之间没有相关关系;反之(不独立),

则表明总体层面上两个类别变量之间存在相关关系。与线性变量的统计推断方法(如 $t$ 检验、方差分析等)不同,卡方检验无须对变量的总体分布情况做出假定,因此它属于非参数检验(non-parametric test)方法。

任何统计上的假设检验,都需要有原假设和备择假设。卡方检验的原假设和备择假设通常陈述如下:

$H_0$:总体层面上,两个变量之间是相互独立的,即没有相关关系。

$H_a$:总体层面上,两个变量之间不是相互独立的,即存在相关关系。

另外,假设检验需要有合适的抽样分布,并根据该抽样分布来计算用于得出结论的概率值($P$ 值)。顾名思义,用来进行卡方检验的抽样分布是卡方分布,它呈现了特定卡方值所对应的抽样分布中的概率。卡方分布基本上是正偏态分布。卡方值(横轴上的数值)都是非负的,最小值为0,最大值为正无穷。所有卡方检验都是单尾检验。如果特定卡方值对应的右尾的概率值小于常用的显著性水平(如0.05),表明有充分的理由拒绝原假设(因为拒绝原假设犯错的概率小于5%),故备择假设得到验证,即在总体层面上,这两个类别变量之间存在相关性。

卡方分布不是一个单一的分布,而是一组分布,其具体分布形态取决于自由度的大小。随着自由度的增加,卡方分布逐渐变得对称(如图8-1)。卡方分布自由度的计算方式为

$$d.f = (行数-1) \times (列数-1) \qquad (8-3)$$

其中行数是列联表中行的数量(行变量的类别数),列数是列联表中列的数量(列变量的类别数)。① 例如,一个 2×2 列联表(即行变量和列变量都只有两个选项的情况)的自由度为 (2-1)×(2-1) = 1;一个 3×2 列联表的自由度为 (3-1)×(2-1) = 2。图8-1呈现了不同自由度的卡方分布的具体形态。

当自由度确定之后,只要确定了卡方值(卡方分布中横轴上的数值),即可计算得到用以得出结论的 $P$ 值。计算卡方值需要区分两个概念:一个为实际频数(observed frequencies),即样本数据中两个变量在列联表中各个单元的绝对频数;另一个为期望频数(expected frequencies),即列联表中两变量之间相互独立时,各单元的被期望或应该的频数。列联表中某个单元对应的列边缘(下

---

① Stata 软件的列联表命令 tabulate 后面跟着的第一个变量为行变量,第二个变量为列变量。

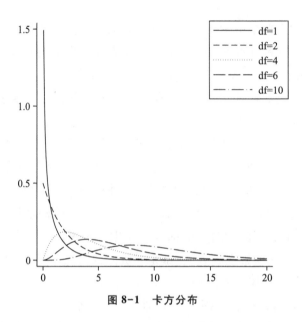

图 8-1 卡方分布

边总计栏)和行边缘(右边总计栏)的数字的乘积除以样本量,即可求得该单元的期望频数。

我们举一个简单的例子(假定的例子)。假定我们调查得到一个 70 个个案的数据,其中就业和性别变量的列联表如表 8-1 所示。我们的目的是检验就业和性别两个变量之间是否统计独立,原假设和备择假设分别是:

$H_0$:就业和性别是独立的(就业的概率没有性别差异)。

$H_a$:就业和性别不是独立的(就业的概率有显著的性别差异)。

表 8-1 就业与性别的列联表(假定的数据)

| 就业状况 | 男性 | 女性 | 总计 |
| --- | --- | --- | --- |
| 就业 | 22 | 12 | 34 |
| 不就业 | 14 | 22 | 36 |
| 总计 | 36 | 34 | 70 |

从表 8-1 可以看出,这是一个 2×2 列联表,行数和列数分别为 2,故卡方分布的自由度为 1。表 8-2 显示了期望频数的计算方法:

第八章　因变量为类别变量的回归分析（一）

表 8-2　就业与性别交互分类的频数及期望频数表（假定的数据）

| 就业状况 | 男性 | 女性 | 总计 |
| --- | --- | --- | --- |
| 就业 | 22（34×36÷70＝17.5） | 12（34×34÷70＝16.5） | 34 |
| 不就业 | 14（36×36÷70＝18.5） | 22（36×34÷70＝17.5） | 36 |
| 总计 | 36 | 34 | 70 |

注：括号内为期望频数的计算方法及结果。

计算得到每个单元的期望频数之后，根据以下公式，便可求得卡方分布横轴上的数值（卡方值）：

$$\chi^2 = \sum \frac{(f_e - f_o)^2}{f_e} \tag{8-4}$$

其中 $f_e$ 是期望频数，$f_o$ 是实际频数，将表 8-1 中相应的数字代入公式，即可计算得到卡方值（$\chi^2 = 4.636$），然后就可以计算得到该数字对应的卡方分布右端的概率（$P$ 值）：

```
. dis chi2tail(1, 4.636)
.03130789
```

$P$ 值为 0.031，小于常用的显著性水平 0.05，表明有充足的理由拒绝原假设，备择假设得到验证，即就业与性别不是独立的，而是相关的。或者说，在总体层面上，就业的概率存在性别差异。

使用 Stata 软件的 tabi 命令，可以对前面的例子进行卡方检验，命令和输出结果如下：

```
. tabi 22 12 \ 14 22, chi2

           |    col
       row |     1       2  |   Total
    -------+----------------+--------
         1 |    22      12  |     34
         2 |    14      22  |     36
    -------+----------------+--------
     Total |    36      34  |     70

     Pearson chi2(1) =   4.6656   Pr = 0.031
```

tabi 命令后跟着的是列联表中单元的实际频数，两行频数中间用"\"隔开，逗号后面加上 chi2 选项表明进行卡方检验。最后一行显示了卡方值(此处数字和前面手算结果的细微差别来自计算中小数点后面的位数选择差异所导致的误差)和对应的 $P$ 值。可以发现,$P$ 值为 0.031(小于 0.05 即为统计显著),故拒绝原假设。我们可以对以上检验作图表示(见图 8-2):

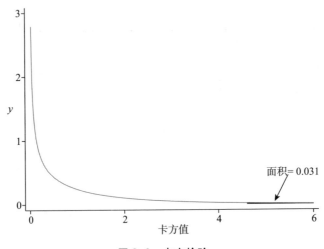

图 8-2  卡方检验

如果我们分析的不是上述汇总的数据,而是微观的数据库,则可以用列联表命令(tabulate)加上 chi2 选项来进行卡方检验。我们使用该命令分析 cgss2010s3000 数据,检验教育程度和性别之间是相互独立还是相关。

【例 8-2】 打开 cgss2010s3000.dta 数据,变量为教育程度(level,小学或以下 = 1,初中 = 2,高中职高技校 = 3,大专或以上 = 4),性别(sex,男性 = 1,女性 = 2)。问:2010 年中国居民的教育程度是否存在性别差异?

我们的目的是检验教育程度和性别两个变量之间是否统计独立,原假设和备择假设分别是:

$H_0$:教育程度和性别是独立的(教育程度的概率分布没有性别差异)。

$H_a$:教育程度和性别不是独立的(教育程度的概率分布有显著的性别差异)。

因为两个变量均为类别变量,所以若要在总体层面上推断两者之间的关系应该使用卡方检验。Stata 命令和卡方检验结果输出如下:

```
. tab level sex, chi2
```

| 教育程度 | a2. 性别 男 | 女 | Total |
|---|---|---|---|
| 小学或以下 | 376 | 629 | 1,005 |
| 初中 | 506 | 445 | 951 |
| 高中职高技校 | 312 | 277 | 589 |
| 大专或以上 | 234 | 221 | 455 |
| Total | 1,428 | 1,572 | 3,000 |

```
        Pearson chi2(3) =  63.2883   Pr = 0.000
```

根据上面的结果，可以发现，本例卡方分布的自由度为3（因为是4×2的列联表），卡方值为63.29，对应的 $P$ 值为0.000，即可以拒绝原假设（拒绝原假设犯错误的概率几乎为0），备择假设得到验证。在总体层面上，教育程度和性别不是独立的，教育获得存在显著的性别差异。

以上介绍了检验两个类别变量相关关系的常用方法——卡方检验（独立性检验）的原理和 Stata 应用。需要提及的是，在定量社会科学研究中，卡方检验的使用比较有限，因为卡方检验具有以下几点局限。首先，它只能检验两变量是否相关，却无法计算或检验某一变量对另一变量具体效应的大小。其次，卡方检验的结果受样本量的影响较大。样本量越大，计算得到的卡方值也就越大，而卡方值的大小与两变量关联程度的强弱无关。最后，如果某一单元格的期望频数很小，则会对卡方值产生很大影响。最重要的是，卡方检验只能检验两个变量之间的相关性，而无法进行多变量分析。因此，当我们需要考察自变量对因变量（类别变量）的具体效应并进行多变量分析时，仍旧需要使用回归模型。下面让我们从最简单的情况开始，即当因变量为二分类变量时如何进行回归分析。

## 第二节 因变量为二分类变量的回归模型

因变量为二分类变量的常用回归模型包括线性概率模型、logit 回归模型和 probit 回归模型。其中，线性概率模型实际上是将 OLS 回归模型的方法应用于二分类变量，估计事件发生的概率（即因变量取值为1的比例）。

## 一、线性概率模型

在回归分析中,对于二分类变量,我们一般将其转化为 0 和 1 取值的虚拟变量。那么如何估计因变量为虚拟变量的回归模型呢？一个常用的方案是使用最小二乘法拟合的线性回归模型来估计事件发生(即因变量取值为 1)的概率,这种回归模型通常称为线性概率模型。线性概率模型将概率($p$)看作是线性变量,因此使用线性回归模型(OLS 模型)来进行估计。

当模型中只有一个自变量(假定该自变量为线性变量)时,线性概率模型的一般形式如下：

$$p_{(y=1)} = a + bx + e \tag{8-5}$$

其中,截距 $a$ 表示自变量 $x=0$ 时,因变量 $y=1$ 所代表的事件发生的概率为 $a$；回归系数 $b$ 表示自变量 $x$ 每增加一个单位,事件 $y=1$ 发生的概率会上升 $b$ 个单位(如果 $b$ 是负数,则解释为下降 $b$ 个单位)。

对式 8-5 的一元线性概率模型进行扩展,增加自变量后的多元线性概率模型可以表示为

$$p_{(y=1)} = a + b_1 x_1 + b_2 x_2 + \cdots + b_k x_k + e \tag{8-6}$$

线性概率模型是将经典的 OLS 方法用于估计因变量为二分类变量时的回归模型。线性概率模型与因变量为线性变量的线性回归模型的区别在于,前者估计的是自变量对因变量 $y=1$ 这一事件发生概率的影响,而后者估计的是自变量对因变量均值变化的影响。下面我们应用 Stata 分析数据,以检验影响就业的性别差异的案例来进一步理解线性概率模型。

【例 8-3】 打开 cgss2010s3000.dta 数据,已知：因变量为就业状况(lfp,就业 = 1,未就业 = 0),自变量为性别(male,男性 = 1,女性 = 0)。问：2010 年中国居民就业是否存在性别差异？

我们先做一个卡方检验,命令及结果输出如下：

```
. tab lfp male, col chi2
```

| Key |
|---|
| *frequency* |
| *column percentage* |

| 是否就业 | 是否男性 | | Total |
|---|---|---|---|
| | 否 | 是 | |
| 否 | 658<br>41.91 | 331<br>23.28 | 989<br>33.05 |
| 是 | 912<br>58.09 | 1,091<br>76.72 | 2,003<br>66.95 |
| Total | 1,570<br>100.00 | 1,422<br>100.00 | 2,992<br>100.00 |

Pearson chi2(1) = 117.0804   Pr = 0.000

很显然,卡方检验的结果是显著的,即就业存在明显的性别差异。但卡方检验无法估计性别对就业的具体效应,为了解决这一问题,我们可以把就业的概率当作线性变量,使用线性概率模型来进行估计。因为是通过最小二乘法拟合,所以 Stata 软件运行线性概率模型的命令也是 regress,具体命令和输出结果如下[①]:

. regress lfp male

| Source | SS | df | MS | | | |
|---|---|---|---|---|---|---|
| Model | 25.9082662 | 1 | 25.9082662 | Number of obs | = | 2,992 |
| Residual | 636.179635 | 2,990 | .212769109 | F(1, 2990) | = | 121.77 |
| | | | | Prob > F | = | 0.0000 |
| | | | | R-squared | = | 0.0391 |
| | | | | Adj R-squared | = | 0.0388 |
| Total | 662.087901 | 2,991 | .221360047 | Root MSE | = | .46127 |

| lfp | Coef. | Std. Err. | t | P>|t| | [95% Conf. Interval] | |
|---|---|---|---|---|---|---|
| male | .1863375 | .0168863 | 11.03 | 0.000 | .1532275 | .2194476 |
| _cons | .5808917 | .0116414 | 49.90 | 0.000 | .5580658 | .6037176 |

因为只有一个自变量(即性别),所以上面的回归模型称作一元线性概率模型。可以发现,输出结果的结构和本书第三章的一元线性回归模型完全一致,上半部分为方差分析和模型的拟合指标(包括 $F$ 检验和决定系数等),下半部分是回归系数及其检验($t$ 检验)结果表格。可以发现,$F$ 检验显著($Prob>F=0.0000$,小于 0.05),表明总体层面上性别确实对就业的概率产生影响,性别差

---

① 需要强调的是,运行线性概率模型,因变量必须为虚拟变量(即赋值为 0 和 1 的二分类变量),如果原始数据中因变量不是 0 和 1 赋值,运行模型之前必须修改赋值。

异解释了就业概率差异的 4% 左右（决定系数为 0.0391）。根据回归系数表可知，截距 $a$ 和回归系数 $b$ 的值分别为 0.581 和 0.186。因此，实际估计出的回归直线是

$$p_{(lfp=1)} = 0.581 + 0.186 \times male$$

截距 $a$ 是当自变量为 0 时（male=0，即女性）就业的概率，故可解释为女性就业的概率约为 0.581。斜率 0.186 则是男性的就业概率和女性就业概率的差值，因此解释为男性就业的概率比女性的高出 18.6 个百分点。

如果我们在上述的一元线性概率模型中继续加入受教育年限（educ_y）、年龄（age）和是否来自城镇（urban，是=1，否=0）等自变量，则实际上是估计了一个多元线性概率模型。该模型所对应的 Stata 命令及回归结果如下：

```
. regress lfp male educ_y urban age
```

| Source | SS | df | MS | | Number of obs | = | 2,988 |
|---|---|---|---|---|---|---|---|
| | | | | | F(4, 2983) | = | 98.88 |
| Model | 77.3808757 | 4 | 19.3452189 | | Prob > F | = | 0.0000 |
| Residual | 583.592016 | 2,983 | .195639295 | | R-squared | = | 0.1171 |
| | | | | | Adj R-squared | = | 0.1159 |
| Total | 660.972892 | 2,987 | .221283191 | | Root MSE | = | .44231 |

| lfp | Coef. | Std. Err. | t | P>\|t\| | [95% Conf. Interval] | |
|---|---|---|---|---|---|---|
| male | .1836501 | .0165624 | 11.09 | 0.000 | .1511752 | .2161251 |
| educ_y | .004432 | .0022279 | 1.99 | 0.047 | .0000637 | .0088003 |
| urban | -.1767275 | .0181996 | -9.71 | 0.000 | -.2124125 | -.1410425 |
| age | -.0077137 | .000659 | -11.71 | 0.000 | -.0090058 | -.0064216 |
| _cons | .9899681 | .0401258 | 24.67 | 0.000 | .9112911 | 1.068645 |

对上述多元线性概率模型中自变量的回归系数，我们仍然采用最小二乘法的线性回归模型的解释方式。以受教育年限变量为例，上述多元线性回归模型中受教育年限变量的回归系数约为 0.004，且在 0.05 的显著性水平统计显著。这说明在控制了性别、年龄和是否来自城镇变量后，受教育年限对个体的就业概率有显著的正向影响。具体而言，受教育年限每增加一年，个体就业的概率会提高 0.4 个百分点。

总体而言，线性概率模型实际上就是用最小二乘法（线性回归模型）来估计二分类变量，其实质是把概率作为线性变量来对待。因此，模型的拟合方法、Stata 命令的写法、输出结果以及对模型的解读（包括对回归系数的解释）与

因变量为线性变量的线性回归模型完全一致。

正因线性概率模型的基本原理是最小二乘法,因此和线性回归模型一样,需要满足相应的回归假定,包括误差项服从正态分布以及同方差性假定。我们可以对上面的多元线性概率模型进行检验。首先我们用 predict 命令(跟在回归模型命令后面)将误差项估计出来作为一个变量(命名为 $e$),然后我们用作图的方式检验该变量是否服从正态分布。命令和结果(见图8-3)输出如下:

. predict e, re

. kdensity e

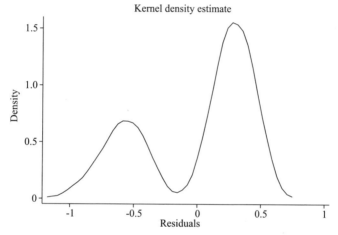

图 8-3　线性概率模型误差项分布的密度函数图

由图 8-3 可以明显看出,模型的误差项 $e$ 并不服从正态分布,也就是说,我们前面的线性概率模型违背了这一假定。另外,我们也可以用 hettest 命令(同样是跟在回归模型命令之后)检验同方差性假定:

. hettest

```
Breusch-Pagan / Cook-Weisberg test for heteroskedasticity
        Ho: Constant variance
        Variables: fitted values of lfp

        chi2(1)      =     12.78
        Prob > chi2  =    0.0003
```

因为上面检验的结果是显著的,即违背了同方差性的假定。也就是说,前面的多元线性概率模型,并不满足线性回归模型的基本假定,因此其估计值的可靠性令人怀疑。

除了线性回归模型的基本假定之外,线性概率模型还有一个额外的假定。根据概念和定义,概率的取值必须是在[0,1]之间,因为概率不可能小于0,也不可能大于1。因此,线性概率模型还要满足的假定就是:其估计值的取值范围需要在[0,1]之间。我们用 predict 命令将模型的估计值(即回归直线上所有的点)生成一个名为 pp 的变量,然后检查该变量的取值范围。命令和结果如下:

```
. predict pp

. sum pp
```

| Variable | Obs | Mean | Std. Dev. | Min | Max |
|---|---|---|---|---|---|
| pp | 2,996 | .6697793 | .1608287 | .2732836 | 1.093538 |

可以看出,模型预测值的区间为[0.273,1.094],出现了大于1的值,即超出了概率的正常取值范围[0,1]。这个问题实际上是线性概率模型固有的内在问题,因为线性概率模型假定概率和自变量之间是线性(直线)关系,因此,如果不加任何限制,随着自变量的取值向两端无限延伸,其估计值必然会出现小于0和大于1的情况。

总而言之,对于二分类变量的因变量来说,线性概率模型是一种方便直接的建模方法,而且非常容易解释,因变量相同的不同模型之间的回归系数也可以直接比较,但如果不加任何限制条件,线性概率模型预测出来的概率很可能会超出合理的取值范围,并且常常会违背线性回归模型的基本假定。[①] 因此,通过此方法估计出来的系数可能会存在偏误,假设检验的结果未必可靠。总而言之,它并不是一个理想的估计因变量为二分类变量的统计模型。随着计量方法的发展,已经有不同的统计模型对类别变量进行统计估计。这些模型不再使用线性(最小二乘法)的原理和方法,而是使用非线性方法来估计二分类变量,因此这些模型也称作非线性回归模型。接下来,我们将介绍两种目前定量社会科学研究中常用的因变量为二分类变量的非线性回归模型——logit 模型和 probit 模型。

---

① 丹尼尔·A. 鲍威斯、谢宇:《分类数据分析的统计方法(第2版)》,任强等译,社会科学文献出版社 2018 年版,第34—35页。

## 二、logit 回归模型

### （一）模型的基本原理

在本书第六章关于线性回归模型的假定和诊断的内容中，我们提到，如果诊断后发现模型违背了回归假定，最常用的应对方法是变量转换，或者转换因变量（如进行对数化处理），或者转换自变量（如加入自变量的多项式）。

如前所述，当因变量为二分类变量时，目的是估计事件发生的概率（因变量取值为 1 的百分比）。如果把概率作为线性变量处理并应用最小二乘法的拟合方法（即线性概率模型），其估计值的可靠性存疑，因为模型违背了基本的线性回归假定，而且概率预测值的取值范围很可能超出 [0,1] 的合理区间。要解决以上问题，实际上也是采取变量转换的思路，即我们对因变量进行转换，使得转换后的因变量满足回归假定，并使模型的估计值在 [0,1] 的合理范围内。对概率进行转换的方式并不是唯一的，因此不同的转换方式对应了不同的回归模型。二分类变量的 logit 模型的基本原理是将事件发生的概率转换为一个称作 logit 的函数，其表达式如下：

$$\text{logit} = \log\left[\frac{p_{(y=1)}}{1-p_{(y=1)}}\right] \quad (8-7)$$

$\frac{p_{(y=1)}}{1-p_{(y=1)}}$ 指的是事件发生（成功）的概率（即因变量 $y$ 取值为 1 的比例）除以事件没有发生（失败）的概率（因变量 $y$ 取值为 0 的比例），其对应的名称是比率（odds）[①]。鉴于比率在 logit 模型中的重要性，故在讲解 logit 模型之前，我们首先介绍比率和与其密切相关的比率比（odds ratio）这两个概念。具体而言，对于一个二分类变量而言，比率是指"成功"（变量取值为 1）的概率（$p$）除以"失败"（变量取值为 0）的概率（$1-p$），公式表达如下：

$$\text{odds} = \frac{p}{1-p} \quad (8-8)$$

根据式 8-8，比率也可以转化成概率：

---

[①] "odds"的中文翻译并不统一。有的教科书译作"比率"，有的译作"发生"。本书用比率指代 odds。

$$p = \frac{\text{odds}}{\text{odds}+1} \tag{8-9}$$

而比率比则是指某一组人的比率与另一组人的比率之间的比,用公式表达如下:

$$\theta = \frac{\text{odds}_1}{\text{odds}_2} = \frac{p_1/(1-p_1)}{p_2/(1-p_2)} \tag{8-10}$$

因此,如果比率比等于1,表明两组"成功"的比率相同。

由式8-8可知,比率会随着概率的增长单调递增,当概率在区间$[0,1)$的范围内取值时,比率的取值范围为$[0,+\infty)$。概率与比率的对应关系见表8-3。

表8-3 概率与比率的对应关系

| 概率(probability) | 比率(odds) |
| --- | --- |
| 0.10 | 0.11 |
| 0.25 | 0.33 |
| 0.50 | 1.00 |
| 0.75 | 3.00 |
| 0.90 | 9.00 |

我们可以通过一个简单的例子来理解比率和比率比。下面是性别变量(male)和就业变量(lfp)的列联表:

```
. tab male lfp, row
```

| Key |
| --- |
| frequency |
| row percentage |

| 是否男性 | 是否就业 否 | 是 | Total |
| --- | --- | --- | --- |
| 否 | 658<br>41.91 | 912<br>58.09 | 1,570<br>100.00 |
| 是 | 331<br>23.28 | 1,091<br>76.72 | 1,422<br>100.00 |
| Total | 989<br>33.05 | 2,003<br>66.95 | 2,992<br>100.00 |

## 第八章 因变量为类别变量的回归分析（一）

从上面的数字可以看出，女性就业的概率是 0.581，男性就业的概率是 0.767。很容易可以计算得到女性就业的比率是 1.387 [0.581÷(1−0.581) = 1.387]，男性就业的比率是 3.292 [0.767÷(1−0.767) = 3.292]。因此，男性和女性就业的比率比是 2.373 [3.292÷1.387 = 2.373]。比率比可以量化就业的性别差异程度，其意思是：男性就业的比率是女性的 2.373 倍，或男性就业的比率比女性高 137.3% [100×(2.373−1) = 137.3]。

从表 8−3 可以看出，比率会随概率的增长单调递增，而且它的取值范围为非负数。如果对比率 $\frac{p}{1-p}$ 取自然对数，便使得其能够在整个实数范围内取值。使用 $\log\left(\frac{p}{1-p}\right)$ 代替线性概率模型（式 8−5）方程左侧的概率，我们就得到了一个经典的适用于因变量为二分类变量时的非线性回归模型。因为 $\log\left(\frac{p}{1-p}\right)$ 就是 log(odds)，也称作 logit，故这个模型被称为 logit 模型。一元 logit 模型和多元 logit 模型的基本形式分别是

$$\log\left(\frac{p}{1-p}\right) = a + b_1 x_1 \tag{8-11}$$

$$\log\left(\frac{p}{1-p}\right) = a + b_1 x_1 + b_2 x_2 + \cdots + b_k x_k \tag{8-12}$$

从上面的模型可以看出，方程式右边其实就是线性的表达式。亦即是说，如果我们将因变量转换成为 logit，并以其为因变量估计一个最小二乘法的线性回归模型，其估计值和 logit 模型（非线性模型）是一致的。我们以一个简单的例子来证明这一点。

【例 8−4】 选取 cgss2010s3000.dta 数据中问卷编号（id）小于 35 的案例（共九个案例）。因变量为就业状况（lfp，就业 = 1，未就业 = 0），自变量为性别（male，男性 = 1，女性 = 0）。

首先，我们根据条件选取数据，然后用 list 命令列举数据，命令及结果如下：

```
. keep if id<35
. keep id male lfp
```

```
. list id male lfp, nol
```

|   | id | male | lfp |
|---|---|---|---|
| 1. | 10 | 1 | 1 |
| 2. | 21 | 0 | 0 |
| 3. | 9 | 0 | 1 |
| 4. | 7 | 1 | 1 |
| 5. | 31 | 1 | 0 |
| 6. | 2 | 0 | 0 |
| 7. | 19 | 1 | 1 |
| 8. | 33 | 1 | 0 |
| 9. | 14 | 0 | 0 |

从上面的数据列表可以看出，九人样本中，五名男性，四名女性。在五名男性中，三名就业，两名不就业，因此男性就业的概率为0.6；在四名女性中，一名就业，三名未就业，因此女性就业的概率为0.25。我们可以根据上述数据生成概率、比率和logit变量，变量名依次为p、odds和logit。命令和最终的结果如下：

```
. gen p=0.6 if male==1
. replace p=0.25 if male==0
. gen odds=p/(1-p)
. gen logit=log(odds)
. list, nol
```

|   | id | male | lfp | p | odds | logit |
|---|---|---|---|---|---|---|
| 1. | 10 | 1 | 1 | .6 | 1.5 | .4054652 |
| 2. | 21 | 0 | 0 | .25 | .3333333 | -1.098612 |
| 3. | 9 | 0 | 1 | .25 | .3333333 | -1.098612 |
| 4. | 7 | 1 | 1 | .6 | 1.5 | .4054652 |
| 5. | 31 | 1 | 0 | .6 | 1.5 | .4054652 |
| 6. | 2 | 0 | 0 | .25 | .3333333 | -1.098612 |
| 7. | 19 | 1 | 1 | .6 | 1.5 | .4054652 |
| 8. | 33 | 1 | 0 | .6 | 1.5 | .4054652 |
| 9. | 14 | 0 | 0 | .25 | .3333333 | -1.098612 |

我们以上面数据列表中的logit变量为因变量，male为自变量，运行一个最小二乘法的线性回归模型，结果如下[①]：

---

[①] 因为因变量(logit)只有两个数值，刚好对应自变量的男性和女性两类，性别差异完美解释了logit的差异(模型的决定系数为1)，因此，模型没有F检验值，而且常数项和自变量的回归系数也没有检验值。

## 第八章 因变量为类别变量的回归分析（一）

`. regress logit male`

| Source | SS | df | MS | | Number of obs | = | 9 |
|---|---|---|---|---|---|---|---|
| | | | | | $F(1, 7)$ | = | . |
| Model | 5.02722024 | 1 | 5.02722024 | | Prob > F | = | . |
| Residual | 0 | 7 | 0 | | R-squared | = | 1.0000 |
| | | | | | Adj R-squared | = | 1.0000 |
| Total | 5.02722024 | 8 | .62840253 | | Root MSE | = | 0 |

| logit | Coef. | Std. Err. | t | P>\|t\| | [95% Conf. Interval] | |
|---|---|---|---|---|---|---|
| male | 1.504077 | . | . | . | . | . |
| _cons | -1.098612 | . | . | . | . | . |

然后，我们使用 Stata 软件的 logit 命令，以 lfp 为因变量，male 为自变量，估计一个 logit 模型，命令和模型输出结果如下：

`. logit lfp male`

```
Iteration 0:    log likelihood = -6.1826542
Iteration 1:    log likelihood = -5.6173443
Iteration 2:    log likelihood = -5.6144002
Iteration 3:    log likelihood = -5.6143989
Iteration 4:    log likelihood = -5.6143989
```

Logistic regression

Log likelihood = -5.6143989

| | | | | Number of obs | = | 9 |
|---|---|---|---|---|---|---|
| | | | | LR chi2(1) | = | 1.14 |
| | | | | Prob > chi2 | = | 0.2864 |
| | | | | Pseudo R2 | = | 0.0919 |

| lfp | Coef. | Std. Err. | z | P>\|z\| | [95% Conf. Interval] | |
|---|---|---|---|---|---|---|
| male | 1.504077 | 1.47196 | 1.02 | 0.307 | -1.380911 | 4.389066 |
| _cons | -1.098612 | 1.154701 | -0.95 | 0.341 | -3.361784 | 1.164559 |

如果对比上面两个模型的常数项和自变量（male）的回归系数，可以发现它们是完全相等的（分别为-1.098612 和 1.504077）。也就是说，以二分类变量为因变量的 logit 模型，与将二分类变量的概率转换为 logit 之后作为因变量的线性回归模型，其回归系数的估计值是完全一致的。总体而言，上述例子揭示了 logit 模型的基本原理，它等价于将因变量转换为 logit 之后的线性回归模型。

### （二）模型估计方法与统计检验

在 logit 模型中，因变量和自变量不是线性关系。因此，用于估计线性回归模型的最小二乘法不适用于 logit 模型。logit 模型使用的估计方法是极大似然法(maximum likelihood estimation，简称 MLE)。顾名思义，这一方法是以最大化"似然"为标准来确定回归模型中各个系数的估计值。似然，即样本中所有个体观察值概率的乘积，它的值会随着样本量的增加而减少[①]。当样本量很大时，似然的值会变得非常小。因此，Stata 等统计软件用它的自然对数(用 log likelihood 表示)作为代替，因为最大化 log likelihood 与最大化 likelihood 是等价的。

极大似然法的基本原理是使估计出的模型与我们观察到的样本数据最大限度地"一致"。由于似然是样本中所有个体观察值出现的概率的乘积，因此最大化似然就相当于最大化了我们在现实中观测到的整个样本出现的可能性。现实中被观测到的样本应该是对总体进行随机抽样后最有可能得到的样本，故似然最大化的回归模型应是最契合总体现实情况的模型，能够使似然最大化的回归系数估计值最能反映总体中因变量和自变量之间的真实关系。

下面以只有一个自变量的 logit 模型(式 8-11)为例介绍极大似然法的估计过程。在只有一个自变量的 logit 模型中，每一组观测值 $(x_i, y_i)$ 出现的概率都受到截距 $a$ 和自变量 $x_i$ 的回归系数 $b$ 的取值的影响。具体而言，因变量 $y_i = 1$ 的概率为

$$p(y_i = 1 | x_i) = \frac{\exp(a+bx_i)}{1+\exp(a+bx_i)} \qquad (8-13)$$

因变量 $y_i = 0$ 的概率为

$$p(y_i = 0 | x_i) = 1 - \frac{\exp(a+bx_i)}{1+\exp(a+bx_i)} = \frac{1}{1+\exp(a+bx_i)} \qquad (8-14)$$

由此可知，似然的表达式应为

$$\begin{aligned} L &= \prod_{i=1}^{n} \left[ \frac{\exp(a+bx_i)}{1+\exp(a+bx_i)} \right]^{y_i} \times \prod_{i=1}^{n} \left[ \frac{1}{1+\exp(a+bx_i)} \right]^{1-y_i} \\ &= \prod_{i=1}^{n} \left[ \exp(a+bx_i) \right]^{y_i} \times \prod_{i=1}^{n} \left[ \frac{1}{1+\exp(a+bx_i)} \right] \end{aligned} \qquad (8-15)$$

对式 8-15 两边求自然对数，得到似然的自然对数表达式：

---

[①] 因为概率在 0—1 之间取值，所以样本量越大，每一个样本的概率的乘积就越小。

# 第八章 因变量为类别变量的回归分析（一）

$$\ln(L) = \sum_{i=1}^{n} y_i(a+bx_i) - \sum_{i=1}^{n} \ln[1+\exp(a+bx_i)] \qquad (8-16)$$

我们需要确定能够使式 8-15 取得最大值的截距 $a$ 和回归系数 $b$ 的值。因此，由式 8-16 分别对 $a$ 和 $b$ 求偏导，求解以下方程组，确定偏导数 = 0 时 $a$ 和 $b$ 的取值：

$$\frac{\partial \ln(L)}{\partial a} = \sum_{i=1}^{n} y_i - \sum_{i=1}^{n} \frac{\exp(a+bx_i)}{1+\exp(a+bx_i)} = 0 \qquad (8\text{-}17\text{-}1)$$

$$\frac{\partial \ln(L)}{\partial b} = \sum_{i=1}^{n} x_i y_i - \sum_{i=1}^{n} \frac{x_i \exp(a+bx_i)}{1+\exp(a+bx_i)} = 0 \qquad (8\text{-}17\text{-}2)$$

方程式 8-17-1 和 8-17-2 构成的方程组在数学上无解。因此，需要用数字的解决方法（numerical solutions）来求解截距 $a$ 和回归系数 $b$。Stata 软件在进行极大似然估计时的做法是先给出一组截距 $a$ 和回归系数 $b$ 的起始值（起始值是根据自变量对因变量的影响为 0 的情况下求得），然后不断变换这两个值直到它们满足 8-17-1 和式 8-17-2。有时候满足式 8-17-1 和式 8-17-2 的确切的 $a$ 和 $b$ 的值无法获得，在这种时候，程序设定在某个点上停止（具体的标准由软件开发者设定，有的软件如 SAS 也可以由用户设定）。因此，不同的统计软件在极大似然估计方面会有细微的差异，特别是遇到需要经过多次迭代才能找到满足最大化似然函数的 $a$ 和 $b$ 的值的情况时。下面，我们以前面例子中那个抽取的九个人的样本的数据来理解极大似然法估计的基本原理和过程。

首先，不考虑性别因素，只看数据中就业变量的频数分布。我们做一个就业变量（lfp）的频数表，如下：

```
. tab lfp
```

| 是否就业 | Freq. | Percent | Cum. |
|---|---|---|---|
| 否 | 5 | 55.56 | 55.56 |
| 是 | 4 | 44.44 | 100.00 |
| Total | 9 | 100.00 | |

可以看出，如果不考虑性别变量，就业的概率是 0.4444，不就业的概率是 0.5556。设想如果就业没有任何性别差异（即就业和性别完全独立），那无论男性还是女性，就业和不就业的概率就应该是上面两个数字。我们将假定没有

性别差异的每个个案的概率(即上述频数分布表的两个选项的百分比)保存为一个命名为 p1 的变量中。

生成 p1 变量的相关命令如下：

```
. gen p1=0.5556 if lfp==0
. replace p1=0.4444 if lfp==1
```

然后,我们纳入性别因素。从前面的数据可知,九个样本中,男性五人,其中三人就业,两人不就业,所以男性就业的概率为 0.6,不就业的概率为 0.4;女性共四人,其中一人就业,三人不就业,所以女性就业的概率就是 0.25,不就业的概率则是 0.75。我们可以通过性别与就业变量的列联表将上述内容显示出来：

```
. tab male lfp, row
```

| Key |
| --- |
| frequency |
| row percentage |

| 是否男性 | 是否就业 否 | 是 | Total |
| --- | --- | --- | --- |
| 否 | 3<br>75.00 | 1<br>25.00 | 4<br>100.00 |
| 是 | 2<br>40.00 | 3<br>60.00 | 5<br>100.00 |
| Total | 5<br>55.56 | 4<br>44.44 | 9<br>100.00 |

上述四个概率(即列联表单元里的百分比)是样本数据中实际观测到的结果,我们将其保存在一个名为 p2 的变量中。

生成 p2 变量的相关命令如下：

```
. gen p2=0.6 if male==1 & lfp==1
. replace p2=0.4 if male==1 & lfp==0
. replace p2=0.25 if male==0 & lfp==1
. replace p2=0.75 if male==0 & lfp==0
```

这样我们的数据库增加了两个变量,其中 p1 变量是不考虑性别因素时每个个案就业和不就业的概率,而 p2 变量则是考虑了性别因素之后我们观测到

第八章　因变量为类别变量的回归分析（一）

的每个个案就业和不就业的概率。我们列举数据库，如下：

. list id male lfp p1 p2, nol

|    | id | male | lfp | p1    | p2  |
|----|----|------|-----|-------|-----|
| 1. | 10 | 1    | 1   | .4444 | .6  |
| 2. | 21 | 0    | 0   | .5556 | .75 |
| 3. | 9  | 0    | 1   | .4444 | .25 |
| 4. | 7  | 1    | 1   | .4444 | .6  |
| 5. | 31 | 1    | 0   | .5556 | .4  |
| 6. | 2  | 0    | 0   | .5556 | .75 |
| 7. | 19 | 1    | 1   | .4444 | .6  |
| 8. | 33 | 1    | 0   | .5556 | .4  |
| 9. | 14 | 0    | 0   | .5556 | .75 |

　　如前所述，似然是每个样本的概率的乘积。logit 模型的极大似然估计从第一步似然值（亦称作初始似然值）开始。初始似然值根据就业和性别完全独立的情况（就业的概率没有任何性别差异的情况）计算。在本例，初始似然值就是变量 p1 中所有取值的乘积（四个 0.4444 和五个 0.5556 连乘），因此，初始的 log likelihood 为 $\log(0.4444^4 \times 0.5556^5) = -6.1826542$。最后一步似然值（最后似然）是根据数据中实际观测到的每个个案的概率（变量 p2）的乘积计算得到。因此，最终的 log likelihood 为 $\log(0.6^3 \times 0.4^2 \times 0.75^3 \times 0.25) = -5.6143989$。我们可以通过 Stata 软件运行因变量为 lfp、自变量为 male 的 logit 模型验证上述计算结果：

. logit lfp male

```
Iteration 0:   log likelihood = -6.1826542
Iteration 1:   log likelihood = -5.6173443
Iteration 2:   log likelihood = -5.6144002
Iteration 3:   log likelihood = -5.6143989
Iteration 4:   log likelihood = -5.6143989

Logistic regression                               Number of obs   =          9
                                                  LR chi2(1)      =       1.14
                                                  Prob > chi2     =     0.2864
Log likelihood = -5.6143989                       Pseudo R2       =     0.0919
```

| lfp   | Coef.     | Std. Err. | z     | P>\|z\| | [95% Conf. Interval] |          |
|-------|-----------|-----------|-------|---------|----------------------|----------|
| male  | 1.504077  | 1.47196   | 1.02  | 0.307   | -1.380911            | 4.389066 |
| _cons | -1.098612 | 1.154701  | -0.95 | 0.341   | -3.361784            | 1.164559 |

由上述回归结果可知,模型经过四次迭代(iteration)完成了估计过程。初始的 log likelihood(iteration 0)和最终的 log likelihood 与我们前面计算的结果完全一致。

上面我们简单介绍了极大似然估计法的基本原理和模型估计过程。在社会科学的统计分析中,极大似然估计法是比最小二乘法更普遍的一种估计方法,尤其是对于大样本的数据而言,极大似然估计更有效率而且一致性更强。极大似然估计通常需要经过数次迭代才能达到最大化似然函数的目的,并获得截距和回归系数的估计值。

对于极大似然法估计出的 logit 模型,使用似然比检验来检验模型整体的统计显著性。模型整体检验的原假设和备择假设分别是:

$H_0$:总体层面上,因变量与自变量是统计独立的(即自变量对因变量没有显著的影响)。

$H_a$:总体层面上,因变量与自变量不是统计独立的(即自变量对因变量有显著的影响)。

如果似然比检验显著($P$ 值小于 0.05),表明可以拒绝原假设,备择假设得到验证。反之,如果似然比检验不显著,则没有足够的证据拒绝原假设。

似然比(likelihood ratio)是指最后似然值与初始似然值之间的比,或最后 log likelihood 与初始 log likelihood 的差值,式 8-18 为其公式化表达:

$$\text{LR} = \frac{L_i}{L_0} = \log(L_i) - \log(L_0) \qquad (8-18)$$

式 8-18 所示的似然比乘以 2 后服从自由度为 $k$($k$ 为回归模型中自变量的个数)的卡方分布,即

$$2 \times \text{LR} = 2[\log(L_i) - \log(L_0)] \sim \chi_k^2 \qquad (8-19)$$

因此,似然比检验实际上是卡方检验。例 8-4 中回归表格右上方报告的 LR chi2(1)就是 2 倍的似然比值,由于模型中只有一个自变量,因此它服从自由度为 1 的卡方分布。由式 8-19 可知,例 8-4 中的卡方值为

$$2 \times [-5.6143989 - (-6.1826542)] = 1.14$$

根据上述卡方值,可以计算得到其在卡方分布(自由度为 1)右端的面积(即 $P$ 值):

```
. dis chi2tail(1, 1.14)
.28565233
```

$P$ 值为 0.286,大于 0.05,表明似然比检验不显著,因此不能拒绝原假设(拒绝原假设犯错误的概率高达 28.6%),即就业和性别是独立的(就业的概率在总体层面上不存在性别差异)。上述计算得到的卡方值及其对应的 $P$ 值和 Stata 估计的模型的输出结果(右上方)一致。

logit 模型输出的右上方还有一项重要指标——虚拟决定系数(Pseudo $R^2$),用来衡量模型自变量对因变量的解释力。虚拟决定系数也被称为似然比指数,其计算公式为

$$\text{Pseudo } R^2 = 1 - \frac{\log(L_i)}{\log(L_0)} \tag{8-20}$$

我们将模型的最终似然值和最初似然值代入公式,可以计算得到虚拟决定系数的数值:

$$\text{Pseudo } R^2 = 1 - \frac{-5.6143989}{-6.1826542} = 0.0919$$

结果表明,大约 9.2%的最大似然比被模型(自变量)解释。虚拟决定系数是一个与 OLS 模型中的决定系数(R-squared)类似的指标,虚拟决定系数越大,表明与基准模型相比,模型的解释力越强。

### (三) 回归系数的解释和统计检验

**1. logit 模型回归系数的解释**

关于 logit 模型回归系数的解释,让我们从只有一个自变量的模型(即一元 logit 模型)开始介绍。如果不纳入模型的误差项,一元 logit 模型的方程式是

$$\log\left(\frac{p}{1-p}\right) = a + bx \tag{8-21}$$

在方程等号的左边,$p$ 是事件发生(即 $y=1$)的概率,$\frac{p}{1-p}$ 是事件发生的比率,而 $\log\left(\frac{p}{1-p}\right)$ 是对比率取自然对数,称作 logit。在方程等号右边,$a$ 是截距,$b$ 是斜率(回归系数)。很显然,方程右边是一个典型的线性表达式,这和我们前

面介绍过的线性回归模型右边的表达式相同。因此,如何解读回归系数,取决于我们如何看待方程的左边。根据方程左边的表达式,logit 模型的回归系数主要有三种解读方式①:

(1) 把左边看作一个整体来解释,即根据因变量 logit 来进行解释。这种解释方式最为简单直接,因为根据上面的方程式,logit 和自变量 $x$(假定 $x$ 是一个线性变量)是线性关系,因此对截距 $a$ 和回归系数 $b$ 的解释与前面介绍过的线性回归模型的解释方式完全一致。如果按照这种方式,那我们对截距 $a$ 的解释可以这样表述:"当 $x$ 取值为 0 时,事件发生($y=1$)的 logit 为 $a$。"而对斜率 $b$ 的解释则可以这样表述:"自变量 $x$ 每增加一个单位,事件发生的 logit 将上升(如果 $b$ 是负数,则是下降)$b$ 个单位。"

需要说明的是,虽然这种线性的解读方式最为简单直接,但 logit 毕竟是一个并不常用而且较为抽象的概念,所以这种解读方式在定量社会科学文献中很少被采用。

(2) 根据比率 $\left(\dfrac{p}{1-p}\right)$ 进行解释。因为方程左边是对比率取了自然对数,所以如果根据比率来解释,那么就应该将回归系数取反对数之后再进行解读②,即将上面的方程转换为

$$\text{odds} = \dfrac{p}{1-p} = e^{(a+bx)} \tag{8-22}$$

如果这样的话,我们对截距 $a$ 的解读就应该表述为:"当 $x$ 取值为 0 时,事件发生的比率为 $e^a$。"而对斜率 $b$ 的解释则取决于它是正数还是负数。如果是正数,那通常的表述是"自变量 $x$ 每增加一个单位,事件发生的比率上升百分之 $[100 \times (e^b - 1)]$";如果 $b$ 是负数,则表述为"自变量 $x$ 每增加一个单位,事件发生的比率下降百分之 $[100 \times (1 - e^{|b|})]$"。

因为比率是一个常用的概念,在西方的学术语境中尤为如此,而且上升或下降这样的线性表述也非常直观,所以根据比率来解释 logit 模型回归系数的

---

① 对 logit 模型回归系数如何解释的详细讨论可参见斯科特·梅纳德:《应用 logistic 回归分析(第二版)》,李俊秀译,格致出版社、上海人民出版社 2012 年版,第 3 章。

② 这与我们在本书第六章中介绍的对因变量取自然对数之后解读线性回归模型的系数的情况相似的

# 第八章 因变量为类别变量的回归分析（一）

方式在定量社会科学文献中最为常用。

（3）根据概率（$p$）来进行解释。如果要根据概率来解释，那么我们需要将上面的方程转换为

$$p = \frac{e^{(a+bx)}}{1+e^{(a+bx)}} \tag{8-23}$$

很显然，式 8-23 等号右边的表达式并不是一个线性的表达式（如图 8-4 所示，是一个 S 形或倒 S 形的曲线关系），也就是说，概率 $p$ 和自变量之间不是线性的关系，这样的话，我们就无法用"$x$ 增加一个单位，$p$ 变化多少个单位（或百分之多少）"这样的线性表达方式进行解读。

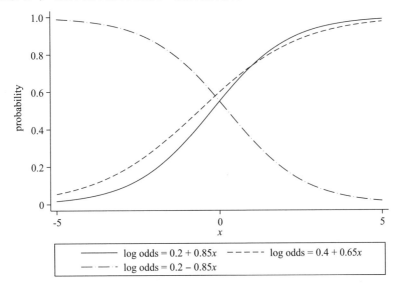

图 8-4　logit 模型的概率函数曲线

尽管概率 $p$ 和自变量之间不能用线性的表达方式，但因为概率是最为直观的概念，也是反映类别变量分布的最常用指标，所以也常被用来解读 logit 模型的系数。[①] 一方面，我们可以根据模型计算得到符合某种或某些条件时事件发生的概率；另一方面，如果自变量是线性变量，我们也可以通过作图的方式，来

---

① 廖福挺：《解释概率模型：Logit、Probit 以及其他广义线性模型》，周穆之译，格致出版社、上海人民出版社 2018 年版，第 29 页。

显示自变量和模型估计出来的概率之间的关系。

下面我们通过一个具体的研究案例,来详细介绍上述三种解释 logit 回归系数的方式。

**【例 8-5】** 打开 cgss2010s3000.dta 数据,选择城镇地区(urban = 1)和女性样本(male = 0)进行分析。已知:因变量为就业状况(lfp,就业 = 1,不就业 = 0),自变量为受教育年限(educ_y,单位:年)。问:教育获得如何影响 2010 年中国城镇地区女性的就业?

对样本进行筛选之后,我们估计一个一元 logit 回归模型,Stata 命令[①]和结果输出如下:

```
. keep if urban==1 & male==0

. logit lfp educ_y, nolog

Logistic regression                               Number of obs   =        940
                                                  LR chi2(1)      =      54.15
                                                  Prob > chi2     =     0.0000
Log likelihood = -623.79383                       Pseudo R2       =     0.0416
```

| lfp | Coef. | Std. Err. | z | P>\|z\| | [95% Conf. Interval] |
| --- | --- | --- | --- | --- | --- |
| educ_y | .1165086 | .0165452 | 7.04 | 0.000 | .0840806    .1489366 |
| _cons | -1.086858 | .1788949 | -6.08 | 0.000 | -1.437485   -.7362299 |

从上面回归系数表可以看到,常数项(_cons,即截距)为 -1.086858,自变量的回归系数为 0.1165086(取值为正,表明自变量对因变量是正效应)。如果按照前面介绍的第(1)种方式进行解读(即直接以 logit 为单位进行解释),我们对常数项的解释可以这样表述:"对于没有受过任何教育的女性群体(即当 educ_y = 0 时)而言,她们就业(lfp = 1)的 logit 为 -1.087。"而对自变量回归系数则可以这样表述:"受教育年限每增加一年,女性就业的 logit 将增加 0.117 个单位。"

但正如前面提到过的,logit 是一个并不常用的概念和指标,所以我们对 0.117 这个数值的指代并没有一个直接和明确的概念,尤其是对于没有受过统计训练的人而言。因此,这种解释方式并不常用。当然,我们可以模糊处理,

---

① 为了节省空间,在命令后面加上 nolog 选项,可以隐藏极大似然估计的迭代过程。

仅根据系数的方向(正或负),而不具体到数字的取值来解读。例如,我们可以这样解读回归系数:"教育获得的提高会增加女性就业的可能性。"

更常用的解释方式是按照前面介绍的第(2)种方式进行解读,即根据比率来解释截距和回归系数。解读的时候,首先需要对截距和回归系数取反对数:

```
. dis exp(-1.086858)
.33727455

. dis exp(0.1165086)
1.1235672
```

Stata 软件提供了两种方式直接输出反对数之后的结果。其中一种是在 logit 命令后增加 or(odds ratio 的首字母简写形式)选项。命令的写法和结果输出如下:

```
. logit lfp educ_y, nolog or

Logistic regression                    Number of obs    =      940
                                       LR chi2(1)       =    54.15
                                       Prob > chi2      =   0.0000
Log likelihood = -623.79383            Pseudo R2        =   0.0416
```

| lfp | Odds Ratio | Std. Err. | z | P>\|z\| | [95% Conf. Interval] | |
|---|---|---|---|---|---|---|
| educ_y | 1.123567 | .0185897 | 7.04 | 0.000 | 1.087717 | 1.160599 |
| _cons | .3372747 | .0603367 | -6.08 | 0.000 | .2375243 | .4789161 |

Note: **_cons** estimates baseline odds.

另一种方式是用 logistic 命令替代 logit 命令估计模型,其功能和结果输出与前面使用 or 选项方式的结果完全一致。命令和输出如下:

```
. logistic lfp educ_y, nolog

Logistic regression                    Number of obs    =      940
                                       LR chi2(1)       =    54.15
                                       Prob > chi2      =   0.0000
Log likelihood = -623.79383            Pseudo R2        =   0.0416
```

| lfp | Odds Ratio | Std. Err. | z | P>\|z\| | [95% Conf. Interval] | |
|---|---|---|---|---|---|---|
| educ_y | 1.123567 | .0185897 | 7.04 | 0.000 | 1.087717 | 1.160599 |
| _cons | .3372747 | .0603367 | -6.08 | 0.000 | .2375243 | .4789161 |

Note: **_cons** estimates baseline odds.

可以发现,上述两种方式运行命令后输出的系数和我们前面手算的结果完全一致。根据上面的结果,对截距的解释可以这样表述:"没有受过任何教育的女性就业的比率为 0.337。"对自变量的回归系数则通常这样表述:"每多接受一年的教育,女性就业的比率将增加 12%左右(1.123-1=0.123)。"因为比率是一个较常用的概念,而且这样的解释可以精确到具体的数字,所以这种解读方式被普遍使用。

如果根据第(3)种方式,即根据概率来解释常数项和回归系数,那么首先我们要根据前面的式 8-23 将概率计算出来。Stata 软件可以使用 margins 命令(需跟在 logit 模型命令后面),将符合条件的概率计算出来。例如,如果我们要根据回归模型计算小学文凭(educ_y=6)女性就业的概率,命令和结果输出如下:

```
. margins, at(educ_y=(6))

Adjusted predictions                              Number of obs     =        940
Model VCE       : OIM

Expression      : Pr(lfp), predict()
at              : educ_y          =           6
```

|  | Margin | Delta-method Std. Err. | z | P>\|z\| | [95% Conf. Interval] |  |
|---|---|---|---|---|---|---|
| _cons | .4042456 | .0227716 | 17.75 | 0.000 | .3596141 | .4488771 |

根据模型估计的结果,小学毕业的女性就业的概率为 40.4%。我们可以增加其他的条件在 margins 命令后面的括号内,从而计算满足各个条件下的概率。例如,我们可以同时显示多个学历类型女性的就业概率:

```
. margins, at(educ_y=(0 9 16))

Adjusted predictions                              Number of obs     =        940
Model VCE       : OIM

Expression      : Pr(lfp), predict()
1._at           : educ_y          =           0
2._at           : educ_y          =           9
3._at           : educ_y          =          16
```

|  | Margin | Delta-method Std. Err. | z | P>\|z\| | [95% Conf. Interval] | |
|---|---|---|---|---|---|---|
| _at |  |  |  |  |  |  |
| 1 | .2522105 | .0337396 | 7.48 | 0.000 | .186082 | .318339 |
| 2 | .4904311 | .0173144 | 28.32 | 0.000 | .4564954 | .5243668 |
| 3 | .6850936 | .0258001 | 26.55 | 0.000 | .6345264 | .7356608 |

输出结果显示了没有接受过教育(educ_y=0)、初中学历(educ_y=9)和大学本科学历(educ_y=16)城镇女性就业的概率,分别为25%、49%和69%。

我们还可以用教育每隔一年的方式计算每年所对应的女性就业的概率,并用marginsplot命令作图,显示受教育年限与女性就业的概率之间的关系。命令和输出结果(见图8-5)如下:

. quietly: margins, at(educ_y=(0(1)22))

. marginsplot, noci

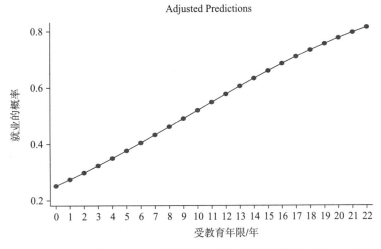

**图8-5　2010年受教育年限与中国城镇女性就业概率(基于一元logit回归)**

图8-5显示了受教育年限(从0到22年)与2010年中国城镇女性就业概率(根据模型估计出来的概率)之间的关系模式。可以发现,受教育年限和就业是正相关关系,受教育年限越长,越有可能就业。但若仔细观察,可以发现图8-5的线不是一条直线,这表明就业的概率和自变量受教育年限之间不是直线关系。

## 2. logit 模型回归系数的统计检验

与采用最小二乘法的线性回归模型一样,基于样本数据估计出来的 logit 模型的回归系数(包括常数项)也要进行显著性检验,只有如此,才能实现从样本数据的结果推论总体的目的。只要涉及显著性检验,就需要确定原假设和备择假设。关于 logit 模型自变量的系数检验,原假设和备择假设分别是:

$H_0: \beta = 0$(在总体层面上,自变量对因变量没有任何显著的影响)。

$H_a: \beta \neq 0$(在总体层面上,自变量对因变量有显著的影响)。

而对于常数项(截距)的检验,原假设和备择假设分别是:

$H_0: \alpha = 0$(在总体层面上,受教育年限为 0 的城镇女性就业的概率等于 0)。

$H_a: \alpha \neq 0$(在总体层面上,受教育年限为 0 的城镇女性就业的概率不等于 0)。

logit 模型输出结果下半部的回归系数表,显示了回归系数及其检验的结果。如前面的例子:

```
. logit lfp educ_y, nolog

Logistic regression                    Number of obs   =        940
                                       LR chi2(1)      =      54.15
                                       Prob > chi2     =     0.0000
Log likelihood = -623.79383            Pseudo R2       =     0.0416

------------------------------------------------------------------------------
         lfp |      Coef.   Std. Err.      z    P>|z|     [95% Conf. Interval]
-------------+----------------------------------------------------------------
       educ_y|   .1165086   .0165452     7.04   0.000     .0840806    .1489366
       _cons |  -1.086858   .1788949    -6.08   0.000    -1.437485   -.7362299
```

回归系数表显示了系数、标准误、$z$ 值及其对应的 $P$ 值($P>|z|$)以及系数和系数的置信区间。如果 $P$ 值小于常用的显著性水平(如 0.05),则表明可以拒绝原假设,备择假设得到验证。如我们上面的例子,无论是常数项还是受教育年限变量的系数,所对应的 $P$ 值都是 0(远远小于 0.05),因此我们的结论是,在总体层面上,没有接受过教育的城镇女性就业的概率不等于 0(常数项的检验),而且,受教育年限对就业的影响有显著的正向效应(自变量系数的检验结论)。

总体而言,logit 模型回归系数的统计检验,其原理和线性回归模型基本一致。区别在于,在线性回归模型里,系数检验的抽样分布是 $t$ 分布,所以对应的

# 第八章 因变量为类别变量的回归分析(一)

是 $t$ 检验;而在 logit 模型里,系数检验的抽样分布是 $Z$ 分布(标准正态分布)。当然,如果样本量较大时,$t$ 分布和 $Z$ 分布几乎是重叠的。

3. 研究案例:影响 2010 年中国城镇女性就业的因素分析

我们在例 8-5 的基础上,加入其他几个自变量,建立一个多元 logit 回归模型,检验影响中国城镇女性就业的几个基本因素,以此深入理解 logit 模型的原理及具体应用。

打开 cgss2010s3000.dta 数据,选择城镇地区(urban = 1)和女性样本(male = 0)进行分析。因变量为就业状况(lfp,就业 = 1,不就业 = 0),自变量为受教育年限(educ_y,单位:年)、年龄(age)、婚姻状况(我们对数据中的 marriage 变量重新赋值,生成一个新的变量 mar3,未婚 = 1,已婚 = 2,离异或丧偶 = 3,模型中以第二类为参照组)。

```
. recode marriage (.=.) (1/2=1 未婚) (3=2 已婚) (*=3 离异或丧偶), gen(mar3)
```

以上命令重新生成了婚姻状况变量 mar3。接下来我们将包括因变量在内的四个变量的缺失值进行列表删除,然后使用 tab 命令计算因变量(lfp)的频数分布:

```
. foreach v of varlist lfp mar3 educ_y age {
    drop if `v'==.
  }
. tab lfp
```

| 是否就业 | Freq. | Percent | Cum. |
|---|---|---|---|
| 否 | 452 | 48.09 | 48.09 |
| 是 | 488 | 51.91 | 100.00 |
| Total | 940 | 100.00 | |

根据上面的频数分布,可以看出共有 940 个有效样本,其中 488 个就业的样本(占 51.91%),452 个不就业的样本(占 48.09%)。根据这个信息,其实就能计算得到模型的初始 log likelihood(即不考虑其他任何自变量时观测到的概率分布),计算命令和结果如下:

```
. dis log(0.4809^452)+log(0.5191^488)
-650.86882
```

然后我们加入所有的自变量估计一个多元 logit 回归模型,考虑到年龄和就业之间可能是曲线关系,所以我们加入年龄的二项式(平方项)。命令(我们用"##"号连接年龄变量作为估计二项式回归的快捷方式)和输出结果如下:

```
. logit lfp educ_y c.age##c.age b2.mar3

Iteration 0:   log likelihood = -650.86882
Iteration 1:   log likelihood =  -526.7078
Iteration 2:   log likelihood = -523.93306
Iteration 3:   log likelihood =  -523.9138
Iteration 4:   log likelihood =  -523.9138
```

| Logistic regression | | | | | Number of obs | = | 940 |
|---|---|---|---|---|---|---|---|
| | | | | | LR chi2(5) | = | 253.91 |
| | | | | | Prob > chi2 | = | 0.0000 |
| Log likelihood = -523.9138 | | | | | Pseudo R2 | = | 0.1951 |

| lfp | Coef. | Std. Err. | z | P>\|z\| | [95% Conf. Interval] | |
|---|---|---|---|---|---|---|
| educ_y | .0660469 | .0200216 | 3.30 | 0.001 | .0268053 | .1052886 |
| age | .4382756 | .0528846 | 8.29 | 0.000 | .3346238 | .5419275 |
| c.age#c.age | -.0057413 | .0006212 | -9.24 | 0.000 | -.0069588 | -.0045238 |
| mar3 | | | | | | |
| 未婚 | .6357343 | .3350054 | 1.90 | 0.058 | -.0208642 | 1.292333 |
| 离异或丧偶 | .6536916 | .3012558 | 2.17 | 0.030 | .0632411 | 1.244142 |
| _cons | -8.034475 | 1.111556 | -7.23 | 0.000 | -10.21308 | -5.855866 |

首先,我们来看模型总体拟合和检验的情况。模型整体检验的原假设和备择假设分别是:

$H_0$:总体层面上,受教育年限、年龄和婚姻状况对女性就业的概率没有显著的影响。

$H_a$:总体层面上,受教育年限、年龄和婚姻状况这三个因素中,至少有一个对女性就业的概率有显著的影响。

从上面输出的结果可以发现,模型的初始 log likelihood 的值(-650.86882)和我们前面手算的结果完全一致。亦即是说,模型的极大似然估计是从零模型(即没有加入任何自变量时的模型)出发,加入受教育年限、年龄(及其平方项)和婚姻状况变量之后,经过四次迭代,最终完成了极大似然估计(最终 log likelihood = -523.9138),并获得了最满足实际情况的各个自变量的估计值。

# 第八章 因变量为类别变量的回归分析(一)

最终 log likelihood 值减去初始 log likelihood 值得数的两倍,即模型右上方的卡方检验值(LR chi2(5)= 253.91,因为模型中有五个自变量,所以卡方分布的自由度为5),即

```
. dis 2*(-523.9138--650.86882)
253.91004
```

知道了卡方分布中的横轴上的数字(253.91),又知道自由度(5),即可以计算出 $P$ 值(即卡方值对应的分布右端的概率):

```
. dis chi2tail(5, 253.91)
7.963e-53
```

很显然,该数字几乎为0(小数点后有53个0),也就是说,如果拒绝原假设(即所有自变量都不影响因变量),犯错误的可能性几乎为0。因此有足够的信心拒绝原假设,备择假设得到验证,也就是说至少有一个自变量对因变量有显著的影响。

另外,我们还可以根据极大似然估计的结果计算模型的解释力,1减去最终 log likelihood 值除以初始 log likelihood 的值,即

```
. dis 1-(-523.9138/-650.86882)
.1950547
```

答案约为0.195,可以解读为"所有自变量大约解释了女性就业概率差异的19.5%",也可以简单理解为"模型的解释力是19.5%"。这和 Stata 输出结果右上方的数字(Pseudo $R^2$ = 0.1951)完全一致。

接下来我们介绍如何理解和解释模型的回归系数。一般情况下,我们首先观察回归系数是否显著($Z$ 检验的 $P$ 值是否小于或等于0.05),如果不显著($P$ 值大于0.05),则表明自变量对因变量没有影响,这种情况下无须进行具体的数字解释,只需说明"没有影响"即可。如果显著,那么我们可以根据研究问题或研究需要选择某种解释系数的方式。接下来看回归系数的方向(正或负):如果为正,表明自变量对因变量的作用是正向的,即自变量越大,事件发生的可能性越大;反之,如果为负,则表明自变量和事件发生的可能性之间是负相关关系。下面我们逐一解释上述模型中每个自变量的回归系数。

(1)受教育年限变量(educ_y)。该变量的系数是正数(0.066),且统计显

著($P=0.001<0.05$),故最简单的解释是"受教育年限对女性的就业有显著的正向作用"。如前所述,我们可有三种不同的解释方式。

其一,以 logit 为单位进行解释。常用的表述是:"控制了年龄和婚姻状况之后,受教育年限每增加一年,女性就业的 logit 增加 0.066 个单位。"前面提及,这种解释不常用。

其二,以比率为单位进行解释。这需要对回归系数取反对数,或者使用 logistic 命令运行模型(如下所示)。常用的表述是:"控制了年龄和婚姻状况之后,受教育年限每增加一年,女性就业的比率将增加 6.8%[(1.068-1)×100 = 6.8]。"

```
. logistic lfp educ_y c.age##c.age b2.mar3

Logistic regression                             Number of obs   =        940
                                                LR chi2(5)      =     253.91
                                                Prob > chi2     =     0.0000
Log likelihood =  -523.9138                     Pseudo R2       =     0.1951
```

| lfp | Odds Ratio | Std. Err. | z | P>\|z\| | [95% Conf. Interval] | |
|---|---|---|---|---|---|---|
| educ_y | 1.068277 | .0213886 | 3.30 | 0.001 | 1.027168 | 1.111031 |
| age | 1.550032 | .0819728 | 8.29 | 0.000 | 1.397415 | 1.719318 |
| c.age#c.age | .9942751 | .0006176 | -9.24 | 0.000 | .9930653 | .9954864 |
| mar3 | | | | | | |
| 未婚 | 1.888408 | .632627 | 1.90 | 0.058 | .979352 | 3.641271 |
| 离异或丧偶 | 1.922625 | .579202 | 2.17 | 0.030 | 1.065284 | 3.469956 |
| _cons | .0003241 | .0003602 | -7.23 | 0.000 | .0000367 | .0028631 |

Note: _cons estimates baseline odds.

其三,以概率为单位进行解释。因为概率和自变量之间不是线性关系,故不能用类似于"受教育年限每增加一年,概率变化多少"的解释方式。如果研究需要呈现受教育年限与女性就业概率之间的关系,可以用 margins 命令获取模型估计的不同受教育年限女性就业的概率。例如,如果想了解受教育年限为 0、6 年、9 年、12 年和 16 年的女性就业的概率,命令和 Stata 输出结果如下:

```
. margins, at(educ_y=(0 6 9 12 16))

Predictive margins                              Number of obs   =        940
Model VCE    : OIM
```

```
Expression    : Pr(lfp), predict()
1._at         : educ_y          =          0
2._at         : educ_y          =          6
3._at         : educ_y          =          9
4._at         : educ_y          =         12
5._at         : educ_y          =         16
```

|     | Margin  | Delta-method Std. Err. | z     | P>\|z\| | [95% Conf. Interval] |         |
|-----|---------|------------------------|-------|---------|----------------------|---------|
| _at |         |                        |       |         |                      |         |
| 1   | .3829486 | .0438357              | 8.74  | 0.000   | .2970322             | .468865 |
| 2   | .4623454 | .0230348              | 20.07 | 0.000   | .417198              | .5074928 |
| 3   | .5019173 | .0157042              | 31.96 | 0.000   | .4711375             | .532697 |
| 4   | .5407311 | .0159596              | 33.88 | 0.000   | .5094509             | .5720112 |
| 5   | .5905638 | .0254316              | 23.22 | 0.000   | .5407187             | .6404088 |

上面输出结果里 Margin 一列显示的就是根据 logit 模型估计出来的上述五种不同受教育年限的女性就业的概率。另外，我们也可以结合使用 margins 和 marginsplot 命令，作图显示受教育年限（横轴）和就业概率（纵轴）之间的关系。命令和图形（见图 8-6）输出如下：

. quietly: margins, at(educ_y=(0(1)20))

. marginsplot, noci

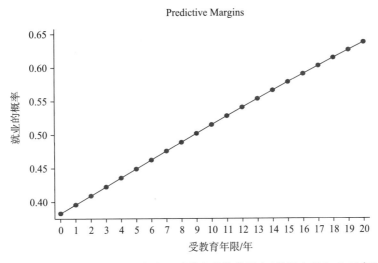

图 8-6　2010 年受教育年限与中国城镇女性就业概率（基于多元 logit 回归）

(2)年龄变量。模型加入了年龄的二次项,所以一次项系数和二次项系数要一起解读。首先,年龄和年龄平方项的系数都是统计显著的(两者的 $P$ 值均为0),表明控制了其他两个变量之后,年龄确实会影响女性就业的可能性。其次,年龄本身的系数为正,而其平方项(c.age#c.age)的系数为负,这表明年龄与就业机会之间是一个曲线关系,确切地说是倒 U 形关系。我们可以计算得到最高点(转折点)大约为 38 岁[①]。亦即是说,在 38 岁之前,随着年龄的上升,女性就业的概率随之上升;过了 38 岁,女性就业的概率和年龄是负向关系。因为二次项成立,即年龄对就业的边际效应是变化的,所以不适合用线性(年龄每增加一岁,女性就业的概率变化多少个单位)来表述,无论是以 logit、比率还是概率为单位。解读曲线关系的方式最好是通过 margins 和 marginsplot 命令作图,具体命令和图形(见图 8-7)如下:

. quietly: margins, at(age=(18(2)70))

. marginsplot, noci

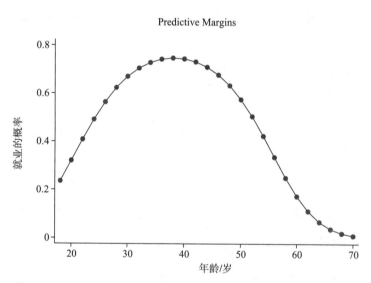

图 8-7  2010 年年龄与中国城镇女性就业概率(基于多元 logit 回归)

可以发现,年龄和女性就业概率之间的关系是一个非常明显的倒 U 形曲

---

① 计算的方法和线性回归模型二项式回归是一样的,即变量本身的系数除以两倍的平方项的系数:$0.438 \div (2 \times 0.00574) = 38.2$。

线关系模式,可与前面我们的文字解释相互印证。

（3）婚姻状况变量。婚姻状况是一个包括三类的类别变量（未婚=1,已婚=2,离异或丧偶=3,其中已婚作为参照组）,因此,婚姻状况的系数代表的是未婚女性以及离异或丧偶女性与参照组（已婚女性）之间就业可能性的差异。因为未婚虚拟变量的系数不显著（$P=0.058$）,表明控制了其他变量之后,未婚女性和已婚女性就业的概率并没有显著差异；离异或丧偶虚拟变量的系数为正,而且显著（$P=0.030$）,表明其他因素保持不变,离异或丧偶的女性比已婚女性更可能就业。因为以 logit 为单位的解释不常用,故以比率和概率来进行解释：

其一,以比率为单位解释（直接使用 logistic 命令运行模型的结果）："控制了受教育年限和年龄之后,离异或丧偶女性就业的比率比已婚女性高 92%。"

其二,以概率为单位解释。如前所述,我们需要通过 margins 命令将概率计算出来,如下：

```
. margins, at(mar3=(1 2 3))

Predictive margins                              Number of obs     =        940
Model VCE    : OIM

Expression   : Pr(lfp), predict()

1._at        : mar3            =           1
2._at        : mar3            =           2
3._at        : mar3            =           3
```

|  | Margin | Delta-method Std. Err. | z | P>\|z\| | [95% Conf. Interval] | |
|---|---|---|---|---|---|---|
| _at | | | | | | |
| 1 | .6109107 | .0513254 | 11.90 | 0.000 | .5103148 | .7115066 |
| 2 | .49563 | .0165506 | 29.95 | 0.000 | .4631914 | .5280686 |
| 3 | .613945 | .0485151 | 12.65 | 0.000 | .5188572 | .7090328 |

根据上面的结果,可以发现,控制了受教育年限和年龄之后,未婚女性就业的概率是 61.1%,已婚女性就业的概率为 49.6%,而离异或丧偶女性就业的概率为 61.4%。

## 三、probit 回归模型

除了前面介绍的线性概率模型和 logit 模型之外,还有一种常用的估计因变量为二分类变量的统计模型——probit 模型。该模型更多出现在经济学领域的经验研究文献中。

probit 模型与 logit 模型的出发点基本一致,都是为了解决线性概率模型(直接以事件发生的概率作为因变量)的问题,包括违背线性回归假定以及预测值(模型估计出来的概率)超出[0,1]合理范围的问题。另外,probit 模型和 logit 模型解决问题的思路也基本一致,都是通过变量转换的方法,对因变量进行相应的函数转换,以达到转换后的因变量和自变量之间的线性关系的目的。两者的区别在于转换函数不同。如前所述,logit 模型是对概率($p$)进行 logit 函数转换(即把概率转变成为 logit)。顾名思义,probit 模型则是对概率($p$)进行 probit 函数转换,简言之,就是把概率转变为 probit。

probit 函数实际上就是反正态函数(inverse normal function),所以将概率 $p$ 转换为 probit 实质上是对 $p$ 取反正态函数,即

$$\text{probit} = \Phi^{-1}(p) \tag{8-24}$$

因此,对概率 $p$ 进行 probit 函数转换之后,一元 probit 模型的方程式(不考虑误差项)就是

$$\Phi^{-1}(p) = a + bx \tag{8-25}$$

我们使用前面介绍 logit 模型时用的九人样本来理解 probit 模型的基本原理,因变量为是否就业(lfp,就业=1,不就业=0),自变量为性别(male,男性=1,女性=0):

```
. list id male lfp, nol
```

|   | id | male | lfp |
|---|----|------|-----|
| 1. | 10 | 1 | 1 |
| 2. | 21 | 0 | 0 |
| 3. | 9 | 0 | 1 |
| 4. | 7 | 1 | 1 |
| 5. | 31 | 1 | 0 |
| 6. | 2 | 0 | 0 |
| 7. | 19 | 1 | 1 |
| 8. | 33 | 1 | 0 |
| 9. | 14 | 0 | 0 |

## 第八章 因变量为类别变量的回归分析(一)

同样,我们根据就业的性别分布情况生成一个"就业的概率"变量 p:

```
. gen p=0.6 if male==1
. replace p=0.25 if male==0
. list id male lfp p, nol
```

| | id | male | lfp | p |
|---|---|---|---|---|
| 1. | 10 | 1 | 1 | .6 |
| 2. | 21 | 0 | 0 | .25 |
| 3. | 9 | 0 | 1 | .25 |
| 4. | 7 | 1 | 1 | .6 |
| 5. | 31 | 1 | 0 | .6 |
| 6. | 2 | 0 | 0 | .25 |
| 7. | 19 | 1 | 1 | .6 |
| 8. | 33 | 1 | 0 | .6 |
| 9. | 14 | 0 | 0 | .25 |

接下来,我们使用 Stata 软件的反正态函数命令 invnorm,将 p 转换为 probit,并生成一个新的变量 probit,命令和数据列表如下:

```
. gen probit=invnorm(p)
. list id male lfp p probit, nol
```

| | id | male | lfp | p | probit |
|---|---|---|---|---|---|
| 1. | 10 | 1 | 1 | .6 | .2533472 |
| 2. | 21 | 0 | 0 | .25 | -.6744897 |
| 3. | 9 | 0 | 1 | .25 | -.6744897 |
| 4. | 7 | 1 | 1 | .6 | .2533472 |
| 5. | 31 | 1 | 0 | .6 | .2533472 |
| 6. | 2 | 0 | 0 | .25 | -.6744897 |
| 7. | 19 | 1 | 1 | .6 | .2533472 |
| 8. | 33 | 1 | 0 | .6 | .2533472 |
| 9. | 14 | 0 | 0 | .25 | -.6744897 |

根据上面的数据,我们运行一个以 probit 变量为因变量,以 male 为自变量的线性回归模型(OLS 模型),命令及结果如下:

```
. regress probit male
```

| Source | SS | df | MS | | Number of obs | = | 9 |
|---|---|---|---|---|---|---|---|
| | | | | | F(1, 7) | = | . |
| Model | 1.91306956 | 1 | 1.91306956 | | Prob > F | = | . |
| Residual | 0 | 7 | 0 | | R-squared | = | 1.0000 |
| | | | | | Adj R-squared | = | 1.0000 |
| Total | 1.91306956 | 8 | .239133695 | | Root MSE | = | 0 |

| probit | Coef. | Std. Err. | t | P>\|t\| | [95% Conf. Interval] | |
|---|---|---|---|---|---|---|
| male | .9278369 | . | . | . | . | . |
| _cons | -.6744897 | . | . | . | . | . |

然后我们使用 Stata 软件的 probit 命令,运行一个以 lfp 为因变量,male 为自变量的 probit 模型,结果如下:

```
. probit lfp male

Iteration 0:   log likelihood = -6.1826542
Iteration 1:   log likelihood = -5.6156315
Iteration 2:   log likelihood = -5.6143989
Iteration 3:   log likelihood = -5.6143989
```

Probit regression

Number of obs = 9
LR chi2(1) = 1.14
Prob > chi2 = 0.2864
Pseudo R2 = 0.0919

Log likelihood = -5.6143989

| lfp | Coef. | Std. Err. | z | P>\|z\| | [95% Conf. Interval] | |
|---|---|---|---|---|---|---|
| male | .9278368 | .8864407 | 1.05 | 0.295 | -.8095551 | 2.665229 |
| _cons | -.6744897 | .6813163 | -0.99 | 0.322 | -2.009845 | .6608656 |

可以发现,两个模型的常数项(截距)和自变量的回归系数是一样的。亦即是说,probit 模型等价于将因变量(事件发生的概率)转换为 probit 之后的线性回归模型。前面介绍的 logit 模型则等价于将因变量转换为 logit 之后的线性回归模型。

从模型的拟合过程可以看出,probit 模型的估计方法与 logit 模型相同,均为极大似然法。关于极大似然法的具体介绍参见前文,不再赘述。而模型总体拟合的检验(卡方检验)以及模型解释力的指标,其计算方法及解释也与 logit 模型完全一致。对比 probit 模型和例 8-4 中 logit 模型的结果,可以发现两个模型的极大似然估计结果,包括 log likelihood 值、卡方值以及 Pseudo $R^2$ 值,均非常接近。

probit 模型系数的解释方式有两种:(1)当研究目的只是解释自变量对因变量 $y=1$ 的概率是否具有显著的影响以及影响的方向时,对 probit 模型中回归系数的解释方式与 logit 模型相同,即若回归系数为正且显著,则说明总体层面上自变量越大,因变量 $y=1$ 的可能性越大。若回归系数为负且显著,则说明总体层面上自变量越大,因变量 $y=1$ 的可能性越小。(2)通过概率来进行解释。① 由于概率和自变量之间不是线性关系,所以可以用 margins 命令计算特定条件下的概率,如果需要的话,可以使用 marginsplot 命令作图显示概率与自变量之间的关系,其做法与前面 logit 模型也基本一致。下面我们通过一个例子来进一步理解 probit 模型。

【例 8—6】 打开 cgss2010s3000.dta 数据,选择城镇地区(urban=1)和女性样本(male=0)进行分析。已知:因变量为就业状况(lfp,就业=1,不就业=0),自变量为受教育年限(educ_y,单位:年)。问:教育获得如何影响 2010 年中国城镇地区女性的就业?

对样本进行筛选之后,我们估计一个一元 probit 回归模型,Stata 命令和结果输出如下:

```
. keep if urban==1 & male==0

. probit lfp educ_y

Iteration 0:   log likelihood = -650.86882
Iteration 1:   log likelihood = -623.81034
Iteration 2:   log likelihood = -623.75327
Iteration 3:   log likelihood = -623.75327

Probit regression                                 Number of obs   =        940
                                                  LR chi2(1)      =      54.23
                                                  Prob > chi2     =     0.0000
Log likelihood = -623.75327                       Pseudo R2       =     0.0417
```

| lfp | Coef. | Std. Err. | z | P>\|z\| | [95% Conf. Interval] |
| --- | --- | --- | --- | --- | --- |
| educ_y | .0722532 | .010017 | 7.21 | 0.000 | .0526203   .0918862 |
| _cons | -.6726646 | .1083286 | -6.21 | 0.000 | -.8849848   -.4603445 |

可以发现,经过三次迭代后完成了极大似然估计过程,并获得了回归系

---

① 廖福挺:《解释概率模型:Logit、Probit 以及其他广义线性模型》,周穆之译,格致出版社、上海人民出版社 2018 年版,第 37—40 页。

数。模型的卡方检验显著(卡方值为54.23,$P$ 值为0),表明在总体层面上,受教育年限对女性的就业有显著的影响。模型的解释力为0.0417,表明受教育年限的差异解释了女性就业概率差异的4%左右。受教育年限变量的回归系数为正数,而且 $Z$ 检验是显著的($z$ 值为7.21,对应的 $P$ 值为0),表明在总体层面上,受教育年限对女性的就业有显著的提升作用,受教育年限越长的女性,就业的概率越大。

如果用概率进行解释,我们根据需要使用 margins 命令(在 probit 回归命令之后)获得相应的概率。例如,如果想了解小学文凭、初中文凭和本科学历女性就业的概率,命令和结果如下:

```
. margins, at(educ_y=(6 9 16))

Adjusted predictions                              Number of obs    =      940
Model VCE    : OIM

Expression   : Pr(lfp), predict()

1._at        : educ_y           =        6
2._at        : educ_y           =        9
3._at        : educ_y           =       16
```

|  | Margin | Delta-method Std. Err. | z | P>\|z\| | [95% Conf. Interval] | |
|---|---|---|---|---|---|---|
| _at |  |  |  |  |  |  |
| 1 | .4054965 | .0223532 | 18.14 | 0.000 | .361685 | .4493081 |
| 2 | .4910703 | .0170529 | 28.80 | 0.000 | .4576471 | .5244934 |
| 3 | .6855896 | .0259887 | 26.38 | 0.000 | .6346527 | .7365265 |

从输出结果 Margin 列可以看到,小学、初中和本科学历女性就业的概率分别是41%、49%和69%。

我们亦可作图显示受教育年限和就业概率之间的关系,命令和图形输出(见图8-8)如下:

```
. quietly: margins, at(educ_y=(0(1)22))
. marginsplot, noci
```

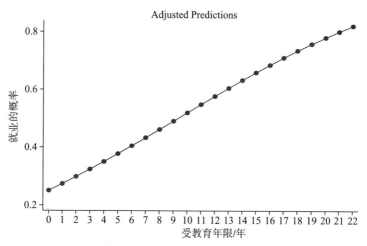

**图 8-8　2010 年受教育年限与中国城镇女性就业概率（基于一元 probit 回归）**

以上介绍了一元 probit 模型的基本原理及其解释方式的内容，我们在例 8-6 的基础上，根据经验和既有研究加入其他几个自变量，构建一个多元 probit 回归模型，检验影响中国城镇女性就业的几个基本因素，借此进一步理解 probit 模型的原理及应用，并与多元 logit 模型进行比较。

【例 8-7】　打开 cgss2010s3000.dta 数据，已知：因变量为就业状况（lfp，就业 = 1，不就业 = 0），自变量为受教育年限（educ_y，单位：年）、年龄（age）、婚姻状况（我们对数据中的 marriage 变量重新赋值，生成一个新的变量 mar3，未婚 = 1，已婚 = 2，离异或丧偶 = 3，模型中第二类为参照组）。分析 2010 年中国城镇（urban = 1）女性（male = 0）就业影响因素。

用以下命令重新生成了婚姻状况变量 mar3：

```
. recode marriage (.=.) (1/2=1 未婚) (3=2 已婚) (*=3 离异或丧偶), gen(mar3)
```

接下来我们将包括因变量在内的四个变量的缺失值进行列表删除：

```
. foreach v of varlist lfp mar3 educ_y age {
    drop if `v'==.
}
```

在完成以上建模准备工作之后，我们估计一个包括所有自变量的多元 probit 回归模型。为了考察年龄和就业之间的曲线关系，我们在模型中加入了年龄的平方项。命令及结果如下：

```
. probit lfp educ_y c.age##c.age b2.mar3

Iteration 0:   log likelihood = -650.86882
Iteration 1:   log likelihood = -528.04135
Iteration 2:   log likelihood = -526.54012
Iteration 3:   log likelihood = -526.53962
Iteration 4:   log likelihood = -526.53962

Probit regression                                 Number of obs   =      940
                                                  LR chi2(5)      =   248.66
                                                  Prob > chi2     =   0.0000
Log likelihood = -526.53962                       Pseudo R2       =   0.1910
```

| lfp | Coef. | Std. Err. | z | P>\|z\| | [95% Conf. Interval] | |
|---|---|---|---|---|---|---|
| educ_y | .0414378 | .011732 | 3.53 | 0.000 | .0184435 | .0644322 |
| age | .2423952 | .0292733 | 8.28 | 0.000 | .1850206 | .2997697 |
| c.age#c.age | -.0031785 | .0003344 | -9.50 | 0.000 | -.003834 | -.002523 |
| mar3 | | | | | | |
| 未婚 | .3250616 | .2006251 | 1.62 | 0.105 | -.0681564 | .7182796 |
| 离异或丧偶 | .3884929 | .1707136 | 2.28 | 0.023 | .0539004 | .7230855 |
| _cons | -4.454881 | .6347807 | -7.02 | 0.000 | -5.699028 | -3.210734 |

与 logit 模型一样，我们首先要看模型总体拟合与检验的情况。模型整体检验的原假设和备择假设如下：

$H_0$：总体层面上，受教育年限、年龄和婚姻状况对女性就业的概率没有显著的影响。

$H_a$：总体层面上，受教育年限、年龄和婚姻状况这三个因素中，至少有一个对女性就业的概率有显著影响。

根据模型的输出结果可知，模型的初始 log likelihood 值为 -650.86882，加入受教育年限、年龄及其平方项和婚姻状况变量后，经过四次迭代，完成极大似然估计，最终的 log likelihood 值为 -526.53962，获得了与现实情况最为契合的各个自变量的估计值。

对模型总体拟合和检验的方式与 logit 模型相似，卡方检验值为最终 log likelihood 值减去初始 log likelihood 值得数的两倍，也就是模型右上方的卡方检验值[LR chi2(5)=248.66]，以下结果与之一致：

```
. dis 2*(-526.53962--650.86882)
248.6584
```

知道了卡方值248.66和自由度5,我们可以计算出 $P$ 值,即卡方值对应的分布右端的概率:

```
. dis chi2tail(5, 248.66)
1.066e-51
```

很显然,该数字几乎为 0,即如果拒绝原假设(所有自变量都不影响因变量),犯错误的可能性几乎为 0。因此我们有足够的信心拒绝原假设,备择假设得到验证,即至少有一个自变量对因变量有显著的影响。

我们也可以根据极大似然估计的结果计算模型的解释力,即 1 减去最终 log likelihood 值除以初始 log likelihood 值,命令及结果如下:

```
. dis 1-(-526.53962/-650.86882)
.19102037
```

以上结果可以解读为"所有自变量解释了女性就业概率差异的19.1%",也可以简单地解释为"模型的解释力为19.1%"。这与Stata输出结果右上方的数字(Pseudo $R^2 = 0.1910$)完全一致。

接下来我们介绍如何对 probit 模型的回归系数进行解释。一般来说,我们首先来看回归系数是否显著。若不显著,则说明总体层面上自变量对因变量没有影响,因此也无须对系数的具体数字进行解释。若回归系数为正且显著,说明自变量对因变量有正向作用,即自变量越大,事件发生的可能性越大。若回归系数为负且显著,则表明自变量与因变量是负相关关系,也就是说,自变量越大,事件发生的可能性越小。下面我们对本例每一自变量的系数进行解释。

(1)受教育年限变量(educ_y)。该变量的系数为正(0.041)且统计显著($P = 0.000$),对此我们可有两种具体的解释方式。

其一,简单解释方式。通常可以表述为:"控制了年龄和婚姻状况之后,受教育年限越长,女性就业的可能性越大。"

其二,以概率为单位进行解释。因为概率和自变量之间并非线性关系,所以不能用"受教育年限每增加一年,概率变化多少"这样的解释方式。如果研究需要呈现受教育年限与女性就业概率之间的关系,可以使用 margins 命令获取模型估计的不同受教育年限的女性就业的概率。例如,我们若想了解受教

育年限为 0、6 年、9 年、12 年和 16 年的女性的就业概率,我们可以通过如下命令计算出相应的概率:

```
. margins, at(educ_y=(0 6 9 12 16))

Predictive margins                              Number of obs    =       940
Model VCE    : OIM

Expression   : Pr(lfp), predict()

1._at        : educ_y         =        0

2._at        : educ_y         =        6

3._at        : educ_y         =        9

4._at        : educ_y         =       12

5._at        : educ_y         =       16
```

|     | Margin | Delta-method Std. Err. | z | P>\|z\| | [95% Conf. Interval] | |
| --- | --- | --- | --- | --- | --- | --- |
| _at |   |   |   |   |   |   |
| 1 | .3808305 | .042378 | 8.99 | 0.000 | .2977713 | .4638898 |
| 2 | .4636634 | .0224979 | 20.61 | 0.000 | .4195683 | .5077584 |
| 3 | .5052422 | .0156445 | 32.30 | 0.000 | .4745796 | .5359048 |
| 4 | .5462718 | .0162094 | 33.70 | 0.000 | .514502 | .5780416 |
| 5 | .5993408 | .0257825 | 23.25 | 0.000 | .548808 | .6498736 |

输出结果中的 Margin 一列显示了根据 probit 模型估计出来的上述五种不同受教育年限的女性的就业概率。由此可知,没有受过教育、小学学历、初中学历、高中学历以及本科学历的中国城镇女性的就业概率分别为 38%、46%、51%、55% 和 60%,即城镇女性的就业概率随着受教育年限的增加而增大。我们也可以结合使用 margins 命令和 marginsplot 命令,作图显示受教育年限与城镇女性就业概率之间的关系。命令及图形输出(见图 8-9)如下:

```
. quietly: margins, at(educ_y=(0(1)20))
. marginsplot, noci
```

(2) 年龄变量。模型加入了年龄的二次项,因此需要将一次项系数和二次项系数结合起来进行解释。首先,年龄和年龄平方项的系数均统计显著,表明控制了受教育年限和婚姻状况变量之后,年龄显著影响女性就业的可能性。其次,年龄的系数为正,而其平方项(c.age#c.age)的系数为负,表明年龄与就业

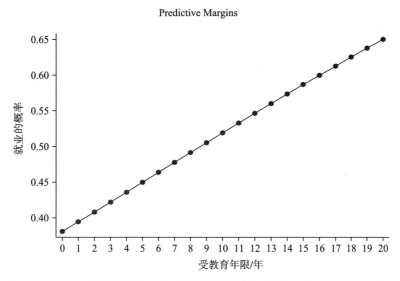

图 8-9　2010 年受教育年限与中国城镇女性就业概率(基于多元 probit 回归)

机会之间的关系为倒 U 形曲线关系。我们可以计算得到最高点约为 38[0.242÷(2×0.00318)=38.05]岁。也就是说,在 38 岁之前,随着年龄的增大,女性就业的概率相应上升;超过 38 岁之后,女性就业的概率和年龄是负向关系。因为二次项成立,故年龄对就业的边际效应是变化的,所以不宜使用线性方式表述,解读曲线关系的方式一般通过 margins 和 marginsplot 命令作图显示(见图 8-10),具体如下:

. quietly: margins, at(age=(18(2)70))
. marginsplot, noci

由图 8-10 可以看出,年龄和女性就业概率之间为明显的倒 U 形曲线关系模式,与前面的文字解释结合,能够加深我们对年龄和女性就业概率之间关系的认识。

(3) 婚姻状况变量。我们知道婚姻状况是一个包括三类的类别变量(未婚=1,已婚=2,离异或丧偶=3,其中已婚作为参照组),因此,婚姻状况的系数代表的是未婚女性以及离异或丧偶女性与作为参照组的已婚女性之间就业可能性的差异。具体解释如下:

其一,简单解释方式。因为未婚虚拟变量的系数不显著($P=0.105$),表明

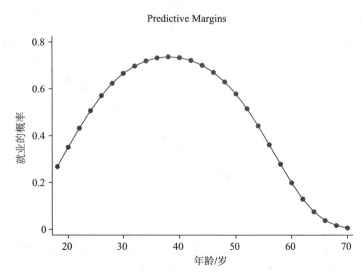

图 8-10　2010 年年龄与中国城镇女性就业概率（基于多元 probit 回归）

控制了其他变量之后，未婚女性和已婚女性就业的概率并没有显著差异；离异或丧偶虚拟变量的系数为正且显著（$P=0.023$），表示在控制了其他因素之后，离异或丧偶的女性比已婚女性更可能就业。

其二，以概率为单位进行解释。正如前面介绍过的，我们需要使用 margins 命令将不同类型婚姻状况下的就业概率计算出来：

```
. margins, at(mar3=(1 2 3))

Predictive margins                                Number of obs    =      940
Model VCE    : OIM

Expression   : Pr(lfp), predict()

1._at        : mar3            =           1
2._at        : mar3            =           2
3._at        : mar3            =           3
```

|  | Margin | Delta-method Std. Err. | z | P>\|z\| | [95% Conf. Interval] | |
|---|---|---|---|---|---|---|
| _at |  |  |  |  |  |  |
| 1 | .6021527 | .0546477 | 11.02 | 0.000 | .4950452 | .7092602 |
| 2 | .500903 | .0166928 | 30.01 | 0.000 | .4681856 | .5336203 |
| 3 | .6208595 | .0474596 | 13.08 | 0.000 | .5278403 | .7138787 |

## 第八章 因变量为类别变量的回归分析（一）

由上面的结果可知，控制了受教育年限和年龄之后，未婚女性就业的概率在60%左右，已婚女性就业的概率约为50%，而离异或丧偶女性就业的概率则达到62%。

在对以上多元probit模型进行分析介绍时，发现其与logit模型非常相似，我们使用相同变量分别估计城镇女性就业影响因素的probit模型和logit模型并将结果整理为表8-4。相关命令如下：

```
. eststo: probit lfp educ_y c.age##c.age b2.mar3

. eststo: logit lfp educ_y c.age##c.age b2.mar3

. esttab using 表8-4.rtf, b(3) se(3) star(* 0.05 ** 0.01 *** 0.001) nogaps scalars
  (ll chi2) pr2 replace

. eststo clear
```

表8-4 probit模型与logit模型结果比较

| 变量 | probit模型 | logit模型 |
| --- | --- | --- |
| 受教育年限 | 0.041*** | 0.066*** |
|  | (0.012) | (0.020) |
| 年龄 | 0.242*** | 0.438*** |
|  | (0.029) | (0.053) |
| 年龄的平方 | −0.003*** | −0.006*** |
|  | (0.000) | (0.001) |
| 婚姻状况(参照组:已婚) |  |  |
| 未婚 | 0.325 | 0.636 |
|  | (0.201) | (0.335) |
| 离异或丧偶 | 0.388* | 0.654* |
|  | (0.171) | (0.301) |
| 常数项 | −4.455*** | −8.034*** |
|  | (0.635) | (1.112) |
| 样本量 | 940 | 940 |
| Pseudo $R^2$ | 0.191 | 0.195 |
| log likelihood | −526.540 | −523.914 |
| chi2 | 248.658 | 253.910 |

注：括号内的数字是标准误；*$P<0.05$，**$P<0.01$，***$P<0.001$(双尾检验)。

通过比较表 8-4 中的两个模型,我们发现:其一,两个模型因对因变量的转换方式不同,故回归系数存在差异;其二,两个模型的系数显著与否以及方向完全相同,表明依据两者所得结论没有实质性不同;其三,两个模型在 Pseudo $R^2$、对数似然值以及卡方值方面,均比较接近。

另外,我们也根据两个模型结果作图显示受教育年限与女性就业概率的关系、年龄与女性就业概率的关系。由图 8-11 可以看出,使用 logit 模型和 probit 模型估计的概率所呈现的图形,仅有细微的差异,在关系模式上则几乎完全相同。

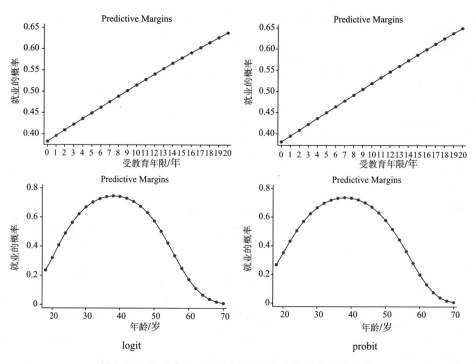

图 8-11 logit 与 probit 模型预测的女性就业概率比较

综上可知,两类模型的估计结果几乎一致,在实际研究中究竟选择两者中的哪一种,取决于研究者的偏好、所属学科以及投稿期刊的要求等,但需请读者注意的是,两者并无孰优孰劣之别。

只有两类结果的社会现象普遍存在,为此需要使用不同于线性回归模型的工具进行研究。本章介绍了类别变量回归模型基础和因变量为二分类变量的回归模型。在结合实例分析了线性概率模型的不足后,重点介绍了 logit 模型和 probit 模型的原理、估计方法、检验方法以及系数的解释方式等内容。最后指出,logit 模型和 probit 模型无优劣之分,选择何者,仅与研究者的偏好、所在学科的惯例或目标期刊的要求有关。

## ◆ 参考文献

丹尼尔·A. 鲍威斯、谢宇:《分类数据分析的统计方法(第 2 版)》,任强等译,社会科学文献出版社 2018 年版。

廖福挺:《解释概率模型:Logit、Probit 以及其他广义线性模型》,周穆之译,格致出版社、上海人民出版社 2018 年版。

斯科特·梅纳德:《应用 logistic 回归分析(第二版)》,李俊秀译,格致出版社、上海人民出版社 2012 年版。

## ◆ 思考与练习

1. 使用 Stata 软件分析数据并回答问题。

打开 cgss2010s3000.dta 数据,已知:变量为就业状况(lfp,是 = 1,否 = 0)、教育程度(level,小学或以下 = 1,初中 = 2,高中职高技校 = 3,大专或以上 = 4)。

请完成以下分析任务:

(1) 有人认为,在 2010 年就业率超过了一半。请检验这种说法是否成立。

(2) 就业与否是否因教育程度不同而存在差异?

2. 当因变量为二分类变量(如结婚与否)时,有人主张使用线性概率模型进行分析。请判断这种做法是否可取并解释原因。

3. 使用 Stata 软件分析数据并回答问题。

打开 cgss2010s3000.dta 数据,选择城镇样本(urban = 1)。已知:因变量为是否上大学(college,是 = 1,否 = 0)[1],自变量为年龄(age,选择 20—69 岁样本)、性

---

[1] 该变量是对数据中的 educ_y 变量重新赋值所获得的。

别(sex,男=1,女=2)、父亲的职业社会经济地位指数(fisei)、母亲受教育年限(meduy,单位:年)。

请完成以下任务:

(1) 清理数据、准备变量,缺失值可采用均值替代。

(2) 建立一个 logit 模型估计上大学的影响因素,详细解释模型的回归系数。

(3) 建立一个 probit 模型估计上大学的影响因素,详细解释模型的回归系数。

(4) 对 logit 模型与 probit 模型结果进行比较。

# 第九章

# 因变量为类别变量的回归分析(二)

**本章提要**

本章是因变量为类别变量回归模型的下半部分,介绍因变量为定序变量、多分类定类变量以及离散型变量的回归模型,分别为定序或有序 logit 回归模型、多分类 logit 回归模型以及泊松回归模型和负二项回归模型。通过实际的研究案例介绍上述模型的基本原理、实际应用以及如何通过 Stata 软件来实现,并详细讲解这些模型的回归系数的解释方式。

## 第一节 因变量为定序变量的回归:定序 logit 回归模型

在定量社会科学研究中,定序变量是一种非常常见的变量类型,通常用来测量社会现象的等级分类,如被调查者的观念、态度以及主观感受等。常见的定序变量如"客观社会阶层"或"主观社会地位""学历或文凭""主观幸福感""自评健康"和"工作满意度"等等。另外,大多数李克特量表(例如,价值观量表、心理健康量表和态度量表等)中的题项,也往往使用定序的测量方式。

定序变量是一种比定类变量级别更高的测量方式,其选项所对应的数字,不仅是一个代码,而且还有高低等级顺序之分。例如"主观幸福感"变量,数字

1—5 不仅代表五种幸福感的类型,而且数字大小与幸福感程度有关,数字越大表明幸福感越强。需要特别说明的是,我们知道定序变量不同类别之间有高低等级之分,但每个类别之间的距离却是未知的,或者是不纳入考虑的,我们仅关心次序或等级。当因变量为定序变量时,最常用的统计模型之一是定序或有序(ordinal)logit 回归模型。

## 一、模型的基本原理

### (一)定序变量的统计推断

和其他类别变量相似,对于单个定序变量的描述统计和统计推断,我们通常使用频数分布表以及区间估计和假设检验的方法。关于定序变量和另外一个类别变量之间关系的双变量描述分析和统计推断,通常使用列联表和卡方检验的方法。这方面的内容,本书第八章第一节已做详细讲解,不再赘述。本节主要介绍因变量为定序变量的回归模型——ordinal logit regression model(以下简称 ologit 模型)的原理和应用。

顾名思义,ologit 模型属于 logit 模型家族中的成员。确切地说,它是本书第八章介绍的二分类变量 logit 模型的一种扩展形式。ologit 模型的基本原理与 logit 模型相似,即对概率($p$)进行 logit 函数转换,将概率($p$)转换为 logit,使得转换后的因变量与自变量之间是一种线性的关系。但是,因为定序变量的选项往往超过两个(当然也可以是两个),因此 ologit 模型需要转换的概率通常超过一个。更具体地说,它不是对每个选项的概率进行转换,而是对各选项的累积百分比进行 logit 函数转换。基于此,ologit 模型通常也被称为累积的 logit 回归模型(cumulative logit regression model)。

### (二)ologit 模型的方程式

假定因变量为定序变量,有 $j$ 个选项($1,2,\cdots,j-1,j$),ologit 模型的方程式可表达为

$$\log\left[\frac{p_{(y\leqslant 1)}}{1-p_{(y\leqslant 1)}}\right]=\tau_1-b_1 x_i \qquad (9-1-1)$$

## 第九章　因变量为类别变量的回归分析(二)

$$\log\left[\frac{p_{(y\leqslant 2)}}{1-p_{(y\leqslant 2)}}\right] = \tau_2 - b_2 x_i \quad (9\text{-}1\text{-}2)$$

$$\vdots$$

$$\log\left[\frac{p_{(y\leqslant j-1)}}{1-p_{(y\leqslant j-1)}}\right] = \tau_{j-1} - b_{j-1} x_i \quad (9\text{-}1\text{-}3)$$

$$\log\left[\frac{p_{(y\leqslant j)}}{1-p_{(y\leqslant j)}}\right] = \tau_j - b_j x_i \quad (9\text{-}1\text{-}4)$$

其中,$p_{(y\leqslant j)}$ 是因变量选项小于或等于选项 $j$ 的累积概率,分母 $1-p_{(y\leqslant j)}$ 则是大于选项 $j$ 的概率,$\log\left[\frac{p_{(y\leqslant j)}}{1-p_{(y\leqslant j)}}\right]$ 就是对累积概率的 logit。方程式的右边,没有常数项 $a_j$,代之以切割点(cutting points)$\tau_j$;$b_j$ 则是自变量的回归系数。从上面的方程式中可以看出,ologit 模型并不是一个模型,而是 $j$ 个模型。但是,对于式 9-1-4 而言,因为 $p_{(y\leqslant j)}=1$(累积概率为 100%),这种情况下,$\log\left[\frac{p_{(y\leqslant j)}}{1-p_{(y\leqslant j)}}\right]$ 是没有意义的,因此无须估计,即该方程无效。因此,ologit 模型实际估计的是 $j-1$($j$ 是定序因变量的选项数量)个有效的模型。

我们可以发现方程式 9-1-4 的右边是 $\tau_j - b_j x_i$,而不是常规的 $\tau_j + b_j x_i$,原因在于该模型估计的是由较低等级($\leqslant j$)而不是较高等级($>j$)的概率所转换而成的 logit。

另外,ologit 模型还有一个重要的假定——平行性假定(parallel assumption),指的是自变量对因变量的效应(系数)和因变量选项的次序是平行(线性的)关系。[①] 举例来说,如果因变量有三个选项(1,2,3),那么该模型假定自变量 $x$ 对因变量从选项 1 到选项 2 之间的系数与从选项 2 到选项 3 之间的系数是相同的,而不是变化的。也就是说,上面的 $j-1$ 个模型中,虽然截距(切割点 $\tau_j$)不同,但回归系数相同(即 $b_1 = b_2 = \cdots = b_{j-1}$)。正因如此,ologit 模型的方程可以简写为

---

[①] 瓦尼·布鲁雅:《logit 与 probit:次序模型和多类别模型》,张卓妮译,格致出版社、上海人民出版社 2018 年版,第 20—21 页。

$$\log\left[\frac{p_{(y \leq j)}}{1-p_{(y \leq j)}}\right] = \tau_j - bx_i \tag{9-2}$$

从方程式 9-2 可以看出，ologit 模型实际是一组（$j-1$ 个）模型，这些模型的截距各不相同，但每个自变量的斜率却是一样，即所有模型共享自变量的回归系数。下面我们通过一个研究实例来理解 ologit 模型的原理和应用。

### （三）研究实例：主观幸福感研究

我们以 2010 年中国综合社会调查子样本数据（cgss2010s3000.dta）中的"主观幸福感"变量（at_hap）为例介绍 ologit 模型的基本原理。

首先，我们使用 tab 命令显示该变量的频数分布表，命令和结果如下：

```
. tab at_hap
```

| a36.<br>总的来说，您认为<br>您的生活是否幸福 | Freq. | Percent | Cum. |
|---|---|---|---|
| 1. 很不幸福 | 61 | 2.04 | 2.04 |
| 2. 比较不幸福 | 220 | 7.35 | 9.38 |
| 3. 居于幸福和不幸福之间 | 536 | 17.90 | 27.28 |
| 4. 比较幸福 | 1,699 | 56.73 | 84.01 |
| 5. 完全幸福 | 479 | 15.99 | 100.00 |
| Total | 2,995 | 100.00 | |

由上面的频数表可以看出，主观幸福感变量共有五个选项（$j=1,2,3,4,5$），数字越大，表示幸福感越强。频数表的最后一列（Cum.）指的是各个选项的累积概率或累积百分比，ologit 模型的原理就是把这一列的各个累积概率转换为累积的 logit，转换的具体计算过程及结果见表 9-1。

**表 9-1　概率、累积概率、累积的比率和累积的 logit 的对应关系**

| 选项<br>$j$ | 概率<br>$p_{(y=j)}$ | 累积概率<br>$p_{(y \leq j)}$ | 累积的比率<br>$odds_{(y \leq j)} = \frac{p_{(y \leq j)}}{1-p_{(y \leq j)}}$ | 累积的 logit<br>$\log\left[\frac{p_{(y \leq j)}}{1-p_{(y \leq j)}}\right] = \tau_j$ |
|---|---|---|---|---|
| 1 | 0.0204 | 0.0204 | 0.02082483 | $\tau_1 = -3.8716094$ |
| 2 | 0.0735 | 0.0938 | 0.10350916 | $\tau_2 = -2.2680952$ |

第九章　因变量为类别变量的回归分析(二)

（续表）

| 选项 $j$ | 概率 $p_{(y=j)}$ | 累积概率 $p_{(y \leq j)}$ | 累积的比率 $\text{odds}_{(y \leq j)} = \dfrac{p_{(y \leq j)}}{1-p_{(y \leq j)}}$ | 累积的 logit $\log\left[\dfrac{p_{(y \leq j)}}{1-p_{(y \leq j)}}\right] = \tau_j$ |
|---|---|---|---|---|
| 3 | 0.1790 | 0.2728 | 0.37513751 | $\tau_3 = -0.98046262$ |
| 4 | 0.5673 | 0.8401 | 5.2539087 | $\tau_4 = 1.6589723$ |
| 5 | 0.1599 | 1.00 | — | — |

我们使用 Stata 软件的 ologit 命令运行一个没有自变量的 ologit 模型，命令和结果输出如下：

```
. ologit at_hap

Iteration 0:   log likelihood = -3575.3593
Iteration 1:   log likelihood = -3575.3593

Ordered logistic regression                   Number of obs   =     2,995
Log likelihood = -3575.3593                   Pseudo R2       =    0.0000

------------------------------------------------------------------------------
      at_hap |      Coef.   Std. Err.      z    P>|z|     [95% Conf. Interval]
-------------+----------------------------------------------------------------
       /cut1 |  -3.873248    .129361                     -4.126791   -3.619705
       /cut2 |  -2.267824    .0626672                    -2.39065    -2.144999
       /cut3 |  -.9805232    .0410259                    -1.060933   -.9001139
       /cut4 |   1.658725    .0498512                     1.561019    1.756432
------------------------------------------------------------------------------
```

可以发现，模型输出的四个切割点（即 ologit 模型的截距 $\tau_j$）与我们前面手算的结果（表 9-1 最右边一列）基本上完全一致（数字间细微的差异是由计算时小数点后保留位数差异所导致）。

以上显示了 ologit 模型的基本原理。因为本例的因变量主观幸福感（at_hap）有五个选项，所以实际上是估计了四条有效的方程（即有四个截距）。现在我们在上面的模型中增加一个自变量——受教育年限（educ_y），命令和模型结果输入如下：

```
. ologit at_hap educ_y

Iteration 0:   log likelihood = -3569.7565
Iteration 1:   log likelihood =   -3545.84
Iteration 2:   log likelihood = -3545.7697
Iteration 3:   log likelihood = -3545.7697
```

```
Ordered logistic regression                      Number of obs    =     2,991
                                                 LR chi2(1)       =     47.97
                                                 Prob > chi2      =    0.0000
Log likelihood = -3545.7697                      Pseudo R2        =    0.0067
```

| at_hap | Coef.      | Std. Err. | z    | P>\|z\| | [95% Conf. | Interval] |
|--------|------------|-----------|------|---------|------------|-----------|
| educ_y | .0562451   | .0081324  | 6.92 | 0.000   | .0403058   | .0721843  |
| /cut1  | -3.414963  | .1463641  |      |         | -3.701831  | -3.128094 |
| /cut2  | -1.786437  | .0926844  |      |         | -1.968095  | -1.604779 |
| /cut3  | -.4799013  | .0821529  |      |         | -.640918   | -.3188845 |
| /cut4  | 2.187228   | .0927652  |      |         | 2.005411   | 2.369044  |

由以上结果发现，模型只输出了一个回归系数，也就是说，四个模型的截距不同，但自变量的回归系数却是一样的。这就是 ologit 模型的平行性假定（本节第四部分将详细解释这个假定），即自变量对因变量的影响，在因变量不同等级或选项之间是一致的。就本例而言，受教育年限对幸福感各个选项（依次）的效应（系数）相同，均为 0.056。关于如何解读自变量的回归系数，我们将在本节第二部分介绍。

因为 ologit 模型是基于因变量选项累积概率的估计，而不是基于因变量概率绝对数值的估计，所以真正重要的是因变量选项取值之间的大小顺序，而不是因变量选项的实际取值大小。① 例如，我们可以对因变量主观幸福感（at_hap）的取值重新赋值，不同选项的顺序不变，但取值则由原来的 1、2、3、4、5 依次变为 0、10、13、100、1000，赋值命令以及赋值后新生成变量（happy1）的频数分布表如下：

```
. recode at_hap 1=0 2=10 3=13 4=100 5=1000 .=., gen(happy1)
```

---

① 丹尼尔·A. 鲍威斯、谢宇：《分类数据分析的统计方法（第 2 版）》，任强等译，社会科学文献出版社 2018 年版，第 214 页。

## 第九章 因变量为类别变量的回归分析(二)

```
. tab happy1
```

| RECODE of at_hap (a36. 总的来说,您认为您的生活是否幸福) | Freq. | Percent | Cum. |
|---|---|---|---|
| 0 | 61 | 2.04 | 2.04 |
| 10 | 220 | 7.35 | 9.38 |
| 13 | 536 | 17.90 | 27.28 |
| 100 | 1,699 | 56.73 | 84.01 |
| 1000 | 479 | 15.99 | 100.00 |
| Total | 2,995 | 100.00 | |

对比 happy1 和 at_hap 的频数表可以发现,两者各个选项的频数分布完全相同。我们以重新赋值后的 happy1 变量作为因变量,以受教育年限(educ_y)作为自变量,运行 ologit 模型,命令和输出结果如下:

```
. ologit happy1 educ_y

Iteration 0:   log likelihood = -3569.7565
Iteration 1:   log likelihood =   -3545.84
Iteration 2:   log likelihood = -3545.7697
Iteration 3:   log likelihood = -3545.7697
```

Ordered logistic regression                       Number of obs    =    2,991
                                                  LR chi2(1)       =    47.97
                                                  Prob > chi2      =   0.0000
Log likelihood = -3545.7697                       Pseudo R2        =   0.0067

| happy1 | Coef. | Std. Err. | z | P>\|z\| | [95% Conf. Interval] | |
|---|---|---|---|---|---|---|
| educ_y | .0562451 | .0081324 | 6.92 | 0.000 | .0403058 | .0721843 |
| /cut1 | -3.414963 | .1463641 | | | -3.701831 | -3.128094 |
| /cut2 | -1.786437 | .0926844 | | | -1.968095 | -1.604779 |
| /cut3 | -.4799013 | .0821529 | | | -.640918 | -.3188845 |
| /cut4 | 2.187228 | .0927652 | | | 2.005411 | 2.369044 |

以上模型结果与前面以 at_hap 为因变量估计的模型结果完全一致,这证实了 ologit 模型只看因变量选项的顺序,而与其具体的数值无关。当然,因变量也可以以相反的方向赋值,这么做同样不会改变模型的整体估计情况,但所

有系数（截距和自变量的回归系数）的正负方向将会发生改变。例如，我们可以将 at_hap 变量按照相反的顺序重新赋值（5=1,4=2,3=3,2=4,1=5）后生成新的变量 happy2，然后以此作为因变量运行 ologit 模型。命令和输出结果如下：

```
. recode at_hap 1=5 2=4 3=3 4=2 5=1 .=., gen(happy2)

. ologit happy2 educ_y

Iteration 0:    log likelihood = -3569.7565
Iteration 1:    log likelihood =  -3545.84
Iteration 2:    log likelihood = -3545.7697
Iteration 3:    log likelihood = -3545.7697

Ordered logistic regression                      Number of obs   =    2,991
                                                 LR chi2(1)      =    47.97
                                                 Prob > chi2     =   0.0000
Log likelihood = -3545.7697                      Pseudo R2       =   0.0067
```

| happy2 | Coef. | Std. Err. | z | P>\|z\| | [95% Conf. Interval] | |
| --- | --- | --- | --- | --- | --- | --- |
| educ_y | -.0562451 | .0081324 | -6.92 | 0.000 | -.0721843 | -.0403058 |
| /cut1 | -2.187228 | .0927652 | | | -2.369044 | -2.005411 |
| /cut2 | .4799013 | .0821529 | | | .3188845 | .640918 |
| /cut3 | 1.786437 | .0926844 | | | 1.604779 | 1.968095 |
| /cut4 | 3.414963 | .1463641 | | | 3.128094 | 3.701831 |

可以发现，如果对因变量反向赋值，模型的整体估计情况和原来的变量作为因变量时完全一致，但回归系数（包括四个截距和自变量的回归系数）则刚好是相反的方向，除此之外，并无实质不同。因此，在实际的研究中，研究者可以根据自己的偏好或是否有利于模型解释的原则来确定因变量赋值的方向和顺序。

### 二、ologit 模型的估计方法、统计检验与模型解释

#### （一）模型的估计方法和统计推断

从上面 Stata 软件的模型输出结果可以发现，ologit 模型通过极大似然法进行估计。因此，第八章关于 logit 模型所使用的统计检验方法同样适用于 ologit 模型。例如，我们同样可以根据似然比的卡方检验（LR chi2）来判断总体层面

上,自变量是否对因变量有显著的影响;根据虚拟决定系数(Pseudo $R^2$)来判断自变量对因变量的解释力。我们知道,卡方值和虚拟决定系数的值都是根据极大似然估计值计算得到的,具体计算方法与第八章 logit 模型的计算方法完全一致,此处不再赘述。

### (二) 回归系数的统计推断和解释

关于 ologit 模型自变量系数的解释,基本方式和 logit 模型大体一致。首先,我们要判断自变量的系数是否显著(即 $Z$ 检验的 $P$ 值是否小于 0.05)。如果显著,表明总体层面上自变量对因变量有显著效应;若不显著,则表明自变量对因变量没有影响。其次,如果自变量的系数显著,则需要进一步解释。最重要的是看回归系数的方向是正向还是负向。如果是正向,意味着更可能选择因变量等级(排序)高的选项;若为负向,则表明更可能选择因变量等级(排序)低的选项。因此,我们在解释 ologit 模型的回归系数时,首先要清楚因变量选项大小的顺序指代的意思是什么。此外,自变量的类别不同,解释方式也有所不同。下面我们分别介绍 ologit 模型中自变量为线性变量和类别变量时的具体解释方式。

1. 自变量为线性变量的解释方式

回到我们前面关于受教育年限如何影响幸福感的例子。因变量(主观幸福感)的取值从小到大(1—5)代表越来越幸福,即数字越大或排序越高,幸福感就越强。自变量受教育年限(educ_y)是一个线性变量,其回归系数为 0.056,统计显著且方向为正。因此,我们可以这样解释:受教育年限越长的人,越可能选择因变量(幸福感)数字较大的选项。也就是说,受教育年限越长的人,幸福感越强。或者可以这样表述:受教育年限有助于提升居民的幸福感。

以上是一个相对"定性"的解释方式。如前所述,ologit 模型的设定,估计的是根据累积比率取对数后的因变量,所以对 ologit 模型系数的解释一般不使用类似于 logit 模型那样的根据"比率"加以解释的表述方式(即回归系数取反对数之后,用"自变量变化一个单位,比率变化几个单位"这样的解释方式)。若要详细了解自变量如何影响因变量,可以使用 margins 命令,显示不同条件下(即自变量的不同取值)选择因变量特定选项的概率。例如,接着我们前面的例子,如果我们想了解根据模型估计出来的具有高中文凭和大学本科文凭

（即受教育年限分别为 12 年和 16 年）的群体选择"非常幸福"这一选项的概率，可以进行如下操作并得出结果：

```
. ologit at_hap educ_y
. margins, at(educ_y=(12 16)) predict(outcome(5))

Adjusted predictions                    Number of obs     =      2,991
Model VCE       : OIM

Expression      : Pr(at_hap==5), predict(outcome(5))
1._at           : educ_y          =          12
2._at           : educ_y          =          16
```

|  | Margin | Delta-method Std. Err. | z | P>\|z\| | [95% Conf. Interval] | |
| --- | --- | --- | --- | --- | --- | --- |
| _at |  |  |  |  |  |  |
| 1 | .1806001 | .0079418 | 22.74 | 0.000 | .1650345 | .1961657 |
| 2 | .216309 | .0122294 | 17.69 | 0.000 | .1923398 | .2402782 |

可以发现，高中学历和本科学历两个群体选择"非常幸福"的概率分别为 0.18 和 0.22，后者比前者大约高 4 个百分点。由此可以看出，受教育年限越长的人，越有可能感到"非常幸福"。我们也可以综合使用 margins 和 marginsplot 命令，作图显示受教育年限与选择"非常幸福"和"比较幸福"选项的概率，基本命令和结果输出（见图 9-1）如下：

```
. quietly: margins, at(educ_y=(0(2)20)) predict(outcome(4)) predict(outcome(5))
. marginsplot, noci
```

由图 9-1 可以发现，受教育年限和幸福感为正相关关系，即受教育年限越长，选择"比较幸福"和"非常幸福"的概率就越大。显而易见的是，这两条线都不是直线，而是曲线，这表明概率和自变量之间并非线性关系，所以不能用线性的表述方式进行解释。如果要显示受教育年限与"非常不幸福"和"比较不幸福"的概率之间的关系，则可以进行如下的操作，因代表"非常不幸福"的数字为 1，代表"比较不幸福"的数字为 2，故将选项中 outcome 后面括号内的数字替换为 1 和 2 即可：

```
. quietly: margins, at(educ_y=(0(2)20)) predict(outcome(1)) predict(outcome(2))
. marginsplot, noci
```

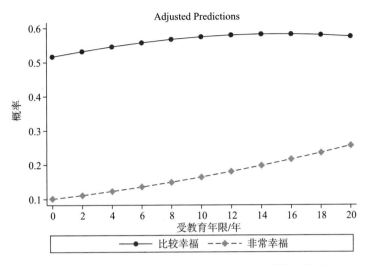

图 9-1 受教育年限与"比较幸福"和"非常幸福"的概率关系

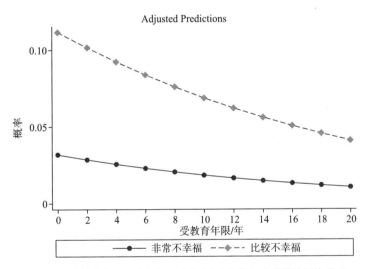

图 9-2 受教育年限与"非常不幸福"和"比较不幸福"的概率关系

从图 9-2 可以看出,受教育年限和不幸福感是负相关关系,即受教育年限越长,选择"非常不幸福"和"比较不幸福"的概率越低。因此,图 9-1 和图 9-2 所显示的结论实际上是一致的。也就是说,如果要非常详尽而且"定量"地解释 ologit 模型的回归系数,我们可以计算出相应条件下的概率,也可以通过图形的方式加以呈现。

## 2. 自变量是类别变量的解释方式

如果自变量是类别变量,那么回归系数反映的是不同类别之间的差异,这与线性回归模型以及 logit 模型的解释是一致的。下面我们通过例子进行讲解。

【例 9-1】 打开 cgss2010s3000.dta 数据,已知:因变量为主观幸福感(at_hap,很不幸福=1,比较不幸福=2,居于幸福和不幸福之间=3,比较幸福=4,完全幸福=5),自变量为是否来自城镇(urban,是=1,否=0)、地区(region,东部=1,中部=2,西部=3)。问:主观幸福感是否存在城乡差异或地区差异?

模型估计的命令和结果输出如下:

```
. ologit at_hap i.urban i.region, nolog

Ordered logistic regression                     Number of obs   =     2,995
                                                LR chi2(3)      =     32.85
                                                Prob > chi2     =    0.0000
Log likelihood = -3558.9363                     Pseudo R2       =    0.0046

------------------------------------------------------------------------------
      at_hap |      Coef.   Std. Err.      z    P>|z|     [95% Conf. Interval]
-------------+----------------------------------------------------------------
       urban |
         1.是|    .1705    .0764378     2.23   0.026     .0206847    .3203153
             |
      region |
        2.中部|  -.3556876  .0843827    -4.22   0.000    -.5210747   -.1903005
        3.西部|  -.086564   .0985085    -0.88   0.380    -.2796371    .1065091
-------------+----------------------------------------------------------------
       /cut1 | -3.952273   .1503209                     -4.246897   -3.65765
       /cut2 | -2.342072   .0989612                     -2.536033   -2.148112
       /cut3 | -1.046749   .0866595                     -1.216599   -.8768996
       /cut4 |  1.613832   .090333                       1.436783    1.790881
------------------------------------------------------------------------------
```

可以看出,urban 变量的系数统计显著($P=0.026<0.05$),这首先表明主观幸福感存在显著的城乡差异,这是第一层意思。另外,该变量的系数为正,表明相对于农村居民(参照组)而言,城镇居民更可能选择因变量排序更高(更幸福)的选项,即城镇居民比农村居民幸福感更强,这是第二层意思。如果要进行更为"定量"的详细解释,我们可以使用 margins 命令计算出不同类别的概率。例如,如果要考察选择"非常幸福"的概率的城乡差异,Stata 命令及结果如下:

```
. margins urban, predict(outcome(5))
```

Predictive margins                                Number of obs    =    2,995
Model VCE       : OIM

Expression      : Pr(at_hap==5), predict(outcome(5))

|  | Margin | Delta-method Std. Err. | z | P>\|z\| | [95% Conf. Interval] | |
|---|---|---|---|---|---|---|
| urban |  |  |  |  |  |  |
| 0. 否 | .146299 | .0085978 | 17.02 | 0.000 | .1294476 | .1631505 |
| 1. 是 | .1688229 | .0080675 | 20.93 | 0.000 | .1530109 | .1846348 |

以上结果显示了在控制了地区差异之后，城镇和农村居民选择"非常幸福"的概率分别为 0.169 和 0.146。总而言之，城镇居民感到"非常幸福"的概率更高，比农村居民大约高 2 个百分点。

地区变量（region）的回归系数反映的是主观幸福感的地区差异模式。具体来说，东部地区是参照组，因此两个回归系数显示的是中部地区和西部地区与东部地区之间主观幸福感的差异情况。可以发现，中部地区虚拟变量的系数是显著的，而且是负数，表明控制了是否来自城镇因素之后，中部地区居民的幸福感低于东部地区（参照组）居民。西部地区虚拟变量的系数不显著，则表明西部地区和东部地区居民的幸福感并没有差别。我们可以使用 margins 命令显示三个地区居民选择不同因变量选项（即命令选项中 outcome 后面括号中数字）的概率。例如，如果要显示三个地区居民选择"非常幸福"选项的概率，命令和输出结果如下：

```
. margins region, predict(outcome(5))
```

Predictive margins                                Number of obs    =    2,995
Model VCE       : OIM

Expression      : Pr(at_hap==5), predict(outcome(5))

|  | Margin | Delta-method Std. Err. | z | P>\|z\| | [95% Conf. Interval] | |
|---|---|---|---|---|---|---|
| region |  |  |  |  |  |  |
| 1. 东部 | .180649 | .0099058 | 18.24 | 0.000 | .161234 | .2000639 |
| 2. 中部 | .133852 | .0080522 | 16.62 | 0.000 | .1180701 | .1496339 |
| 3. 西部 | .1682005 | .0117679 | 14.29 | 0.000 | .1451359 | .1912651 |

上面的输出结果显示了三个地区居民感到"非常幸福"的概率(比例),东部最高,西部次之,中部最低。但在总体层面上,东部地区和西部地区居民的幸福感并没有实质上的差异(不显著)。

### 三、研究实例:收入与幸福感的关系分析

下面我们通过一个具体的研究实例,来进一步理解 ologit 模型的应用及解释方式。

【例 9-2】 打开 cgss2010s3000.dta 数据,已知:因变量为主观幸福感(at_hap,很不幸福=1,比较不幸福=2,居于幸福和不幸福之间=3,比较幸福=4,完全幸福=5),自变量为全年总收入(inc10k,单位:万元),控制变量为地区(region,东部=1,中部=2,西部=3)、是否来自城镇(urban,是=1,否=0)、性别(male,男性=1,女性=0)、年龄(age)及其平方项(agesq)、受教育年限(educ_y,单位:年)。问:收入是否影响个体的幸福感?若有影响,如何影响?

因数据库中没有以万元为单位的全年总收入变量,因此我们需要用数据库中单位为元的全年总收入变量(ytincome)除以 10 000 后生成该变量。命令如下:

```
. gen inc10k=ytincome/10000
```

在具体分析前,我们首先对所有进入模型的变量的缺失值进行删除,命令如下:

```
. foreach v of varlist at_hap region urban male age educ_y inc10k {
    drop if `v'==.
  }
```

我们使用嵌套模型的方式建模,分别估计了三个模型。模型 1 只放入控制变量,模型 2 增加收入变量,模型 3 增加收入变量的平方项(以考察收入与幸福感之间是否呈现曲线关系)。具体命令如下:

```
. eststo: ologit at_hap i.region urban male c.age##c.age educ_y
. eststo: ologit at_hap i.region urban male c.age##c.age educ_y inc10k
. eststo: ologit at_hap i.region urban male c.age##c.age educ_y c.inc10k##c.inc10k
. esttab using 表9-2.rtf, b(3) se(3) star(* 0.05 ** 0.01 *** 0.001) pr2 nogaps replace
. eststo clear
```

模型结果见表9-2。

表9-2 估计幸福感影响因素的ologit回归模型

| 变量 | 模型1 | 模型2 | 模型3 |
| --- | --- | --- | --- |
| 地区(参照组:东部) | | | |
| 中部 | -0.308*** | -0.270** | -0.248** |
| | (0.092) | (0.093) | (0.093) |
| 西部 | -0.016 | 0.006 | 0.023 |
| | (0.107) | (0.107) | (0.108) |
| 是否来自城镇(是=1) | -0.028 | -0.046 | -0.064 |
| | (0.089) | (0.089) | (0.090) |
| 性别(男性=1) | -0.028 | -0.053 | -0.075 |
| | (0.078) | (0.078) | (0.079) |
| 年龄 | -0.049* | -0.053** | -0.056** |
| | (0.019) | (0.019) | (0.019) |
| 年龄平方项 | 0.001** | 0.001** | 0.001** |
| | (0.000) | (0.000) | (0.000) |
| 受教育年限 | 0.054*** | 0.046*** | 0.041*** |
| | (0.011) | (0.011) | (0.011) |
| 收入(万元) | | 0.043* | 0.110** |
| | | (0.018) | (0.034) |
| 收入(万元)平方项 | | | -0.004* |
| | | | (0.002) |
| cut1 | -4.550*** | -4.643*** | -4.680*** |
| | (0.458) | (0.460) | (0.460) |
| cut2 | -2.891*** | -2.984*** | -3.021*** |
| | (0.440) | (0.442) | (0.442) |
| cut3 | -1.584*** | -1.676*** | -1.711*** |
| | (0.437) | (0.439) | (0.439) |
| cut4 | 1.112* | 1.026* | 0.996* |
| | (0.436) | (0.437) | (0.438) |

(续表)

| 变量 | 模型 1 | 模型 2 | 模型 3 |
| --- | --- | --- | --- |
| 样本量 | 2597 | 2597 | 2597 |
| Pseudo $R^2$ | 0.010 | 0.011 | 0.011 |

注:括号内的数字是标准误;$^*P<0.05$,$^{**}P<0.01$,$^{***}P<0.001$(双尾检验)。

由模型 1 可以发现,控制了其他变量之后,主观幸福感存在地区差异,中部地区居民的主观幸福感低于东部地区,但西部地区居民和东部地区居民的主观幸福感没有显著不同;因为是否来自城镇变量和性别变量的系数均不显著,故主观幸福感既无城乡差别,也无性别差异;受教育年限对主观幸福感有显著正向影响,受教育年限越长的人,其幸福感也越强。另外,年龄(系数为负)和年龄平方项(系数为正)的系数统计显著且方向相反,表明年龄和主观幸福感是明显的曲线关系,具体而言为 U 形关系模式,转折点为 41 岁左右①,即在 41 岁之前,幸福感随着年龄的上升而下降(负相关),而在 41 岁之后,幸福感和年龄变成正相关关系,即越年长越幸福。我们可以使用 margins 和 marginsplot 命令对年龄与主观幸福感的关系加以图示(见图 9-3):

```
. quietly: ologit at_hap i.region urban male c.age##c.age educ_y
. quietly: margins, at(age=(18(2)70)) predict(outcome(5))
. marginsplot, noci
```

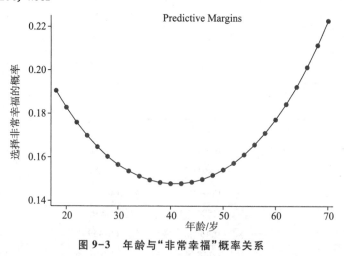

图 9-3 年龄与"非常幸福"概率关系

---

① 计算方法和线性回归模型的二次项回归做法一样,即年龄变量自身的系数除以 2 倍的平方项系数。

# 第九章 因变量为类别变量的回归分析(二)

　　模型 2 加入了收入变量,可以发现其回归系数是正向的,而且统计显著。这表明控制了其他因素之后,收入和主观幸福感是正相关关系,收入越高的人更可能选择因变量排序更高的选项,即幸福感越强。由此看来,收入(金钱)确实对主观幸福感有正向的作用。

　　那究竟是不是金钱(收入)越多,幸福感就越强呢? 换句话说,收入和主观幸福感之间是线性(直线)关系吗? 为验证这一点,我们在模型 3 中加入了收入的平方项(二次项)进行估计,结果发现收入二次项的系数为负数,而且显著(收入变量一次项是正数且显著),这表明收入和主观幸福感并不是简单的"钱越多越幸福"的直线关系,而是倒 U 形曲线关系模式,其转折点或最高点大约是在13.75万元。也就是说,年收入低于 13.75 万元的群体,收入越高,幸福感就越强;但当年收入超过 13.75 万元之后,收入对幸福感的边际效应开始递减,随着收入的提高,幸福感反倒开始下降。收入与幸福感的这种关系模式,我们可以通过如下命令作图显示(见图 9-4):

```
. quietly: ologit at_hap i.region urban male c.age##c.age educ_y c.inc10k##c.inc10k
. quietly: margins, at(inc10k=(0(1)30)) predict(outcome(5))
. marginsplot, noci
```

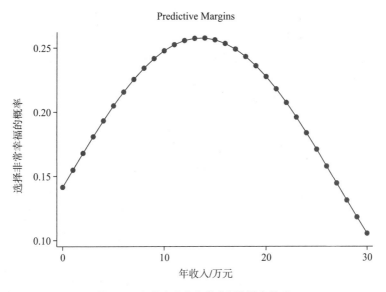

图 9-4　年收入与"非常幸福"概率关系

从图 9-4 可以非常明显地看出,随着年收入的提高,选择"非常幸福"的概率也越来越高,当年收入达到一定程度,即我们前面计算的 13.75 万元时,选择"非常幸福"的概率达到最高。年收入超过 13.75 万元后,随着收入的增加,选择"非常幸福"的概率则越来越小。综合表 9-2 中模型 3 和图 9-4,充分说明收入与幸福感的关系为倒 U 形曲线模式,也就是说,并不是收入越高,幸福感就越强。当收入水平达到一定程度之后,金钱对幸福感的边际效应开始出现下降。至于导致这种关系的原因或机制,则需要进一步分析和探讨。

## 四、平行性检验

如前所述,ologit 模型有一个重要的假定——平行性假定,即假定自变量对因变量不同选项发生(累积)概率的效应是一样的,不会因选项的不同而有所不同。正因为这个假定,ologit 模型虽然估计 $j-1$($j$ 为因变量选项的个数)个方程,但是这些方程只是截距不同,自变量的回归系数却是相同的,因此,不同的回归直线之间是平行的。也就是说,ologit 模型是在这个假定的基础上进行模型设定的。

但是,我们分析的数据却不一定能够满足这个假定,或者说现实情况不一定符合这个假定,因此,我们需要进行检验。这个检验就称为平行性检验。平行性检验的基本原理是在不执行平行性假定(即不假定自变量的斜率相同)的前提下,根据实际的累积概率分别估计 $j-1$ 个方程,然后检验不同方程中自变量的回归系数是否相等。平行性检验的原假设和备择假设如下:

$H_0: b_1 = b_2 = \cdots = b_{j-1}$(每一个单独模型的回归系数都相等)。

$H_a$:至少有两个模型的回归系数不同。

该检验的抽样分布为卡方分布,所以使用卡方检验。如果卡方检验结果显著($P \leq 0.05$),则表明拒绝原假设,备择假设得到验证,即模型违背了平行性假定。反之,如果不显著,则表明模型满足平行性假定。因此,卡方检验不显著是我们所期望得到的结果。Stata 软件提供了平行性检验的命令 brant[1]。检验的步骤是预先运行一个需要检验的 ologit 模型,随后使用 brant 命令进行检验。我们以表 9-2 模型 3 为例进行演示,命令和结果输出如下:

---

[1] 用于平行性检验的 brant 命令由用户编写的外部命令,可通过在命令窗口键入"findit spost13_ado",回车后,在弹出的页面选择适当的链接,按要求进行安装即可。

## 第九章 因变量为类别变量的回归分析(二)

```
. quietly: ologit at_hap i.region urban male c.age##c.age educ_y c.inc10k##c.inc10k
. brant

Brant test of parallel regression assumption

                      |    chi2    p>chi2     df
                  All |   65.03    0.000      27
             2.region |    2.31    0.510       3
             3.region |    2.89    0.409       3
                urban |    6.41    0.093       3
                 male |    1.23    0.746       3
                  age |    1.53    0.675       3
          c.age#c.age |    1.23    0.746       3
               educ_y |   16.08    0.001       3
               inc10k |    4.55    0.207       3
  c.inc10k#c.inc10k   |    4.22    0.238       3

A significant test statistic provides evidence that the parallel regression
assumption has been violated.
```

运行 brant 命令后，输出的结果包含两部分。一部分是检验总体模型（即 All 对应的那行数字，意即所有变量一起）是否违背了平行性假定。另一部分是每个自变量单独的效应是否违背了平行性假定。由以上检验结果可知：从模型总体平行性检验的结果来看，我们上面运行的 ologit 模型并不满足平行性假定，因为卡方检验的结果显著（$X^2=65.03, P=0.000<0.05$）。如果我们观测每一个自变量检验的结果则可以发现，除了受教育年限变量（educ_y）违背了平行性假定之外（$X^2=16.08, P=0.001<0.05$），其他变量的平行性检验都不显著，即满足平行性假定。

那么接下来的问题就是：如果模型违背了平行性假定，我们该如何处理？鉴于社会现象的复杂性，在定量社会科学研究中使用 ologit 模型对定序因变量进行统计估计，违背平行性假定的情况并不少见，所以这个问题无疑值得重视。如果经检验后发现模型不满足平行性假定，需根据具体情况来采取不同的方式应对。一般情况下，首先要考虑究竟是什么变量违背了平行性假定。如果违背假定的变量不是研究中的核心自变量（即与研究问题或研究假设直接相关的变量），而是控制变量，则可以不用对此问题过于敏感。因为如果核心自变量的效应不违背平行性假定，表明它对因变量的估计值是值得信赖的。但是，如果核心的自变量违背了平行性假定，则必须认真对待。通常有两种应对方案可供选择。

第一种方案是将定序因变量重新编码为取值为 0 和 1 的虚拟变量，并使用

logit 模型或 probit 模型进行估计。例如前面的例子,我们可以使用 recode 命令将"非常幸福"和"比较幸福"合并为一类(赋值为1),其他三类合并为一类(赋值为0),这样就以"是否感到幸福"作为因变量(happy3),从而可以回避平行性假定的问题。重新编码并生成新变量 happy3、查看分布情况以及运行 logistic 模型的命令及结果如下:

```
. recode at_hap 1/3=0 4/5=1, gen(happy3)
. tab happy3
```

| RECODE of at_hap (a36. 总的来说,您认为您的生活是否幸福) | Freq. | Percent | Cum. |
|---|---|---|---|
| 0 | 690 | 26.57 | 26.57 |
| 1 | 1,907 | 73.43 | 100.00 |
| Total | 2,597 | 100.00 | |

`. logit happy3 i.region urban male c.age##c.age educ_y c.inc10k##c.inc10k, nolog`

```
Logistic regression                               Number of obs   =      2,597
                                                  LR chi2(9)      =      80.22
                                                  Prob > chi2     =     0.0000
Log likelihood = -1463.3584                       Pseudo R2       =     0.0267
```

| happy3 | Coef. | Std. Err. | z | P>\|z\| | [95% Conf. Interval] | |
|---|---|---|---|---|---|---|
| region | | | | | | |
| 2. 中部 | -.2058847 | .1106661 | -1.86 | 0.063 | -.4227862 | .0110168 |
| 3. 西部 | .0183824 | .1285638 | 0.14 | 0.886 | -.2335981 | .2703629 |
| urban | -.1204117 | .1041197 | -1.16 | 0.247 | -.3244824 | .0836591 |
| male | -.0899683 | .0946609 | -0.95 | 0.342 | -.2755003 | .0955638 |
| age | -.0509475 | .0231853 | -2.20 | 0.028 | -.0963898 | -.0055051 |
| c.age#c.age | .0006289 | .0002568 | 2.45 | 0.014 | .0001255 | .0011322 |
| educ_y | .0615706 | .0135079 | 4.56 | 0.000 | .0350956 | .0880456 |
| inc10k | .1700685 | .0447361 | 3.80 | 0.000 | .0823873 | .2577497 |
| c.inc10k#c.inc10k | -.0062317 | .0021254 | -2.93 | 0.003 | -.0103973 | -.002066 |
| _cons | 1.386658 | .5266094 | 2.63 | 0.008 | .3545226 | 2.418794 |

从上面 logit 回归模型的估计结果来看,各个变量对幸福感的影响,其模式

与前面 ologit 模型基本一致。但很显然,这种简化变量的做法,其代价是损失原来较为详细丰富的信息,无法考察不同程度的"幸福感"。

另一种方案是将定序变量作为定类变量来对待,即不考虑不同类别之间的顺序,使用多分类 logit 模型来进行估计,这样也可以回避平行性假定的问题。

## 第二节 因变量为多分类定类变量的回归模型:多分类 logit 模型

除了二分类的定类变量和定序变量,还有一种常见的类别变量类型,即多分类的定类变量。这种变量的选项超过两类,但选项之间却没有顺序等级之分。例如,婚姻状况变量通常包括"从未结婚""已婚""离婚"以及"丧偶"等多个类别;职业类型变量则可被分为"管理人员""专业技术人员""一般工人"和"农民"等。如果这些变量是我们研究的因变量,不适合使用线性回归模型,也无法使用 logit 模型或 ologit 模型进行估计。本节介绍此类变量作为因变量时所适用的回归模型——多分类 logit 模型(multinomial logit model,以下简称 mlogit 模型)。

### 一、模型的基本原理

顾名思义,mlogit 模型也是广义 logit 模型中的一分子。与 ologit 模型相似,它同样是 logit 模型的一种扩展形式。确切地说,它是 $j-1$($j$ 是因变量的类别数)个二分类 logit 模型的组合。

在第八章因变量为二分类变量的 logit 模型中,比率用 $\dfrac{p_{(y=1)}}{1-p_{(y=1)}}$ 来表示,实际上是 $y=1$ 的概率与 $y=0$ 的概率的比值,在此可将 $y=0$ 看成基准类别(baseline category)。沿着这一思路,假定一个有三个类别的定类因变量,其取值分别为 1、2、3,我们可以选择其中一个类别作为基准类别建立一组 logit 模型。如果选取第一类($y=1$)作为基准类别,可以得到如下的一组 logit 模型:

$$\log\left[\frac{P_{(y=1)}}{P_{(y=1)}}\right] = a_1 + b_1 x_i = 0 \qquad (9\text{-}3\text{-}1)$$

$$\log\left[\frac{P_{(y=2)}}{P_{(y=1)}}\right] = a_2 + b_2 x_i \qquad (9\text{-}3\text{-}2)$$

$$\log\left[\frac{P_{(y=3)}}{P_{(y=1)}}\right] = a_3 + b_3 x_i \qquad (9\text{-}3\text{-}3)$$

式 9-3-1 显然是多余的($a_1=0, b_1=0$),只有式 9-3-2 和式 9-3-3 方程可以被估计。因此,对于有 $j$ 个类别的定类因变量而言,仅需估计 $j-1$ 个方程式。我们以第一类($y=1$)为基准类别(参照组),式 9-3-2 代表了第二类($y=2$)与第一类相比较的 logit 模型,式 9-3-3 代表了第三类($y=3$)与第一类相比较的 logit 模型。由此,我们也可以根据这两个方程推导出以第二类和第三类作为基准类别的 mlogit 模型:

$$\log\left[\frac{P_{(y=1)}}{P_{(y=2)}}\right] = -a_2 - b_2 x_i$$

$$\log\left[\frac{P_{(y=3)}}{P_{(y=2)}}\right] = \log\left[\frac{P_{(y=3)}}{P_{(y=1)}}\right] - \log\left[\frac{P_{(y=2)}}{P_{(y=1)}}\right] = (a_3 - a_2) + (b_3 - b_2) x_i \qquad (9\text{-}4\text{-}1)$$

$$\log\left[\frac{P_{(y=1)}}{P_{(y=3)}}\right] = -a_3 - b_3 x_i$$

$$\log\left[\frac{P_{(y=2)}}{P_{(y=3)}}\right] = \log\left[\frac{P_{(y=2)}}{P_{(y=1)}}\right] - \log\left[\frac{P_{(y=3)}}{P_{(y=1)}}\right] = (a_2 - a_3) + (b_2 - b_3) x_i \qquad (9\text{-}4\text{-}2)$$

由上述推导可知,要估计一个 mlogit 模型,首先需要确定一个基准类别。对于任何基准类别,均可进行任意两类之间的比较。而对于基准类别的选择,取决于研究人员的偏好或者研究的实际需要。

接下来通过一个简单的例子来理解 mlogit 模型的基本原理。我们使用 cgss2010s3000.dta 数据,考察 2010 年中国居民婚姻状况的差异。首先,我们通过频数表来考察婚姻状况变量(marriage)的基本分布情况:

## 第九章 因变量为类别变量的回归分析(二)

```
. tab marriage
```

| a69. 您目前的婚姻状况是 | Freq. | Percent | Cum. |
|---|---|---|---|
| 1. 未婚 | 290 | 9.71 | 9.71 |
| 2. 同居 | 16 | 0.54 | 10.24 |
| 3. 已婚 | 2,477 | 82.93 | 93.17 |
| 4. 分居未离婚 | 13 | 0.44 | 93.61 |
| 5. 离婚 | 72 | 2.41 | 96.02 |
| 6. 丧偶 | 119 | 3.98 | 100.00 |
| Total | 2,987 | 100.00 | |

可以发现，婚姻状况是一个分为六类的定类变量。考虑到有些类别的人数很少，而且要从"简化"的角度来举例，我们对该变量进行重新赋值，将1和2都归为"未婚"组，"已婚"组不变，而4、5和6归为"离异或丧偶"组，赋值后得到一个新的定类变量(三类，未婚=1,已婚=2,离异或丧偶=3)，并将其命名为marital。在此，我们也使用了 label var 命令给 marital 变量贴上了中文标签。为了使该变量不同类别的取值及取值标签同时显示，我们使用了 numlabel 命令。基本命令及 marital 的分布状况如下：

```
. recode marriage (-3=.) (1/2=1 未婚) (3=2 已婚) (*=3 离异或丧偶), gen(marital)
. label var marital 婚姻状况
. numlabel marital, add
. tab marital
```

| 婚姻状况 | Freq. | Percent | Cum. |
|---|---|---|---|
| 1. 未婚 | 306 | 10.20 | 10.20 |
| 2. 已婚 | 2,477 | 82.57 | 92.77 |
| 3. 离异或丧偶 | 217 | 7.23 | 100.00 |
| Total | 3,000 | 100.00 | |

我们先估计一个不加入任何自变量的模型，只有常数项的系数(截距)。因为因变量有三类，所以实际上只能估计两条有效的方程，即两个截距。根据 mlogit 模型的基本原理，首先需要确定一个参照组作为基准类别。如果我们以第一类"未婚"组作为参照组，根据 mlogit 模型的式 9-3-1、式 9-3-2、式 9-3-3 和该变量的相对频数(即各类的概率)，可以计算得到两条方程的截距项：

$$\log\left[\frac{P_{(y=2)}}{P_{(y=1)}}\right] = \log\left(\frac{0.8257}{0.102}\right) = 2.091$$

$$\log\left[\frac{p_{(y=3)}}{p_{(y=1)}}\right] = \log\left(\frac{0.0723}{0.102}\right) = -0.344$$

使用 Stata 软件运行 mlogit 模型的命令进行估计，命令的写法[①]和输出结果如下：

```
. mlogit marital, base(1)

Iteration 0:   log likelihood = -1742.9798
Iteration 1:   log likelihood = -1742.9798

Multinomial logistic regression                   Number of obs   =     3,000
                                                  LR chi2(0)      =      0.00
                                                  Prob > chi2     =         .
Log likelihood = -1742.9798                       Pseudo R2       =    0.0000
```

| marital | Coef. | Std. Err. | z | P>\|z\| | [95% Conf. Interval] | |
|---|---|---|---|---|---|---|
| 1__未婚 | (base outcome) | | | | | |
| 2__已婚 | | | | | | |
| _cons | 2.091218 | .0605945 | 34.51 | 0.000 | 1.972455 | 2.209981 |
| 3__离异或丧偶 | | | | | | |
| _cons | -.3436877 | .0887483 | -3.87 | 0.000 | -.5176313 | -.1697442 |

由以上结果可以发现，手算结果与模型估计的两个截距相同。实际上，mlogit 模型就是 $j-1$ 个模型的组合。如果以第一组"未婚"组作为参照组，我们可以将因变量拆分为两个 0 和 1 取值的变量（命名为 mar1 和 mar2），具体操作和结果如下：

```
. recode marital 1=0 2=1 3=., gen(mar1)
. tab mar1
```

| RECODE of marital (婚姻状况) | Freq. | Percent | Cum. |
|---|---|---|---|
| 0 | 306 | 11.00 | 11.00 |
| 1 | 2,477 | 89.00 | 100.00 |
| Total | 2,783 | 100.00 | |

---

① 命令中逗号后面的 base(1) 是设定第一类"未婚"组为基准类别。可以通过改变括号里的数字来改变模型的基准类别。

# 第九章 因变量为类别变量的回归分析(二)

可以看出,mar1 变量其实就是将原来 marital 变量的第三组(即"离异或丧偶"组)排除在外,仅保留"未婚"组(参照组,赋值为 0)和"已婚"组(赋值为 1)。mar2 变量则是将"已婚"组排除在外,保留"未婚"组(参照组,赋值为 0)和"离异或丧偶"组(赋值为 1)。命令及结果如下:

. recode marital 1=0 2=. 3=1, gen(mar2)

. tab mar2

| RECODE of marital (婚姻状况) | Freq. | Percent | Cum. |
|---|---|---|---|
| 0 | 306 | 58.51 | 58.51 |
| 1 | 217 | 41.49 | 100.00 |
| Total | 523 | 100.00 | |

然后我们以 mar1 和 mar2 为因变量,分别估计两个二分类的 logit 模型,命令及估计结果如下:

. logit mar1, nolog

Logistic regression                    Number of obs   =      2,783
                                       LR chi2(0)      =       0.00
                                       Prob > chi2     =          .
Log likelihood = -964.08036            Pseudo R2       =     0.0000

| mar1 | Coef. | Std. Err. | z | P>|z| | [95% Conf. Interval] | |
|---|---|---|---|---|---|---|
| _cons | 2.091218 | .0605945 | 34.51 | 0.000 | 1.972455 | 2.209981 |

. logit mar2, nolog

Logistic regression                    Number of obs   =        523
                                       LR chi2(0)      =      -0.00
                                       Prob > chi2     =          .
Log likelihood = -354.90634            Pseudo R2       =    -0.0000

| mar2 | Coef. | Std. Err. | z | P>|z| | [95% Conf. Interval] | |
|---|---|---|---|---|---|---|
| _cons | -.3436877 | .0887483 | -3.87 | 0.000 | -.5176313 | -.1697442 |

对比上面两个 logit 模型的截距及其相应的估计值(标准误、z 值、P 值以及置信区间),可以发现与前面 mlogit 模型的结果完全相同。

以上分析揭示了 mlogit 模型的基本原理。简而言之,mlogit 模型实际上就是二分类 logit 模型的"拼盘"形式。mlogit 模型的优势在于可以在一个模型里对多分类的变量进行估计,而且可以根据研究需要灵活变换参照组。例如,如果我们将参照组设定为第二组"已婚"组,只需在命令选项 base 后面的括号中输入 2 即可。模型命令和结果输出如下:

```
. mlogit marital, base(2) nolog
Multinomial logistic regression          Number of obs    =    3,000
                                         LR chi2(0)       =     0.00
                                         Prob > chi2      =        .
Log likelihood = -1742.9798              Pseudo R2        =   0.0000
```

| marital | Coef. | Std. Err. | z | P>\|z\| | [95% Conf. Interval] |
|---|---|---|---|---|---|
| 1__未婚 | | | | | |
| _cons | -2.091218 | .0605945 | -34.51 | 0.000 | -2.209981   -1.972455 |
| 2__已婚 | (base outcome) | | | | |
| 3__离异或丧偶 | | | | | |
| _cons | -2.434906 | .0707955 | -34.39 | 0.000 | -2.573663   -2.296149 |

当然,我们也可以将第三组"离异或丧偶"组作为参照组。方法同上,不再赘述。

## 二、模型的统计检验和回归系数解释

既然 mlogit 模型是 logit 模型的扩展形式,那么其拟合方法也是极大似然法。关于这一点,我们从模型的输出结果即能看出。因此,mlogit 模型的总体推断方法、模型的解释力(虚拟决定系数)与前述 logit 模型以及 ologit 模型一致,故无须赘述。

前文提及,mlogit 模型实际上是二分类 logit 模型的组合。因此,模型回归系数的解释与 logit 模型系数的解释类似。具体而言,logit 模型的三种解释方式均可用于 mlogit 模型系数的解释,但需要注意的是,该系数是相对于基准类别而言的。[1] 首先,如果研究目的只是关注相对于选择基准类别而言,自变量的增加会显著地提高还是降低个体选择某一类别的概率,那么只需要根据回归系数的正负和显著性对其进行解释即可。如果回归系数为正并且显著,说明在总体层面上,随着自变量的增大,相对于选择基准类别而言,个体愈发倾

---

[1] 廖福挺:《解释概率模型:Logit、Probit 以及其他广义线性模型》,周穆之译,格致出版社、上海人民出版社 2018 年版,第 82—92 页。

## 第九章 因变量为类别变量的回归分析(二)

向于选择该类别;反之,如果回归系数为负且显著,说明在总体层面上,随着自变量的增大,个体愈发不倾向于选择该类别,而更倾向于选择基准类别。

其次,通过"比率"来解释模型的回归系数。此种解释方式可以采用"线性"的解释语言,如"自变量增加一个单位,相对于基准类别而言,选择某一类别的比率增加(减少)百分之多少"这样的表述方式。当然,这需要对 mlogit 模型的系数取反对数。

最后一种方式则是通过"概率"进行解释,我们可以使用 margins 命令将特定条件下的概率计算出来,然后使用 marginsplot 命令将概率和自变量的关系加以图示。

下面,我们通过一个例子来详细介绍 mlogit 模型系数。接着前面关于婚姻状况的例子,我们在模型中加入三个自变量,分别为性别(male,男性=1,女性=0)、年龄(age)和受教育年限(educ_y),检验这三个因素对婚姻状况的影响。我们以第二组("已婚"组)作为基准类别,运行 mlogit 模型,命令和结果输出如下:

```
. mlogit marital male age educ_y, base(2)

Iteration 0:   log likelihood =  -1742.213
Iteration 1:   log likelihood = -1405.5614
Iteration 2:   log likelihood = -1265.8778
Iteration 3:   log likelihood = -1249.5758
Iteration 4:   log likelihood =  -1249.197
Iteration 5:   log likelihood = -1249.1969

Multinomial logistic regression              Number of obs     =      2,996
                                             LR chi2(6)        =     986.03
                                             Prob > chi2       =     0.0000
Log likelihood = -1249.1969                  Pseudo R2         =     0.2830
```

| marital   | Coef.      | Std. Err. | z      | P>\|z\| | [95% Conf. | Interval] |
|-----------|------------|-----------|--------|---------|------------|-----------|
| 1__未婚   |            |           |        |         |            |           |
| male      | .837273    | .1579524  | 5.30   | 0.000   | .5276921   | 1.146854  |
| age       | -.2010443  | .0111166  | -18.09 | 0.000   | -.2228325  | -.1792561 |
| educ_y    | .0745591   | .0213916  | 3.49   | 0.000   | .0326324   | .1164858  |
| _cons     | 3.493598   | .4214396  | 8.29   | 0.000   | 2.667591   | 4.319604  |
| 2__已婚   | (base outcome) | | | | | |
| 3__离异或丧偶 |        |           |        |         |            |           |
| male      | -.5552847  | .1537831  | -3.61  | 0.000   | -.8566941  | -.2538754 |
| age       | .0544825   | .0069154  | 7.88   | 0.000   | .0409285   | .0680364  |
| educ_y    | -.0335997  | .0168858  | -1.99  | 0.047   | -.0666953  | -.0005041 |
| _cons     | -4.665221  | .4199437  | -11.11 | 0.000   | -5.488296  | -3.842147 |

首先,从右上方的卡方检验结果可以看出,模型是显著的,也就是说在总体层面上,至少有一个自变量对因变量是有影响的。虚拟决定系数为 0.283,即三个自变量解释了似然比的 28%。

模型输出了两组系数,上面一组是"未婚"组和"已婚"组(基准类别)之间比较的情况。可以发现,性别变量的系数为正数(0.837)且统计显著($P=0.000$),表明控制了年龄和受教育年限因素之后,相对于已婚状况而言,男性未婚的可能性高于女性(即女性更可能是已婚状态)。具体而言,相对于已婚来说,男性未婚的比率是女性的 2.3($e^{0.837}=2.31$)倍,或者说,男性未婚的比率比女性高 131%。年龄变量的系数是负数(-0.201)且统计显著($P=0.000$),表明相对于已婚而言,年龄越小的越可能是未婚,即年轻人更可能是未婚,年长者更可能是已婚状态。具体而言,相对于已婚状态来说,年龄每增加一岁,未婚的比率将下降 18%($1-e^{-0.201}=0.18$)。受教育年限的系数同样统计显著($P=0.000$),而且是正数(0.075),表明相对于已婚而言,受教育年限越长的人,则越可能是未婚状态。具体而言,相对于已婚来说,每多接受一年的教育,未婚的比率将增加 8%($e^{0.075}-1=0.08$)。

下面一组系数是"离异或丧偶"组与"已婚"组(基准类别)之间的比较。性别变量的系数也为负(-0.555)且统计显著($P=0.000$),表明相对于已婚而言,男性更不可能离异或丧偶。具体而言,相对于已婚而言,男性是离异或丧偶的比率比女性低 43%($1-e^{-0.555}=0.43$)。年龄变量的系数为正(0.054)且统计显著($P=0.000$),表明相对于已婚而言,年龄越大则越可能是离异或丧偶。具体而言,年龄每增加一岁,离异或丧偶的比率将增加 6%($e^{0.054}-1=0.06$)。受教育年限变量统计显著($P=0.047$)且是负数(-0.034),表明相对于已婚来说,受教育年限越长的人则越不可能是离异或丧偶。具体而言,相对于已婚来说,受教育年限每增加一年,离异或丧偶的比率将下降 3%($1-e^{-0.034}=0.03$)。

上面的结果都是以"已婚"组作为参照组来进行解读的。如果要直接比较"未婚"和"离异或丧偶"之间的差异,只需将两者之一作为参照组进行估计即可。若以"未婚"组作为基准类别进行估计,模型命令和结果输出如下:

## 第九章 因变量为类别变量的回归分析(二)

```
. mlogit marital male age educ_y, base(1)

Iteration 0:    log likelihood = -1742.213
Iteration 1:    log likelihood = -1405.5614
Iteration 2:    log likelihood = -1265.8778
Iteration 3:    log likelihood = -1249.5758
Iteration 4:    log likelihood = -1249.197
Iteration 5:    log likelihood = -1249.1969

Multinomial logistic regression                 Number of obs   =    2,996
                                                LR chi2(6)      =   986.03
                                                Prob > chi2     =   0.0000
Log likelihood = -1249.1969                     Pseudo R2       =   0.2830
```

| marital | Coef. | Std. Err. | z | P>\|z\| | [95% Conf. Interval] | |
|---|---|---|---|---|---|---|
| 1__未婚 | (base outcome) | | | | | |
| 2__已婚 | | | | | | |
| male | -.837273 | .1579524 | -5.30 | 0.000 | -1.146854 | -.5276921 |
| age | .2010443 | .0111166 | 18.09 | 0.000 | .1792561 | .2228325 |
| educ_y | -.0745591 | .0213916 | -3.49 | 0.000 | -.1164858 | -.0326324 |
| _cons | -3.493598 | .4214396 | -8.29 | 0.000 | -4.319604 | -2.667591 |
| 3__离异或丧偶 | | | | | | |
| male | -1.392558 | .2180529 | -6.39 | 0.000 | -1.819933 | -.965182 |
| age | .2555268 | .0130809 | 19.53 | 0.000 | .2298887 | .2811649 |
| educ_y | -.1081588 | .0269896 | -4.01 | 0.000 | -.1610575 | -.0552601 |
| _cons | -8.158819 | .5892097 | -13.85 | 0.000 | -9.313649 | -7.003989 |

更换基准类别之后,模型的拟合参数(极大似然估计结果、卡方检验以及虚拟决定系数)与前面以"已婚"组为基准类别的模型完全一样,但回归系数发生了一些变化。中间的回归系数表是"已婚"组和"未婚"组之间的比较,系数和前面模型数值一致,方向则刚好相反。下面的一组回归系数是"离异或丧偶"组与"未婚"组的比较情况。可以发现,性别系数显著且为负(-1.393),表明相对于未婚而言,男性比女性更不可能是离异或丧偶。男性为离异或丧偶的比率比女性要低 75%($1-e^{-1.393}=0.75$)。年龄的系数为正(0.256)且显著,表明相对于未婚而言,年龄越大越可能是离异或丧偶的状态,年龄每增加一岁,离异或丧偶的比率将增加 29%($e^{0.256}-1=0.29$)。受教育年限变量为负数(-0.108)且统计显著,表明相对于未婚而言,受教育年限越长的人,越不可能是离异或丧偶。具体而言,相对于未婚来说,受教育年限每增加一年,离异或丧偶的比率将下降 10%($1-e^{-0.108}=0.10$)。

使用 margins 和 marginsplot 命令,可以作图显示受教育年限(educ_y)与三种婚姻状况的概率之间的关系。命令和图形输出(见图 9-5)如下:

. quietly: margins, at(educ_y=(0(2)20))

. marginsplot, noci

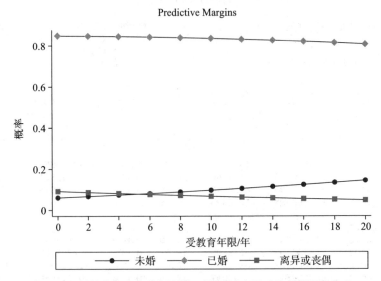

图 9-5　受教育年限与"未婚""已婚"和"离异或丧偶"概率关系

由图 9-5 可以看出,随着受教育年限的增加,选择未婚的概率是上升的,而已婚、离异或丧偶的概率则呈现下降的趋势。

表 9-3 为以上两个估计婚姻状况的 mlogit 模型结果的正式回归表格,基本符合多数期刊对于回归表格格式的要求。前文已经对模型结果详加解释,此处不再赘述。需要注意的是,为了便于理解,本例模型只纳入了三个自变量。但在实际研究中,还需结合文献和研究目的,增加相关变量,以便得出更为稳健可靠的结论。

表 9-3　估计婚姻状况的 mlogit 回归模型

| 变量 | 未婚 vs.已婚 | 离异或丧偶 vs.已婚 | 离异或丧偶 vs.未婚 |
| --- | --- | --- | --- |
| 性别(男性=1) | 0.837*** | −0.555*** | −1.393*** |
|  | (0.158) | (0.154) | (0.218) |

(续表)

| 变量 | 未婚 vs.已婚 | 离异或丧偶 vs.已婚 | 离异或丧偶 vs.未婚 |
|---|---|---|---|
| 年龄 | −0.201*** | 0.054*** | 0.256*** |
|  | (0.011) | (0.007) | (0.013) |
| 受教育年限 | 0.075*** | −0.034* | −0.108*** |
|  | (0.021) | (0.017) | (0.027) |
| 常数项 | 3.494*** | −4.665*** | −8.159*** |
|  | (0.421) | (0.420) | (0.589) |
| 样本量 |  | 2996 |  |
| Pseudo $R^2$ |  | 0.283 |  |

注：括号内的数字是标准误；*$P<0.05$，**$P<0.01$，***$P<0.001$（双尾检验）。

## 第三节 因变量为离散型（计数）变量的回归

计数变量也是社会科学研究中常见的一种变量类型，多用以记录事件发生的次数。例如，更换工作的次数、发表论文的篇数、生育子女的个数、谈恋爱的次数、每天抽烟的数量、每年外出旅游的次数等。严格来说，计数变量并不是连续变量，因为事件发生的次数通常不会出现非整数取值，也就是说各取值之间是"断点式"的，因此被归入类别变量类型。因为计数变量的取值均为非负整数，所以这种数据的分布情况不符合线性模型回归假定。因此，当因变量为计数变量时，不适合使用 OLS 模型进行统计估计。由于计数变量服从泊松分布，故当因变量为计数变量时，常用的统计模型为泊松回归模型和负二项回归模型。

### 一、泊松回归模型

#### （一）泊松分布

在介绍泊松回归模型之前，首先需要了解泊松分布（poisson distribution）。

泊松分布遵循以下算式：

$$p(y|\mu) = \frac{e^{-\mu}\mu^y}{y!} \qquad y = 0, 1, 2, \cdots \qquad (9-5)$$

在式 9-5 中，$y$ 是指在给定时间内实际观测到的事件发生的次数；$\mu$ 是指在给定时间内事件期望发生的（平均）次数，它是定义分布情况的唯一参数。

下面举一个简单的例子来理解泊松分布。假定有一个银行自动提款机（ATM），根据历史数据了解到每分钟到此机器办理业务的平均人数是两人，那么一分钟内来此机器办理业务不同人数的概率分布情况如何？

显然，一分钟内到此自动提款机办理业务的人数是一个离散型变量（非负整数），因此服从泊松分布，而且已知该变量的均值（$\mu$）为两人，那么根据泊松分布的公式，我们可以计算得到一分钟内来此办理业务的不同人数各自的概率，详细的计算过程见表 9-4。

表 9-4　1 分钟内到 ATM 办理业务人数概率分布表

| 人数 | 公式 | Stata 表达式 | 概率 |
|---|---|---|---|
| 0 | $\dfrac{e^{-2}2^0}{0!}$ | dis poisson(2, 0) | 0.1353 |
| 1 | $\dfrac{e^{-2}2^1}{1!}$ | dis poisson(2, 1)−poisson(2, 0) | 0.2707 |
| 2 | $\dfrac{e^{-2}2^2}{2!}$ | dis poisson(2, 2)−poisson(2, 1) | 0.2707 |
| 3 | $\dfrac{e^{-2}2^3}{3!}$ | dis poisson(2, 3)−poisson(2, 2) | 0.1804 |
| 4 | $\dfrac{e^{-2}2^4}{4!}$ | dis poisson(2, 4)−poisson(2, 3) | 0.0902 |
| 5 | $\dfrac{e^{-2}2^5}{5!}$ | dis poisson(2, 5)−poisson(2, 4) | 0.0361 |
| ⋮ | ⋮ | ⋮ | ⋮ |

我们也可以将表 9-4 中泊松概率分布作图表示（见图 9-6）：

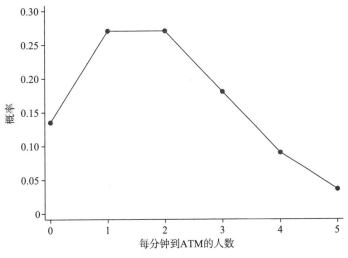

图 9-6　客户到达人数的概率分布

由表 9-4 和图 9-6 可知,泊松分布实际上就是特定条件下事件发生次数的概率分布。就泊松分布的性质而言,$\mu$ 是泊松分布的均值,随着 $\mu$ 的增加,分布的中心将会右移,泊松分布逐渐趋向于正态分布。$\mu$ 同时也是泊松分布的方差,因此 $\text{var}(y) = \mu$,这种情况被称为"均等离散"(equidispersion)。然而在现实的数据中,计数变量的方差往往大于均值,这种情况被称为"过度离散"(overdispersion)。当然,也会出现少数计数变量的方差小于均值的情况,这被称作"离散不足"(underdispersion)。随着 $\mu$ 的增加,计数为 0 的概率下降。对于许多计数变量而言,实际观察到 0 值的概率比泊松分布中显示的要多。图 9-7 呈现了 $\mu$ 不同取值时的泊松分布。

需要注意的是,泊松分布有一个重要假定,即事件之间的独立性假定。也就是说,当一个事件发生,它不会影响将来发生的事件。例如,生育第一胎不会影响生育第二胎或更多胎的可能性;第一次越轨行为与第二次或更多次越轨行为之间没有联系;发表第一篇学术论文与后续的发表没有关联;等等。我们知道,在现实情况中,这种假定往往很难得到满足,因为后面发生的事件通常都会受到前面发生事件的影响。

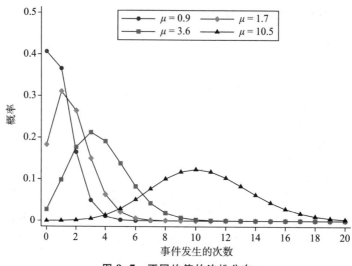

图 9-7 不同均值的泊松分布

## （二）泊松回归模型

### 1. 模型的基本原理

泊松回归模型估计的是给定时间内事件发生的次数 $\mu$，也即上文提及的泊松分布的均值，它可以在整个正实数范围内取值。如前所述，因为因变量是离散型变量，不满足 OLS 模型的假定，因此不能直接使用 OLS 模型进行估计，而需要对因变量进行转换。具体而言，泊松模型是对因变量（事件发生的次数）进行自然对数转换，转换后的因变量和自变量之间呈线性关系。泊松回归模型的基本形式可以表示为

$$\log(\mu) = a + b_1 x_1 + b_2 x_2 + \cdots + b_k x_k$$

$$\mu = \exp(a + b_1 x_1 + b_2 x_2 + \cdots + b_k x_k) \tag{9-6}$$

由式 9-6 可以看出，$\mu$ 与自变量 $x$ 之间的关系是非线性的，因此，泊松回归模型也是一个非线性的回归模型。对 $\mu$ 取自然对数之后，$\log(\mu)$ 则与自变量 $x$ 之间是线性关系，这一点从方程右边的表达式即可看出。

泊松回归模型的因变量为离散型变量，是类别变量的一种，因此，与此前介绍过的 logit 模型、ologit 模型以及 mlogit 模型等同属非线性模型，故泊松回归模型也使用极大似然法进行估计。若要检验泊松回归模型（相较于不含任何自变量的空模型）是否显著，即检验在总体层面上自变量对因变量是否具有显

第九章 因变量为类别变量的回归分析(二)

著的影响,可通过 Stata 输出结果右上方的卡方检验进行判断。同样,模型的虚拟决定系数反映的也是自变量解释了因变量变异(似然比)的比例。所有这些,和我们前面章节介绍过的几种非线性模型都是一致的。

此外,泊松模型还有一个检验,称作拟合优度(goodness of fit)检验。该检验的原假设为:计数变量的实际分布与通过泊松回归模型估计得到的某一均值下的泊松分布没有显著差异,即模型拟合很好。如果检验结果所对应的 $P$ 值大于 0.05(不显著),则不能拒绝原假设;反之(如果小于 0.05,即统计显著),则可以拒绝原假设,说明泊松回归模型的拟合效果不佳。在 Stata 软件中,该检验可在运行泊松回归之后通过 poisgof 或 estat gof 命令[1]实现。下面我们通过一个简单的例子来进行说明。

**【例 9-3】** 打开 cgss2010s3000.dta 数据,已知:因变量为子女数量(kids),根据数据中的儿子数量(sons)和女儿数量(daughters)相加得到,自变量为世代(cohort,根据年龄变量 age 生成)、地区(region,东部=1,中部=2,西部=3)、是否来自城镇(urban,是=1,否=0)、受教育年限(educ_y,单位:年)、母亲的受教育年限(meduy,单位:年)。试分析生育子女数量的影响因素。

根据被调查儿子数量(sons)和女儿数量(daughters)两个变量,我们使用如下命令生成子女数量变量(kids):

```
. gen kids=sons+daughters
```

根据年龄变量(age),我们使用如下命令分别生成出生年份变量(birth)和世代变量(cohort):

```
. gen birth=2010-age
. egen cohort=cut(birth), at(1940 1950 1960 1970 1980 1990 1994) label icode
```

在估计泊松模型之前,我们先删除所有进入分析的变量中有缺失值的个案:

```
. foreach v of varlist kids region cohort urban educ_y meduy {
    drop if `v'==.
  }
```

---

[1] 两者皆用于检验泊松模型的拟合优度且结果完全一致,poisgof 命令最早出现在 Stata 9 版本,后被 estat gof 命令取代。

另外，我们也删除了"未婚"和"同居"的样本。因为根据我国的法律和制度，通常只有进入婚姻后才能合法生育。命令如下：

```
. drop if marriage<=2
```

在做完以上准备后，我们首先查看因变量的分布：

```
. tab kids
```

| kids | Freq. | Percent | Cum. |
| --- | --- | --- | --- |
| 0 | 98 | 3.78 | 3.78 |
| 1 | 1,152 | 44.38 | 48.15 |
| 2 | 861 | 33.17 | 81.32 |
| 3 | 318 | 12.25 | 93.57 |
| 4 | 105 | 4.04 | 97.61 |
| 5 | 37 | 1.43 | 99.04 |
| 6 | 19 | 0.73 | 99.77 |
| 7 | 5 | 0.19 | 99.96 |
| 8 | 1 | 0.04 | 100.00 |
| Total | 2,596 | 100.00 | |

上面的频数表显示了子女数量这一变量的概率分布情况。可以发现，不生育（kids=0）的概率很低，不到4%。生育一孩的比例最高（44%），然后依次为二孩（33%）和三孩（12%），生育四孩或以上的比例非常低。接下来我们使用 sum 命令分析因变量，加上 detail 选项可以显示方差等更为详细的统计值。命令和输出结果如下：

```
. sum kids, detail
```

|  | kids | | | |
| --- | --- | --- | --- | --- |
|  | Percentiles | Smallest | | |
| 1% | 0 | 0 | | |
| 5% | 1 | 0 | | |
| 10% | 1 | 0 | Obs | 2,596 |
| 25% | 1 | 0 | Sum of Wgt. | 2,596 |
| 50% | 2 | | Mean | 1.768105 |
|  |  | Largest | Std. Dev. | 1.064473 |
| 75% | 2 | 7 | | |
| 90% | 3 | 7 | Variance | 1.133102 |
| 95% | 4 | 7 | Skewness | 1.391962 |
| 99% | 5 | 8 | Kurtosis | 6.030431 |

从上面的结果可以看出，因变量的均值（Mean）为1.77，方差（Variance）为1.13。很显然，就我们分析的因变量（kids）而言，方差小于均值，不存在"过度

## 第九章 因变量为类别变量的回归分析（二）

离散"情况，甚至可以说是"离散不足"。

接下来我们首先估计一个没有任何自变量的泊松模型。运行泊松模型的 Stata 命令为 poisson，结果输出如下：

```
. poisson kids

Iteration 0:   log likelihood = -3829.7695
Iteration 1:   log likelihood = -3829.7695

Poisson regression                              Number of obs   =      2,596
                                                LR chi2(0)      =       0.00
                                                Prob > chi2     =          .
Log likelihood = -3829.7695                     Pseudo R2       =     0.0000

------------------------------------------------------------------------------
        kids |      Coef.   Std. Err.      z    P>|z|     [95% Conf. Interval]
-------------+----------------------------------------------------------------
       _cons |   .5699082   .0147602    38.61   0.000     .5409787    .5988378
------------------------------------------------------------------------------
```

因为该模型没有自变量，所以没有卡方检验和虚拟决定系数的估计值，而系数列表中也只有常数项。因为泊松模型方程的左边是对 $\mu$ 取了对数，所以如果对常数项取反对数，实际上就是因变量的均值（1.77），即

```
. dis exp(0.5699)
1.7680902
```

结果与前面因变量描述统计分析的均值一致，细微差异来自小数点后面位数的选择。由此可以看出，如果不加入自变量进行估计，泊松模型的截距，实际上就是因变量的均值取对数后的结果。如果要在 Stata 输出结果中显示取反对数后的结果，可在 poisson 命令后面添加 irr 选项，命令及结果如下：

```
. poisson kids, irr

Iteration 0:   log likelihood = -3829.7695
Iteration 1:   log likelihood = -3829.7695

Poisson regression                              Number of obs   =      2,596
                                                LR chi2(0)      =       0.00
                                                Prob > chi2     =          .
Log likelihood = -3829.7695                     Pseudo R2       =     0.0000

------------------------------------------------------------------------------
        kids |  Inc. Rate   Std. Err.      z    P>|z|     [95% Conf. Interval]
-------------+----------------------------------------------------------------
       _cons |   1.768105   .0260977    38.61   0.000     1.717687    1.820002
------------------------------------------------------------------------------
```

接下来我们检验模型的拟合优度。具体的做法是在运行完上述模型后，在命令窗口输入 poisgof 或者 estat gof 命令，结果如下：

```
. poisgof

    Deviance goodness-of-fit =    1589.579
    Prob > chi2(2595)        =       1.0000

    Pearson goodness-of-fit  =    1663.023
    Prob > chi2(2595)        =       1.0000
```

以上提供了两种拟合优度检验(分别为 Deviance 检验和 Pearson 检验),均为卡方检验。结果显示,两种检验的 $P$ 值都为 1(即不显著,或者说拒绝原假设犯错误的可能性为 100%),表明因变量(子女数量)的实际概率分布和使用泊松模型估计出来的概率分布几乎完全一致。因此,对于本数据库中孩子数量这个离散变量而言,选择泊松模型进行估计是非常适合的。

2. 模型系数的解释

接着上面的例子,我们在模型中加入了所有自变量,命令与结果输出如下:

```
. poisson kids i.region i.cohort urban educ_y meduy

Iteration 0:   log likelihood = -3546.2888
Iteration 1:   log likelihood = -3546.2711
Iteration 2:   log likelihood = -3546.2711

Poisson regression                               Number of obs    =     2,596
                                                 LR chi2(10)      =    567.00
                                                 Prob > chi2      =    0.0000
Log likelihood = -3546.2711                      Pseudo R2        =    0.0740
```

| kids    | Coef.      | Std. Err. | z      | P>\|z\| | [95% Conf. | Interval] |
|---------|------------|-----------|--------|---------|------------|-----------|
| region  |            |           |        |         |            |           |
| 中部    | .1729538   | .0366181  | 4.72   | 0.000   | .1011836   | .2447239  |
| 西部    | .1725575   | .0420891  | 4.10   | 0.000   | .0900643   | .2550508  |
|         |            |           |        |         |            |           |
| cohort  |            |           |        |         |            |           |
| 1950-   | -.3294212  | .0420226  | -7.84  | 0.000   | -.411784   | -.2470585 |
| 1960-   | -.4333782  | .0437401  | -9.91  | 0.000   | -.5191073  | -.347649  |
| 1970-   | -.5028301  | .0485918  | -10.35 | 0.000   | -.5980683  | -.4075919 |
| 1980-   | -.8350448  | .0727787  | -11.47 | 0.000   | -.9776885  | -.6924011 |
| 1990-   | -1.532183  | .502031   | -3.05  | 0.002   | -2.516146  | -.5482204 |
|         |            |           |        |         |            |           |
| urban   | -.1404304  | .0335363  | -4.19  | 0.000   | -.2061603  | -.0747005 |
| educ_y  | -.0246404  | .0040264  | -6.12  | 0.000   | -.032532   | -.0167488 |
| meduy   | -.0170303  | .0050497  | -3.37  | 0.001   | -.0269275  | -.0071331 |
| _cons   | 1.139926   | .0487613  | 23.38  | 0.000   | 1.044356   | 1.235496  |

## 第九章 因变量为类别变量的回归分析(二)

根据输出结果右上方显示的信息,模型的卡方检验显著[LR chi2(10) = 567.00, $P=0.0000$],表明总体层面上,我们加入的自变量对因变量(即子女数量)有显著的影响。另外,模型的虚拟决定系数为 0.074,表明所有自变量解释了因变量变异的 7%。

从上述输出结果的系数表可以发现,所有自变量的回归系数都是统计显著的($Z$ 检验的 $P$ 值均小于 0.05),表明在总体层面上,所有这些因素对生育子女的数量都有显著的作用。首先,地区变量的两个虚拟变量(中部和西部)的系数都是正数,说明中部和西部居民的平均生育子女数量比东部居民的要多,而从系数大小来看,中部和西部之间几乎没有差异。世代变量(cohort)以"40 后"为参照组,所有虚拟变量的系数都是负数,而且越晚出生的世代,系数的绝对值越大,表明越年轻的世代,平均生育子女数量越少。是否来自城镇变量的系数是负数,表明城镇地区居民的平均生育子女数低于农村居民。以上结果均基本符合我们的预期,与现实的情况基本一致。另外,受教育年限对生育子女数的作用是负面的,教育程度越高的人,平均生育子女数越少。母亲受教育年限的作用也是负数,即控制了其他因素之后,被调查者生育子女多寡受到自己母亲的影响,母亲的教育程度越高,平均生育子女数也就越少。

根据泊松模型的设定,因变量进行了对数转换,因此要使用具体的数字来解释自变量的回归系数,需要取反对数之后再进行解释,解释的方式和线性回归模型中对因变量取反对数之后的解释基本一致(参见本书第六章第二节)。如果不想逐个计算各个系数的反对数,可以在泊松模型的命令后面添加 irr 选项直接输出取反对数后的系数,方便进行解读。命令和输出如下:

```
. poisson kids i.region i.cohort urban educ_y meduy, irr nolog

Poisson regression                              Number of obs    =     2,596
                                                LR chi2(10)      =    567.00
                                                Prob > chi2      =    0.0000
Log likelihood = -3546.2711                     Pseudo R2        =    0.0740
```

| kids | IRR | Std. Err. | z | P>\|z\| | [95% Conf. Interval] | |
|---|---|---|---|---|---|---|
| region | | | | | | |
| 中部 | 1.188811 | .043532 | 4.72 | 0.000 | 1.10648 | 1.277269 |
| 西部 | 1.18834 | .0500162 | 4.10 | 0.000 | 1.094245 | 1.290527 |
| | | | | | | |
| cohort | | | | | | |
| 1950- | .71934 | .0302285 | -7.84 | 0.000 | .6624674 | .781095 |
| 1960- | .6483153 | .0283574 | -9.91 | 0.000 | .5950515 | .7063467 |
| 1970- | .6048165 | .0293891 | -10.35 | 0.000 | .5498728 | .6652503 |
| 1980- | .433855 | .0315754 | -11.47 | 0.000 | .3761796 | .5003732 |
| 1990- | .2160635 | .1084706 | -3.05 | 0.002 | .0807703 | .5779775 |
| | | | | | | |
| urban | .8689842 | .0291425 | -4.19 | 0.000 | .8137026 | .9280214 |
| educ_y | .9756607 | .0039284 | -6.12 | 0.000 | .9679915 | .9833907 |
| meduy | .9831139 | .0049644 | -3.37 | 0.001 | .9734318 | .9928923 |
| _cons | 3.126537 | .152454 | 23.38 | 0.000 | 2.841567 | 3.440085 |

Note: **_cons** estimates baseline incidence rate.

根据上面输出的结果,我们可以"量化"地详细解释每个系数。在控制了其他变量之后,中部和西部地区居民的平均生育子女数量都比东部地区高19%(1.188-1=0.19)。在其他条件相同的情况下,"50后""60后""70后""80后""90后"与"40后"(参照组)相比,平均生育子女数量分别低28%(1-0.72=0.28)、35%(1-0.65=0.35)、40%(1-0.60=0.40)、57%(1-0.43=0.57)和78%(1-0.22=0.78)。非常明显,越晚出生的群体,平均生育子女数越少。控制了其他变量之后,城镇居民比农村居民平均生育子女数量要少13%(1-0.87=0.13)。在其他条件保持不变的情况下,每多接受一年的教育,平均生育子女数下降2%(1-0.98=0.02)。另外,母亲的受教育年限每增加一年,平均生育子女数也是下降2%(1-0.98=0.02)。

以上是对泊松模型回归系数的最常用的解释方式。如果要按照概率(即生育不同数量孩子的概率)来进行解释,则可以通过margins命令来计算特定条件的概率,并可以使用marginsplot作图显示自变量与因变量不同取值的概率之间的关系。例如,我们想了解(模型估计出来的)三个地区(东部、中部和西部)"70后"城镇有本科文凭(受教育年限等于16年)的人"丁克"(即子女数为0)的概率,命令和结果输出如下:

```
. margins region if cohort==3 & urban==1 & educ_y==16, predict(pr(0))
Predictive margins                               Number of obs     =         50
Model VCE    : OIM
```

```
Expression     : Pr(kids=0), predict(pr(0))

             |            Delta-method
             |   Margin   Std. Err.      z    P>|z|    [95% Conf. Interval]
-------------+----------------------------------------------------------------
      region |
         东部 |  .3767913   .0168273    22.39   0.000    .3438105    .4097721
         中部 |  .3135782   .0177387    17.68   0.000    .2788109    .3483454
         西部 |  .3137217   .0192362    16.31   0.000    .2760195     .351424
```

margins 命令后面的选项 predict(pr(0)),是用来指定因变量某个取值的。就本例而言,括号内的数字为 0,指的是要计算"生育子女数为 0"的概率。可以看出,根据泊松模型的估计,东部地区有本科学历的城镇"70 后"群体,生育子女数为 0(即"丁克"家庭)的概率为 38%,而中部地区和西部地区均为 31%。

如果要显示受教育年限(连续变量)与生育不同子女数量的概率之间的关系,则可以使用 margins 和 marginsplot 命令作图来实现。例如,若要考察受教育年限与生育一孩(kids=1)和二孩(kids=2)的概率之间的关系,基本命令和图形(见图 9-8)如下:

. quietly: margins, at(educ_y=(0(2)20)) predict(pr(1)) predict(pr(2))

. marginsplot, noci

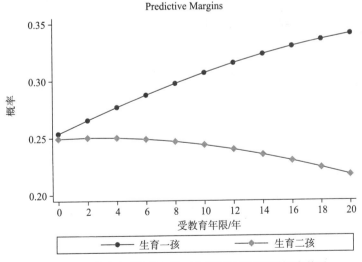

图 9-8 受教育年限与"生育一孩"和"生育二孩"概率关系

从图 9-8 可以看出,受教育年限与生育一孩和二孩的概率之间的关系,呈现的是一种分化的模式:随着受教育年限的增加,生育一孩的概率越高,而生育二孩的概率则越低。

如果我们要检验或揭示受教育年限与平均生育子女数量之间关系的城乡差异模式,或者是检验受教育年限与生育子女数量之间的关系是否受到是否来自城镇因素的调节,可以估计受教育年限变量与是否来自城镇变量的交互模型,命令与结果输出如下:

```
. poisson kids i.region i.cohort i.urban##c.educ_y meduy, nolog

Poisson regression                                Number of obs    =     2,596
                                                  LR chi2(11)      =    575.37
                                                  Prob > chi2      =    0.0000
Log likelihood = -3542.0831                       Pseudo R2        =    0.0751

─────────────────────────────────────────────────────────────────────────────
        kids │      Coef.   Std. Err.      z    P>|z|     [95% Conf. Interval]
─────────────┼───────────────────────────────────────────────────────────────
      region │
         中部 │   .1673556   .0366293     4.57   0.000     .0955635    .2391476
         西部 │   .1691712   .0420483     4.02   0.000     .0867582    .2515843
             │
      cohort │
       1950- │  -.3317651   .0420422    -7.89   0.000    -.4141663   -.2493639
       1960- │  -.4379658   .0438031   -10.00   0.000    -.5238183   -.3521133
       1970- │  -.5076528   .0486438   -10.44   0.000    -.6029928   -.4123128
       1980- │  -.8472235   .0729562   -11.61   0.000    -.990215    -.7042319
       1990- │ -1.576673    .5022703    -3.14   0.002   -2.561105    -.5922416
             │
       urban │
          是 │   .0147903   .0629754     0.23   0.814    -.1086393    .1382199
      educ_y │  -.0136127   .0055592    -2.45   0.014    -.0245085   -.0027169
             │
urban#c.educ_y │
          是 │  -.0213232   .0073633    -2.90   0.004    -.035755    -.0068915
             │
       meduy │  -.0149396   .0051044    -2.93   0.003    -.024944    -.0049352
       _cons │  1.079325    .0534871    20.18   0.000     .9744918   1.184157
─────────────────────────────────────────────────────────────────────────────
```

可以看出,受教育年限(educ_y)和是否来自城镇(urban)之间的交互效应是统计显著的,表明受教育年限对生育孩子数量的影响确实存在城乡差异。具体而言,对于农村地区的居民来说,受教育年限每增加一年,平均生育数量会下降 1.4%($1-e^{-0.0136}=0.014$);而对于城镇地区的居民而言,受教育年限每增加一年,平均生育数量则会下降 3.4%$[1-e^{(-0.0136-0.0213)} = 0.0343]$。① 根据上面调节效应模型的结果,我们可以作图显示受教育年限与生育二孩的概率之间关系的城乡差异模式:

. quietly: margins urban, at(educ_y=(0(2)20)) predict(pr(2))

. marginsplot, noci

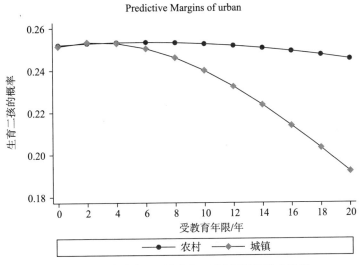

图 9-9 受教育年限对"生育二孩"概率的城乡差异

由图 9-9 可以看出,受教育年限对农村居民生育二孩的概率影响较小,而对城镇居民生育二孩的概率的负面效应则非常明显。受教育年限对生育二孩的影响,城乡之间同样呈现出分化的模式:随着受教育年限的增加,城镇居民生育二孩的概率迅速下降,而农村居民生育二孩的概率则只是稍有下降而已。

## 二、负二项回归模型

如前所述,泊松回归模型有一个很重要的假定:因变量的分布应该是"均等离散"的,即均值等于方差。但是有些计数变量的分布却不一定满足这一假定。在大多数情况下,因变量是"过度离散"的情况,即方差大于均值。当因变

---

① 交互(调节)效应模型的系数的解读和线性回归模型的交互效应模型系数的解读是基本一致的。请参考本书第五章第四节的内容。

量的分布"过度离散"时,使用泊松回归模型将会得到有偏的估计,具体而言是偏低的回归系数标准误,从而导致更大的 $z$ 值和偏高的显著性。因此,统计学家建议,如果计数变量的分布存在"过度离散"的情况,则应使用负二项回归。

负二项回归模型的条件方差大于其条件均值(期望),两者间的关系可以表示为

$$\mathrm{Var}(y|x) = \mu + \alpha\mu^2 > \mu = E(y|x) \tag{9-7}$$

由式 9-7 可知,负二项回归模型的条件均值与泊松回归模型相同。在式 9-7 中,$\alpha>0$,称为过度分散参数。当 $\alpha\to 0$,也即因变量分布均等分散时,负二项回归等同于泊松回归。所以,泊松回归实际上是负二项回归的一个特例。在 Stata 中使用 nbreg 命令进行负二项回归,在输出回归结果的同时,能够自动提供一个似然比检验,其原假设为:$\alpha=0$,即不存在过度分散,应使用泊松回归。如果该似然比检验的 $P$ 值大于 0.05,表示不能拒绝原假设,说明不存在过度离散的情况,可以使用泊松回归模型进行估计;反之,如果该似然比检验的 $P$ 值小于 0.05,表示可以拒绝原假设,说明因变量存在过度分散的情况,应该使用负二项回归。例如,我们如果将负二项回归模型应用于前面的例子,可以得到如下的结果:

```
. nbreg kids i.region i.cohort i.urban##c.educ_y meduy

Fitting Poisson model:

Iteration 0:    log likelihood = -3542.1033
Iteration 1:    log likelihood = -3542.0831
Iteration 2:    log likelihood = -3542.0831

Fitting constant-only model:

Iteration 0:    log likelihood = -4700.6398
Iteration 1:    log likelihood = -3829.7695
Iteration 2:    log likelihood = -3829.7695

Fitting full model:

Iteration 0:    log likelihood = -3551.9077
Iteration 1:    log likelihood = -3542.0928
Iteration 2:    log likelihood = -3542.0831
Iteration 3:    log likelihood = -3542.0831
```

```
Negative binomial regression                    Number of obs   =     2,596
                                                LR chi2(11)     =    575.37
Dispersion     = mean                           Prob > chi2     =    0.0000
Log likelihood = -3542.0831                     Pseudo R2       =    0.0751
```

| kids | Coef. | Std. Err. | z | P>\|z\| | [95% Conf. Interval] | |
|---:|---:|---:|---:|---:|---:|---:|
| region | | | | | | |
| 中部 | .1673556 | .0366293 | 4.57 | 0.000 | .0955635 | .2391476 |
| 西部 | .1691712 | .0420483 | 4.02 | 0.000 | .0867582 | .2515843 |
| cohort | | | | | | |
| 1950- | -.3317651 | .0420422 | -7.89 | 0.000 | -.4141663 | -.2493639 |
| 1960- | -.4379658 | .0438031 | -10.00 | 0.000 | -.5238183 | -.3521133 |
| 1970- | -.5076528 | .0486438 | -10.44 | 0.000 | -.6029928 | -.4123128 |
| 1980- | -.8472235 | .0729562 | -11.61 | 0.000 | -.990215 | -.7042319 |
| 1990- | -1.576676 | .5022709 | -3.14 | 0.002 | -2.561108 | -.5922428 |
| urban | | | | | | |
| 是 | .0147903 | .0629754 | 0.23 | 0.814 | -.1086393 | .1382199 |
| educ_y | -.0136127 | .0055592 | -2.45 | 0.014 | -.0245085 | -.0027169 |
| urban#c.educ_y | | | | | | |
| 是 | -.0213232 | .0073633 | -2.90 | 0.004 | -.035755 | -.0068915 |
| meduy | -.0149396 | .0051044 | -2.93 | 0.003 | -.024944 | -.0049352 |
| _cons | 1.079325 | .0534871 | 20.18 | 0.000 | .9744918 | 1.184157 |
| /lnalpha | -25.52003 | . | | | . | . |
| alpha | 8.26e-12 | . | | | . | . |

```
LR test of alpha=0: chibar2(01) = 0.00                    Prob >= chibar2 = 1.000
```

首先,我们观察负二项回归模型的极大似然估计过程,可以发现其实有三个过程:第一步是先估计一个泊松回归模型,其极大似然估计值和前面泊松回归模型的结果相同;第二步是估计一个没有自变量的负二项回归模型;第三步则是估计一个加入了所有自变量的负二项回归模型。然后,我们从底部的卡方检验结果可以发现,检验原假设($\alpha=0$)的 P 值为 1,即拒绝原假设犯错的概率为 100%,因此不能拒绝 $\alpha=0$ 的原假设。这一点其实从模型系数表格最后一行的 alpha 值(8.26e-12)也基本可以看出。总而言之,alpha 值的大小和检验的结果表明,本例的因变量(生育子女数)完全不存在过度离散的情况,泊松模型和负二项模型估计的结果是一样的(包括右上方的卡方检验结果、虚拟决定系数以及自变量的回归系数、标准误和置信区间等,所有都一样)。

接下来,我们通过一个关于美国生物化学博士(1950—1967年获得学位)发表论文影响因素的例子来讲解泊松模型和负二项模型的区别。[①]

**【例 9-4】** 打开 couart2.dta 数据,已知:因变量为生物化学博士近三年发表论文篇数(art,离散型变量,单位:篇),自变量为性别(fem,女性=1,男性=0)、婚姻状况(mar,已婚=1,未婚=0)、5 岁或以下子女的个数(kid5,单位:个)、博士毕业院校声望(phd,取值越大,声望越高)、导师近三年发表论文数量(ment,单位:篇)。试分析论文发表影响因素。

首先我们检查因变量的分布情况:

```
. sum art, detail

                Articles in last 3 yrs of PhD
      Percentiles      Smallest
 1%        0                0
 5%        0                0
10%        0                0           Obs                915
25%        0                0           Sum of Wgt.        915

50%        1                            Mean          1.692896
                        Largest         Std. Dev.     1.926069
75%        2               12
90%        4               12           Variance      3.709742
95%        5               16           Skewness       2.51892
99%        7               19           Kurtosis      15.66293
```

由以上结果可以发现,因变量(art)的取值在 0—19 之间,即发表最少的是 0 篇,发表最多的是 19 篇。因变量的均值为 1.69,方差为 3.71,是均值的两倍多。方差远大于均值,因此可能存在过度离散的情况。

接下来我们估计一个泊松回归模型,命令和输出结果如下:

```
. poisson art fem mar kid5 phd ment

Iteration 0:    log likelihood = -1651.4574
Iteration 1:    log likelihood = -1651.0567
Iteration 2:    log likelihood = -1651.0563
Iteration 3:    log likelihood = -1651.0563
```

---

[①] 数据来自 J. Scott Long and Jeremy Freese, *Regression Models for Categorical Dependent Variables Using Stata*, 3rd ed., Stata Press, 2014.

```
Poisson regression                           Number of obs   =        915
                                             LR chi2(5)      =     183.03
                                             Prob > chi2     =     0.0000
Log likelihood = -1651.0563                  Pseudo R2       =     0.0525
```

| art   | Coef.     | Std. Err. | z     | P>\|z\| | [95% Conf. | Interval] |
|-------|-----------|-----------|-------|---------|------------|-----------|
| fem   | -.2245942 | .0546138  | -4.11 | 0.000   | -.3316352  | -.1175532 |
| mar   | .1552434  | .0613747  | 2.53  | 0.011   | .0349512   | .2755356  |
| kid5  | -.1848827 | .0401272  | -4.61 | 0.000   | -.2635305  | -.1062349 |
| phd   | .0128226  | .0263972  | 0.49  | 0.627   | -.038915   | .0645601  |
| ment  | .0255427  | .0020061  | 12.73 | 0.000   | .0216109   | .0294746  |
| _cons | .3046168  | .1029822  | 2.96  | 0.003   | .1027755   | .5064581  |

然后进行拟合优度检验,命令和结果如下:

```
. poisgof

    Deviance goodness-of-fit =  1634.371
    Prob > chi2(909)         =    0.0000

    Pearson goodness-of-fit  =  1662.547
    Prob > chi2(909)         =    0.0000
```

可以发现,两个检验的结果都是显著的,表明因变量取值的实际概率分布情况和泊松模型估计出来的概率分布存在显著的差异,由此可知泊松模型并非最佳模型选择。考虑到前面描述统计的结果,方差大于均值,有过度离散的嫌疑,因此可以使用负二项回归模型进行估计。命令和结果显示如下:

```
. nbreg art fem mar kid5 phd ment, nolog

Negative binomial regression                 Number of obs   =        915
                                             LR chi2(5)      =      97.96
Dispersion       = mean                      Prob > chi2     =     0.0000
Log likelihood = -1560.9583                  Pseudo R2       =     0.0304
```

| art     | Coef.     | Std. Err. | z     | P>\|z\| | [95% Conf. | Interval] |
|---------|-----------|-----------|-------|---------|------------|-----------|
| fem     | -.2164184 | .0726724  | -2.98 | 0.003   | -.3588537  | -.0739832 |
| mar     | .1504895  | .0821063  | 1.83  | 0.067   | -.0104359  | .3114148  |
| kid5    | -.1764152 | .0530598  | -3.32 | 0.001   | -.2804105  | -.07242   |
| phd     | .0152712  | .0360396  | 0.42  | 0.672   | -.0553652  | .0859075  |
| ment    | .0290823  | .0034701  | 8.38  | 0.000   | .0222811   | .0358836  |
| _cons   | .256144   | .1385604  | 1.85  | 0.065   | -.0154294  | .5277174  |
| /lnalpha| -.8173044 | .1199372  |       |         | -1.052377  | -.5822318 |
| alpha   | .4416205  | .0529667  |       |         | .3491069   | .5586502  |

```
LR test of alpha=0: chibar2(01) = 180.20          Prob >= chibar2 = 0.000
```

首先,我们看到系数表最后一行的 alpha 值为 0.44,其 95% 的置信区间为 [0.35,0.56],0 并不在该区间内,表明 alpha 值不等于 0,证明了因变量确实是过度离散的。另外,底部(系数表格下部)的卡方检验结果统计显著($P=0.000$),进一步证明因变量过度离散,因此泊松回归模型不是最优模型选择,负二项回归模型是更加适用的模型,其估计值也更加准确可靠。

对于负二项回归模型系数的解释,其方法与泊松回归模型完全相同。负二项回归同样对因变量进行了对数转换,因此若要使用具体的数字来解释自变量的回归系数,需要进行反对数处理。当然,我们也可以在负二项回归命令后添加 irr 选项,直接输出取反对数后的系数。命令及结果如下:

```
. nbreg art fem mar kid5 phd ment, nolog irr

Negative binomial regression                    Number of obs    =       915
                                                LR chi2(5)       =     97.96
Dispersion      = mean                          Prob > chi2      =    0.0000
Log likelihood = -1560.9583                     Pseudo R2        =    0.0304
```

| art | IRR | Std. Err. | z | P>\|z\| | [95% Conf. Interval] | |
|---|---|---|---|---|---|---|
| fem | .8053982 | .0585302 | -2.98 | 0.003 | .6984766 | .9286873 |
| mar | 1.162403 | .0954406 | 1.83 | 0.067 | .9896184 | 1.365355 |
| kid5 | .8382698 | .0444784 | -3.32 | 0.001 | .7554736 | .9301402 |
| phd | 1.015388 | .0365942 | 0.42 | 0.672 | .9461396 | 1.089706 |
| ment | 1.029509 | .0035725 | 8.38 | 0.000 | 1.022531 | 1.036535 |
| _cons | 1.291939 | .1790116 | 1.85 | 0.065 | .9846891 | 1.695059 |
| /lnalpha | -.8173044 | .1199372 | | | -1.052377 | -.5822318 |
| alpha | .4416205 | .0529667 | | | .3491069 | .5586502 |

```
Note: Estimates are transformed only in the first equation.
Note: _cons estimates baseline incidence rate.
LR test of alpha=0: chibar2(01) = 180.20          Prob >= chibar2 = 0.000
```

由以上输出结果,我们首先可以看出婚姻状况和博士毕业院校声望的系数不显著,所以两者对论文发表数量没有影响。而性别、5 岁或以下子女数量以及导师近三年发表论文数量的系数均统计显著($P$ 值分别为 0.003、0.001 和 0.000,均小于 0.05),我们可对以上三个变量的效应做如下解释:(1)在控制了其他四个变量后,女性平均发表论文数量比男性少 19%(1-0.81=0.19);(2)在其他条件相同的情况下,家中每多一个 5 岁以下的孩子,平均发表论文数量下降16%(1−0.84=0.16);(3)其他因素保持不变的条件下,导师近三年发表的论文数每增加一篇,被调查者平均发表论文数量提高3%(1.03−1=0.03)。

在模型选择方面(究竟是选择泊松模型还是负二项模型),我们的建议是:在数据分析实践中,当因变量为离散变量的时候,可以先估计一个负二项回归模型,然后根据模型的检验结果(Stata 输出结果底部的卡方检验)来决定究竟选择泊松模型还是负二项模型。如果卡方检验的结果显示不存在过度离散(alpha=0)的情况(即不显著),就选择泊松模型;反之(如果显著),就选择使用负二项回归模型来进行估计。

定序变量、多分类变量以及离散型变量是社会科学研究中较为常见的变量类型,可统称为分类变量。对于以上类型的变量,我们分别介绍了适用的统计模型:定序 logit 回归模型、多分类 logit 回归模型、泊松回归模型和负二项回归模型。在深入理解的基础上,熟练使用以上模型及其 Stata 软件操作,可以增加我们对社会现象进行定量研究的工具,进而拓展研究的领域和范围。

## ◆ 参考文献

丹尼尔·A. 鲍威斯、谢宇:《分类数据分析的统计方法(第2版)》,任强等译,社会科学文献出版社2018年版。

瓦尼·布鲁雅:《logit 与 probit:次序模型和多类别模型》,张卓妮译,格致出版社、上海人民出版社2018年版。

廖福挺:《解释概率模型:Logit、Probit 以及其他广义线性模型》,周穆之译,格致出版社、上海人民出版社2018年版。

J. Scott Long and Jeremy Freese, *Regression Models for Categorical Dependent Variables Using Stata*, 3rd ed., Stata Press, 2014.

## 思考与练习

1. 使用 Stata 软件分析数据，并做一个小型研究项目。

打开 cgss2010s3000.dta 数据，已知：因变量为自评健康（health，很不健康＝1，比较不健康＝2，一般＝3，比较健康＝4，很健康＝5）；自变量为基于数据所提供的所有变量，由研究者自己决定取舍；研究主题为自评健康研究。

研究指南：

(1) 清楚地提出经验研究问题，即研究致力于回答而且可以根据数据提供的信息直接回答的问题。问题可以是"影响自评健康的因素分析"，或者是更加具体的问题，如"受教育年限对自评健康的影响及其性别差异"、"收入对自评健康的影响及其性别差异"，等等。但无论用什么样的题目，都必须用多变量分析，不能只有一个自变量。

(2) 提出两个或以上的研究假设，并清楚阐明假设背后的理论或经验逻辑。

(3) 清理数据、准备变量，建立回归模型。请用嵌套模型的方式建模，并注意两个问题：其一，研究中某个（些）自变量的效应可能是非线性的，这需要在模型中体现出来；其二，某个（些）自变量的效应可能会受到其他变量的影响，这也需要在模型中得到体现（不管是否存在这样的情况）。

(4) 编制正式的表格，并解释回归模型，对于有统计显著性的变量以及与研究问题和假设有关的变量，需要着重解释。简单陈述研究结论。

2. 使用 Stata 软件分析养老意愿的影响因素。

打开 cgss2010s3000.dta 数据，已知：因变量为养老意愿（at_osd，主要由政府负责＝1，主要由子女负责＝2，主要由老人自己负责＝3，政府/子女/老人责任均摊＝4），自变量为年龄（age）、性别（sex，男＝1，女＝2）、婚姻状况（marriage，未婚＝1，同居＝2，已婚＝3，分居未离婚＝4，离婚＝5，丧偶＝6）、教育程度（level，小学或以下＝1，初中＝2，高中职高技校＝3，大专或以上＝4）、全年总收入（ytincome，单位：元）、地区（region，东部＝1，中部＝2，西部＝3）。

请完成以下分析任务：

(1) 清理数据、准备变量，建立适当的回归模型。

(2) 编制正式的表格。

## 第九章 因变量为类别变量的回归分析(二)

(3) 详细解释模型,包括模型的拟合指标和所有的回归系数。

(4) 简要陈述研究结论。

3. 使用 Stata 软件分析生育期望的影响因素。

打开 cgss2010s3000.dta 数据,选择已婚样本。已知:因变量为期望生育子女数量(idcn,单位:个),自变量为年龄(age)、性别(sex,男=1,女=2)、是否来自城镇(urban,是=1,否=0)、教育程度(level,小学或以下=1,初中=2,高中职高技校=3,大专或以上=4)、全年总收入(ytincome,模型中以万元为单位)。

请完成以下分析任务:

(1) 清理数据、准备变量,建立适当的回归模型。

(2) 详细解释模型,包括模型的拟合指标和所有的回归系数。

(3) 简要总结主要的研究发现并说明其现实意义。

# 第十章

# 多层次线性回归模型

**本章提要**

本章主要介绍适用于分析嵌套(nested)数据的多层次线性回归模型(multilevel linear regression models)。应用普通线性回归模型分析嵌套数据,很可能得到有偏误的估计值,因为嵌套数据结构通常会导致模型无法满足线性回归模型的一些假定,因此需要使用多层次回归模型进行估计。本章从最简单的方差成分模型开始,由浅入深,依次介绍随机截距模型和随机系数模型等最常用的多层次线性回归模型的基本原理和应用。目前,多层次模型已经发展成为一个内容丰富且体系完整的研究方法领域。本章的目的是为读者系统深入地学习多层次模型奠定坚实的基础。

## 第一节 使用多层次模型的动因

分析抽样调查数据的定量社会科学研究通常面临两大难题:第一个难题是由遗漏变量(omitted variables)或样本选择性所导致的内生性问题(endogeneity),即模型的误差项与核心自变量相关,导致有偏误的估计值,从而高估或低估自变量的效应。克服这一问题的方法包括倾向值匹配、工具变量和断点回归等一系列的因果推断方法。[①]

---

[①] 因果推断是社会科学定量研究方法(尤其是计量经济学)领域的一个非常重要而且内容非常丰富的议题。有很多教材专门介绍因果推断的理论及数量众多的因果推断方法或模型。

## 第十章 多层次线性回归模型

第二个难题是要求回归模型满足误差项独立性的假定。要满足误差项的独立性，前提是要做到样本中每一个个案都是相互独立的，这体现在抽样过程中就是每一个案例要作为独立的个体被随机抽样获得。但是，我们常用的很多数据库的样本结构并不满足这一要求。最常见的情况包括两个方面：其一，通过分层抽样方法获得的样本，区域（如城市、单位、学校或班级、医院、居住小区等）是独立的抽样单元，但同一区域内部的个体因为受到区域特征因素的影响，有较高的相似度；其二，追踪（面板）数据中，个体（调查对象）可能是独立的抽样单元，但同一调查对象不同时点观察结果的重复测量无疑具有强相关性。简言之，这样的数据结构实际上表明数据中的每一个个案之间并不是相互独立的，从而导致模型违背了误差项独立性的假定，由此可能会造成有偏的估计值，甚至是错误的结论。

实际上，社会科学定量研究用来进行实证分析的数据通常包含多个层次，这类数据被称为嵌套数据（nested data）或多层次数据（multilevel data）。例如，在城乡居民的研究中，个体嵌套于社区（居委会或村委会）；在教育研究中，学生嵌套于班级，而班级又嵌套于学校；在健康研究中，病人嵌套于医院。这种嵌套的数据结构通常来源于大规模调查中常用的抽样方案——分层抽样。以学生调查为例，我们抽样的时候将抽样单元分成不同的层次，即学校和学生，在操作的过程中，往往先随机抽取学校，然后在学校中随机抽取学生。通过这种抽样方法得到的数据结构就是典型的嵌套数据，我们通常称学生为第一层单位，学校为第二层单位，每个层次的单位都有相应的变量。（见图10-1）

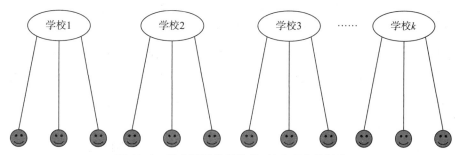

图 10-1 基本两层数据结构：教育研究的例子

图 10-1 是一个学生嵌于学校的多层次嵌套数据。具体而言，这是一个两层数据结构：第一层为学生个体，第二层为学校。由于通过考试选拔录取或择

校等方面的原因,同一学校内部学生的同质性较高,而学校之间则存在显著差异。

另外一种常见的嵌套数据类型是追踪数据。在追踪调查研究中,对同一个体进行不同时点的调查,可得到个体在不同时点上的变量信息,这样以每个时点为单位的数据则嵌套于个体。那么"个体-时间观测点"就是第一层单位,个体是第二层单位。(见图10-2)

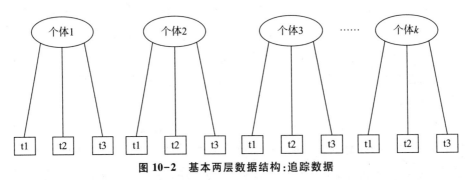

**图 10-2  基本两层数据结构:追踪数据**

图10-2显示了不同时间的观察点嵌于个体的追踪数据(面板数据)的基本结构。第一层是人-年(月、日等时间单位)观察点,第二层为人(被调查者)。同一个体内部不同年份数据的同质性高,而个体与个体之间的异质性明显。

如前所述,如果数据的结构是嵌套的或多层次的,那么普通线性回归模型会无法满足基本的假定,从而导致有偏误的估计结果。例如,对于学生(教育)研究而言,因为学校的分化,就读于同一所学校的学生之间的异质性往往要比不同学校之间学生的异质性小;对于居民研究来说,因为居住隔离等方面的情况,同一社区内部居民之间的同质性较高,而不同社区之间居民的异质性较大。如果确实如此,那么应用普通线性回归模型(OLS模型)来进行统计分析,就会违背最小二乘法模型的基本假定——误差项均值为0的假定以及同方差性假定,因此得到的结果很可能是有偏误的。

在将多层次模型引入社会科学之前,研究者提出了不同的解决方案来应对嵌套数据的回归分析问题。第一种方案是在模型中加入群体单位的虚拟变量以避免遗漏群体层面(第二层)的变量而导致的内生性问题。这种模型被称为固定效应模型(fixed effects model),其基本原理是让第二层次的单位作为虚拟变量进入模型,从而控制了第二层次的所有异质性。但这种方法存在如下问题:(1)使用大量的自由度,导致模型变得复杂而不简洁,尤其是当第二层单位的数量很大的情况下;(2)无法估计群体层面变量对个体层面变量的效应;(3)在估计个体层面变量对个体层面变量的效应时,一般只能得到一个反映各群体内部效应平均状况的回归系数,难以比较不同群体中自变量对因变量影响程度的差异。第二种方案是使用聚类稳健标准误(robust cluster standard errors)。这种方法虽然能处理同一群体内不同观测点误差项的自相关问题,当样本量足够大时,能够使假设检验更加精确,但聚类稳健标准误的推导过程中并没有用到同方差性假定,因此它仍然不是"最优"的解决方案,在有些时候,它甚至会比 OLS 回归估计出的回归系数的标准误还大。

鉴于以上两种解决方案均有不足,本章介绍适用于嵌套数据回归分析和因果推断的回归模型——多层次模型。使用多层次模型对嵌套数据进行回归分析有三个优点:第一,多层次模型可以有效地处理同一群体内不同观测点误差项的自相关问题,进而可以获得更为准确的回归系数标准误。第二,分析嵌套数据时,多层次模型既可以估计群体层面自变量对个体层面因变量的效应,又可以估计个体层面自变量对个体层面因变量的效应。在估计个体层面自变量的效应时,多层次模型可以得出每一群体内部各自的回归系数估计结果,从而有效减少遗漏群体层面情况所导致的偏误。第三,多层次模型是非常灵活的模型设定,研究者可以根据需要或检验的结果选择使用固定效应模型或随机效应模型。

多层次回归模型在不同的学科或研究领域中有不同的名称或习惯称谓。社会学的文献中,通常称之为多层次回归模型;教育学的文献中一般称之为等级(分层)线性回归模型(hierarchical linear regression models);经济学的文献中则往往称之为随机效应模型(random effects models);还有一些领域的文献称之为混合效应模型(mixed effects models)或混合模型(mixed models)等。如果阅读文献时遇到上述名称,要清楚它们实际上指的是同一种模型。

多层次回归模型的基本原理是将模型的误差项分解为两部分,即群体层次(第二层)的误差项和个体层次(第一层)的误差项,从而获得更准确的回归系数估计值及其标准误。另外同样重要的是,多层次回归模型使得跨层次的研究成为可能,可以避免生态谬误(ecological fallacy)和原子化谬误(reductionism)[①],而且能够比较准确地估计高层次变量对个体层次上的因变量的效应。正因如此,多层次模型一经引入定量社会科学研究,就深受欢迎且应用非常广泛。

## 第二节 多层次线性回归模型

学习多层次线性回归模型(即因变量为线性变量的多层次回归模型),让我们先从最简单的方差成分模型开始,然后再介绍其他两种常用的多层次线性回归模型,分别为随机截距模型和随机系数模型。

### 一、方差成分模型

所谓方差成分模型(variance component model),实际上就是没有任何自变量的多层次线性回归模型。顾名思义,方差成分模型最重要的功能是分解不同层次的误差构成(成分),分别为群体层次的误差(即第二层单位之间的变异程度,亦可称作组间误差)和个体层次的误差(第一层的变异程度,即组内误差),并计算组间误差占总误差(组间误差和组内误差之和)的比例。

通过分解方差成分和计算组间方差的比例,就衍生出方差成分模型的另外一个重要功能:用来判断我们分析的数据和变量是否需要使用多层次模型进行统计估计。如前所述,在现实生活中,个体总是嵌套在各种群体中,所以在实际研究中用到的大多数调查数据都是嵌套的数据结构。然而,并非所有基于嵌套数据的定量研究都需要使用多层次模型。基于嵌套数据展开实证分析时,是否需要使用多层次模型,取决于群体层面(第二层)的差异程度(方差大小)占总体差异程度的比例。如果我们关注的因变量在不同群体之间的异质性较大,而在每一群体内部的异质性较小时,则说明在群体层面存在重要的影响因素,且每一群体内部不同观测点的误差项的自相关性比较强,即组间差异大,组内差异小,这种情况下就需要使用多层次模型进行回归分析;反之,如

---

① 生态谬误也被译作层次谬误,指的是研究者以较高层次的分析单位收集资料,却以较低层次的分析单位得出结论;原子化谬误又被译作简化论,指的是研究者使用较低层次分析单位的资料解释宏观层次事件或现象。关于这两类谬误的详细讨论,可参见劳伦斯·纽曼:《社会研究方法——定性和定量的取向(第五版)》,郝大海译,中国人民大学出版社 2007 年版,第 204—206 页。

果组间差异很小或占比很低,则无须使用多层次模型。在实际的数据分析过程中,可以通过构建方差成分模型并计算组内相关系数(intraclass correlation coefficient, ICC,或用 $\rho$ 表示)来判断是否需要使用多层次模型。

方差成分模型反映了多层次回归模型处理嵌套数据统计估计难题的基本思想——将原本存在自相关的误差项分解为相互独立的两部分(分别为组间方差成分和组内方差成分)来进行估计。我们先来看没有自变量的普通线性回归模型的方程:

$$y_{ij}=\beta+\varepsilon_{ij} \tag{10-1}$$

因为模型没有自变量,所以 $\beta$(模型的截距)实际上就是因变量所有观测值的均值(grand mean,在不根据群体分组的情况下使用所有样本计算出来的因变量的均值)。$\varepsilon_{ij}$ 代表"总误差项",它等于 $\beta$ 与群体 $j$ 中个体 $i$ 的因变量观测值的差值。根据方差成分模型的设定,$\varepsilon_{ij}$ 可分解为 $\mu_j$ 和 $e_{ij}$ 两个部(成)分,即

$$\varepsilon_{ij}=\mu_j+e_{ij} \tag{10-2}$$

其中,$\mu_j$ 代表群体 $j$ 中所有个体共有的"组间误差项",在方差成分模型中,它等于"大均值"$\beta$ 与群体 $j$ 中所有观测值平均值 $\overline{y_j}$ 的差值。$e_{ij}$ 代表群体 $j$ 中个体 $i$ 的"组内误差项",它是每个个案取值与其所在群体的均值之间的差异。假定群体 $j$ 中只有两个个案,以上关系可由图 10-3 表示。

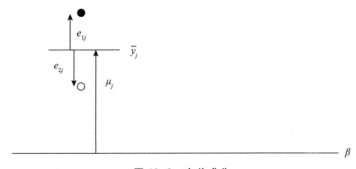

图 10-3 方差成分

对误差项进行分解后,可得到方差成分模型的一般形式如下:

$$y_{ij}=\beta+\mu_j+e_{ij} \tag{10-3}$$

模型假定组间误差项 $\mu_j$ 与组内误差项 $e_{ij}$ 相互独立。通过将总误差项 $\varepsilon_{ij}$ 分解为组间误差项 $\mu_j$ 和组内误差项 $e_{ij}$,可以有效地处理嵌套数据回归分析中因误

差项的自相关问题而产生的估计偏误问题。

前面提到,方差成分模型还有另外一个重要功能,即可以根据组间误差和组内误差的相对比例来判断实际的数据分析中是否需要选择多层次回归模型来进行统计估计。具体而言,是根据组间误差项$\mu_j$的方差$\sigma_{\mu_j}^2$与组内误差项$e_{ij}$的方差$\sigma_{e_{ij}}^2$的相对大小代表组间差异和组内差异的相对大小。当$\sigma_{\mu_j}^2$相对于$\sigma_{e_{ij}}^2$足够大时,则表明需要使用多层次模型对嵌套数据展开回归分析。

在具体的操作方面,主要是根据组内相关系数进行判断。ICC的计算公式如下:

$$\mathrm{ICC}(\rho) = \frac{\sigma_{\mu_j}^2}{\sigma_{\mu_j}^2 + \sigma_{e_{ij}}^2} \quad (10-4)$$

根据式10-4,组间方差成分占比越大(即组间差异越大),ICC的值就越大。一般情况下,如果ICC的值大于0.059,则意味着是中等或高度关联强度,通常建议使用多层次模型对嵌套数据进行回归分析。[①]

表10-1 判断是否使用多层次模型的ICC值标准

| 取值范围 | 关联强度 |
| --- | --- |
| $0.01 \leqslant \rho \leqslant 0.059$ | 低关联强度 |
| $0.059 \leqslant \rho \leqslant 0.138$ | 中关联强度 |
| $\rho \geqslant 0.138$ | 高关联强度 |

下面我们通过一个例子来理解方差成分模型。

【例10-1】 打开cgss2010s3000.dta数据,将个体作为第一层单位,省份(省、自治区、直辖市)作为第二层单位(个体嵌套于省份之中)。已知:因变量为受教育年限(educ_y,单位:年)。试分析教育获得的省际差异。(方差成分模型)

Stata软件提供了两个常用的命令估计方差成分模型:xtreg和mixed。我们分别使用这两个命令进行估计。xtreg命令的写法和输出结果如下:

---

[①] 参见 Jacob Cohen, *Statistical Power Analysis for the Behavioral Sciences*, 2nd ed., Lawrence Erlbaum Associates, Publishers, 1988。

## 第十章 多层次线性回归模型

```
. xtreg educ_y, i(province) mle
Iteration 0:    log likelihood =   -8488.79
Iteration 1:    log likelihood = -8488.7456
Iteration 2:    log likelihood = -8488.7453

Random-effects ML regression                    Number of obs    =    2,996
Group variable: province                        Number of groups =       31

Random effects u_i ~ Gaussian                   Obs per group:
                                                              min =       22
                                                              avg =     96.6
                                                              max =      171

                                                Wald chi2(0)     =     0.00
Log likelihood  = -8488.7453                    Prob > chi2      =        .

------------------------------------------------------------------------------
      educ_y |      Coef.   Std. Err.      z    P>|z|     [95% Conf. Interval]
-------------+----------------------------------------------------------------
       _cons |   8.876397   .3249179    27.32   0.000     8.23957    9.513224
-------------+----------------------------------------------------------------
    /sigma_u |   1.739759   .2400891                      1.327462    2.280111
    /sigma_e |   4.055173   .0526629                      3.953258    4.159715
         rho |   .1554482   .0364242                      .0946978    .2375156
------------------------------------------------------------------------------
LR test of sigma_u=0: chibar2(01) = 388.99              Prob >= chibar2 = 0.000
```

xtreg 命令后面跟着的是因变量，逗号后面 i(province) 代表第二层单位（括号里面是第二层单位的变量名），mle 选项表明使用极大似然法进行估计。结果输出包括两部分：一部分为固定效应部分，因为没有自变量，所以只有截距（常数项）；另一部分为随机效应部分，显示组间方差成分和组内方差成分以及组内相关系数。随机效应部分的结果显示，组间误差项 $\mu_j$ 的标准差 $\sigma_{\mu_j}$（即 /sigma_u）为 1.739759，组内误差项 $e_{ij}$ 的标准差 $\sigma_{e_{ij}}$（即 /sigma_e）为 4.055173，ICC（即 rho）为 0.1554482。我们也可以根据 ICC 的公式 10-4 计算得到：

```
. dis 1.739759^2/(1.739759^2+4.055173^2)
.1554482
```

上述结果显示，就本例而言，ICC（rho）值为 0.155，远远大于 0.059，而且属于高关联强度（如表 10-1 所示，高关联强度的临界值为 0.138）。这表明，如果使用本数据估计以受教育年限（educ_y）作为因变量的模型，多层次模型是优于普通 OLS 模型的选择。

另外，模型输出的底部还提供了一个检验（卡方检验），也是用来判断是否应该选择多层次模型进行统计估计。该检验的原假设为"组间差异 = 0"，如果检验结果显著($P \leq 0.05$),则拒绝原假设,即组间差异不为0,建议使用多层次模型。反之,如果不显著,则建议使用普通的OLS回归模型。从检验的结果来看($P = 0.000$),同样支持使用多层次模型进行统计估计。

接下来我们使用mixed命令进行估计,命令的写法和结果输出如下:

```
. mixed educ_y || province:, mle

Performing EM optimization:

Performing gradient-based optimization:

Iteration 0:   log likelihood = -8488.7453
Iteration 1:   log likelihood = -8488.7453

Computing standard errors:

Mixed-effects ML regression                     Number of obs     =      2,996
Group variable: province                        Number of groups  =         31

                                                Obs per group:
                                                              min =         22
                                                              avg =       96.6
                                                              max =        171

                                                Wald chi2(0)      =          .
Log likelihood = -8488.7453                     Prob > chi2       =          .
```

| educ_y | Coef. | Std. Err. | z | P>\|z\| | [95% Conf. Interval] | |
|---|---|---|---|---|---|---|
| _cons | 8.876397 | .3249139 | 27.32 | 0.000 | 8.239577 | 9.513216 |

| Random-effects Parameters | Estimate | Std. Err. | [95% Conf. Interval] | |
|---|---|---|---|---|
| **province**: Identity | | | | |
| var(_cons) | 3.026766 | .8354289 | 1.762121 | 5.199028 |
| var(Residual) | 16.44443 | .4271144 | 15.62825 | 17.30323 |

```
LR test vs. linear model: chibar2(01) = 388.99      Prob >= chibar2 = 0.0000
```

需要留意的是,mixed命令的写法和xtreg不同,双竖线(||)后面跟着的是第二层单位变量,变量后面需要跟着冒号。

另外,对比后可以发现,通过mixed命令估计模型的输出,固定效应部分和xtreg命令的输出结果完全一致,但随机部分两者有些差异。mixed命令运行后直接输出了组间误差项$\mu_j$的方差$\sigma_{\mu_j}^2$[var(_cons)]与组内误差项$e_{ij}$的方差$\sigma_{e_{ij}}^2$

[var(Residual)]的值,但没有直接输出 ICC(rho),我们可以根据公式计算得到:

```
. dis 3.026766/(3.026766+16.44443)
.15544839
```

很显然,ICC 的计算结果和前面 xtreg 输出或计算结果完全一致。

值得注意的是,mixed 命令估计模型所输出结果的底部也有一个检验(卡方检验),该检验的原假设、抽样分布和计算过程与前面 xtreg 输出结果底部的检验完全一致,目的都是判断究竟应该选择多层次线性回归模型还是普通的 OLS 回归模型进行统计估计。

我们运行一个普通的最小二乘法线性回归模型,并与前面的方差成分模型进行对比:

```
. regress educ_y
```

| Source | SS | df | MS | | Number of obs | = | 2,996 |
|---|---|---|---|---|---|---|---|
| | | | | | F(0, 2995) | = | 0.00 |
| Model | 0 | 0 | . | | Prob > F | = | . |
| Residual | 57740.4202 | 2,995 | 19.2789383 | | R-squared | = | 0.0000 |
| | | | | | Adj R-squared | = | 0.0000 |
| Total | 57740.4202 | 2,995 | 19.2789383 | | Root MSE | = | 4.3908 |

| educ_y | Coef. | Std. Err. | t | P>|t| | [95% Conf. Interval] | |
|---|---|---|---|---|---|---|
| _cons | 8.93024 | .0802178 | 111.32 | 0.000 | 8.772953 | 9.087528 |

或使用 Stata 的 mixed 命令估计一个非分层的线性回归模型[①],命令与结果输出如下:

```
. mixed educ_y
```

Mixed-effects ML regression          Number of obs    =    2,996

                                     Wald chi2(0)     =        .
Log likelihood = -8683.2416          Prob > chi2      =        .

---

① 与使用 regress 命令估计的最小二乘法模型不同,mixed 命令是使用极大似然估计法来估计一个普通线性回归模型。

| educ_y | Coef. | Std. Err. | z | P>\|z\| | [95% Conf. Interval] | |
|---|---|---|---|---|---|---|
| _cons | 8.93024 | .0802044 | 111.34 | 0.000 | 8.773043 | 9.087438 |

| Random-effects Parameters | Estimate | Std. Err. | [95% Conf. Interval] | |
|---|---|---|---|---|
| var(Residual) | 19.2725 | .497946 | 18.32085 | 20.27359 |

无论是使用最小二乘法,还是极大似然估计的普通(非多层)线性回归模型,两者的截距项(8.93024)完全相同,截距的标准误则有非常细微但是几乎可以忽略的差别。用 mixed 命令估计的结果输出的下半(随机效应)部分(19.2725),实际上对应的是前面 OLS 回归模型(用 regress 命令估计的模型)的残差(组内变差)的均值(MSR)。

对比方差成分模型和非多层次的线性模型可以发现,截距(常数项)仅有细微的差别,但标准误却有巨大的不同,方差成分模型截距的标准误(0.3249)远远大于线性模型截距的标准误(0.0802)。也就是说,对于嵌套结构的数据,使用非多层次的线性回归模型确实可能造成有偏的估计。

以上例子给我们的启示是:如果我们分析一个嵌套结构的数据,在选择模型的时候,可以先运行一个方差成分模型,观察 ICC 值以及相应(Stata 运行模型所输出结果的底部)的卡方检验结果。如果 ICC 值大于 0.059,或模型选择的卡方检验结果显著,那么就应该选择多层次模型进行统计估计。反之,如果 ICC 值小于 0.059,或检验结果不显著,则应该选择普通的 OLS 模型。

## 二、随机截距模型

在方差成分模型中加入自变量进行估计,就是随机截距模型(random-intercept model)。在这个意义上,方差成分模型就是随机截距模型的一种特殊形式(即没有自变量的随机截距模型)。顾名思义,所谓随机截距模型,指的是模型的截距不是固定的,而是随机的。模型的方程式如下:

$$y_{ij} = (\beta_1 + \mu_j) + \beta_2 x_{2ij} + \ldots + \beta_k x_{kij} + e_{ij} \qquad (10-5)$$

从式 10-5 可以看到,组间(第二层)误差项 $\mu_j$ 与截距项 $\beta_1$ 的和构成了随机截距。模型假定 $\mu_j$ 和 $e_{ij}$ 相互独立,而且两者均服从均值为 0 的正态分布。

# 第十章 多层次线性回归模型

与方差成分模型类似，随机截距模型中的组间误差项 $\mu_j$ 也代表了"大均值"与群体 $j$ 中所有个体因变量拟合值 $\hat{y}$ 的平均值的差异。若样本中共有 $J$ 个群体，则 $\mu_j$ 会有 $J$ 个不同的取值，分别对应每一群体的情况。因此，随机截距模型中的截距项 $\beta_1+\mu_j$ 也会有 $J$ 个不同的取值。亦即在随机截距模型的估计结果中，每个群体都会有一个与其他群体所不同的截距项，但是自变量的回归系数是相同的。估计了随机截距模型之后，可以将组间方差项和组内方差项都估计出来生成一个变量。下面我们通过一个例子来理解随机截距模型。

【例 10-2】 打开 cgss2010s3000.dta 数据，将个体作为第一层单位，省份（省、自治区、直辖市）作为第二层单位（个体嵌套于省份之中）。已知：因变量为受教育年限（educ_y，单位：年），自变量为父亲的受教育年限（feduy，单位：年），控制变量为父亲的职业社会经济地位指数（fisei）、性别（male，男性＝1，女性＝0）、年龄（age）。估计教育获得的随机截距模型。

在进行模型分析之前，我们需要将纳入模型的变量有缺失值的个案进行删除，保留没有缺失值的个案。命令如下：

```
. foreach v of varlist educ_y feduy fisei male age {
      drop if `v'==.
  }
```

接下来我们使用 mixed 命令估计一个随机截距模型，命令及结果如下：

```
. mixed educ_y feduy fisei male age || province:, mle nolog
```

| Mixed-effects ML regression | | | | Number of obs | = | 2,610 |
| Group variable: **province** | | | | Number of groups | = | 31 |

Obs per group:
min = 9
avg = 84.2
max = 155

Wald chi2(4) = 1177.99
Log likelihood = -6880.3747     Prob > chi2 = 0.0000

| educ_y | Coef. | Std. Err. | z | P>\|z\| | [95% Conf. Interval] | |
| --- | --- | --- | --- | --- | --- | --- |
| feduy | .2239633 | .0192787 | 11.62 | 0.000 | .1861778 | .2617489 |
| fisei | .0519706 | .0057291 | 9.07 | 0.000 | .0407418 | .0631995 |
| male | 1.324411 | .1316962 | 10.06 | 0.000 | 1.066291 | 1.58253 |
| age | -.087163 | .0058311 | -14.95 | 0.000 | -.0985917 | -.0757342 |
| _cons | 9.35264 | .4125126 | 22.67 | 0.000 | 8.54413 | 10.16115 |

| Random-effects Parameters | Estimate | Std. Err. | [95% Conf. Interval] | |
|---|---|---|---|---|
| province: Identity | | | | |
| var(_cons) | 1.933058 | .5557829 | 1.100301 | 3.39608 |
| var(Residual) | 11.0623 | .3081569 | 10.47451 | 11.68307 |

LR test vs. linear model: chibar2(01) = 269.26          Prob >= chibar2 = 0.0000

首先，从模型输出结果底部的卡方检验（$P=0.0000$）可以看出，估计教育获得（受教育年限）的影响因素，多层次模型是优于普通线性回归模型的选择。另外，我们也可以根据随机效应部分的两个方差成分（组间和组内）计算出ICC值：

```
. dis 1.933/(1.933+11.062)
.14874952
```

ICC值约为0.149，很显然是高关联强度，进一步证明了随机截距模型优于普通线性回归模型。

随机截距模型固定效应部分的自变量回归系数的解释方式，与普通线性回归模型系数的解释方式完全相同，此处不再赘述。如前所述，我们可以将组间方差项（$\mu_j$）估计出来作为一个变量，然后和固定效应部分的常数项（$\beta_1$）相加，即可以获得随机截距（即每个省份都有一个截距）并作图表示。具体的Stata命令和图形显示（见图10-4）如下：

```
. predict mu1, reffects
. gen rc1=_b[_cons]+mu1
. scatter rc1 province, mlabel(province)
```

从图10-4可以看出，每个省份的截距项之间的差距较大，例如，代号为11的省份与代号为64的省份的截距相差大约六年。由此可知，如果不采用随机截距模型，而是使用普通线性回归模型进行估计（只有一个截距）的话，极有可能造成有偏的估计。

## 三、随机系数模型

如上所述，随机截距模型设定回归模型的截距项（$\beta_1+\mu_j$）是随机的，即每

第十章　多层次线性回归模型

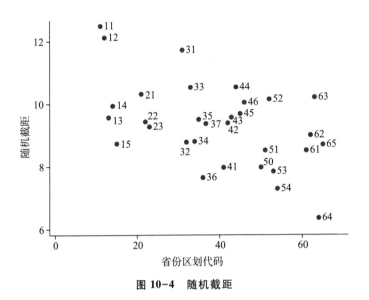

图 10-4　随机截距

个第二层的单位(如上面例子中的各个省份)都有一个截距项。但是,随机截距模型假定每个自变量的回归系数是固定的,不会因为第二层单位的不同而有所不同。就如我们上面的例子,根据随机截距模型的估计结果,在不同的省份,截距项是不同的,但自变量(父亲的受教育年限)对孩子教育获得的影响在每个省份却都是一样的。

现实中,随机截距模型的这个假定可能未必成立。也就是说,在不同的第二层单位,不仅截距不同,回归系数也可能不同。如例 10-2,因为经济、社会和文化等多种因素的差异,在不同省份,父亲的受教育年限对孩子受教育年限的影响可能存在显著的差异。如果事实如此,那随机截距模型可能会错误(或有偏误)地估计自变量对因变量的效应。在这种情况下,需要考虑使用随机系数模型进行统计估计。根据随机系数模型的设定,不仅模型的截距是随机的,而且自变量的回归系数也是随机的。模型的公式(假定只有一个自变量)如下:

$$y_{ij} = (\beta_1 + \mu_{1j}) + (\beta_2 + \mu_{2j}) x_{ij} + e_{ij} \quad (10\text{-}6)$$

从式 10-6 可以看出,不仅截距项有一个随机部分($\mu_{1j}$),回归系数也有一个随机部分($\mu_{2j}$)。一般情况下,我们在决定是否选择随机系数进行统计估计的时候,需要判断回归系数的随机项($\mu_{2j}$)是否显著。如果显著,则意味着在不同的第二层单位(如本例中的省份)自变量对因变量的效应显著不同,那么随机系数模型就是更好的模型选择。反之,如果不显著,则选择随机截距模型。下面我们以一个例子来理解随机系数模型并进行检验。

接着例 10-2,我们假定父亲受教育年限对孩子受教育年限的影响在不同的省份可能存在显著的差异。为了检验这一假设是否成立,我们估计一个随机系数模型。Stata 命令和结果输出如下:

```
. mixed educ_y feduy fisei male age || province: feduy, mle nolog

Mixed-effects ML regression                     Number of obs    =     2,610
Group variable: province                        Number of groups =        31

                                                Obs per group:
                                                          min =         9
                                                          avg =      84.2
                                                          max =       155

                                                Wald chi2(4)     =    779.94
Log likelihood = -6876.0589                     Prob > chi2      =    0.0000
```

| educ_y | Coef. | Std. Err. | z | P>\|z\| | [95% Conf. Interval] | |
|---|---|---|---|---|---|---|
| feduy | .2243825 | .0239333 | 9.38 | 0.000 | .1774741 | .2712909 |
| fisei | .0510604 | .0057256 | 8.92 | 0.000 | .0398386 | .0622823 |
| male | 1.337761 | .1311308 | 10.20 | 0.000 | 1.08075 | 1.594773 |
| age | -.0873829 | .0058191 | -15.02 | 0.000 | -.098788 | -.0759777 |
| _cons | 9.375281 | .419873 | 22.33 | 0.000 | 8.552345 | 10.19822 |

| Random-effects Parameters | Estimate | Std. Err. | [95% Conf. Interval] | |
|---|---|---|---|---|
| province: Independent | | | | |
| var(feduy) | .0053495 | .0029372 | .0018237 | .0156921 |
| var(_cons) | 2.127885 | .6294601 | 1.191653 | 3.799673 |
| var(Residual) | 10.93576 | .3066237 | 10.35101 | 11.55355 |

```
LR test vs. linear model: chi2(2) = 277.89          Prob > chi2 = 0.0000

Note: LR test is conservative and provided only for reference.
```

从上面的结果输出可以发现,与随机截距模型相比,随机系数模型输出结果的随机效应部分(下半部分)增加了一个省级层面的随机项 var(feduy),它就是 feduy 回归系数的随机项($\mu_{2j}$)。接下来第一个需要回答的问题是:究竟随机系数模型是否成立(即父亲受教育年限对孩子受教育年限的效应是否确实存在显著的省际差异)?或如果使用本数据估计父亲受教育年限对孩子受教育年限的影响,随机系数模型是否比随机截距模型更有解释力?

要回答上述问题,我们可以进行似然比检验。该检验的原假设是"随机系数模型和随机截距模型的解释力没有显著差异",如果检验的结果显著($P \leqslant 0.05$),则拒绝原假设,即随机系数模型的解释力更强,如果检验结果不显著,则表明随机系数模型并不比随机截距模型更好,所以应该选择随机截距模型进行估计。下面我们进行这个检验,命令和结果如下:

```
. quietly: mixed educ_y feduy fisei male age || province:, mle nolog
. est store rimodel
. quietly: mixed educ_y feduy fisei male age || province: feduy, mle nolog
. est store rcmodel
. lrtest rcmodel rimodel

Likelihood-ratio test                         LR chi2(1) =      8.63
(Assumption: rimodel nested in rcmodel)       Prob > chi2 =    0.0033
```

该似然比检验的过程是分别估计随机截距模型和随机系数模型,并使用 estimates store 命令储存两个模型(分别命名为 rimodel 和 rcmodel),然后使用 lrtest 命令进行检验。检验结果显著($P = 0.0033 < 0.05$),由此可以判断,随机系数模型比随机截距模型的解释力更强(更好),也就是说,回归系数存在显著的省际差异。

在随机系数模型的命令运行之后,可以使用 predict 命令将第二层(省级)的随机误差项估计出来生成变量,然后与固定效应部分的系数(自变量回归系数和截距)相加,可以得到各个省份的回归系数和截距,并进行图示。具体的命令和结果输出如下:

```
. quietly: mixed educ_y feduy fisei male age || province: feduy, mle
. predict zeta*, reffects
. gen coef=_b[feduy]+zeta1
. gen inter=_b[_cons]+zeta2
```

```
. sum coef inter

    Variable |      Obs        Mean    Std. Dev.       Min        Max
-------------+--------------------------------------------------------
        coef |    2,610     .2225922    .0522001    .1527449   .3073381
       inter |    2,610     9.501877    1.325096    6.224895   12.91037
```

根据上述命令,我们使用 zeta1 指代系数的随机误差项($\mu_{2j}$),使用 zeta2 指代截距的随机误差项($\mu_{1j}$),那么变量 coef 就是各省份的回归系数,而变量 inter 则是各省份的截距。我们可以看到,无论是系数还是截距,省际差异较大。自变量的回归系数在 0.15—0.31 之间,即系数最大的省份是最小的省份的两倍左右;截距项在 6.22—12.91 之间,最大值是最小值的两倍多。我们可以把每个省份的回归系数和截距作图显示。命令和图形(见图 10-5、图 10-6)如下:

. scatter coef province, mlabel(province)

. scatter inter province, mlabel(province)

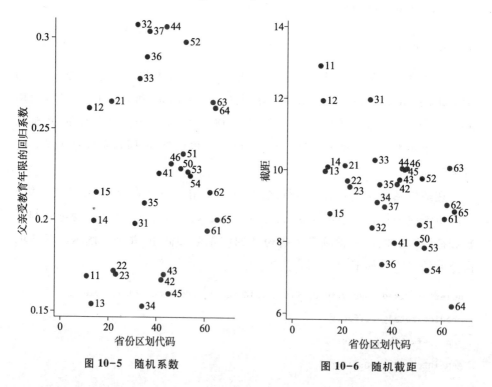

图 10-5　随机系数　　　　　　　　图 10-6　随机截距

# 第十章 多层次线性回归模型

另外,我们还可以通过计算相关系数和作图的方式考察随机截距和随机系数之间的关系。命令和输出结果如下:

```
. corr inter coef
(obs=2,610)

             |    inter     coef
       ------+------------------
       inter |   1.0000
        coef |  -0.2648   1.0000
```

相关系数显示,两者呈负相关关系,即截距越大的省份,回归系数越小。从图 10-7 也可以得到证实:

```
. twoway (scatter coef inter, mlabel(province))(lowess coef inter)
```

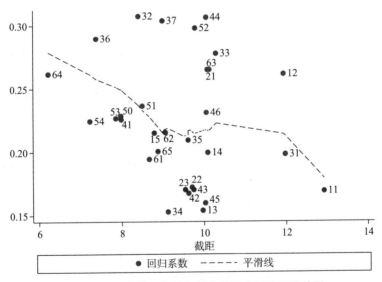

图 10-7 随机截距与随机斜率的散点图和平滑线图

虽然各省份的截距和各省份的系数之间不完全是直线关系,但是从平滑线(lowess)来看,两者的负相关关系较为明显。

接下来,我们就上面的例子,分别使用普通线性回归模型、随机截距模型和随机系数模型进行统计估计,并对模型的估计值进行比较。模型结果见表 10-2。

表 10-2　估计教育获得的普通线性回归模型、随机截距模型和随机系数模型比较

| 变量 | 普通线性回归模型 | 随机截距模型 | 随机系数模型 |
| --- | --- | --- | --- |
| 固定效应部分 | | | |
| 父亲受教育年限 | 0.286*** | 0.224*** | 0.224*** |
|  | (0.020) | (0.019) | (0.024) |
| 父亲职业社会经济地位指数 | 0.064*** | 0.052*** | 0.051*** |
|  | (0.006) | (0.006) | (0.006) |
| 性别（男性=1） | 1.348*** | 1.324*** | 1.338*** |
|  | (0.140) | (0.132) | (0.131) |
| 年龄 | −0.072*** | −0.087*** | −0.087*** |
|  | (0.006) | (0.006) | (0.006) |
| 常数项 | 8.124*** | 9.353*** | 9.375*** |
|  | (0.336) | (0.413) | (0.420) |
| 随机效应部分 | | | |
| 个体层面误差的平方 | 12.649*** | 11.062*** | 10.936*** |
|  | (0.350) | (0.308) | (0.307) |
| 省级随机截距误差项的平方 |  | 1.933*** | 2.128*** |
|  |  | (0.555) | (0.629) |
| 省级随机系数误差项的平方 |  |  | 0.005* |
|  |  |  | (0.003) |
| log likelihood | −7015.0 | −6880.4 | −6876.1 |
| 样本量 | 2610 | 2610 | 2610 |

注：括号内的数字是标准误；*$P<0.05$，**$P<0.01$，***$P<0.001$（双尾检验）。

从表 10-2 三个模型结果的比较可以发现，与两个多层次回归模型相比，普通线性模型高估了家庭背景（父亲受教育年限和父亲职业社会经济地位指数）对孩子受教育年限的影响（前两者父亲受教育年限的回归系数为 0.224，后者的回归系数为 0.286；前两者父亲职业社会经济地位指数的回归系数为 0.05，而后者的回归系数为 0.064），也在一定程度上高估了性别差异（前两者的回归系数分别为 1.324 和 1.338，而后者的回归系数则为 1.348），但低估了年龄的效

第十章　多层次线性回归模型

应(前两者的回归系数为-0.087,后者的回归系数为-0.072)。从固定效应部分来看,随机截距模型和随机系数模型并没有明显的差别。但对比两个模型的随机效应部分的指标(随机系数误差项是统计显著的)和 log likelihood 的数值(随机系数模型大于随机截距模型)可以发现,随机系数模型是比随机截距模型更好的选择。当然,我们也可以使用前面介绍过的似然比检验来验证这一点。

## 第三节　多层次线性回归模型的扩展

自 20 世纪 80 年代以来,多层线性模型逐渐发展完善。随着多层次数据结构的普及和计算机技术的发展,多层线性模型方法不断创新[①],其应用范围也得到极大拓展。目前,多层次模型已经发展成为一个内容丰富且体系完整的研究方法领域。以下我们对多层次模型的新应用或扩展进行简要介绍。

多层次模型可用于分析追踪(面板)数据。前文提及,在追踪数据中,个体可能是独立的抽样单元,但同一调查对象不同时点的观察结果则具有强相关性,导致模型违背误差项独立性假定,得到有偏的估计。将多层次模型应用于分析追踪数据,可以有效地解决上述问题,从而得出更为可靠的估计。

多层次模型可以处理超过两层的数据。在社会科学研究中,我们也会碰到超过两层的数据。比如,病人嵌套于科室,而科室又嵌套于医院(三层);学生嵌套于班级,班级嵌套于学校,而学校又嵌套于学区(四层);等等。对于超过两层的数据结构,我们同样可以使用多层次模型进行统计分析。

多层次模型还可以应用于因变量为类别变量的回归分析,即"广义分层线性模型"(generalized hierarchical linear model,简称 GHLM)[②]。广义分层线性模型包括多层次 logit 模型、多层次 probit 模型、多层次 ologit 模型和多层次 poisson 模型等。

总而言之,多层次模型内容丰富,种类繁多,发展迅速。本章只是对多层次模型的原理和几种最基本的多层次模型进行介绍,为读者研习多层次模型

---

① 谢宇:《回归分析》,社会科学文献出版社 2010 年版,第 296 页。
② 道格拉斯·A. 卢克:《多层次模型》,郑冰岛译,格致出版社、上海人民出版社 2012 年版,第 58 页。

奠定基础。如果读者希望相对全面地把握多层次模型，尚需参考诸多资料以及掌握软件分析技巧等。

社会科学定量研究用来进行实证分析的数据通常包含多个层次，因不满足线性回归假定，故需使用多层次模型进行分析。本章依次介绍了适用于嵌套数据的方差成分模型、随机截距模型和随机系数模型，并简要介绍了多层次模型的扩展形式。通过本章的学习，可以初步掌握多层次线性模型的基本原理及其应用，为进一步学习多层次模型打下良好的基础。

## ◆◆ 参考文献

斯蒂芬·W.劳登布什、安东尼·S.布里克：《分层线性模型：应用与数据分析方法（第2版）》，郭志刚等译，社会科学文献出版社2016年版。

劳伦斯·纽曼：《社会研究方法——定性和定量的取向（第五版）》，郝大海译，中国人民大学出版社2007年版。

道格拉斯·A.卢克：《多层次分析》，郑冰岛译，格致出版社、上海人民出版社2012年版。

谢宇：《回归分析》，社会科学文献出版社2010年版。

Sophia Rabe-Hesketh and Anders Skrondal, *Multilevel and Longitudinal Modeling Using Stata*, 3rd ed., Stata Press, 2012.

## ◆◆ 思考与练习

1. 简要说明分析嵌套数据时使用多层次模型的原因。
2. 使用Stata软件分析数据并回答问题。

打开cgss2010s3000.dta数据，已知：变量为收入（loginc，年总收入取对数）、受教育年限（educ_y，单位：年）、省份区划代码。

请完成以下分析任务：

（1）请以省份作为第二层抽样单位，估计方差成分模型（因变量分别为收入和受教育年限），计算各个模型的 $\rho$ 值，并进行比较和解释。

# 第十章 多层次线性回归模型

(2) 请问进行收入不平等或教育不平等研究,OLS 模型是否合理?为什么?

3. 使用 Stata 软件分析数据并回答问题。

打开 cgss2010s3000.dta 数据,已知:因变量为收入(loginc,年总收入取对数)、体重(weight,单位:斤),自变量为受教育年限(educ_y,单位:年)、年龄(age)、性别(male,男性=1,女性=0)、省份区划代码(province)、省人均 gdp(pgdp,单位:万元)。

(1) 检验是否需要使用多层次模型。估计一个随机截距模型,收入为因变量,受教育年限为自变量,其他为控制变量,省份是第二层单位。解释回归模型结果。

(2) 教育回报是否存在性别差异?作图显示。

(3) 收入的性别不平等与某省份的经济发展水平(人均 gdp)是否有关?

(4) 教育回报率在不同的省份是一样的吗?估计一个随机系数模型进行检验,并与随机截距模型进行比较。

# 附 录

# 本书使用的数据库说明

## 一、2010年"中国综合社会调查"子数据库说明

| 变量 | 描述 |
| --- | --- |
| id | 问卷编号 |
| sex | 性别 |
| ytincome | 您个人去年全年的总收入是多少?(单位:元) |
| ywincome | 您个人去年全年的职业收入是多少?(单位:元) |
| area_h | 您现在这所住房的套内建筑面积是?(单位:平方米) |
| height | 您目前的身高是?(单位:厘米) |
| weight | 您目前的体重是?(单位:斤) |
| health | 您觉得您目前的身体健康状况是?(很不健康=1,比较不健康=2,一般=3,比较健康=4,很健康=5) |
| at_hap | 总的来说,您认为您的生活是否幸福?(很不幸福=1,比较不幸福=2,居于幸福和不幸福之间=3,比较幸福=4,完全幸福=5) |
| at_sbm | 您认为婚前性行为对不对?(总是不对的=1,大多数情况下是不对的=2,说不上对与不对=3,有时是对的=4,完全是对的=5) |
| clnow | 您认为您自己目前在哪个等级上?(取值范围:1—10,得分越高,等级越高) |
| work | 您上一周是否为了取得收入而从事了一小时以上的劳动?(是,上周工作了__小时=1,带薪休假、学习、临时停工或季节性歇业等=2,停薪休假、学习、临时停工或季节性歇业等=3,未从事任何以获得经济收入为目的的工作=4) |

（续表）

| 变量 | 描述 |
|---|---|
| marriage | 您目前的婚姻状况是？（未婚＝1,同居＝2,已婚＝3,分居未离婚＝4,离婚＝5,丧偶＝6） |
| idcn | 如果没有政策限制的话,您希望有几个孩子？ |
| at_osd | 您认为有子女的老人的养老应该主要由谁负责？（主要由政府负责＝1,主要由子女负责＝2,主要由老人自己负责＝3,政府/子女/老人责任均摊＝4） |
| at_meri | 你是否同意"干得好不如嫁得好"的说法？（完全不同意＝1,比较不同意＝2,无所谓同意不同意＝3,比较同意＝4,完全同意＝5） |
| sons | 请问您有几个儿子？ |
| daughters | 请问您有几个女儿？ |
| province | 省份区划代码 |
| region | 地区（东部＝1,中部＝2,西部＝3） |
| feduy | 父亲受教育年限（单位:年） |
| meduy | 母亲受教育年限（单位:年） |
| risei | 本人职业社会经济地位指数 |
| fisei | 父亲职业社会经济地位指数 |
| misei | 母亲职业社会经济地位指数 |
| age | 年龄（单位:岁） |
| agesq | 年龄的平方项 |
| party | 是否党员（是＝1,否＝0） |
| male | 是否男性（是＝1,否＝0） |
| urban | 是否来自城镇（是＝1,否＝0） |
| level | 教育程度（小学或以下＝1,初中＝2,高中职高技校＝3,大专或以上＝4） |
| educ_y | 受教育年限（单位:年） |
| wage | 平均月工资（单位:元） |
| lfp | 是否就业（是＝1,否＝0） |
| pgdp | 省人均 gdp（单位:万元） |

## 二、"美国生物化学博士(1950—1967年获得学位)论文发表情况调查"子数据库说明

| 变量 | 描述 |
| --- | --- |
| art | 生物化学博士近三年发表论文篇数(单位:篇) |
| fem | 性别(女性=1,男性=0) |
| mar | 婚姻状况(已婚=1,未婚=0) |
| kid5 | 5岁或以下子女的个数(单位:个) |
| phd | 博士毕业院校声望 |
| ment | 导师近三年发表论文数量(单位:篇) |

数据来源:J. Scott Long and Jeremy Freese, *Regression Models for Categorical Dependent Variables Using Stata*, 3rd ed., Stata Press, 2014。

## 教师反馈及教辅申请表

北京大学出版社本着"教材优先、学术为本"的出版宗旨,竭诚为广大高等院校师生服务。

本书配有教学课件,获取方法:

第一步,扫描右侧二维码,或直接微信搜索公众号"北大出版社社科图书",进行关注;

第二步,点击菜单栏"教辅资源"—"在线申请",填写相关信息后点击提交。

如果您不使用微信,请填写完整以下表格后拍照发到 ss@pup.pku.edu.cn。我们会在1—2个工作日内将相关资料发送到您的邮箱。

| 书名 | | 书号 | 978-7-301- | 作者 | |
|---|---|---|---|---|---|
| 您的姓名 | | | | 职称、职务 | |
| 学校及院系 | | | | | |
| 您所讲授的课程名称 | | | | | |
| 授课学生类型(可多选) | ☐ 本科一、二年级<br>☐ 高职、高专<br>☐ 其他_____ | | | ☐ 本科三、四年级<br>☐ 研究生 | |
| 每学期学生人数 | _____人 | | | 学时 | |
| 手机号码(必填) | | | | QQ | |
| 电子信箱(必填) | | | | | |
| 您对本书的建议: | | | | | |

**我们的联系方式:**

北京大学出版社社会科学编辑室

通信地址:北京市海淀区成府路205号,100871

电子信箱:ss@pup.pku.edu.cn

电话:010-62753121 / 62765016

微信公众号:北大出版社社科图书(ss_book)

新浪微博:@未名社科-北大图书

网址:http://www.pup.cn